国家示范性高等职业院校建设项目特色教材

农村经济

李国政　主编
孙绍年　主审

化学工业出版社
·北京·

本教材按照高职农业经济管理专业毕业生应职岗位要求，以农村经济产前策划、产中管理和产后分析能力培养为导向进行编写。内容包括农村经济分析的基本原理与方法，农村商品供求与市场，农民消费行为分析，农村企业生产与收益分析，农村社会收入核算与分配，农村经济调查与评价，农村经济预测与决策，农村经济计划与目标管理，农村人口、环境与资源，农村产业结构，农村经济体制，我国现代农村建设。每一单元中都附有教学参考案例和综合练习。教材内容突出实用性和互动性，增强了实践训练方法的可操作性。

本书可作为职业院校农业经济管理专业教材，也可作为其他相关专业选修教材和农村干部培训用书。

图书在版编目（CIP）数据

农村经济/李国政主编．—北京：化学工业出版社，2012.8（2023.2重印）
国家示范性高等职业院校建设项目特色教材
ISBN 978-7-122-14879-7

Ⅰ．农…　Ⅱ．李…　Ⅲ．农村经济-高等职业教育-教材　Ⅳ．F30

中国版本图书馆CIP数据核字（2012）第161599号

责任编辑：李植峰　　文字编辑：谢蓉蓉
责任校对：宋　夏　　装帧设计：史利平

出版发行：化学工业出版社（北京市东城区青年湖南街13号　邮政编码100011）
印　　装：北京虎彩文化传播有限公司
787mm×1092mm　1/16　印张16　字数406千字　2023年2月北京第1版第7次印刷

购书咨询：010-64518888　　售后服务：010-64518899
网　　址：http://www.cip.com.cn
凡购买本书，如有缺损质量问题，本社销售中心负责调换。

定　　价：48.00元

《农村经济》编审人员

主　编　李国政

副主编　张撰先　杨国林

编　者　（以姓名笔画为序）

石　爽　毕志武　刘政权

李国政　张撰先　杨国林

主　审　孙绍年

编写说明

黑龙江农业经济职业学院2008年被教育部、财政部确立为国家示范性高等职业院校立项建设单位。学院紧紧围绕黑龙江省农业强省和社会主义新农村建设需要，围绕农业生产（种植、养殖）→农产品加工→农产品销售链条，以作物生产技术、畜牧兽医、食品加工技术、农业经济管理四个重点建设专业为引领，着力打造种植、养殖、农产品加工、农业经济管理四大专业集群，从种子入土到餐桌消费、从生产者到消费者、从资本投入到资本增值，全程培养具有爱农情怀、吃苦耐劳、务实创新的农业生产和服务第一线高技能人才。

四个重点建设专业遵循“融入多方资源，实行合作办学、融入行业企业标准，对接前沿技术、融入岗位需求，突出能力培养、融入企业文化，强化素质教育”的人才培养模式改革思路和“携手农企（场）、瞄准一线、贴近前沿；基于过程、实战育人、服务三农”的专业建设思路，与农业企业、农业技术推广部门和农业科研院所实施联合共建；共同设计人才培养方案，共同确立课程体系、共同开发核心课程、共同培育农业高职人才；实行基地共建共享、开展师资员工交互培训、联合开展技术攻关、联合打造社会服务平台。

专业核心课程按照“针对职业岗位需要、切合区域特点、融入行业标准、源于生产活动、高于生产要求”的原则构建教学内容，选取典型产品、典型项目、典型任务和典型生产过程，采取“教师承担项目、项目对接课程、学生参与管理、生产实训同步”的管理模式，依托校内外生产性实训基地，实施项目教学、现场教学和任务驱动等行动导向的教学模式，让学生“带着任务去学习、按照标准去操作、履行职责去体验”，将“学、教、做”有机融于一体，有效培养学生的应职岗位职业能力和素质。

学院成立了示范院校建设项目特色教材编审委员会，编写了《果树栽培技术》《山特产品加工与检测技术》《农村经济》《猪生产与疾病防治》四个系列20门核心课程特色教材，固化核心课程教学改革成果，与兄弟院校共同分享我们课程建设的收获。系列教材编写突出了以下三个特点：一是编写主线清晰，紧紧围绕职业能力和素质培养设计编写项目；二是内容有效整合，种植类教材融土壤肥料、植物保护、农业机械、栽培技术于一体，食品类教材融加工与检测于一体，养殖类教材融养、防、治于一体；三是编写体例创新，设计了能力目标、任务布置、知识准备、技能训练、学生自测等板块，便于任务驱动、现场教学模式的实施开展。

黑龙江农业经济职业学院

国家示范性高等职业院校建设项目特色教材编审委员会

2010年11月

前言

农村经济课程是农业经济管理专业的核心课程，其基本功能是培养学生适应社会主义新农村建设的需要，具备从事农村经济调查、分析、决策与农村社区经济管理的职业岗位能力。本教材根据农村经济课程的培养目标，按照学、教、做、训一体化的要求，基于农业经济再生产管理流程设置课程内容体系。在教材编写过程中，编写组依照职业技术教育开放性、职业性和综合性的特点，结合农村经济组织和农业企业管理实际，将课程理论知识学习和实践技能训练所需教学资源进行显性化处理，提高了教材体系的整体集合功能。本书可作为高等职业院校农业经济管理专业的专业课程教材，也可作为其他专业的选修课教材，又可作为农村经济管理从业人员的自学参考书。

编写组经过专业人才市场调研，按照高职农业经济管理专业毕业生应职岗位要求，在岗位工作流程分解基础上，以农村经济产前策划、产中管理和产后分析能力培养为导向进行教材编写工作。对教学内容的选择与设计力求突出实用性和互动性，增强实践训练方法的可操作性。在教学过程组织安排上，以农村经济再生产管理流程为主线，打破以知识传授为主要特征的传统学科的课程模式，转变为以完成工作任务为中心组织教学过程，让学生通过完成具体工作来学习农村经济管理理论知识和实践技能，养成良好的职业态度，提高职业岗位能力和社会适应能力。

教材遵循用案教学、讲练结合的基本原则，在每一单元中都附有教学参考案例和综合练习。引用的教学案例尽可能做到精练、简明和通俗。为了提高教学案例应用的实际效用，只给出提示性意见，不提出讨论的问题，以便由教师和学生根据实际需要进行分析、归纳和总结。在练习题目选择上，注重训练内容和题型的多样性，以便于满足综合素质培养的需要。在教材内容构成上，运用“奥卡姆剃刀法则”简化内容结构，增加技能实训比重。努力做到教学内容简约、学习方法简明、技能训练实用，实现理论学习与实践训练的有机结合。

本教材由学校教师和校外部分经济管理专家合作编写。李国政担任主编，张撰先、杨国林担任副主编。编写分工为：李国政编写第1单元，张撰先编写第12单元，杨国林编写第9、10、11单元，毕志武编写第2、3、4、5单元，石爽编写第6、7单元，刘政权编写第8单元。全书由李国政进行总纂定稿，孙绍年担任主审。

本教材在编写过程中，得到了黑龙江农业经济职业学院、化学工业出版社、牡丹江广播电视传媒集团和黑龙江省宁安市农村经济经营管理局等单位的大力支持和帮助，在相关的专业书籍、报刊和互联网站上借鉴了大量的文献资料，对引用的教学案例结合实际需要进行了修改。张季中、姜桂娟、王纪忠、张丽霞、李海军、聂洪臣、杜广平、冯永谦、于桂萍、姜鑫和刘玉兵等同志对课程标准和教材编写提出了很好的建议和意见，在这里一并表示衷心的感谢。

在新的历史时期，我国政府提出建设社会主义新农村的战略部署，按照建设资源节约型和环境友好型社会的要求，农村经济改革与建设的新成果会不断涌现，也会出现很多新情况、新问题有待深入细致地探讨。我们要继续根据读者的意见，持续不断地改进工作，深化课程教学内容与方法改革，以利于学生更好地学以致用。

编者
2012年3月

目 录

第1单元　农村经济分析的基本原理与方法

【教学目标】 通过本单元的学习，理解农村、农业和农民的含义，理解我国农村经济的特点，掌握农村经济分析的基本原理，学会农村经济分析的基本方法。

[案例1-1] 市场对农村经济发展的影响

在古代漫长的农耕时代，五谷丰登、六畜兴旺，曾是被人们憧憬和千万遍赞颂过的美好景象。那时，粮食就是财富，农业丰收就意味着可能丰衣足食。著名诗人白居易描写道："忆昔开元全盛日，小邑犹藏万家室，稻米流脂粟米白，公私仓廪俱丰实。"让人感受到唐代中叶的"开元盛世"是何等的富庶和殷实。然而，现代社会的情形发生了根本性变化，劳动果实并不直接等于通用财富，不是所有的农民都能在丰收后体会到诗人所描绘的那种"喜悦"。市场经济条件下，勤快或懒惰，似乎已不完全是导致农民富裕或贫穷的主要原因了，市场带给人们的不总是福音。对于高度分散的小农经营，社会化的大市场是一种难以驾驭的力量，并且随着农业生产能力的提高，相应的问题日益尖锐地显现出来。20世纪90年代末，中国已基本上告别了农产品短缺，开始了总量基本平衡、丰年有余的时代。进入21世纪后，粮食、畜产品、水产品和水果、蔬菜等农产品产量持续增长。与此同时，居民食品消费需求增速已经明显下降，农业生产的各种风险却随之增加。根据农产品供求关系，农业歉收直接影响国家的食品供给安全，丰收会导致农民增产不增收。从经营内容选择、管理及政策和技术上保证农业生产和农村经济长期持续稳定地发展，已经是必须认真解决的重要经济和社会问题。

1.1　"三农概念"与农村经济的特点

1.1.1　农村、农业和农民

1.1.1.1　农村、农业和农民的含义

（1）农村。农村是和城市相对应的社会区域，凡是城市以外的地区都是农村。农村是一个综合性的地域性概念，它包括居住在那里的人们及其从事的经济、社会、文化和政治活动，以及地面、天空、地下资源在内的自然环境等。农村同城市相比，有五个特点：一是农村的人口居住群落小于城市，人口密度小，居住比较分散；二是农村中的主要人口是农民，多数居民以从事农业生产为主；三是农村生产力水平和劳动生产率比较低；四是农村交通不便，信息流通条件较差，物质和精神文明建设水平相对较低；五是农民的家庭观念和血缘观念比较强，小生产意识比较浓厚，农村中主要产业——农业的最基本经营单位是农户。从地域上看，农村包括县城、乡镇和村屯。县城是一个县的政治、经济、文化中心，县城的一切机构和各种政治、经济和文化活动都与广大乡村密切相连，直接和间接地为农村服务。农村中的主要社会区域是乡镇和村屯，农村经济活动主要是以农民为主体而展开的农业生产活动。

（2）农业。农业是通过人类利用动、植物的生活机能，通过人工培育以取得物质产品的社会生产部门。按现阶段农业生产的具体对象可把农业分为广义的农业和狭义的农业。广义的农业包括农业（农作物栽培业）、林业、牧业、渔业和副业五业。这五业可以概括为种植业和养殖业两大生产部门。狭义的农业仅指农作物栽培业。农业生产的根本特点是自然再生产过程和经济再生产过程相交织，生产过程与收益成果既受自然规律的制约，又受经济规律的制约。农业生产的具体对象是有生命的动物、植物和微生物，是有生命的有机体，农业生产具有比较强的季节性等特点。农业是农村经济的支柱产业，是整个国民经济的基础。农业的稳定和健康发展具有重要的国计民生意义。

（3）农民。农民是从事农业生产的劳动者。农民从事的生产项目主要是农业，其基本生产资料是土地。农民主要居住在农村的乡镇和村屯中。目前在我国农民占农村人口的70%以上，农民生产、消费行为的合理性决定着农村经济发展的水平。因为农业是国民经济的基础，农民是农业生产经营活动的主体，也是农村经济活动的主体，所以农村经济的核心问题是农民问题。

1.1.1.2 农村、农业和农民之间的经济关系

综上所述，农村、农业和农民之间的经济关系可以用三句话概括：其一，农村是以农业和农民为主要经济和社会标志划分的社会区域；其二，农村中的主体产业是农业，主要人口是农民；其三，农民和农业在农村经济活动中占有中心地位，从而使农村经济有别于城市经济。

1.1.2 农村经济的特点

农村经济是农村中各种经济关系和经济活动的总称。农村经济是一个地域性经济概念，我国农村经济具有以下特点。

1.1.2.1 我国农村中基本经济单位是农户

我国的农户是在土地集体所有的基础上，通过实行家庭联产承包责任制而形成的。一般以一户为一个经营单位，以家庭成员劳动为基础，使用自有的生产资料与农村集体所有的土地相结合，从事农业生产经营活动。我国农户的特点如下。

（1）土地经营规模小，生产经营“小而全”。我国农户是以土地为主要的生产资料，而农村的土地主要是以人地比例进行平均分配，采取承包的方式经营。在人多地少的情况下，均田制的结果必然是农户的经营规模过小。我国农户的户均耕地面积只有6亩。为了满足生活多样化的需要，农民只有在土地上做文章，以农为主，兼营其他。

（2）劳动生产率和农产品商品率较低。农户具有二重性的特点，既是农业生产的基本单位，又是生活消费的基本单位。由于农民家庭承包经营是在农村人民公社集体经营难以为继的情况下产生的，农户在生产规模小的情况下，满足自家生活消费需要是生产的基本动力。由于农户受经济条件所限，生产中资本、技术等资源投入数量不足，为了提高产品产量，只能通过投入尽可能多的劳动来实现生产规模的扩大，加之文化科学知识水平所限，扩大生产的能力相当有限。因此，农业劳动生产率和土地生产率的提高，受到了家庭经济和技术条件的制约。农民通过发展生产解决了温饱问题以后，一些农户才开始致力于农产品的商品化生产。

（3）经济实力差，市场竞争能力弱。农户在劳动力、土地、资本、技术、信息、管理等生产资源中，只占有比较充裕的劳动时间，其他能体现现代化水平的生产资源非常稀缺，经营实力比较弱。由于农户经营规模小，产出量少，农业资本投入很少，所以我国农业生产的资本有机构成比例很低，通过农民自身进行产业结构调整的能力很弱。加之农产品多为人民生活必需品，产品需求缺乏弹性。农民增加生产后，农产品供给增加，农产品价格下降，销售量增加的幅度小于价格变动的幅度，使农民增产不增收。如果农产品歉收，价格虽然上升，但由于产量减少，收入也不会有很大的提高。农民在市场竞争中处于不利的地位。

（4）农户的企业化经营程度比较低。目前，中国有70%的人口是农民，基本上维持着

"人人包地，户户种田"的经营格局，这就必然造成农业生产经营单位极其分散。虽然农户被构筑在统分结合的双层经营体制中，但由于统一经营和服务跟不上，不少地方的双层经营实际上只有单层经营。农业部进行的百县百村调查资料显示，农村社区性合作经济组织的职能发挥得比较好的只有30.4%。农民生产经营预测、决策的科学性以及经营的计划性等目前亟待提高。

1.1.2.2　农村经济构成的综合性

农村经济是一种区域性的经济，在产业内容构成、经济主体构成、经营方式构成等诸多方面都具有综合性的特点。主要表现在如下方面。

(1) 农村产业内容构成具有多样性，以农业为主体。农村中的产业主要有三大类：第一产业，包括种植业、林业、畜牧业和水产业，这一类产业主要是原料生产型产业。第二产业，是指农村中的加工制造业，其中包括农副产品加工制造业和其他加工制造业。乡村工业是这一类产业的主要构成部分。第三产业，是指为农村第一产业、第二产业服务的其他行业，包括农村运输业、农村商业、农村金融业、农村保险业等。由于农村的主要生产资源是土地，主体劳动者是农民，因此在农村产业结构中的主体产业是农业。

(2) 农村生产经营方式具有多样性。我国农村中的生产经营单位既有国有的农业企业——国有农场，也有农村集体经营的经济内容，又有农民个体经营和承包经营的经营项目，同时还有股份制经营和股份合作制经营等多种经营方式。在农业生产上，根据实际需要在不同的生产力发展水平的经济单位中采取不同的要素组合方式，形成了经营层次多元化的经营管理体制，农民家庭经营是这一经营管理体制中的基础层次。

(3) 农村中多种经济形式同时并存，经济形式结构多元化。目前我国农村中存在着国有经济、集体所有经济、合作经济、股份制经济、个体经济和私营经济等多种经济成分。多种经济形式长期并存，相互促进，共同发展，是我国农村经济结构一个突出的特点。在坚持农村土地等基本生产资料集体所有的前提下，允许和鼓励多种经济形式长期并存和共同发展是我国农村的一项基本经济制度。

1.1.2.3　农村经济发展的动态性

农村经济是受自然、社会等多种因素制约的一个社会经济综合体。农村经济的运转受气候、生物、水文等不可控的自然环境条件影响较大，特别是种植业生产，生产率的高低在很大程度上取决于自然条件的好坏。除此之外，农村经济还要受到社会因素的影响，诸如人口、文化教育，国家的方针政策等都对农村经济发展有着至关重要的制约和影响作用。因此，各种影响因素的变化，势必会使农村经济发生动态的变化。在农业生产中科技含量逐渐提高的新形势下，促使传统农业向现代农业转化，进行农村现代化建设是农村经济发展的必然趋势。

1.1.2.4　农村经济发展的区域差异性

主要表现有两点：一是农村经济区际间发展水平的差异性。由于各地的资源条件和社会人文环境条件不同，各地的农村经济发展水平存在着较大的差异。东部沿海地区和大中城市郊区生产发展水平较高，中部地区次之，西部地区自然条件较差，资源多数未得到开发，交通不便，生产水平和科学文化水平较低。二是区内产业间发展水平的差异性。在我国大多数农村各个产业中，第一产业与第二产业和第三产业相比，存在着生产率水平较低、主要生产初级原料、比较利益较低的情况，严重制约着农民收入水平的提高。科学地进行农村产业结构调整，发展"两高一优农业"，发展农村产业化经营和社会化服务，使农民的生产过程与国际和国内市场相联结，是发展农村商品经济过程中亟待解决的主要问题之一。

1.2 农村经济分析的基本原理

1.2.1 稀缺资源合理配置原理

农村经济问题是由于资源稀缺性的存在而产生的。没有稀缺性就没有农村经济问题分析的必要性。农村经济的基本问题是如何通过合理配置和利用土地、种子、劳动等稀缺性资源，使之与自然界中的空气、阳光等自由取用资源相结合，生产出更多的农产品和其他产品，满足人类社会不断增长的物质和文化生活需要。

1.2.1.1 生产可能性

农村资源的数量是一定的，所能生产的各种物品的量也是有限的。比如在一定面积的土地上多生产某种物品就要少生产其他物品。这就涉及产品的生产可能性问题。在一定的技术条件下，用既定资源投入两种以上的产品生产所能达到的产品产量的最大组合称为生产可能性或生产可能性边界。为了简单起见，通过在一个农村社区只生产玉米和大豆两种产品这个例子来加以说明生产可能性问题。假定这个地区全部土地资源用来生产玉米可以生产 15 万吨，只生产大豆可以生产 5 万吨，在这两种极端的可能之间还可以存在不同数量的组合。假设在决定玉米与大豆的生产时可以提出 A、B、C、D、E、F 六种组合方式，根据这六种组合方式可以绘出玉米和大豆的生产可能性表。

根据表 1-1 中的资料可以绘出图 1-1。在图 1-1 中，A、B、C、D、E、F 点间的连线称为生产可能性曲线，它表示在土地资源既定的条件下所能达到的大豆和玉米最大产量的组合，也称为生产可能性边界。生产可能性曲线决定了大豆和玉米这两种产品的最大产量组合界限。因为在生产可能性边界以内的任何一点上，土地资源没有得到充分的利用，都不是两种产品的最大产量组合。在生产可能性边界以外的任何一点，因土地资源条件的限制，都是两种产品最大可能组合以外的更大的产量组合，而无法达到。在农业生产中，由于土地等资源的数量有限，人类社会在组织生产过程中，必须要考虑生产的最大可能性问题。

表 1-1 某个地区玉米和大豆的生产可能性表

生产可能性	大豆/万吨	玉米/万吨	生产可能性	大豆/万吨	玉米/万吨
A	0	15	D	3	9
B	1	14	E	4	5
C	2	12	F	5	0

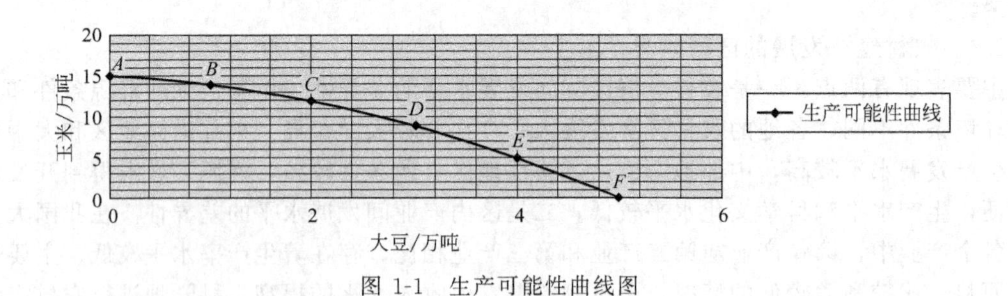

图 1-1 生产可能性曲线图

1.2.1.2 农村资源合理配置的内容

在农村各业生产中，人们总是希望农产品的产量尽可能地多一些，但受到农村资源稀缺性的限制，人类社会需要的无穷性和经济资源的稀缺性构成了一对矛盾，这就产生了在农村经济活动中的选择问题。选择就是指如何利用现有的稀缺资源去生产各种产品和劳务，以便更好地满足人类的多种需要，这是任何社会都必须解决的基本经济问题。农村生产中所面临的选择大体上可以归纳为以下三个方面。

（1）生产什么，生产多少。农村资源具有稀缺性，同时又具有多用性。由于资源稀缺，人们的无限需要只能部分被满足，有些产品可以被安排生产，有些产品却不可以被安排生产；由于资源具有多用性，一定量的资源可以用于多种产品生产，在被安排生产的产品中，有些可以安排生产多些，有些只能安排生产少些。比如，$300hm^2$ 土地面积上种植大豆 $200hm^2$，就只能种植玉米 $100hm^2$。这方面选择要处理好两个问题，一是农村产业结构和生产结构调整问题；二是各种生产项目的经营规模确定问题。

（2）如何生产。在这方面，主要涉及对生产资源投入的组合方式与生产技术运用方式的选择问题。比如，生产同样数量的某种产品，可以采用劳动密集型、资本密集型或技术密集型的资源组合方式，根据具体的资源条件，选择不同的资源利用与组合方式，可以有不同的经济效率。由于资源的稀缺性，人类社会为了增加产品与服务的有效供给，必须选择能够节约使用资源与提高经济效率的生产资源组合方式。

［案例 1-2］合作培育“菡香”稻米，农民增收益

河南省武陟县马宣寨种植水稻已经有 30 年的历史，由于交通闭塞，副业不发达，这里的农民世代以种地为生。“靠种地也能致富”一直是他们的心愿。经过调查分析，一些农民认为只有发挥优势，因地制宜，引进优质品种，规模种植优质水稻，提高稻米的附加值才是出路。2006 年 9 月份，马宣寨的 32 户农民成立了武陟县禾丰绿色稻米专业合作社。他们的初衷是以资金入股（每股 100 元，年底分红）方式解决资金困难，用股金购置高价的优质稻种、先进的农用设备，进行规模种植，提高土地收益。该社一成立，联合作战的优势很快就发挥出来了。他们用最初的 3 万元股金引进了单干农户根本不敢想的高价优质稻种，这些优质稻种是平常稻种价格的四五倍。由于这些优质稻种在荷花泥塘中育苗，与“出污泥而不染”的荷花相伴，所以取名为“菡香”，并注册了商标。2006 年收获稻米的时候，该社的“菡香”稻米销售价格高出那些单干农户的平常稻米一倍多，并且供不应求。

（3）为谁生产。为谁生产是指产品的销售收入如何在参与生产的各部分人之间进行分配。比如，在生产过程中需要投入劳动、土地、资本和企业家的才能这四种生产资源，其都由各自的所有者提供。产品生产出来以后，最后的销售收入如何在这四部分人之间进行分配，社会就要作出选择。选择的结果决定了各类资源所有者收入水平及消费水平的高低，对社会再生产的动力结构和社会的稳定有着重要的意义，同时对下一个经济周期生产效率有决定性的影响作用。

1.2.1.3　合理配置农村资源的影响因素

（1）经济制度。在现代经济社会中决定人们进行选择的经济制度可以有计划经济、市场经济和混合经济三种类型。在市场经济体制中，资源配置和产品分配过程主要是依靠价格机制进行调节的。在计划经济体制中，由政府决定生产什么、生产多少及如何生产、为谁生产等选择问题，各种资源用于何种用途与价格变动关系很小，货币和价格主要起到核算的作用，各种产品的价格不是由市场来决定而是由政府计划部门来决定的。在混合经济体制中，生产什么、生产多少和如何生产、为谁生产问题的解决是由政府和市场共同决定的。严格来说，世界上没有纯粹的市场经济或计划经济，而只有这两种经济制度的混合物。有的国家在某些时期市场经济的比重大一些，而另一些国家则可能相反。多数国家在对人类社会的基本经济问题的解决过程中既有市场机制作用的成分，又有政府经济政策调控作用的成分。

（2）机会成本。机会成本是人们选择定量资源的某种用途时，被放弃的其他用途可能带来最大收益。比如一片土地，可以用于种植农作物，也可以作为牧场，还可以建筑厂房和居民住宅，各自的收益分别为660万元、375万元、748万元和160万元。在这个实例中种植农作物、办牧场和建造居民住宅的机会成本是748万元，建筑厂房的机会成本是660万元。为了使资源配置和利用的机会成本最小，人们就要在资源各种可能的用途中进行科学合理的选择，以求实现资源配置和利用的收益最大化。机会成本和资源稀缺性之间存在着正相关的关系，自由取用资源的机会成本是零。由于稀缺资源的使用成本大于零，人们必须努力使资源配置与利用时可能存在的获益机会小于已经取得的实际收益，否则就无法实现社会收益和经济效率最大化。

（3）产品需求的程度。社会对产品需要的程度也是人们进行选择的重要影响因素。比如在经济生活中决定生产什么时，通常社会最需要的产品可能首先被安排生产，在资源尚有余力的情况下才考虑次要产品的生产，相对不重要的产品生产可能被放弃。

1.2.2　生态经济平衡原理

1.2.2.1　生态经济系统的结构

人类可利用的资源包括自然资源和经济资源两大类。其中自然资源是人类社会从事经济和社会活动的物质基础，经济资源必须通过自然资源的作用才能发挥应有的效能。在自然界中生物和人类社会共同构成一个综合的生态经济系统，这一系统的发展变化对于人类社会的经济发展具有重要的意义。为了保证人类与自然界之间不断地进行物质、信息和能量的转化，必须了解和认识生态经济系统构成，分析其变化规律，保持人类社会经济发展过程与生态环境相协调。

（1）生物群落结构。自然界中的动物、植物、微生物和自然条件之间存在着相互伴生、拮抗的依存关系，共同构成动物、植物、微生物群落结构。在不同地域内，由于地形、地貌、土壤、气候、水文等因素不同，动物、植物、微生物之间生物遗传规律的差异以及交互作用的方式不同，形成具有不同地域变异规律和特点的生物群落结构。不同的生物群落结构决定着人类社会对生产结构的选择方向。为了提高生产的长远效益，必须对当地生物群落结构变化过程特点和物种之间交互作用关系进行科学分析，按照生物遗传变异规律要求组织生产，进行合理布局和区划，做到因地制宜。

（2）土壤生态结构。从生态学的角度看，土壤是生态系统的一个组成部分，但它又是为生物生长发育提供资源条件的母体系统，它的变化特点和规律对自然生态中物种之间的综合平衡有着决定作用。在生态经济系统中，土壤是一个与环境条件发展变化相适应的非常复杂易变的有机体。一定类型的土壤特性是气候、生物、地形、母质等因素长期交互作用的结果。在土壤生态系统中，人类社会在对土地资源进行利用和改造过程的技术因素也有着重要的影响作用，因为改良土地可以实现高产稳产，掠夺式经营可以使生态环境日益恶化。

（3）生物技术结构。生物技术是利用生物的生长变化规律，人为地对其生长变化的环境、生长的过程加以利用和改造，以实现人类社会的经济和社会目标所采取的各种方法和措施的总称。生物技术包括食物链技术、生物机械技术、耕作技术、饲养技术、施肥技术、田间管理技术和植物保护技术等。为了使农业生产中的自然资源得到合理的利用，人类社会必须科学地选择和运用各种生产技术，以使自然生物资源发挥最大的效能。

［案例1-3］稻田养雁双丰收

沈阳市苏家屯区农民杨××，继去年尝试搞生态种植后，今年他又在自家稻田里养了400只非洲雁，加上水稻效益，预计今年他的水田亩效益可突破2500元。据老杨介绍，去年他听说稻田养雁效益可观，于是便在自家地里搞起了试养。在老杨家的稻田里，从稻苗扎根到即将出穗，非洲雁每天都活动在田间，不仅吃光了田间的杂草，也吃光了田间的害虫，还将粪便留在田间，加上农家肥，老杨的稻田不上化肥，不打农药。尽管水田亩产量比一般的水稻产量要低，仅为400多千克，但每千克却可卖到5元左右，是一般稻米的两倍多。去年，老杨在稻田里养的200只非洲雁获利4000元，加上水稻的收入，使水田亩效益达到2000多元，成为该区水田生产亩效益最高的农户。老杨种稻采取不同的技术方法，通过改变生产的技术结构，促进了经济效益的提高。

1.2.2.2　生态经济系统的特征

（1）系统整体性。生态经济系统中的主体是自然资源。自然资源是一个由各种因素交互作用结合而成的多元素、多层次、多功能的有机综合体。在这个系统中，各个因素之间是密切相关的，其中一个因素发生变化，都会引起相关的因素随之改变。比如植被的破坏，会造成水土流失、土壤肥力下降和生物群落构成变化，从而导致整个生态经济系统构成的改变。

（2）地域差异性。自然资源的分布和组合具有明显的地域性，从而构成了多种多样的自然生态环境，使各种资源的性质、数量、质量及其组合都有明显的地域性差异。我国幅员辽阔，各地区自然条件差别很大，在不同的土壤、气候、水文、植被、地形、地貌等自然条件下，所形成的生态经济系统存在着很大的差别。在农业生产类型上，由不同的自然生态系统特点所决定，就有长江以南的双季耕作农业和黑龙江省的单季耕作农业等方面的区别。

（3）动态平衡性。各种自然资源及其组合都是不断变化的，不可能总保持在固有的数量、质量和位置上，从而使自然生态经济系统在动态的平衡中不断发生演替变化。这种演替变化产生的动力有两个：一是自然力，二是人为的干预。单纯的自然演化过程是渐进的，且基本上能够保持着自然界中的生态平衡关系。人为的干预则可以加快自然的演变过程。比如种草种树，会使沙漠变成绿洲。反之，如果违背生态平衡规律，就会造成对自然资源条件的破坏。比如滥垦、乱伐、过牧，会使生态环境劣化，增加自然灾害发生的可能性。

（4）大部分资源的可再生性。人类所利用的自然资源大多都是生命有机体，具有生命循环和可再生的特点。例如气候因素的季节性变化、森林中水资源的循环补给、生物资源的繁衍与衰亡和土壤肥力的恢复等。对于自然资源只要利用得当，加以人工的合理保护和培育，可周而复始、永续利用。如果实行掠夺式利用，就会造成资源衰退甚至枯竭。

1.2.2.3　生态经济效益分析的内容

生态经济系统的构成要素是多种多样的，对其效益也应该综合各方面因素的作用全面地加以分析评价。根据生态经济系统的构成和功能要求，对生态经济系统的综合效益分析主要应侧重于以下几个方面。

（1）资源丰度分析。资源丰度决定着人类社会在生态经济系统中有效生存空间的大小。资源丰度主要是指自然资源的丰富程度，也可指某类资源组合的丰度，又可指某个国家或地区内各种资源的总体丰度。资源丰度是评价国情、区情的重要指标之一。如果排除其他因素的影响，资源丰度高，必然有利于当地经济发展和人民生活水平的提高。资源丰度可用地均资源占有量和人均资源占有量两个指标来反映。由于自然资源的形成和演变受气候、水文、生物、地质、地貌等地带性和非地带性因素的影响和制约，资源丰度通常表现为在空间上的相对增强或减弱、集中或分散以及有规律的组合和质量演替等现象。

［案例 1-4］资源循环利用，种地养牛双赢

在黑龙江省肇东市昌五镇，老刘养牛、种地可称得上是“状元”。三年来，肉牛年出栏平均超过200头，种 30 亩地。老刘自从 2005 年开始养肉牛，每 6 个月出栏一茬，牛粪全部发好倒细施到承包田里。他的看法是喂精粗混合饲料的牛粪有劲，能肥田，更重要的是还能以较粗的粪中纤维松暄耕作层，起到保墒抗旱的作用。每年亩施牛粪 2000 多千克，玉米平均亩产量超过 600 千克。玉米秸秆采用黄贮等方法，再买一些秸秆就够牛的粗饲料了。自产玉米喂牛，降低了养牛成本。肉牛销往广东、辽宁等地。今年，刘海德种 30 亩玉米，可收入近三万元，养牛加种地，总收入可达 20 多万元。刘德海通过养牛，资源存量没有大的改变，通过玉米秸秆“过腹还田”，资源利用率大大提高，增加了收入。

（2）可持续发展能力分析。实际上就是对自然界中的可再生资源的生存功能和发展功能分析。保护和改善生态经济条件，合理而永续地利用自然资源是人类社会不断进步的基本前提。如果生态经济系统的现状差强人意，人类社会的持续发展将面临着巨大的资源与生态环境压力。我国的耕地资源日趋紧缺，水资源短缺且污染严重，森林及草地资源相对不足且破坏严重，生物物种的多样性、农产品污染与食用安全受到严重威胁等，都对社会和经济的持续发展造成直接或间接的不利影响。

（3）生态效益分析。生态效益分析主要是通过对生物群落结构分析、土壤生态结构以及生物技术结构变化情况的分析，评价生态环境的太阳能固定功能、参与物质循环功能和社会发展承载功能的实现程度和效益。在农村中发展绿色农业，开发绿色食品和特色经济，提倡无污染、无公害的工农业生产项目和产品，努力提高森林覆盖率，是提高生态效益的主要途径，也是生态效益分析的主要评价指标。

1.2.3 适度经营规模原理

1.2.3.1 规模报酬的含义

规模报酬研究的问题是，当生产资源按照某一比例增加的时候，其产品产量或收益会按照什么比例增加。随着生产规模的扩大，规模报酬的变化会经过三个阶段：第一阶段是规模报酬递增。就是当生产资源的投入增加某一倍数时，其产量或收益增加的倍数超过生产资源增加的倍数。第二阶段是规模收益不变。就是当各种生产资源投入增加某一倍数时，产量或收益的增加等于这一倍数。第三阶段是规模报酬递减。就是当各种生产资源的投入比例增加某一倍数时，产量或收益增加的倍数小于生产资源增加的倍数。

1.2.3.2 规模经济与规模不经济

规模经济是指在技术水平不变的情况下，当两种生产资源按同样的比例增加，即生产规模扩大时，最初会使产量或收益增加的倍数大于生产规模扩大的倍数，称为规模经济。但当规模的扩大超过一定限度时，则会使产量或收益增加的倍数小于生产规模扩大的倍数，甚至使产量或收益绝对量减少，出现规模不经济。规模经济与规模不经济的表现形式有两种：内在经济与内在不经济，外在经济与外在不经济。

［案例 1-5］花卉专业化生产与适度经营规模

在花卉生产中“大而全，小而全”已被认为是不经济的经营行为，不仅不利于资源的充分利用，而且还阻碍了企业自身经营特色和优势的发展。因此搞专业化的生产已普遍被花卉界人士所认同。但是搞专业化生产，是否越专越好呢？这里就涉及一个“度”的问题。目前一些地区过分强调单一品种的生产，以为越专越好。其实这种看法和做法是很片面的。这里关键之处在于对市场需求特点的把握。以百合切花生产为例，现今花卉市场对各色各式百合切花的需求比例差异不算太大。花店在批花时，往往喜欢红色、绿色、黄色等各式品种的搭配购买。所以，在搞以百合为方向的专业生产时，就应根据百合市场需求的特点来安排生产，不应为追求专业化效果而置市场需求结构和市场容量于不顾，单纯去搞某一品种的大面积生产，这容易因产品过于集中上市而形成滞销。因此，在搞专业化花卉生产时要注意根据市场需求特点来确定专业化的程度，真正实现专业化生产的规模效益。

(1) 内在经济与内在不经济。内在经济是指一个生产经营单位在生产规模扩大时由自身内部原因所引起的产量或收益增加。引起内在经济的原因有四个方面：一是可以使用更加先进的机器设备；二是可以实行专业化生产；三是可以对副产品进行综合利用；四是方便生产资源和产品的购买与销售。在经济生活中，生产规模并不是越大越好。如果一个生产经营单位由于本身生产规模过大而导致产量或收益的减少，就称为内在不经济。引起内在不经济的原因主要有两个方面：一是管理效率的降低；二是生产资源价格与销售费用增加。从规模报酬原理进行分析，并不是所有的生产经营单位都会从生产经营规模扩大过程中获得好处。

(2) 外在经济与外在不经济。影响生产经营单位规模报酬大小的因素除了内部的原因外，还有来自于外部的原因。外部原因主要是行业规模的影响。一个行业是由多个生产同种产品的生产经营单位组成的，它的大小会影响到每个生产经营单位的产量和收益。

整个行业生产规模的扩大，给个别生产经营单位所带来的产量与收益的增加称为外在经济。引起外在经济的原因是：个别生产经营单位可以从整个行业的扩大中得到更加方便的交通条件和辅助设施、更多的信息与更好的人才，从而使产量与收益增加。

一个行业的生产规模过大也会使个别生产经营单位产量与收益减少，这种情况称为外在不经济。引起外在不经济的主要原因是：一个行业过大会使生产经营单位之间的竞争更加激烈，各个生产经营单位为了争夺生产资源与产品销售市场，必须付出更大的代价。因此，整个行业的扩大，会使个别生产经营单位的规模报酬因竞争激烈、环境污染严重、交通紧张等原因而降低。

1.2.3.3　适度经营规模的确定

从以上分析来看，一个生产经营单位和一个行业的生产规模不能过小，也不能过大，也就是要实现适度经营规模。所谓适度经营规模就是在一定的技术水平前提下，生产经营单位的生产资源投放比例的增加（即生产规模的扩大）正好使产量或收益递增达到最大。确定适度规模时应该考虑的因素主要有：

第一，本行业的技术特点。一般来说，需要投资的数量大，所用设备复杂先进的行业，适度经营规模就大，如冶金、机械、汽车制造、造船、化工等重工业生产经营单位，生产规模越大经济效益越高；相反，需要投资的数量少，所用设备比较简单的行业，适度经营规模小，如服装、服务这类行业，生产经营规模小能更灵活地适应市场需求的变动，对生产更有利，所以适度经营规模也就小一些。

第二，市场条件。市场需求量大、标准化程度高的产品，生产经营单位的适度规模就大一些；相反，适度经营规模就小一些。市场需求量大、标准化程度高的产品适合大规模的批量生产，生产经营单位可以从生产规模扩大过程中更多地获益；而市场需求量少、产品不适合批量生产的行业则不具备这种优势。

此外，影响生产经营单位确定适度经营规模的因素还有许多，如交通运输条件、能源的供给、原材料的供给和政府的政策等。这些都是在确定适度经营规模时必须考虑的因素；同时人们为了提高生产经营的规模报酬，可以根据不同地区的经济发展水平、资源和市场等条件，在生产技术、生产设备的选择和经营方式上进行创新。也就是说适度经营规模是相对于一定技术经济条件而言的，技术经济条件发生了变化，适度经营规模也会发生变化。

1.2.4 经济效益优化原理

1.2.4.1 经济效益的评价指标

在经济活动中，消耗或占用一定量资源取得的有用成果，同取得这一成果的资源消耗或占用量的对比称为经济效益。当资源投入的数量一定时，经济效益同生产经营过程的有用成果成正比；当产品产出的成果一定时，经济效益同资源投入或占用的数量成反比。农村各业生产对经济效益进行评价的目的和角度不同，可以通过不同的指标来反映。

[案例 1-6] 柿子成熟后为什么无人采摘

在出产柿子的北方地区，路过一些村庄时总会看到，采摘完柿子后还有一些柿子挂在树上，并不是主人没空采摘，而是由于个小、果面不干净而无人收购。有些乡镇柿子树栽种量比较多，有的村庄户均柿子树近十棵，这些树都是20世纪七八十年代栽的，但对柿子树的管理却被人们忽略了。按照以往的习惯，总是到采收期才到地里看看柿子，平时不要说打药，就连修剪也没有。柿子收获后都交给收购者发往外地做柿子饼销售，所以对柿子的大小、色泽和果面要求都很严格。虽说旺季一个乡镇每天都有几个收购点，但大多数都是本地人从外地收来的送到这里赚取差价，不合格的柿子只能留在树上。柿子树也和其他农作物一样，需要施肥、打药、修剪、冬管，只有把它“伺候”好了，它才能为你创造出效益。所以科学管理是必不可少的，否则很难创造财富。

(1) 资源利用报酬率。资源利用报酬率是生产中的产出成果与资源消耗或占用的比率。具体指标有单位土地面积的产品产量或产值、农业劳动生产率等，计算公式为：

资源利用报酬率＝符合社会需要的有用成果/资源消耗或占用 (1-1)

(2) 单位产品的资源消耗或占用率。如果在经济效益分析和评价中，要考察的是单位产品的资源消耗和占用情况，就可以用单位产品的资源占用和消耗率这一类指标来反映。主要有单位产品成本和单位产品的物资消耗等指标，计算公式为：

单位产品的资源占用或消耗率＝资源消耗或占用/符合社会需要的有用成果 (1-2)

(3) 生产经营利润。在农村经济活动中，经济效益的大小最后往往是通过农户或农村企业的生产经营利润体现出来的。因此，经济效益大小可以通过利润额或利润率等指标来反映。生产经营利润额的计算公式为：

某项生产经营的利润＝符合社会需要的有用成果－资源消耗或占用 (1-3)

生产经营的利润率根据分析问题的目的和要求不同可以通过资金利润率、产值利润率、成本利润率等指标进行反映或说明。农村经济活动中的符合社会需要的有用成果可以用实物形态表示，也可以用价值形态表示。其表现形式可以是物质产品，也可以是为社会提供的劳务性服务。在生产过程中消耗或占用的资源可以是人力资源，也可以是物质性的生产资料。生产资料可以是以实物形式表示的生产过程占用的建筑物、机器设备和保证生产正常进行的必需的原材料储备，也可以是以价值形态表示的资金等。在实际经济工作中，通过上面公式的计算结果，可以具体地体现为土地生产率、劳动生产率、单位产品成本和资源利用的利润率等指标。反映经济效益高低的指标可以是绝对数指标，也可以是相对数指标。

1.2.4.2 经济效益分析的基本要求

(1) 注重多种效益的有机结合。在生产经营过程中，经济效益的高低是受多种因素影响的，各种因素之间交互作用。农村中土地、水分、空气、阳光、气候、市场、民俗、文化、技术等都会对经济效益产生至关重要的影响；同时农村经济发展目标又具有多样性的特点，赢利目标固然重要，但社会发展目标、生态环境保护目标、社会贡献目标等都会制约着人们不可能单纯地去追求经济目标最大化。在经济效益分析中，不仅要分析经济效益，还要分析社会效益、生态效益和技术效益。

[案例1-7] 阿城“鸭稻米”畅销冰洽会

第25届中国哈尔滨国际冰雪节经济贸易洽谈会于2009年1月5日至9日在哈尔滨市国际会展体育中心举行，哈尔滨市阿城金京稻米专业合作社认证的无公害大米“鸭稻米”以其特有的产地环境、“稻鸭共作”等优质高效的栽培技术、米质晶莹、口感醇香、营养丰富、有益健康等特点，在冰洽会上受到了广泛关注，洽谈会期间与省外企业共签售8吨合约，其中北京市5吨，西安市2吨，银川市1吨，贵州省一家企业打算明年6、7月份到阿城区鸭稻米基地考察，进行长期经贸合作。另外洽谈会上还零售“鸭稻米”500多千克，价格为20元/千克。阿城“鸭稻米”通过在第25届中国哈尔滨国际冰雪节经济贸易洽谈会上的展销，进一步展示了阿城区无公害农产品和阿城名特优产品的形象。阿城“鸭稻米”在此次洽谈会上的畅销为受国家地理标志保护的优质、营养的“阿城大米”走入全国更多老百姓的家庭开通了良好渠道。

(2) 实行定性分析和定量分析相结合。对于经济效益的评价分析不仅要注重定性分析，还要注重定量分析。凡是能够用数量指标说明和评价的内容，都要通过具体的定量指标加以说明和表述。各种分析数据和参数的取得和运用，要经过周密的调查研究，经过可行性、可靠性分析后才能采用。要通过多种途径和方法广泛收集各种资料和数据，对评价目标的实现程度和结果凡能够制定和实施可量化考核标准的，都要通过量化指标加以说明。

(3) 注意评价条件的可比性。我国各地区农村的自然、经济和社会条件千差万别，对于分析结论的得出一定要注意评价条件的可比性。根据不同的地区、不同的季节、不同的生产项目、不同的自然和社会经济发展情况，对同一评价对象要结合不同的条件建立科学合理的分析模型，综合考虑各种因素差别所产生的不同影响，使分析过程和结果尽可能与当时当地的条件的影响结果相一致。这样才能保证分析结果在经济上合理，生产上可行，技术上先进，并合乎社会、政治、道德等各方面的要求。

1.3 农村经济分析的任务与方法

1.3.1 农业经济问题分析的对象

农业经济是各种农村经济关系和经济活动的总称。农业经济问题分析的对象，是在一定经济管理体制下，根据市场经济条件要求科学合理地分析和解决各种农村资源的合理配置和利用问题。基本原则就是要用系统开放的观点，把农村中的农业和农户的经济现象和经济过程放在国际、国内经济和农村社会整体环境中去分析，根据动态发展的要求，探讨不同时期农村经济发展的特点和变动趋势，总结其客观规律，用科学方法完成研究任务，实现农村经济发展综合效益优化的目标。

1.3.2 农村经济问题分析的任务

1.3.2.1 农村资源的合理配置与利用

农村中的土地、劳动、资本和企业家才能是进行各业生产的基本要素，要求人们必须对其进行合理配置和利用。如何进行生产什么、生产多少和如何生产等方面的选择，既是一个农村生产资源在微观经济层次中的合理组合问题，也是一个能否生产更多的农副产品以满足人们日益增长的物质和文化生活需要的宏观经济问题。科学地进行农村生产资源的配置和利用是农村经济问题分析的中心内容和首要任务。

1.3.2.2 改革和完善农村经济管理体制

要大幅度地提高农村经济发展的经济效益，就要改革一切不适应农村经济发展需要的管理制度和管理方式，建立起具有充满生机和活力的农村经济管理体制，从管理模式和制度上确保经济效益的提高。国家和农村社区要在加强行政、政策和法规管理工作的同时，正确运用经济杠杆，充分发挥财政、金融、价格等经济手段的调节作用，促进农民和企业改善经营管理，增产节约，提高经济效益。

1.3.2.3 发展农村市场经济

主要途径是培育农村市场的发展机制，通过发展股份制、股份合作制经营和贸工农一体化经营，造就农村市场经济新机制的运行基础，使农民的生产经营活动和国际、国内的市场有机地结合起来。建设农村市场体系，使生产经营者真正成为以市场为导向，在经营活动中做到自我约束、自负盈亏、自主经营、自我发展的经营实体。组织农民发展农业产业化经营，充分利用国际市场的游戏规则，通过“订单农业”等形式，提高我国农业的国际市场竞争力。

1.3.2.4 促进农业现代化事业的发展

实现农业现代化是农村现代化建设的核心内容。实现农业现代化在农业生产力方面要达到四个方面的要求：一是农业生产工具机械化和自动化；二是生产技术现代化；三是生产管理社会化；四是农民综合素质现代化。通过现代化建设实行农村各种生产要素新的组合和运用方式的创新，实现农村经济长期高效的可持续发展。

1.3.2.5 全面搞好新农村建设

新农村建设是新时期农村经济发展的重要战略任务，按照“生产发展、生活富裕、乡风文明、村容整洁、管理民主”的总体要求，新农村建设涵盖经济、政治、文化和可持续发展等多方面的建设目标，是一项伟大的系统工程。目的在于通过对农民的生产、生活和生态环境的改善，以新农民、新社区、新组织、新设施、新管理、新风貌、新环境为标志，最终将全国农村建设成为经济繁荣、社会稳定、设施完善、管理民主、环境优美、生活幸福、文明和谐的社会主义新农村。

1.3.3 农村经济问题分析的方法

1.3.3.1 调查研究法

调查研究法是进行农村经济问题分析和研究最基本的方法，一切分析结论都要通过调查研究得出，或者要通过调查研究验证。调查研究法就是在系统地、直接地收集农村经济现象和问题的经验资料的基础上，通过对资料的分析来科学地阐明农村经济生活状况和发展规律的认识活动。利用调查研究法研究和分析农村经济现象和问题，主要是从感性认识入手来了解农村社会经济的真实情况，客观地描述农村经济生活的一般状况、过程和特点，解释农村经济现象的产生、发展和变化过程，揭示农村经济现象的发展规律及本质，预测农村经济现象和问题发展变化过程及必然趋势，为制定科学合理的农村经济发展政策和决策方案提供理论和现实依据。

[案例 1-8] 经营投资要以科学的调查研究为基础

家住皖南农村的王先生意外地得到一笔海外亲戚遗赠的数量相当可观的财产，为了使财富增值，他决定用其进行产业投资。作为商场上的“门外汉”，他在没有进行市场调研的情况下就到处设厂，多目标不计成本地进行投资。比如在某些媒体进行的海外投资宣传鼓动下，匆匆前往越南设厂以“小试牛刀”；在国内很多地方也不惜血本兴建了很多工厂，终因经营不善而纷纷倒闭。与王先生情况基本相似的是，一些经营者常常是对投资项目事先不了解，对产品销路没有进行市场调研，对自身的能力也不清楚，就盲目地铺摊子、上建设项目。结果是在场面上搞得轰轰烈烈，实际上却是刚投资建厂时就已经危机四伏。由于投资目的具有盲目性，许多目标夹杂在一起，分不清先后主次，一旦手中资金丰裕便容易出现撒棒子面的现象，即将资金撒得到处都是。表面看起来，似乎最不济也可以弄个广种薄收，但投资不是种庄稼，广种薄收很难，颗粒无收的情况却经常发生。如此投资，时间一长，再丰实的仓廪也会有撒光的一天。投资者手里的每一分钱都是宝贵的，花每一分钱都要精打细算。好的主妇在持家的时候，都知道一条经验，就是未算入先算出。企业投资好比向外撒钱，在没有找到合适的"搂钱耙子"之前，需要先管好现有的"装钱匣子"。没有经过科学的市场调研和预测就进行"天女散花"式的投资决策，十有八九会"血本无归"。因为靠"拍脑袋"想出来的投资"点子"，带来的结果只能是拍着大腿叫苦不迭。

1.3.3.2　辩证分析法

在进行农村经济现象和问题的研究过程中，要树立两个基本观点：一是农村中的各种经济现象和问题都是相互联系和影响的，要学会用全面和联系的观点看问题；二是农村经济是一个不断发展和变化的动态过程，要以发展和动态的观点来看待农村经济发展过程，随时发现新问题，研究新事物，探讨农村经济发展的客观规律和必然趋势，以便对农村经济的发展过程和趋势作出科学的预测和分析，以指导农村合作经济组织和农户经济活动的健康发展。运用辩证分析的方法分析处理农村经济问题，在方法和措施选择上，就要根据不同的地点、时间和条件，做到具体问题具体分析、具体解决。

1.3.3.3　系统分析法

系统分析的方法，就是把农村经济看成由若干个既有区别，又相互联系、相互作用的要素所构成，处在一定的环境中，为达到既定的经济目标而存在的统一整体，农村中的农业、工业、商业、运输业、建筑业和服务业等是其中的子系统。从系统的整体集合性分析各个产业之间的相互区别和联系，在充分发挥各个部分功能的同时，实现农村经济整体功能的最优化。

1.3.3.4　逻辑抽象法

科学的逻辑抽象是社会经济科学研究的基本方法。尽管我国农村各地情况有很大的差别，农村各个产业的生产经营又各具不同的特点，但其发展变化过程都有一定的规律性，可以在农村经济管理的实践中进行归纳和总结，用以指导农村社会实践。运用逻辑抽象法对农村经济现象和问题进行分析和研究，就是要运用观察、分析、综合、类比、归纳、演绎的方法，从农村经济活动及过程的诸多因素、环节、方面中总结出其规律性，并在实践中加以验证和修正。

1.3.3.5　科学实验法

农村经济是受多方面因素影响和制约，由各种产业部门，多种经济形式，多种经营方式耦合而成的一个有机的社会、经济、政治、文化综合体。在研究方法的选择上，要对各种调查资料和信息进行科学的分析和研究。由于农村经济发展过程具有不可重复试验性，为了保证各项政策和决策方案的科学合理性，决策方案和政策在实施前必须通过试点才能予以推广应用。比如，农村产业结构的调整方案、不同的投资规模、不同的技术改革方案、不同的政策措施，在进行推广应用前都要进行小规模的试点性试验，经过试验性的应用，观察和总结经验，分析其生产可行性、技术先进性和经济合理性，再结合各地区的实际情况，认为切实可行才能予以推广应用。

1.3.3.6 数理分析法

由于农村经济的发展和效益的影响因素很多，影响程度和作用范围又不相同，对于各种决策方案的制定，在进行定性分析的基础上，还要进行全面而准确的定量分析。进行农村经济问题研究所运用的各种数据资料和记录，在收集、整理和分析过程中，由于各种原因影响会不可避免地存在一定的偏差。为了提高调查研究、预测和决策的科学性，要运用数理分析方法，对各种数据资料及信息进行分析、检验和估测，检测其真实性、可靠性、合理性，对其偏差进行客观而公正的估计，对预测和决策方案进行修正和调整，使其能够更加符合农村经济管理工作的实际需要。

单元小结

农村是和城市相对应的社会区域，凡是城市以外的地区都是农村。农村是一个综合性的地域性概念，它包括居住在那里的人们及其从事的经济、社会、文化和政治活动，以及地面、天空、地下资源在内的自然环境等。农业是通过人类利用动物、植物的生活机能，通过人工培育以取得物质产品的社会生产部门。农民是从事农业生产的劳动者。农民从事的生产项目主要是农业，其基本生产资料是土地。农民主要居住在农村中的乡镇和村屯中。目前在我国农民占农村人口的70%以上，农民的生产、消费行为的合理性决定着农村经济发展的水平。因为农业是国民经济的基础，农民是农业生产经营活动的主体，也是农村经济活动的主体，所以农村经济的核心问题是农民问题。

农村经济是一个地域性经济概念，农村经济问题研究和分析的对象，是在一定农村经济管理体制下，根据市场经济条件的要求科学合理地分析和解决农村中各种资源的合理配置和利用问题。我国农村经济具有以下特点：一是我国农村中基本经济单位是农户；二是农村经济构成具有综合性，体现在经营内容、经营方式和经济形式三个方面；三是农村经济发展的动态性；四是农村经济发展具有区域差异性，体现在我国农村经济发展地区间存在着很大的差异，农村各产业生产水平差异较大，第一产业的比较利益低。

农村经济问题是伴随资源日益稀缺而产生的。在一定的技术条件下，用既定资源投入两种以上的产品生产所能达到的产品产量的最大组合称为生产可能性或生产可能性边界。人类社会根据资源稀缺性和生产可能性的要求，对资源的用途和利用方式作出的选择包括生产什么、生产多少、如何生产和为谁生产，这些问题称为人类社会的基本经济问题，要作出正确的选择会受到各种因素的影响。进行农村经济分析要遵循的基本原理还有生态经济平衡原理、适度经营规模原理和经济效益优化原理。分析和解决农村经济问题的基本目标是实现经济、社会和生态效益的有机结合。

农业经济问题分析的基本原则就是要用系统开放的观点，把农业、企业和农户的经济现象和经济过程放在国际、国内经济和农村社会整体环境中去分析，根据动态发展的要求，探讨不同时期农业经济发展的特点和变动趋势，总结其客观规律，用科学方法完成研究任务，实现农业经济发展综合效益优化的目标。农村经济问题分析的基本任务是，农村资源的合理配置与利用；改革和完善农村经济管理体制；发展农村市场经济；促进农业现代化事业的发展和全面搞好新农村建设。农村经济问题分析常用的方法有调查研究法、辩证分析法、系统分析法、逻辑抽象法、科学实验法和数理分析法。要根据不同的分析内容、任务和要求对各种分析方法进行合理地选择或组合运用。

综合练习

（一）名词解释

农村　农业　农民　农村经济　农户　资源稀缺性　生产可能性　选择　规模报酬　规模经济　规模不经济　内在经济　内在不经济　外在经济　外在不经济　适度经营规模　经济效益　调查研究

（二）填空

1. （　　）是和城市相对应的（　　），凡是（　　）以外的地区都是农村。
2. 农村中的产业主要有（　　）：（　　）以有生命的动物、植物为生产对象；第二产业包括（　　）和加工制造业；第三产业是指为（　　）服务的其他行业，包括农村中的运输业、商业、金融业和保险业等。
3. 在现代经济社会中，决定人们进行选择的经济制度可以有（　　）、（　　）和混合经济三种类型。
4. 规模报酬研究的问题是，当生产资源按照某一（　　）增加的时候，其（　　）会按照什么比例增加。
5. 在经济活动中，消耗或占用一定量资源取得的有用成果，同取得这一成果的资源消耗或占用量的对比称为（　　）。
6. 我国农村中的基本经营单位是（　　）。
7. 一个行业生产规模过大会使个别生产经营单位产量与收益减少，这种情况称为（　　）。
8. （　　）就是在系统地、直接地收集农村经济现象和问题的经验资料的基础上，通过对资料的分析来科学地阐明农村经济生活状况和发展规律的认识活动。
9. 人类可利用的资源，从构成属性划分包括（　　）和经济资源两大类。
10. 在一定的技术条件下，用既定资源投入两种以上的产品生产所能达到的产品产量的（　　）称为生产可能性或生产可能性（　　）。

（三）选择答案

1. 在以下各组概念中，具有相对关系的是（　　）。
   A. 农村和城市　B. 农业和商业　C. 农民和学生　D. 农村和乡镇
2. 农村涵盖的社会区域包括（　　）。
   A. 乡镇　B. 村屯　C. 城市　D. 县城
3. 我国农业生产的基本经营单位是（　　）。
   A. 农户　B. 乡镇企业　C. 产业化经营企业　D. 农村专业协会
4. 规模经济所研究的问题是（　　）。
   A. 两种生产要素中一种不变而另一种发生变动对产量的影响
   B. 两种生产要素同时变动对产量的影响
   C. 两种生产要素配合的比例变动对产量变动的影响
   D. 以上说法都不确切
5. 在下列行业中，生产单位规模最大的行业应该是（　　）。
   A. 服装业　B. 钢铁业　C. 饮食业　D. 农业
6. 在农村经济中，（　　）。
   A. 因为资源是稀缺的，所以不会存在资源的浪费
   B. 因为存在资源浪费，所以资源并不稀缺
   C. 既存在资源稀缺，又存在资源浪费
   D. 以上说法都对
7. 农村资源的稀缺性是指（　　）。
   A. 农村资源会因为人们生产的产品日益增多而消耗殆尽
   B. 相对于人们的无穷欲望而言，资源总是不足的

C. 农村生产某种产品的资源绝对数量很少

D. 以上说法都对

8. 农村中的主体产业是（　　）。

A. 农业　　B. 商业　　C. 工业　　D. 服务业

9. 受行业市场变化影响，企业扩大经营规模导致经济效益降低，称为（　　）。

A. 内在经济　　B. 内在不经济　　C. 外在经济　　D. 外在不经济

10. 资源利用报酬率是反映农村企业经营过程（　　）的重要指标。

A. 经济效益　　B. 社会效益　　C. 文化效益　　D. 政治效益

（四）判断正误

1. 农村中的主要产业是农业。（　）
2. 农村经济是一个和城市经济相对的概念。（　）
3. 只要有人类社会存在，就会存在资源的稀缺性。（　）
4. 生产可能性是指一定量资源可能提供的最大产量。（　）
5. 生产什么、生产多少，如何生产、为谁生产的问题称为人类社会的基本经济问题。（　）
6. 生产规模大可以实行专业化生产并提高管理效率，这样所引起的产量或收益的增加属于外在经济。（　）
7. 一个企业生产规模越大，经营越有利。（　）
8. 一个行业扩大可以使某个生产单位减少用于基础设施建设的支出。（　）
9. 一个行业生产规模过大会使其中各个生产经营单位竞争加剧，这样所引起的产量或收益的减少属于内在不经济。（　）
10. 经济效益分析的是生产经营活动中的投入与产出的对比关系。（　）
11. 农村经济研究的内容具有综合性的特点。（　）
12. 调查研究是分析和研究农村经济问题最基本的方法，一切分析或研究结论都要在来自调查研究之后。（　）

（五）分析与回答问题

1. 某经济社会生产消费品和资本品两大类商品的最大数量组合如下表所示。请运用表中资料绘出该经济社会的生产可能性图，并分析该经济社会如果两类产品的数量组合分别为 $H(2, 14)$、$J(10, 20)$ 时，这两种组合是否在生产可能性边界上，如果不是，各说明了什么问题。

生产可能性	消费品产量/万吨	资本品(大炮)产量/万门
A	0	42
B	2	40
C	4	36
D	6	30
E	8	22
F	10	12
G	12	0

2. 某个乡镇为了丰富居民的文化生活，决定建立有线电视台，由于经费困难，每户缴纳初装费2000元，两年内不收取月租，结果安装者寥寥无几，造成严重亏损。后来听取专家建议，决定将初装费降到每户100元，但每月每户收取月租10元，结果几乎家家安装了有线电视接口，有线电视台不仅收回了最初的投资，还略有节余。运用本单元的知识说明解决这个问题的经济学道理。

3. 人们常说农业是国民经济的基础，农村繁荣与进步是社会发展的关键性决定因素，农民安则天下安。根据你对本单元内容的学习，请谈谈对农村、农业和农民问题的理解并提出解决“三农”问题的建议。

(六) 复习思考题

1. 如何理解农村、农业和农民的含义？
2. 阐述我国农村经济的特点。
3. 如何确定农村生产经营单位的适度经营规模？
4. 阐述生态经济系统的构成与特点。
5. 什么是经济效益？如何才能提高农村企业和农户的经济效益？
6. 阐述农村经济问题分析的任务和方法。

第2单元　农村商品供求与市场

【教学目标】 通过本单元的学习，掌握农村商品需求与供给、农村商品价格与市场的基本知识与技能，学会运用农村商品与市场分析原理处理农村商品交易的能力。

[案例2-1] 大蒜换黄金，大葱换大蒜

在一个盛产黄金的海岛上，游客某甲临走时将自己吃剩下的一袋大蒜送给了当地居民。这个岛上的居民没有尝过大蒜的滋味，经过部落首长会议研究决定，回赠给某甲两袋黄金。几年后，某乙听说了这件事，给这个岛上居民带去了一捆他们从未见过的大葱，结果得到两袋大蒜的回报。物以稀为贵，某甲用大蒜换得的是岛上“仅有的”黄金，某乙套用某甲的做法，“荣幸”地用大葱换得了岛上经过精心繁殖生产出来的“珍品”大蒜。在市场竞争条件下进行经济活动有规律可循，但不能盲目照搬，需要把科学性的学习和创造性地运用有机地结合。

2.1　农村商品需求与供给

2.1.1　农村商品需求

2.1.1.1　农村商品需求表和需求曲线

需求是消费者在某一特定时期内，在每一价格水平下，消费者愿意并且能够购买的商品和劳务的数量。农村商品需求是指农村的居民户在某一特定时期内，在各种可能的价格水平上愿意而且能够购买的商品数量。首先农村商品需求不同于需要，需要是一种主观愿望，它不受主观购买力的限制，即使没有钱的人也会有需要，农村商品需求必须同时具有购买意愿和支付能力。购买意愿是需求的前提，支付能力是需求的保证，两者缺一不可。如果农村消费者只有购买欲望而无支付能力，则不能成为有效需求，只能称为潜在需求。因此，农村商品市场的开发，要关注农村消费者的购买力水平。其次农村商品需求受多种因素的影响，一般我们用 D 来表示需求，则需求公式可以表示为 $D=f(a,b,c,d\cdots\cdots)$，如果只考虑价格因素，则需求公式可以简化为 $D=f(p)$。农村商品的需求表是把农产品的价格水平和相应的购买数量在表格上成对地表示出来，就形成了农产品的价格表。如表2-1所示。

表2-1　某种农产品的需求表

种　类	a	b	c	d	e
价格/(元/吨)	2600	2400	2200	2000	1800
需求量/吨	1000	1200	1450	1750	2100

农村商品的需求曲线是某种农村商品价格与其需求量之间关系的图形表示形式，是表示商品价格与其需求量之间数量对应关系的曲线。可以依据需求表绘制出其需求曲线，如图2-1所示。在图中，纵轴 OQ 代表需求量，横轴 OP 代表价格，d 为需求曲线。一般情况下需求曲线是从左上方向右下方倾斜，表明商品需求量与其价格之间成反方向变动。需求曲线的形状可能是曲线，也可能是直线，它取决于商品需求量与其价格之间的数量对应关系。

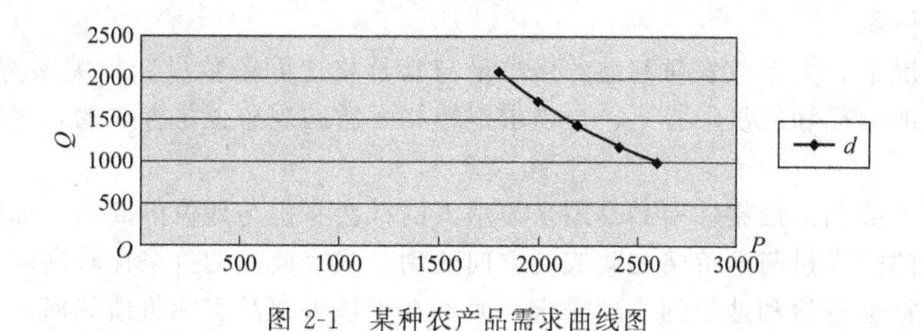

图 2-1　某种农产品需求曲线图

2.1.1.2　影响农村商品需求的因素

(1) 农村商品本身的价格。一般来讲，商品需求量与其价格之间成反方向变动，商品价格升高，需求量降低；商品价格降低，需求量增加。例如鸡蛋的价格上涨，人们对鸡蛋的需求量就会降低。比如在价格为 5 元/kg 时，准备购买 5kg；当价格上涨为 6 元/kg 时，可能只购买 4kg，或者购买得更少一些。

(2) 相关其他商品的价格。对某一特定商品的需求，不仅取决于该商品自身的价格，还取决于其他相关商品的价格。相关商品之间的关系有两种：互补关系和替代关系。互补关系是指两种商品互相补充共同满足人们的同一种欲望，完成同一消费功能，如拖拉机和柴油；替代关系是指两种商品可以互相代替来满足同一种欲望，如猪肉与牛肉。由于商品之间的不同关系，导致相关商品价格的变动引起某种商品需求的变动方向亦不同。对于互补品，一种农产品的价格上升，消费者对另一种农产品的需求就会减少；反之亦然。也就是一种商品的价格与其互补品的需求量成反方向变动。对于替代品，一种农产品的价格上升，消费者对另一种商品的需求就会增加；反之亦然。即一种商品的价格与其替代品的需求量成同方向变动。

(3) 农村居民的收入水平以及社会收入分配的平等程度。收入水平与社会收入分配平等程度的提高会导致需求增加；反之，收入水平下降，社会收入分配不平等会导致需求减少。我国改革开放以前，农村居民对肉类的消费需求不高，现在随着收入的增加，对肉类商品需求不断提高。

(4) 农村消费者的偏好。农村消费者对某种商品的偏爱程度会对该种商品的需求量产生影响，偏爱程度越高，需求量越大；相反，偏爱程度越低，需求量越小。某一时间在一个地区内，某种商品由于能够刺激很多消费者的购买欲望，就可能引导一个消费群体的消费偏好，从而形成时尚性消费的市场需求。

(5) 农村人口数量和结构的变动。一般来讲，人口数量的增减会使需求发生同方向变动。人口越多，对商品的需求量也越大。人口结构的变动主要影响需求的结构，比如脑力劳动者对蛋白质高的食品需求量较大，婴幼儿消费者对奶类、糖类的消费需求较大。

另外，农村消费者对未来价格的预期、政府的经济政策也会对农村商品需求产生影响。如果消费者预期某种农产品的价格将来会上涨，就会增加当前的需求；如果预期该农产品的价格将来会下降，就会减少当前的需求。而政府实行购买农产品给予补贴，人们就会增加该农产品的需求。

2.1.1.3　农村商品的需求定律

商品需求定律是说明某种商品价格与其需求量之间关系的理论。其基本内容是：在其他条件不变的情况下，某种商品的需求量与价格之间成反方向变动，即需求量随着商品本身价格的上升而减少，随商品本身价格的下降而增加。体现在需求曲线图上，就是需求曲线从左上方向右下方倾斜。

在一般情况下，大多数农村商品的需求量与其价格之间的数量变动关系符合上述特点，但在某些特殊的商品和经济形势下，与需求定律相矛盾的现象也是存在的，主要有以下两种情况。

(1) 炫耀性商品。炫耀性商品是用来显示人的社会身份与地位的商品，如鲨鱼翅、燕窝等，这类商品的需求量与其价格之间成同方向变动，只有商品的价格比较高时，购买者才能满足炫耀自己社会身份和地位的心理需求，而不在于该种商品实际价值如何。

(2) 吉芬商品。这类商品是低档生活必需品，这类商品的价格上升，其需求量反而增加。1845 年，英国经济学家吉芬发现，在爱尔兰发生大灾荒时，马铃薯的价格上升，需求量反而增加。这种商品价格上升、需求量增加的现象被称为“吉芬之谜”。这种现象主要发生在经济萧条时期或市场竞争受限制的条件下。

[案例 2-2] 我国农产品需求改变，绿色有机食品成新宠

一根糯玉米棒 7 元钱，一盒 6 个装的蒜头 10 元钱，大米 12 元钱一千克……这些食品虽然有些贵，但销路还不错。为什么？全凭一个好身份，它们的“户口本”上有个与众不同的标签——有机食品。在北京市朝阳公园附近的一家有机食品专营店里，绿豆、黄豆、大米、玉米面等以 0.5kg 或 1kg 包装，套上精致的纸袋，齐整地摆放在货架上；蔬菜、水果、肉类食品，看上去洁净而有序。陆续前来的购物者以外籍人士为主。买一千克有机黄瓜的钱能买上三四千克普通黄瓜，对专程前来购买有机食品的客户而言，价格并不是问题。

究竟是哪些人在消费有机食品？据介绍，乐活城朝阳公园店的顾客半数来自外籍人员；此外，港澳台客户约占 25%，国内消费者占 25%。在望康港连锁店里，客户则多为离退休人员和中青年上班族，也有一些只是普通的工薪阶层。还有的顾客购买有机食品主要是买给未满周岁的宝宝吃，价格虽然比一般食品贵，但还能承受。

之万农庄、留民营、吉林松原……尽管专营店里的有机食品、绿色食品都是从全国各地的特约基地采购配送来的，但食品的包装上都有认证标志。目前，我国的有机食品市场仍然处于培育阶段，客户群也正在逐渐成长。随着食品安全和生态健康的观念日益深入人心，客户群也将扩大，最终实现消费者、农民、环境三赢。

2.1.1.4 需求弹性及其种类

弹性是个借用名词，指经济变量之间存在函数关系时，因变量变化对自变量变化反应的敏感程度。弹性的大小可用弹性系数来表示。弹性系数是因变量 Y 变动的比率与自变量 X 变动的比率之比值，用 E 来表示，计算公式为：

$$E=\frac{\text{因变量变动的百分比}}{\text{自变量变动的百分比}}=\frac{\Delta Y/Y}{\Delta X/X}=\frac{\Delta Y}{\Delta X}\times\frac{X}{Y} \tag{2-1}$$

商品的需求量大小是受各种因素影响的，影响因素发生变动，需求量也会随之发生变动。商品种类不同，对各种影响因素变动反应的程度也各不相同。商品需求量变动对影响因素变动的反应程度可以通过商品需求弹性来加以分析和说明。商品需求弹性主要有：需求价格弹性、需求收入弹性和需求交叉弹性，它们所说明的问题和实际经济学意义各有不同，具体用途也各不相同。

(1) 需求价格弹性。需求价格弹性是指商品价格变动所引起的需求量变动的比率，它反映商品需求量变动对其价格变动反应的敏感程度。不同商品的需求量变动对价格变动反应的敏感程度不同，需求价格弹性就不同。一般用需求价格弹性系数来表示其弹性的大小，以 E_d 来表示，Q 代表需求量，ΔQ 代表需求量的变动量，P 代表价格，ΔP 代表价格的变动量，则需求价格弹性系数计算公式为：

$$E_d=\frac{\text{需求量变动的百分比}}{\text{价格变动的百分比}}=-\frac{\Delta Q/Q}{\Delta P/P}=-\frac{\Delta Q}{\Delta P}\times\frac{P}{Q} \tag{2-2}$$

由于商品需求量与其价格之间成反方向变动，因而需求价格弹性系数为负值，在实际运用中，为方便起见，一般将负号省略。如 $E_d=2$，其含义是商品价格每上升 1%，会引起需求量下降 2%，或是价格每下降 1%，会引起需求量上升 2%。

不同商品的需求价格弹性不同，造成这种差异的原因主要是以下几种：消费者对某种商品的需求程度、商品的可替代程度、商品消费支出占消费者收入的比重以及商品本身用途的广泛性。根据商品需求价格弹性的大小，可将其分为五类：需求完全无弹性、需求缺乏弹性、需求单位弹性、需求富有弹性和需求完全有弹性。每类商品需求量随价格变动的反应情况如表 2-2 所示。

表 2-2　商品需求弹性分类表

分　类	含　义	需求价格弹性系数	需求曲线
完全无弹性	无论价格如何变化，需求量都不变	$E_d=0$	
缺乏弹性	需求量变化幅度小于价格变化的幅度	$E_d<1$	
单位弹性	需求量变化幅度等于价格变化的幅度	$E_d=1$	
富有弹性	需求量变化幅度大于价格变化的幅度	$E_d>1$	
完全有弹性	当价格为既定时，需求量无限	$E_d\to\infty$	

如果某种商品的需求是富有弹性的，该商品的价格下降时，需求量（销售量）增加的比率大于价格下降的比率，销售者的总收益就会增加。当该商品的价格上升时，需求量（销售量）减少的比率大于价格上升的比率，销售者的总收益就会减少。具体地说，对于需求富有弹性的商品，厂商在销售时一般减价会增收，涨价会减收。

对于需求缺乏弹性的商品，当价格下降时，需求量增加的比率小于价格下降的比率，销售者的总收益会减少。中国有句古语叫“谷贱伤农”，意思是说，粮食丰收了，由于粮价下跌，农民的收入减少了。其原因在于粮食是人们的生活必需品，需求缺乏弹性。由于粮食丰收使粮食供给量增加，造成粮价下跌，价格下降导致需求增加并不会使农民的收入同比例增加，从而农民的总收益减少，反而受损失。当该种商品的价格上升时，需求量减少的比率小于价格上升的比率，销售者的总收益增加。综上所述，对于需求缺乏弹性的商品，减价会减收，涨价会增收。这类商品主要是农产品和一些生活必需品。

［案例 2-3］奶牛饲养与牛奶市场需求

某大都市为提高人民的物质生活水平，努力增加牛奶供给，从国外引进优良品种的奶牛，经过几年的努力，牛奶的供给水平迅速提高。但随着人民的收入增加，生活水平提高，人口的出生率又稳定下降，对牛奶的需求量反而下降，一时造成牛奶供过于求，奶牛场的收支入不敷出，亏损日甚。若进一步提高价格，需求量还要下降；若降低价格，需求量估计也只是上升无几。经过反复考虑和论证，最后决定忍痛宰牛。

(2) 需求收入弹性。需求收入弹性被用来表示消费者对某种商品购买量的变动对收入变动的反应程度。以 E_m 表示需求收入弹性系数，Q 代表需求量，ΔQ 代表需求量的变动量，I 代表收入，ΔI 代表收入的变动量，则需求收入弹性系数的计算公式为：

$$E_m=\frac{\text{需求量变动的百分比}}{\text{收入变动的百分比}}=\frac{\Delta Q/Q}{\Delta I/I}=\frac{\Delta Q}{\Delta I}\times\frac{I}{Q} \tag{2-3}$$

依据需求收入弹性数值，可将商品分为以下两大类：正常品和劣等品。正常品的需求收入弹性系数为正值。这类商品需求量与收入成同方向变动，即随收入增加而增加，随收入减少而减少。其中需求收入弹性系数介于 0 和 1 之间的商品，需求量变动的比率小于收入变动的幅度，称为生活必需品，如粮食、服装等；需求收入弹性系数大于 1 的商品，需求量变动的比率大于收入变动的幅度，称为奢侈品，如珠宝、笔记本电脑等。劣等品的需求收入弹性系数为负值。这类商品的需求量与收入成反方向变动，随收入的增加而减少，随收入的减少而增加，如土豆、白菜和玉米面等。

(3) 需求交叉弹性。需求交叉弹性是需求交叉价格弹性的简称，它表示一种商品的需求量变动对另一种商品价格变动的反应程度。若以 X、Y 代表两种商品，E_{xy} 表示这两种商品的需求交叉弹性系数，P_y 表示 Y 商品的价格，ΔP_y 表示 Y 商品价格的变动量，Q_x 表示 X 商品原来的需求量，ΔQ_x 表示因 Y 商品价格的变动所引起的 X 商品需求量的变动量，需求交叉弹性系数的计算公式为：

$$E_{xy}=\frac{\text{X 商品需求量变动的百分比}}{\text{Y 商品价格变动的百分比}}=\frac{\Delta Q_X/Q_X}{\Delta P_Y/P_Y}=\frac{\Delta Q_X}{\Delta P_Y}\times\frac{P_Y}{Q_X} \tag{2-4}$$

需求交叉弹性可以是正值，也可以是负值，它取决于商品间关系的性质，即两种商品是替代关系还是互补关系。具有互补关系的商品称为互补品，具有替代关系的商品称为替代品。

互补商品之间：$E_{xy}<0$，一种商品需求量与另一种商品价格之间成反方向变动，比如照相机和胶卷、录音机和磁带等。一般情况下，功能互补性越强的商品交叉弹性系数的绝对值越大。

替代商品之间：$E_{xy}>0$，一种商品需求量与另一种商品价格之间成同方向变动，如茶叶和咖啡、橘子和苹果等。一般来说，两种商品之间的功能替代性越强，需求交叉弹性系数的值就越大。

此外，若两种商品的交叉弹性系数为零，则说明 X 商品的需求量并不随 Y 商品的价格变动而发生变动，两种商品既不是替代品，也不是互补品。

2.1.2 农村商品供给

2.1.2.1 农村商品供给表与供给曲线

供给是指生产者在某一特定时期内，在每一价格水平上愿意而且能够出售的某种商品的数量。农村商品供给是指在某一特定时期内，在每一价格水平上农村商品的生产者愿意而且能够出售的商品数量。理解供给这一概念，需要把握好以下几点：

第一，供给量不同于供给，供给量是在某一既定的价格水平时，生产者愿意而且能够出售的商品数量，而供给则是不同价格所对应的不同供给量的统称，即价格与其供给量之间的数量对应关系。

第二，有效供给也需要同时具备两个条件：一是生产者愿意出售，二是生产者有供给能力。

第三，供给也分为个人供给和市场供给，个人供给是指单个厂商对某种商品的供给，市场供给是指该种商品市场上所有个人供给的总和。

第四，供给量不一定等于实际销售量，有时供给量大于实际销售量，因为本期供给的商品数量不仅包括本期新生产的产品，还包括上期周转到本期的存货。

第五，农产品的供给受多种因素的影响，一般用 S 来表示供给，用 $a_1, a_2, a_3, \cdots a_n$ 来表示影响供给量的因素。供给函数关系式可以表示为：$S=f(a_1, a_2, a_3, \cdots, a_n)$。如果只考虑价格，不考虑其他因素，函数关系式可以表示为 $S=f(p)$。农村商品供给的定义可以通过供给表和供给曲线来表示。表示某种商品供给量与其价格之间数量对应关系的表格就是供给表，如表 2-3 所示。

表 2-3　某种农村商品的供给表

种　类	*a*	*b*	*c*	*d*	*e*
价格/(元/吨)	2600	2400	2200	2000	1800
供给量/吨	2000	1700	1450	1200	1000

将表 2-3 所列的价格与供给量之间的数量对应关系用图示法表示出来就可以得到供给曲线，如图 2-2 所示。图中纵轴 OQ 代表某种农村商品的供给量，横轴 OP 代表其价格，S 为供给曲线。供给曲线从左下方向右上方倾斜，表明该种农村商品供给量与其价格之间成同方向变动。

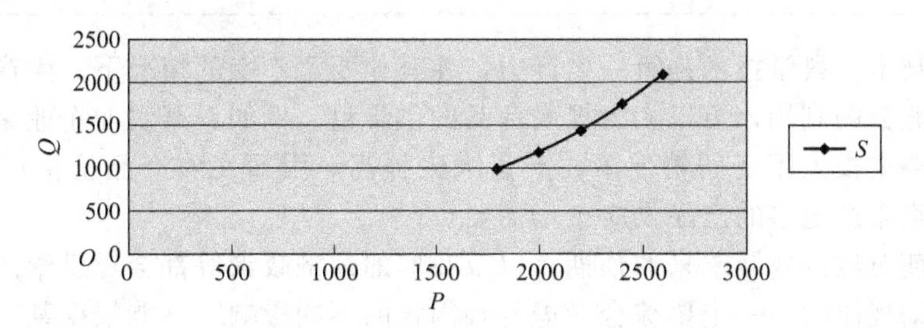

图 2-2　某种农村商品的供给曲线

2.1.2.2　农村商品供给的影响因素

影响农村商品供给的因素很多，有经济因素，也有非经济因素，概括起来主要如下。

（1）商品本身的价格。一般来讲，商品本身价格越高，供给量越大；商品本身价格越低，供给量越小。例如，当某地农贸市场上鸡蛋的价格为 4 元/kg 时，市场上的月供给量为 50 吨；当鸡蛋价格上涨为 5 元/kg 时，月供给量增长到 75 吨。需要指出的是由于大多数农产品有很强的季节性，所以农产品生产的波动与价格的波动相比要滞后，这种滞后使农产品供给产生一定的波动性。

（2）其他相关产品的价格。某一特定农产品的供给不仅取决于自身的价格，还取决于其他相关农产品的价格。相关产品主要有两类：替代产品和互补产品。具有替代关系的农产品的供给，一种农产品价格不变，另一种农产品价格发生变化，就会使前一种农产品的供给发生与之相同方向的变化。具有互补关系的农产品，一种农产品价格不变，另一种农产品价格发生变化，就会使前一种农产品的供给发生与之相反方向的变化。

(3) 生产要素的价格。生产要素价格的变化直接影响到农村商品的生产成本，从而影响供给。在商品价格不变的情况下，生产要素价格下降，引起生产成本下降，利润增加，供给会增加；反之，生产要素价格上涨，供给会减少。例如，在豆油价格等因素不变的条件下，如果大豆的价格上涨，意味着厂商生产豆油的成本增加，豆油产品供给将会减少。

(4) 商品生产者的目标。在经济理论中，经济学家常假设厂商以最大利润为经营目标，那么供给取决于这些供给量是否能给他带来最大利润。事实上，厂商也可能以拥有较大的生产规模并占有相当大的市场份额为目标，或者以其他政治的或社会道义责任为目标，那么供给就会因目标不同而有所不同。例如，在发生自然灾害时，某厂商可能出于社会道义和责任观念以成本价出售商品。

[案例 2-4] “赔本讲座”赢得皆大欢喜

某市双盛饲料营业部的张老板，原本是一名普普通通的个体户。因创“赔本讲座”服务促销术，一时名声大振。张老板开办的饲料经营部，经营情况一直不错。可去年生意突然清淡起来，经过调查发现，在他的众多用户中，有不少养鸡专业户因缺乏科学的养鸡技术，死鸡现象严重。养鸡少了，饲料的销路也就自然不景气。这时，精明的张老板想出了一个“赔本讲座”服务促销术，便随即自掏腰包，到电台播放通知，免费举办了一期养鸡技术讲座。虽然，这次讲座服务花了他 3000 多元，但由于养鸡户学到了技术，死鸡现象很快得到了控制。养鸡数量因此骤增，张老板的生意也随之兴旺，鸡饲料的销售量比前期增加了一倍多。服务促销首战告捷，张老板在这方面继续狠下工夫，又为本市 20 多个乡镇的 100 多位养猪专业户举办科技养猪技术讲座。他不仅不收学费，反而还给听课者免费发放讲义，提供午餐费。从此，张老板的生意更加兴旺。在经济学中，利润是收入与成本的差额，没有垫付的成本就没有利润，成本是取得利润的源泉。

(5) 生产技术。科学技术是第一生产力，在其他要素不变的情况下，生产技术的提高会使资源得到更充分的利用，可以大大提高商品的供给量。例如，某农业企业采用了新的种植技术，在生产要素投入不变的情况下，产量大大提高，因而在农产品价格保持不变的情况下，该企业愿意生产更多的产品供应市场需要。

另外，厂商对经济发展未来的预期，以及政府的经济政策等都会对供给产生影响。在分析商品供给变动规律时，一定要综合考虑各种因素的不同影响，不能根据某一现象对商品供给结果进行简单的分析推论。

2.1.2.3 农村商品的供给定律

农村商品价格与供给量之间的关系可概括为：在其他条件不变的情况下，某种农村商品价格上涨，供给量就会增加，价格下降，供给量就会减少，即商品的价格与其供给量成同方向变动。这一原理称为供给定律。需要注意的是，供给定律反映的是一般农村商品供给量与其价格之间的变动规律。

供给定律也有例外情况。一是有些商品的供给量是固定的，即使出售价格再高也无法增加供给数量，因而其供给曲线是一条与横轴垂直的线，供给曲线斜率为无穷大，如图 2-3 (a) 所示；二是某些商品供给曲线是向右下方倾斜的，斜率为负值，如图 2-3 (b) 所示；三是劳动的供给有其特殊性，当工资开始上涨时，劳动的供给会增加，当工资水平上升到一定程度后，劳动者感到对货币的需要并不迫切了，这时工资再提高，劳动者也不会再供给更多的劳动量，而对休息、娱乐和旅游更感兴趣，因而劳动的供给曲线是一条向后弯曲的曲线，如图 2-3（c）所示。

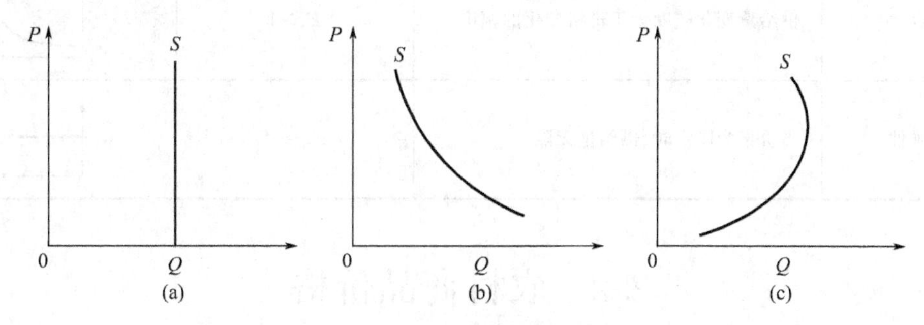

图 2-3　例外情况的供给曲线

2.1.2.4　供给价格弹性

供给价格弹性是指商品价格变动的比率所引起的供给量变动的比率，它反映了供给量变动对其价格变动反应的敏感程度。不同商品供给量变动对价格变动反应的敏感程度不同。一般用供给弹性系数来表示弹性的大小，以 E_s 来表示，Q 代表供给量，ΔQ 代表供给量的变动量，P 代表价格，ΔP 代表价格的变动量，则供给价格弹性系数计算公式为：

$$E_s=\frac{\text{供给量变动的百分比}}{\text{价格变动的百分比}}=\frac{\Delta Q/Q}{\Delta P/P}=\frac{\Delta Q}{\Delta P}\times\frac{P}{Q} \tag{2-5}$$

一般来说，商品的供给数量与其价格之间成同方向变动，供给曲线向右上方倾斜，供给价格弹性系数为正值，但也有例外情况。影响供给弹性的因素很多，其中主要有：生产成本的变化、生产时期的长短、生产规模变化的难易程度等。这些因素的变动对不同商品的供给会产生不同的影响。

根据不同商品供给价格弹性的大小，可以把商品的供给价格弹性分为五类：供给完全无弹性（$E_s=0$）、供给缺乏弹性（$0<E_s<1$，如资本技术密集型产品）、供给单位弹性（$E_s=1$，如某些农业机械类产品）、供给富有弹性（$E_s>1$，如劳动密集型产品）、供给有完全弹性（$E_s\rightarrow\infty$，如劳动力严重过剩地区劳动力的供给）。在现实经济生活中，供给单位弹性、供给完全无弹性和供给有完全弹性的商品比较少见，大多数商品的供给不是富于弹性就是缺乏弹性。一些不可再生性资源，如土地以及无法复制的珍品的供给价格弹性等于零，而在劳动力严重过剩地区劳动力供给曲线具有完全弹性的特点（表 2-4）。

表 2-4　商品供求弹性分类表

分　类	含　义	供给价格弹性系数	供给曲线
完全无弹性	无论价格如何变化，供给量都不变	$E_s=0$	
缺乏弹性	供给量变化幅度小于价格变化的幅度	$E_s<1$	
单位弹性	供给量变化幅度等于价格变化的幅度	$E_s=1$	

续表

分 类	含 义	供给价格弹性系数	供给曲线
富有弹性	供给量变化幅度大于价格变化的幅度	$E_s>1$	
完全有弹性	当价格为既定时，供给量无限	$E_s\to\infty$	

2.2 农村商品价格

2.2.1 农村商品均衡价格及其变动

2.2.1.1 农村商品均衡价格的含义与形成

农村商品均衡是指在某种价格水平下，市场上某种农村商品的供给与需求正好相等。这时的数量叫均衡数量，这时的价格叫均衡价格。需求与供给的力量通过市场发挥作用，产生买卖双方的均衡价格和均衡数量，实现市场均衡。市场均衡发生在需求与供给达到相等的价格与数量上。在这一点上购买者愿意购买的数量正好等于出售者愿意出售的数量。在均衡点，只要保持其他条件相同，买卖双方成交的价格和数量基本保持稳定。

[案例 2-5] 牛蛙叫声中的喜与悲

牛蛙是从古巴引进的一种蛙。个头大，生长快，肉质鲜嫩，受到消费者的普遍欢迎。我国南方某地从 1985 年起有几户试养，到 1992 年发展到 800 多户，面积 500 多亩。当年 50 多岁的张某，在 1986 年得到养牛蛙能赚大钱的信息，辞职回家办起了牛蛙养殖场，到 1992 年获利 70 多万元，率先养蛙致富。40 多岁的刘某 1990 年弃渔养蛙，仅 1992 年出售种蛙和蝌蚪收入达 28 万元。1993 年当地一个新闻机构发布误传信息，某个集市牛蛙每千克 52 元，附近某城市日销牛蛙 700 千克，每千克价格均在 48～70 元，外贸出口价每千克 260～280 元，牛蛙分割出口，价高得惊人，一只 0.4 千克重的牛蛙，蛙皮 10～15 美元，内脏 2 美元，蛙腿每千克 50～69 美元。一时当地各级领导大讲牛蛙，厂矿企业职工停薪留职养牛蛙，乡镇干部带头，农民争先恐后。养蛙户增至 6471 户，蛙池面积 6021 亩。按每亩投入 2000 元，共计投入 1200 万元。可年产商品蛙 1500 吨，但市场销量不到 50%，总收入也就 300 万元。由于养蛙热使得饲料价格猛涨，而牛蛙销售价格剧跌，每千克跌到 16～20 元，还不到成本的一半。养蛙农民血本无归，欲哭无泪，应该找谁去算账呢？

需求定律说明了消费者希望以最低的价格购买他所想买的商品，而供给定律则说明了生产者希望以最高的价格销售他所想卖的商品。需求价格是指消费者对一定量商品所愿意支付的最高价格；供给价格则是指生产者为提供一定量商品所愿意接受的最低价格。在某种商品各种可能的价格中必然有一个双方都愿意接受的价格，这个价格称为均衡价格，即一种商品需求与供给相等时的价格。这时的商品需求量与供给量相等称为均衡数量。对均衡价格的理解应注意四点：

第一，均衡是指经济中各种对立的变动着的力量处于一种相对静止的状态。均衡一旦形成之后，如果有另外的力量使它离开原来均衡的位置，则会有其他力量使之恢复到均衡。但是，在市场上均衡是相对的，不均衡才是绝对的。

第二，决定均衡的力量是需求和供给双方。需求与供给决定价格，它们就像一把剪刀的两边一样起作用。因此，需求与供给的变动都会影响均衡价格的变动。

第三，市场上各种均衡价格是市场竞争的最后结果，在形成过程中，市场上所有生产者和消费者作出的选择都对其有某种程度的影响。

均衡价格是在市场上供求双方的竞争过程中自发形成的。均衡价格的形成也就是价格决定的过程。因此，价格也就是由市场供求双方的竞争所决定的。依据表 2-1 和表 2-3 中的数据列成一张新的表格（见表 2-5），然后把需求曲线与供给曲线绘制在一张图上（见图 2-4）。

表 2-5　某种农产品的需求表与供给表

种　类	*a*	*b*	*c*	*d*	*e*
价格/(元/吨)	2600	2400	2200	2000	1800
需求量/吨	1000	1200	1450	1750	2100
供给量/吨	2000	1700	1450	1200	1000

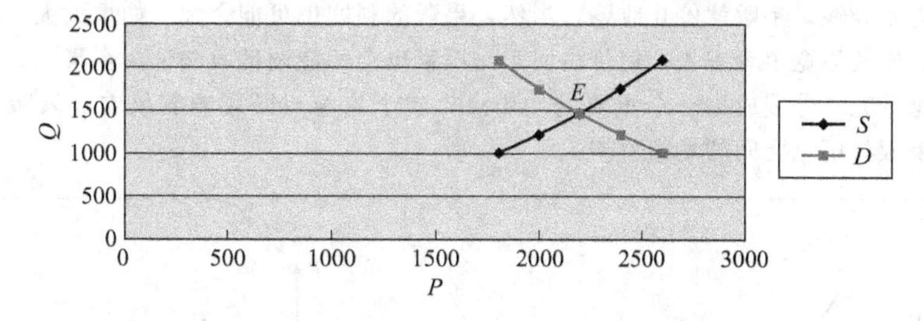

图 2-4　某种农产品的均衡价格和均衡数量

在图 2-4 中，需求曲线与供给曲线相交于 E 点，即均衡点为 E，均衡价格 P_E 为 2200 元时，均衡数量 Q_E 为 1450 吨。此时消费者对农产品的需求量与生产者的供给量均为 1450 吨，此时在这个农产品市场上实现了供求均衡。从几何意义上说，供求均衡出现在该农产品的市场需求曲线与市场供给曲线的交点上，该点称为均衡点。均衡点以上需求曲线与供给曲线所夹区域为供给过剩区，均衡点以下需求曲线与供给曲线所夹区域为供不应求区。

从上面的说明可知，市场经济中存在着这样一条基本规律：当需求量大于供给量时会刺激市场价格上升；当需求量小于供给量时会促使市场价格下降。在这个过程中，市场上的需求者和供给者会调整自己的需求和供给，一直到供求相等时为止。市场的这种自我调节机制就是亚当·斯密所说的“看不见的手”作用的结果。

可见，一种农产品商品的均衡价格是由该商品市场的需求曲线和供给曲线的交点所决定的。因此，需求曲线或供给曲线的位置移动都会使均衡发生变动，也就是说需求或供给的变动将引发均衡的变动。例如，某农村商品的需求曲线为 D_0，供给曲线为 S_0，均衡价格为 4，均衡数量为 100，我们将用图 2-5 和图 2-6 来说明需求和供给变动对其均衡变动的影响。

[案例 2-6] 果农、果贩与果汁厂三方的均衡价格

白水是享有盛名的“中国苹果之乡”。2001 年 9 月，烟台某浓缩苹果汁有限公司兴建了一家每小时加工 50 吨鲜果的现代化浓缩果汁厂。2002 年 9 月 12 日正式投产，每天收购加工 1000 吨鲜果，每千克收购价 0.3 元，现金支付。9 月 12 日，自 2 公里外一直排到厂区门口苹果的车队有 300 多辆。果汁加工讲究生产的连续性，尤其是原料不能断档。又由于苹果不像煤或矿石等原料，不能提前大量囤积。因此，要形成一定规模的排队，来保证正常的生产。厂家通过相对偏高的收购价格，保证生产的连续性。排队的成本其实已经包含在收购价里了。也就是说，没有相对偏高的价格激励，就不会有这么多人忍受排队之苦把苹果送到厂里来。又由于装车后的苹果3天后质量会受到影响，所以厂家要时刻关注排队的情况，并及时地调节收购价，以此来调整队伍的长度。队伍太长就降价，太短就提价，从而保证生产所需的均衡量。

在厂家和果农之间，通过“果贩”这个环节，他们不仅是信息传递的枢纽，而且还是苹果运输的主要组织者。在白水的果农与厂家之间存在一支人数不少的果贩队伍，而且形成了若干体系。每个体系都有一个中心，他们通过自己的方式传递信息，指挥着各个分点的果贩，下达在什么时间、以什么价格、收购多少苹果的指令，然后组织运输力量源源不断地向厂家供货。

具体情况是，果贩掌握了厂家“收购价”，根据距离的远近，写出对果农的果园现场收购价，价差一般在每千克8分钱左右。果贩利润等于差价减去运输成本、平均排队成本、损耗等正常开支。据介绍，这一部分开支大约是每千克4分钱。这是一种不需要刻意安排的自发秩序。其实，有市场就会自发地出现分工，给交易各方都能带来好处。三方之间长期以来形成了一种均衡价格，即果贩的收入在扣除各种费用（主要是运输成本）之后，最后利润必须守住每千克4分钱，这是果贩的利润底线。如果低于每千克4分钱，果贩就停止收购。当然，果贩的利润也可能太大。如果太大，果农就会自己租拖拉机送货，或其他竞争者进入，使价格回落，厂家也会相应调低收购价。在果农、果贩和厂家三方的交易中，每千克4分钱成为一个重要的均衡点，这个均衡点既影响着果农与果贩之间的均衡价格，也影响着果贩与厂家之间的均衡价格。

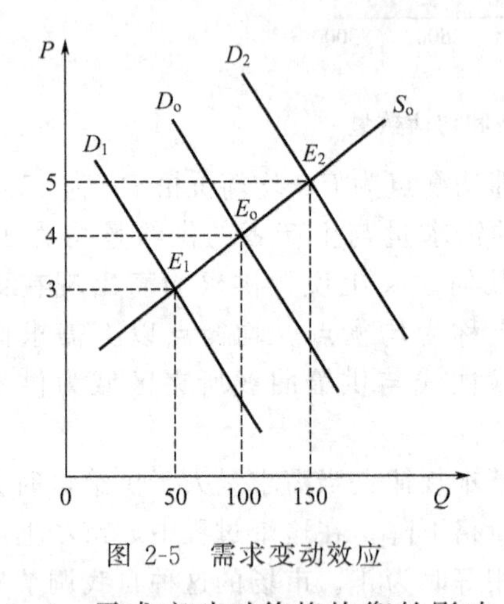

图 2-5 需求变动效应

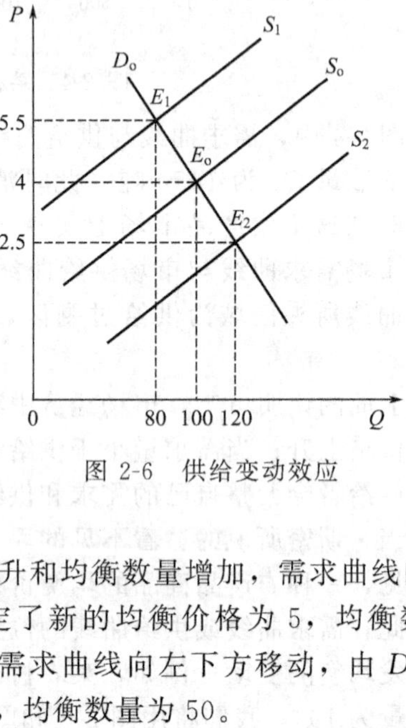

图 2-6 供给变动效应

2.2.1.2 需求变动对价格均衡的影响

从图2-5中可以看出，需求增加，引起均衡价格上升和均衡数量增加，需求曲线向右上方移动，由 D_0 移动至 D_2，D_2 与 S_0 相交于 E_2，决定了新的均衡价格为5，均衡数量为150。需求减少，引起均衡价格下降和均衡数量减少，需求曲线向左下方移动，由 D_0 移动至 D_1，D_1 与 S_0 相交于 E_1，决定了新的均衡价格为3，均衡数量为50。

2.2.1.3 供给变动对价格均衡的影响

从图2-6中可以看出，供给增加，引起均衡价格下降和均衡数量增加，供给曲线向右下方移动，由 S_0 移动至 S_2，S_2 与 D_0 相交于 E_2，决定了新的均衡价格为2.5，均衡数量为120。供给减少，引起均衡价格上升和均衡数量减少，供给曲线向左上方移动，由 S_0 移动至 S_1，S_1 与 D_0 相交于 E_1，决定了新的均衡价格为5.5，均衡数量为80。

2.2.2 农村商品供求定律

从需求与供给的变动对均衡的不同影响中可以得出供求定律的基本内容：在其他条件不

变的情况下，需求变动将引起均衡价格和均衡数量同方向变动；供给变动将引起均衡价格反方向变动和均衡数量同方向变动。供求定律是经济学中一个非常重要的定理，它具有广泛的实用价值。当影响需求或供给的因素发生变动时，将引发需求或供给的变动，原有的均衡将被打破，形成新的市场均衡状态。

[案例 2-7] 小品《大米·红高粱》与市场供求调节规律

中央电视台 1991 年元旦晚会小品《大米·红高粱》说的是一个专业美声演员怎么也唱不出来当时非常流行的通俗歌曲《红高粱》的腔调，导演对其演练结果很不满意，最后被一个走街串巷叫喊换大米的农民所取代的故事。在这个小品中，专业歌舞团的美声演员和走街串巷换大米的农民之间，决定由谁出场演出成了导演进行"英明决策"的典型，结果是前者被后者抢了"饭碗"。艺术作品的价值是否应该由听众或观众确定的市场行情来决定，是不需要在这里讨论的问题，但由供求关系决定商品交易双方的买卖成交价格，在艺术产品市场上也不能例外，这就是市场机制作用的必然结果。通过这一点就不难解释，无论艺术性和思想性都乏善可陈的某些"流行"的通俗歌曲，为什么当前却能有那么高的上座率。

2.2.3　农村商品价格政策

根据均衡价格理论，由市场供求关系决定的价格机制能够对社会经济自发地作出合理的调节，实现资源的最优配置。事实上价格机制的调节作用并不像理论上所讲的那样完善，比如在粮食供给严重短缺时，价格会大幅度地提高，在此价格水平上，收入水平低的居民家庭便难以维持最低水平的生活，从而不利于社会稳定。另外像农产品这样的人民生活必需品的价格波动会冲击整个国民经济的持续稳定发展。因此，政府有必要根据均衡价格理论的基本原理，通过制定相应的价格政策来克服这些市场机制的副作用。政府常用的价格政策主要有限制价格和支持价格政策，以及进行税收调节政策等。

2.2.3.1　支持价格

在现代经济中，政府为了稳定农业生产，经常对农产品采取支持价格政策。支持价格是政府为了扶植某一行业的发展而规定的该行业产品的最低价格。支持价格又称为最低限价，一般高于市场均衡价格。实行支持价格政策的结果，如图 2-7 所示。

在图 2-7 中，由供求关系所决定的产品均衡价格为 P_o，均衡数量为 Q_o，政府为了扶植该行业的发展而制定的支持价格为 P_1，$P_1 > P_o$，此时供给量为 Q_S，需求量为 Q_D，供给量大于需求量，产品出现过剩。为防止价格下跌，政府要收购剩余产品，因而支持价格政策的实施增加了政府财政支出。许多国家为了克服农业危机，往往采取农产品支持价格政策，以调动农民生产积极性，稳定农业生产。农产品支持价格一般采取两种形式：一种是缓冲库存法，即政府或其代理人按照某种平价收购全部农产品，在供大于求时增加库存或出口，在供小于求时减少库存，以平价进行买卖，从而使农产品价格由于政府的支持而稳定在某一水平上。另一种是稳定基金法，即政府按某种平价收购农产品，在供大于求时维持一定的价格水平，供小于求时使价格不致过高。但不建立库存，不进行存货调节，在这种情况下，收购农产品的价格是稳定的，同样可以起到支持农业生产的作用。

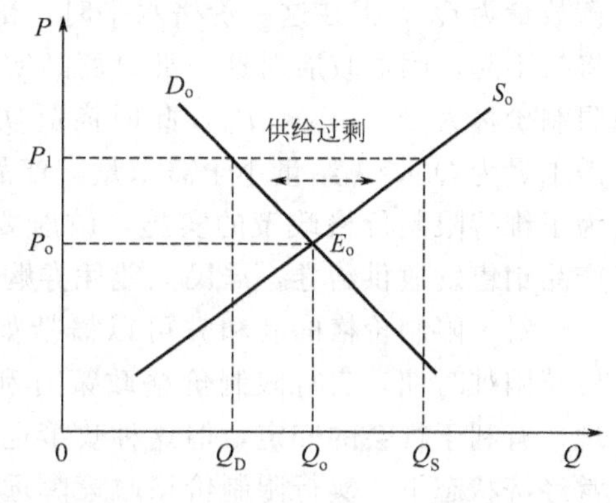

图 2-7　支持价格及其政策效应

［案例 2-8］美国对农产品的价格保护

自 20 世纪 30 年代以来，美国联邦政府一直致力于稳定谷物、棉花、大米、乳制品、糖、羊毛、花生等农产品价格，为此设立了一些非常复杂的程序，成为农场法案的一部分。然而随着时间的推移，这一做法遭到来自各农业州的国会议员和他们的政治说客们的不满，被迫进行修订，以保证通过实施上述程序，农民最后可以享受的平均价格实际上稍高于市场均衡价格。换言之，政府制定的有关程序相当于建立一定的价格下限，而且正如经济学家预测的那样这引起了供给增大和政府农产品储备过剩。以 1988 年旱灾发生前的 1987 年为例，美国联邦政府拥有的谷物、麦子和棉花储备分别相当于当年产量的 57%、63%和 33%。每过五年左右，农场法案就会进行一次较大的修订。1990 年 11 月，布什总统签署了一个新的农场法案，其目标之一就是降低价格下限，逐步减少储备，使价格向市场均衡价格移动。1991 年年中，美国国会预算办公室预计，到 1996 年，新的农场法案将使政府储备减少到分别相当于 1996 年产量的 18%、35%和 30%。这一预计已经考虑到其间可能出现的天气和技术条件变化、美国向其他国家出口的状况以及其他一些因素。无疑，政府适量拥有农作物储备，可以保护消费者免受旱灾或其他农业灾害可能带来的农作物减产和价格急剧上升的风险，不过这一储备的数量应该尽可能缩小。通过逐步减少储备，政府希望农民可逐步学会适应市场变化，做出应有的反应，而不是完全依赖政府设立的价格保护政策。

支持价格政策的运用对于农村经济发展有着极其重要的意义。其作用是：第一，稳定农业生产，减缓经济危机的冲击。第二，通过对农产品采取不同的支持价格，可以调节农业生产结构，使之适应市场变动。第三，实行对农产品生产的支持价格政策，可以扩大农业投资，促进农业劳动生产率的提高，增加社会食物供给的安全系数。但支持价格会使财政支出增加，政府背上沉重的包袱，从而降低政府对宏观经济的调节作用。

2.2.3.2　限制价格

限制价格是指政府为了限制像粮食等某些生活必需品的物价上涨而规定的这些商品的最高价格，限制价格低于市场均衡价格。其目的是稳定经济生活和社会秩序。限制价格政策一般在战争或灾荒年景使用，比如对生活必需品实行限制价格政策，可以保护消费者利益，安定民心。如图 2-8 所示，某种商品由供求关系所决定的均衡价格为 P_o，均衡数量为 Q_o，但在这一价格水平时，部分生活贫困的人将买不起，因而政府对这一部分商品实行限制价格政策，限制价格为 P_1，$P_1 < P_o$，此时商品实际供给量为 Q_S，需求量为 Q_D，供给量小于需求量，产品供不应求。因而为了维持限制价格政策的实施，政府要实行配给制，对产品销售发放供给券，居民只能凭券购买。

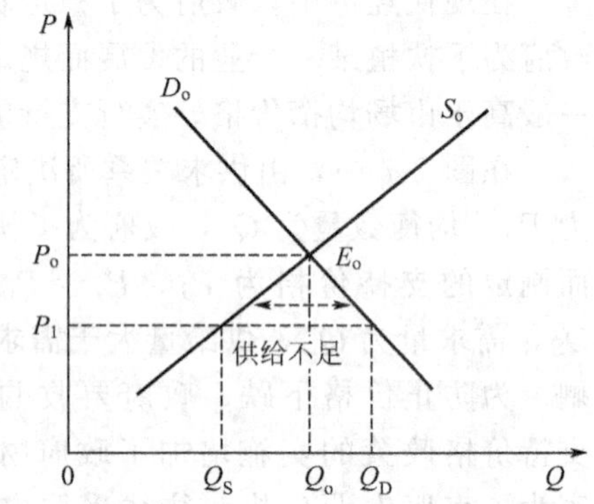

图 2-8　限制价格及其政策效应

对于限制价格的利和弊可以概括如下：在经济发展极端困难时期，实行限制价格政策有利于社会平等的实现，有利于社会的安定，但这种政策也会引起严重的不利后果。总体来说，在和平时期和正常经济状态下，实行限制价格政策弊远远大于利。因此，一般经济学家都反对长期采用限制价格政策，只能在战争或严重自然灾害等非常特殊时期使用。

不论是限制价格还是支持价格，都是政府利用国家机器的力量对商品供求实行的价格管制，支持价格一般是高于均衡价格的最低价格，限制价格是远远低于均衡价格的最高价格。前者的长期实行会造成商品持续的供过于求，后者的长期实行会造成商品持续的严重供不应求，二者都会对市场供求均衡的正常实现造成不利的影响。政府为了在实行价格管制的条件下，维持社会稳定，就必须对社会商品供求实行数量管制，由此就产生经济学上一个基本定理：实行价格管制政策必须采取对商品供求实行数量管制措施作为保证手段。

2.3 农村商品市场

2.3.1 农村商品市场的含义及特点

农村商品市场是指县及县以下行政（经济）区域内，也包括处于城市化进程中城乡结合区域内农村部分的商品市场。这个市场的人口不仅包括县城居民，还包括乡镇和乡村的农民。农村市场不完全是一个地理辖域和行政区划意义上的概念，它有自己独特的市场特征和与之对应的特定市场定位。关系到市场规模和企业经营布局时，农村市场的概念也有重要意义。比如 2008 年中国的人口统计，农村人口是 72750 余万，城镇人口是 59379 余万。这个城镇人口中包括城市和县镇人口。如果把城镇人口总数中的县镇人口分离出来，加到农村市场中，农村市场将会增加近 2 亿人。经计算，2008 年，全国农村市场人口总数实际达到了 86466.9 万人。农村市场的基本特点如下。

2.3.1.1　相对规模小，但绝对数量大

一般一个县的人口在 50 万人左右，多的在百万人以上，如江苏省沭阳县，人口 176 万人；安徽临泉县，人口竟达 205 万人；少的只有 10 万人左右，如河北省大厂县人口 11 万，陕西留坝县仅 5 万人。这些县的人口数量多少不一，个体规模无法跟中心城市相比，但其人口总量惊人，据 2008 年的统计资料计算占全国总人口的 65%。

2.3.1.2　市场分散，数量众多

在广袤的中国大地上，虽然农村人口相对平均密度小，但这些人口毕竟不是分散开来居住的，而是会聚成一个个距离相对较远的居住群落，构成村庄、乡镇和县城。2008 年，全国共有 1835 个县（包括县级市，不包括区）。这些县星罗棋布地分布开来。邻县县城间的距离远者相距数百公里，近者也有 20 公里以上，它们共同构成数量庞大的中国农村市场群。

2.3.1.3　相对封闭，独立性强

县与县、乡与乡、村与村由于距离较远，物流和信息交流不便，进而形成一个个相对封闭而独立的市场区间。足够的人口数量支撑，彼此距离的遥远，就是这些农村市场形成规模和保持市场独立性的条件。这有利于商家把每个县作为单独的市场分块运作，逐个开发。同一个县域内部相互影响力巨大，但对外则拥有很强的独立性，不易受到影响。

2.3.1.4　差异明显，各有特点

由于农村市场的相对封闭，就使得县与县之间产生很大差异。不同地区的县，即使同一个地区的县，也情况迥异、各有千秋。因此就不能对这所有的县等量齐观，同样对待。农村市场呈现的巨大差异，表现在各个方面。人口方面多少可相差 30 多倍；经济方面有的富比大中城市、有的则落后贫穷；产业特点方面有的工业发达，而有的则全靠农业。在消费能力上，富县反倒未必最高；在品牌的选择上，更是五花八门，各个不同；在文化习俗甚至方言土语上，有时候即使同一个村同一个乡，一条街道、一条河两边就是两个天地。

2.3.2 农村集市

农村集市贸易是我国农产品交易的主要形式。农村集贸市场简称为集市，是指在一个指定的地点每隔一定的时间间隔买者和卖者会聚在一起进行商品交易活动的一个有组织的公共场所。集市贸易是我国商品流通的一种形式。中原地区称为“集”，长江流域称为“市”，华南地区称为“墟”。农村集市中的商品交易者有“行商”和“坐商”之分，“行商”多于“坐

商”谓之市，“坐商”多于行商谓之集。

农村集市贸易的参加者主要是农村集市所在地及其附近的农民、手工业者和其他乡村居民，他们之间的买卖活动是生产者向消费者的直接出售，是生产者之间的商品交换，是一种简单的商品流通。除此之外，参加者还有小商贩以及其他的生产者和消费者。农村集市的开放时间有不定期的，也有定期的。农村集市的具体地点，有的是在农村集镇的街道上或指定地区临时设摊；也有的是在固定地区建立固定摊位。农村集市的农产品价格是自由价格，由买卖双方根据商品质量、数量和当时当地商品供求情况，协商议定。

一定的农村社会区域中可能有许多集市或集镇，相互间有比较紧密的内在联系。不同的集镇、集市，在规模、职能、服务范围等方面存在着明显的差异，相互间通过地域、职能上的竞争和互补，形成了集镇和集市的等级体系。小的集市可能仅限于一乡一县，大的集市面向全国，甚至面向全世界。我国历史上享有盛誉的农产品集贸市场主要有五台山骡马大会，全国的四大药材市场（河北的安国、河南的辉县、江西的樟树、安徽的亳州），洛阳的关林庙会，开封的相国寺庙会市场，合肥的城隍庙市场，南京的夫子庙市场，武汉的大东门市场，成都的荷花池市场，广州的清平市场，河北的辛镇，浙江的三桥（黄岩路桥、乐清虹桥、临海杜桥），福建四镇（晋江石狮、龙海石码、莆田涵江、长乐金峰）等，近年来由于农村商品经济的发展均有一定程度的恢复和发展，在全国乃至全世界都享有盛誉，对全国农村商品经济的发展具有重要的影响作用。

2.3.3 农村专业市场

农村专业市场是一种以现货批发为主，集中交易某一类农村商品或者若干类具有较强互补性或替代性商品的场所，是一种大规模集中交易的坐商式的市场制度安排。其主要功能在于：

其一，为专业化的商品生产服务。农副产品专业市场一般设在某种商品专业生产比较集中的产地，这类专业化的商品市场大多与当地生产的主体商品的交易活动有关。如江苏宜兴的陶器市场、江西景德镇的瓷器市场、浙江杭州的丝绸市场、福建永春的柑橘市场、山东寿光的蔬菜市场等。

其二，为专业经营内容服务。每个专业市场都专门经营某类或某种商品，具有较高的经营专业化水平。如山东寿光的蔬菜批发市场专门经营蔬菜批发业务，河北安国的药材批发市场专门向全国各地批发各种药材。

其三，专业市场批零兼营。主要以批发为主，兼营零售。大多数农产品专业市场不但进行商品批发性销售，也进行零售。如江苏宜兴的陶器市场，货源主要是本地，行销全国各地。山东寿光的蔬菜批发市场的商品可以销售到全国的各个大中城市。在农产品专业市场上，商品销售既有批发，又有零售，经营方式非常灵活。

其四，实现农产品产销分离。专业市场上的商品交换主要是商品生产者和商人之间的交换活动，商人从生产者那里采购商品的目的是进行转手贸易，以取得利润，冲破了集市贸易上生产者和消费者之间直接交换的贸易方式，有利于实现商品交易的专业化。

农村专业市场与集贸市场相比，“专业”性主要表现在：一是市场商品的专门性，二是市场交易以批发为主，三是交易双方的开放性。将这些特点综合起来，简而言之，专业市场的内涵就是“专门性商品批发市场”。根据以上特点，可以把专业市场同综合市场、超级市场、百货商店、零售商店、专卖店、商品期货交易所、集市和庙会等各种市场形态区别开来。

2.3.4　农产品期货市场

期货是现在进行买卖，但是在将来进行交收或交割的标的物，这个标的物可以是某种商品如黄金、原油、农产品，也可以是金融工具，还可以是金融指标。交收期货的日子可以是一星期之后、一个月之后、三个月之后，甚至一年之后。买卖期货的合同或者协议叫做期货合约。买卖期货的场所叫做期货市场。投资者可以对期货进行投资或投机。对期货的不恰当投机行为如无货沽空，可以导致金融市场的动荡。

农产品期货市场是进行农产品期货交易的场所，是多种农产品期货交易关系的总和。它是按照“公开、公平、公正”原则，在现货市场基础上发展起来的高度组织化和高度规范化的市场形式。既是农产品现货市场的延伸，又是市场的高级发展阶段。从组织结构上看，广义的农产品期货市场包括期货交易所、结算所或结算公司、经纪公司和期货交易员；狭义的农产品期货市场仅指期货交易所。

农产品期货是世界上最早上市的期货品种，期货市场最先产生于农产品市场，并且在期货市场产生之后的 120 多年中，农产品期货一度成为期货市场的主流。19 世纪中期，芝加哥已经发展为美国中西部最重要的商品集散地，大量的农产品在芝加哥进行买卖。在当时的现货市场上，谷物的价格随着季节的交替频繁变动。每年谷物收获季节，生产者将谷物运到芝加哥寻找买主，使市场饱和，价格暴跌。当时又缺少足够的存储设施，到了第二年春天，谷物匮乏，价格上涨，消费者的利益又受到损害，这就迫切需要建立一种远期定价机制以稳定供求关系，而期货市场正是在这种背景下应运而生。

期货市场在农产品供给和需求的矛盾之中建立起了一种缓冲机制，这种机制使得农产品供给和需求的季节性矛盾随之而解。虽然近 30 多年来，农产品期货交易额所占的绝对比例大大下降，但它仍然占据着国际期货市场上相当的份额。目前国际上仍然在交易的农产品期货有 21 大类、192 个品种，其中相当一部分交易非常活跃，在世界农产品的生产、流通、消费中，已经成为相关产业链的核心。

从我国的情况来看，农产品期货品种仍然是我国期货市场的主流，也是近期最有可能上新品种并获得大发展的期货品种，并且在相当长的一个时期内，这种格局都不会改变。因此，对农产品期货市场产生的理论基础进行分析，以揭示出农产品期货对农业生产和流通所具有的重大意义就显得十分必要。我国主要的农产品期货市场有三家，分别是郑州商品交易所、大连商品交易所和上海大宗农产品电子商务有限公司。

郑州商品交易所的前身是在 1990 年 10 月 12 日成立的郑州粮食批发市场。目前，郑州商品交易所与郑州粮食批发市场实行的是一套机构、两块牌子，现货、期货两种交易机制并存。这种相互促进、共同发展的运作模式被称为“郑州模式”。郑州粮食批发市场是我国第一家规范化、全国性的粮食批发市场，是国家进行粮食宏观调控的工具和载体，2006 年 9 被国家粮食局确定为郑州国家粮食交易中心。郑州粮食批发市场成立以来累计成交各种现货粮油 4688 万吨，成交金额近 658 亿元，位居全国粮食批发市场首位。自 2006 年 11 月起，郑州粮食批发市场开始承担销售国家临时存储小麦的重要任务，为稳定市场粮价，实现国家对粮食市场的宏观调控做出了积极的贡献。

大连商品交易所成立于 1993 年 2 月 28 日，是实行自律性管理的法人。成立以来，大连商品交易所始终坚持规范管理、依法治市，发展持续稳健，成为中国最大的农产品期货交易所和全球第二大农产品期货交易所。多年来，大连期货市场规范稳健运行，有力地保障了期货市场功能的发挥，玉米和大豆期货价格已成为国内玉米、大豆市场的权威价格，在保护农民利益、引导农产品生产与流通、为市场主体提供避险工具等方面，发挥了重要作用。经中国证监会批准，大连商品交易所目前的交易品种有玉米、黄大豆 1 号、黄大豆 2 号、豆粕、豆油、啤酒大麦，正式挂牌交易的品种是玉米、黄大豆 1 号、黄大豆 2 号、豆粕和豆油。目前，大连商品交易所共有会员 182 家，指定交割库 137 个，投资者开户数超过 90 万户，分布在全国 28 个省、直辖市、自治区。从 1993 年开业至 2009 年年底，大连商品交易所累计成交期货合约 29.92 亿手，累计成交额 104.84 万亿元，实现实物交割 1228 万吨，在发现商品价格、保护农民利益、引导农产品生产与流通、为市场主体提供避险工具等方面，发挥了重要作用。

上海大宗农产品电子商务有限公司是上海市工商局注册、国家信息产业部核准许可的，致力运用电子商务技术为大宗农产品提供网上交易的专业机构。该公司是面向世界的网上大宗农产品交易、物流、结算中心，中国最大的农产品电子交易市场。服务内容主要是针对大宗农产品标准化程度高的特点，为涉农企业提供大宗农产品的网上即时交易。该公司确定的目标客户包括：全球农产品的生产、贸易、采购企业以及下游产品的企业，相关贸易公司和居间投机人。交易内容范围涉及粮食谷物（玉米、小麦、大米、高粱、绿豆、红豆、蚕豆等）、油子油脂（油菜子、大豆、花生、棉花子、葵花子等）棉花、食糖、薄荷和禽畜产品；饲料，农业生产资料和蔬菜花卉产品等。

单元小结

农村商品需求是指农村的居民户在某一特定时期内，在各种可能的价格水平上愿意而且能够购买的商品数量。农村商品需求必须同时具有购买意愿和支付能力。农村商品需求可以用需求表和需求曲线进行描述。需求表是表示商品价格与商品购买量对应关系的表格，把需求表中的商品价格变动引起的商品需求量的变动用曲线表示出来就是需求曲线。需求曲线的形状是从左上方向右下方倾斜，表明商品需求量与其价格之间成反方向变动。需求曲线的形状可能是曲线，也可能是直线，它取决于商品需求量与其价格之间的数量对应关系。

农村商品的需求定律是指在其他条件不变的情况下，某种农村商品的需求量与价格之间成反方向变动，即需求量随商品本身价格的上升而减少，随商品本身价格的下降而增加。农村商品本身的价格、相关其他商品的价格、农村居民的收入水平以及社会收入分配的平等程度、农村消费者的偏好、农村人口数量和结构的变动等因素的变动都会影响商品的需求变化。与需求定律相矛盾的商品有两类：一是炫耀性商品。是用来显示人的社会身份与地位的商品，如鲨鱼翅、燕窝等，这类商品的需求量与其价格之间成同方向变动，只有商品的价格比较高时，购买者才能满足炫耀自己社会身份和地位的心理需求，而不在于该种商品实际价值如何。炫耀性商品的需求变化不符合需求定律。二是吉芬商品。这类商品是低档生活必需品，这种现象主要发生在经济萧条时期或市场竞争受限制的条件下。商品的价格上升，其需求量反而增加。比如在灾年时期，粮食的价格上涨，人们的购买量反而增加。

农村商品供给是指在某一特定时期内，在每一价格水平时农村商品的生产者愿意而且能够出售的商品量。影响农村商品供给的因素有：农村商品本身的价格、其他相关农产品的价格、产品生产要素的价格、农村商品生产者的目标、生产技术等。

农村商品的供给定律是指在其他条件不变的情况下，某种农村商品价格上涨，供给量就会增加，价格下降，供给量就会减少，即农村商品的价格与其供给量成同方向变动。需要注意的是如果在其他条件改变的情况下，供给定理就不起作用了。农村商品的供求定律表现的是一种均衡，是在其他条件不变的情况下，需求变动将引起均衡价格和均衡数量同方向变动；供给变动将引起均衡价格反方向变动和均衡数量同方向变动。供求定律是经济学中一个非常重要的定理，它具有广泛的实用价值。当影响需求或供给的因素发生变动时，将引发需求或供给的变动，原有的均衡将被打破，形成新的市场均衡状态。

我国对很多农产品采取的是支持价格。支持价格是政府为了扶植某一行业的发展而规定的该行业产品的最低价格。支持价格又称为最低限价，一般高于市场均衡价格。“三农问题”是我国国家稳定的关键，对农产品生产的支持价格政策，可以扩大农业投资，促进农业劳动生产率的提高，增加社会食物供给的安全系数。只有农村商品经济发展了，农民富裕了，农业生产水平提高了，才有利于我国社会稳定，经济发展也才会有更大的动力。

农村商品市场是指县及县以下行政（经济）区域内，也包括处于城市化进程中城乡结合区域内农村部分的商品市场。随着国家提出扩大内需政策的深入实施，农村商品市场将会越来越重要。农村商品市场的主要形式有农村集市和农村专业市场；现货市场和期货市场等分类。

综合练习

（一）名词解释

农村商品需求　需求定律　吉芬商品　需求价格弹性　需求收入弹性　需求交叉弹性　农村商品供给　供给定律　均衡价格　农村集市　农村专业市场　农产品期货贸易

（二）填空

1.（　　）商品是用来显示人的社会身份与地位的商品，如鲨鱼翅、燕窝等，这类商品的需求量与其价格之间成同方向变动。

2. 对于（　　）的商品，当价格下降时，需求量增加的比率小于价格下降的比率，销售者的总收益会减少。

3.（　　）弹性是指商品价格变动的比率所引起的供给量变动的比率，它反映了（　　）变动对其价格变动反应的敏感程度。

4.（　　）是政府为了扶植某一行业的发展而规定的该行业产品的最低价格。

5.（　　）是指政府为了限制像粮食等某些生活必需品的物价上涨而规定的这些商品的最高价格。

6.（　　）是指县及县以下行政（经济）区域内，也包括处于城市化进程中城乡结合区域内农村部分的商品市场。

7.（　　）市场是进行农产品期货交易的场所，是多种农产品期货交易关系的总和。

8. 农村集贸市场简称为（　　），是指在一个指定的地点每隔一定的（　　）买者和卖者会聚在一起进行商品交易活动的一个有组织的公共场所。

（三）选择答案

1. 影响农村商品需求的因素有（　　）。

A. 农村商品本身的价格　　B. 相关其他商品的价格

C. 农村消费者的偏好　　D. 天气

2. 供给量不会随着其价格变动而发生变动的商品是（　　）。

A. 珍贵文物　　B. 劳动时间　　C. 旅游商品　　D. 日用工业品。

3. 互补商品之间的需求交叉弹性系数（　　）。

A. 大于零　　B. 小于零　　C. 等于零　　D. 以上三点都不对

4. 需求收入弹性系数大于一的商品称为（　　）。

A. 高档商品　　B. 劣等品　　C. 生活必需品　　D. 中间商品

5. 根据不同商品供给价格弹性的大小，商品的供给价格弹性有（　　）。

A. 供给完全无弹性　　B. 供给缺乏弹性

C. 供给单位弹性　　D. 供给富有弹性

6. 某种商品的均衡价格是（　　）。

A. 需求与供给相等时的价格　　B. 固定不变的价格

C. 任何一种市场价格　　D. 商品买卖双方的成交价格

7. 商品的均衡价格会随着（　　）。

A. 商品需求与供给的增加而上升

B. 商品需求的减少与供给的增加而上升

C. 商品需求的增加与供给的减少而上升

D. 商品需求与供给的减少而上升

8. 政府运用限制价格政策，会导致（　　）。

A. 产品大量积压　　B. 消费者随时都能买到自己需要的产品

C. 黑市交易　　D. 市场秩序稳定

9. 需求量与消费者收入之间成同方向变动的商品称为（　　）。

A. 正常商品　　B. 劣等商品　　C. 生活必需品　　D. 奢侈品

10. 农村专业市场主要经营业务是（　　）。

A. 期货商品　　B. 批发商品　　C. 现货商品　　D. 零售商品。

（四）判断正误

1. 某种商品的购买量可能会随农村居民户收入增加而增加。（　　）
2. 政府对某种商品实行限制价格政策会导致该种商品供不应求。（　　）
3. 原料价格下降会引起产品供给量的增加。（　　）
4. 政府对某种商品供求实行价格管制必须要以实行数量管制为保证。（　　）
5. 市场经济的基本特征是价格调节经济。（　　）
6. 供给变动会引起均衡价格反方向变动，均衡数量同方向变动。（　　）
7. 对于大规模生产的厂商来说，商品价格虽然不断降低，但产量仍可不断地增加。（　　）
8. 支持价格是一种最低保证价格，但一定高于市场均衡价格。（　　）

（五）回答问题

1. 某商品价格是8元/件时，需求量为50件，若价格为10元/件，需求量下降10件，求该种商品的需求价格弹性。该商品的价格弹性属于哪一种？
2. 当某种产品的价格是2元时，需求量是100件，价格上涨1元，需求量减少10件，求该商品的需求价格弹性。
3. 某地市场上，当居民的平均收入水平为每月200元时，人均购买A种商品的数量是20kg，人均收入水平是300元时，人均购买量是22kg，该种商品的需求收入弹性是多少？该商品是属于哪一种需求收入弹性的商品？这种商品是生活必需品还是耐用品？
4. A种商品的需求量与B种商品价格之间存在着如下的数量关系，当B种商品的价格由40元增加到50元时，A种商品的需求量由200件增加到300件，试求A和B这两种商品之间的需求交叉弹性系数。请问这两种商品之间属于哪一种关系？
5. 运用需求弹性理论解释"薄利多销"和"谷贱伤农"这两句话的含义。

（六）复习思考题

1. 什么是均衡价格？它是如何形成的？
2. 阐述商品需求定律与供给定律的基本内容及例外情况。
3. 为什么生活必需品大多为缺乏弹性，而奢侈品大多为富有弹性？
4. 为什么不同产品的供给弹性会不同？
5. 阐述农村集市与市场的区别。

第3单元　农民消费行为分析

【教学目标】 通过本单元的学习，掌握农民消费行为及其分析的基本知识与方法、学会农民消费结构与方式分析的基本技能，能够运用所学的知识和技能进行农村公共产品生产的组织工作。

[案例3-1] 发展农村消费，拉动和扩大内需市场

农村消费的主体是农民，农民的消费行为对于扩大国内消费需求具有重要的影响作用。农村消费内需可分为生产消费内需和生活消费内需。从生产消费内需看，农村基础设施需要建设的内容项目很多，需要山、水、田、林、路综合开发和治理；对生活消费内需而言，据有关资料统计目前占全国总人口约2/3的农村，只消耗全国1/3的商品；开发农村消费市场，扩大内需对许多产业发展有着巨大的拉动效应。我国是世界上最大的家电生产国和出口国，家电产品产能巨大。如果将家电下乡活动推广开来，将拉动家电行业的生产迅速增长。早在20世纪80年代末90年代初，启动农村消费便为有识之士所关注，甚至国外的企业也把目光盯在中国农村消费市场上。早几年，每当市场消费疲软时，在一些企业采取的应对措施中便会想到农村，诸如送货下乡，专车接送农民进城购物等，但总体效果不是很理想。今天重申启动农村消费，所处的时代背景、面临的条件以及远期目标等，与过去有很大不同，但实际操作仍然要综合考虑现时农村和农民消费的能力、行为、安全、环境等因素的影响，需要进行科学的分析研究和合理的对策选择。

3.1　农民的消费欲望与消费均衡

3.1.1　农民的消费欲望与效用

3.1.1.1　消费欲望及其特点

根据经济学理论提出的幸福方程式，幸福指数是效用与欲望的比值。在欲望一定的情况下，幸福指数与效用成正比；在效用一定的情况下，幸福指数与欲望成反比。效用与欲望的比值大于一，也就是幸福指数大于一，称之为享乐或安逸，否则称之为痛苦。根据消费行为理论，分析农民幸福指数高低，应用的两个重要概念是欲望与效用。

欲望是一种缺乏的感觉与求得满足的愿望，是不足之感与求足之愿的统一。农民的消费欲望是从消费物品中求得满足的愿望。欲望具有三个方面特点：

第一，欲望具有无限增长性。对于绝大多数农民来说，消费欲望是无限增长的，一种欲望满足之后又会产生新的欲望，要为了满足自己不断产生、永无止境的欲望而不断奋斗。从这个意义上说，欲望是推动社会前进的动力。

第二，欲望具有层次递进性。按照美国社会心理学家亚伯拉罕·马斯洛的观点，人的欲望尽管是无限的，但有轻重缓急之分，具有层次性。欲望是由需要引导的，需要分为五个层次，分别是生理需要、安全需要、社交需要、尊重需要和自我实现的需要。在五个层次的需要中，低层次的需要欲望满足以后就不再是行为的推动力，但会在此基础上产生新的欲望，各层次欲望具有逐级递进的关系。不同的消费者对满足不同层次欲望的商品选择的次序有所不同，不排除个别人在低层次欲望没有得到满足之前就会产生高层次欲望的可能性。对于绝大多数人来说，基本上是遵循在满足低层次欲望后才产生高一层次欲望这一基本发展规律的。

第三，欲望满足对象的可替代性。人的某一方面欲望的满足对象，即消费客体是可以互相替代的，也就是有许多商品可以用来满足同一消费欲望，完成同一消费功能。随着社会经济的发展与科学技术的进步，满足农民同一消费需要的产品种类及功能也在不断发生变化，农民总希望用具有较多功能的产品取代具有较少功能的产品。

3.1.1.2　消费偏好

消费偏好是指消费者对于所购买或消费的商品或劳务的爱好胜过其他商品或劳务，又称"消费者嗜好"。它是对商品或劳务优劣性所产生的主观感觉或评价。消费偏好要受文化因素、经济因素、社会因素等多种因素影响。消费偏好的重要性质是偏好的有序化，即消费者对于商品组织的偏好程度是有顺序的，可以从大到小进行排列。消费偏好可以具体表现在商品的功能、品种、品牌、型号、款式、形状、颜色和生产厂家等诸多方面。在分析消费者的偏好时，以下面几点假设为前提：

第一，偏好具有相对持续稳定性。消费者偏好是消费者在主观上对商品的有用性进行比较筛选的一种心理倾向。这种心理倾向的形成有的与人的生理和心理需要有关，比如爱美之心人皆有之，希望商品赏心悦目是人的天性，亘古不变。有的是后天消费实践形成的主观比较的结果，比如对茶叶品种的选择，有些人经过长期饮茶，就可能形成对某种茶叶选用的思维定式，主导着自己去选购。还有的是由于长期生活习惯造成的对某种商品的生理或心理依赖性，形成对该种商品消费的特殊消费嗜好，比如烟民和嗜酒者对烟草和酒的心理偏好。一般来说，由上述各种原因形成的消费偏好在短期内发生变化的可能性比较小。

第二，商品功能可以比较择优。人们在满足某种消费需要时，为了实现满足程度最大化，可以使用不同的商品或商品组合，但消费者往往选择个人偏好程度比较高的商品或商品组合。由于满足同一消费功能需要的商品之间可以互相替代，人们在期望中要么用廉价资源取代稀缺资源，要么用效率更好的方法取代传统方法。由于资源稀缺，在选择上，消费偏好的取舍要以资源合理配置与利用为前提，偏好的选择大多情况下要取决于经济利益的高低。

第三，消费偏好差别可以互相传递。人们购买商品是因为商品对人有用。消费者对不同商品的消费偏好不存在质的不同，但存在偏好程度上的差别。这种差别既体现在满足需要的用途上，也体现在同种用途的满足程度上。如果有A、B、C三种商品，某消费者对A商品的消费偏好优于B，对B商品的消费偏好优于C，那么一定会存在着对A商品的消费偏好优于C。比如某个消费者认为盐对生活的重要程度高于电池，电池的重要程度高于点心，那就一定是盐对生活的重要程度高于点心。

3.1.1.3　消费效用的特点与衡量指标

（1）消费效用及其特点。农民从消费某种物品中所得到的满足程度称为效用。效用有四方面的特点：其一，效用也是一种心理感觉。效用与欲望的不同之处在于，欲望是消费商品之前的心理感觉，效用是消费商品之后的心理感觉。其二，某种商品效用的大小没有客观标准，它取决于消费该物品的消费者的主观感受，它有别于物品的使用价值。其三，效用虽然是消费者的主观感觉，但其本身并不包括是非的价值判断，一种商品有无效用，只需看它能否满足人们的欲望和需要，而不考虑这一欲望的好与坏。其四，效用因人、因时、因地而异。对不同的人而言，同种物品所带来的效用不同，甚至对同一个人而言，同一物品在不同的时间与地点效用也不同。例如，同一件棉衣，在冬天或寒冷地区给人带来的效用很大，但在夏天或热带地区也许只能带来负效用。

（2）消费满足程度的衡量指标。农民消费满足程度的高低主要是通过总效用与边际效用两个指标进行衡量。总效用是指消费一定量某种物品所得到的总满足程度。边际效用是指对某种物品的消费量每增加一单位所增加的满足程度。如果用 TU 代表总效用，MU 代表边际效用，总效用和边际效用之间的数量关系可以用表 3-1 中的资料加以说明。

表 3-1　总效用与边际效用表

消费量(Q)	总效用(TU)	边际效用(MU)	消费量(Q)	总效用(TU)	边际效用(MU)
0	0		4	28	4
1	10	10	5	30	2
2	18	8	6	30	0
3	24	6	7	28	−2

根据表 3-1 可以做出总效用和边际效用曲线图 3-1。图 3-1 中，横轴代表物品消费量，纵轴代表总效用和边际效用。图中的 TU 为总效用曲线，MU 为边际效用曲线。由表 3-1 及图 3-1 都可以看出：当边际效用为正数时，总效用是增加的；当边际效用为零时，总效用达到最大；当边际效用为负数时，总效用减少。

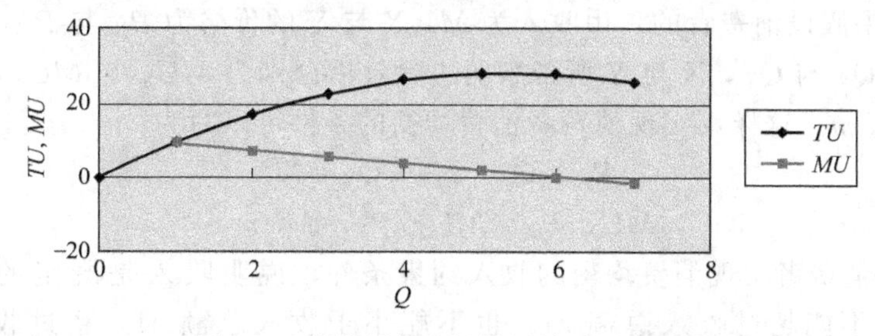

图 3-1　总效用与边际效用关系示意图

（3）边际效用递减规律。从表 3-1 和图 3-1 中还可以看出，边际效用是递减的。这种情况普遍存在于一切物品的消费中，所以被称为边际效用递减规律。此规律可表述为：随着对某种物品消费量的增加，从该物品连续增加的消费单位中所得到的边际效用是递减的。边际效用递减规律产生的原因是：第一，生理或心理的原因。消费一种物品的数量越多，即某种刺激的反复使人在生理上的反应或心理上的满足减少，从而满足程度降低。第二，物品本身用途的多样性。每一种物品都有多种用途，这些用途的重要性不同。人们总是先把物品用于最重要的用途，而后用于次要的用途，用于最重要用途的其边际效用就大，而用于次要用途的其边际效用就小，以此顺序用下去，用途越来越不重要，边际效用也就递减了。比如水的用途很多，既可以用来喝，也可以用来做饭，也可以用来洗浴，也可以用来浇地。在水的数量很少，只能用于喝这一种用途时，每桶水的边际效用很高，就像人们所形容的滴水贵如油；但水源非常充足，满足了人们所有的需要，也就是用于浇地后还有剩余时，每桶水的边际效用就很低了。

[案例 3-2] 既要多多益善，也并非越多越好

在许多名山大川旅游时，会看到许多挑山工往返于上山和下山的途中。旅游者消费的许多物品被送到山上，大多是他们辛勤劳动的成果。在过去交通条件不发达的年代，他们对这些名山大川的开发和建设做出了卓越的贡献。他们的收入来源于运送物品上山的劳务费用，可以说每天担到山上的物品越多，收入也越多。在每天往返次数一定的情况下，收入多少和每次担的物品数量成正比。需要说明的问题是，挑山工每次多担一些会多赚钱吗？答案既是肯定的，也是否定的。说是肯定的，是说在合理负荷重量范围内，每次担的物品越多赚的钱越多；说是否定的，是说每次负荷重量不能超过合理的范围，超过这个数量界限可能会使挑山工在登山途中累倒。根据边际效用递减原理，可以将该简要事例解释为往往要求得到的物品既是多多益善，但也并非越多越好的根本原因。

3.1.2 农民消费均衡分析

消费者均衡研究的是消费者在收入和物品价格既定的情况下，如何选择各种商品购买量组合才能实现满足程度最大化的问题。在研究消费者均衡时，假设条件是：第一，消费者的偏好是既定的，对各种商品的效用和边际效用是已知的，不会发生变动；第二，消费者的收入是既定的且全部用于购买商品和劳务；第三，消费者购买的商品价格是已知的；第四，每单位货币的边际效用对消费者都相同，即每1元货币的边际效用对消费者都是相同的。这就是说，由于货币收入是有限的、货币可以购买一切物品，货币的边际效用不存在递减问题。消费者均衡正是要说明在这些假设条件之下，消费者如何把有限的收入分配于各种物品的购买与消费上，以获得最大效用。

3.1.2.1 消费者均衡实现的条件

为了分析的方便，假定某个农民在市场上只购买两种商品X和Y，由于收入和价格都是既定的，增加X的购买量就必须减少Y的购买量，购买量的变化则必然引起它们的边际效用的变化。如果假设消费者的货币收入为M，X与Y的价格为P_X与P_Y，所购买的X与Y的数量分别为Q_X与Q_Y，X与Y所带来的边际效用分别为MU_X与MU_Y，每1单位货币的边际效用为MUm。这样，实现消费者消费均衡的条件可以写为：

$$P_X \times Q_X + P_Y \times Q_Y = M \quad (3\text{-}1)$$

$$MU_X / P_X = MU_Y / P_Y = MUm \quad (3\text{-}2)$$

式(3-1)是消费者实现消费均衡的收入约束条件，说明收入是既定的，购买X与Y物品的货币支出不能超过收入总额M，也不能小于收入总额M。超过收入的商品购买组合是无法实现的，而小于收入的购买组合达不到既定收入时的效用最大化。式(3-2)是消费者均衡实现的评价条件，即所购买的X与Y物品带来的边际效用与其价格之比相等。也就是说，每一单位货币不论用于购买X还是Y商品，所得到的边际效用都相等。

如果消费者消费的不是两种物品而是多种物品，设各种物品的价格为$P_1, P_2, P_3, \cdots Pn$，购买量为$Q_1, Q_2, Q_3, \cdots Qn$，各种物品的边际效用为$MU_1, MU_2, MU_3, \cdots MNn$，则可以把消费者均衡实现的条件写为：

$$P_1 \times Q_1 + P_2 \times Q_2 + P_3 \times Q_3 + \cdots P_n \times Q_n = M \quad (3\text{-}3)$$

$$MU_1 / P_1 = MU_2 / P_2 = MU_3 / P_3 = MU_n / P_n \quad (3\text{-}4)$$

3.1.2.2 消费者均衡的实例分析

例3-1：假设某个农民准备购买X与Y两种商品，已知两种商品的价格分别为$P_X = 10$元，$P_Y = 20$元，该农民收入为100元，并将其全部用于购买X和Y两种商品。两种商品的边际效用MU_X和MU_Y如表3-2所示，应该购买多少X，多少Y才能使得总的满足程度最大？

表3-2 商品X和Y的边际效用表

Q	1	2	3	4	5	6	7	8	9	10
MU_X	5	4	3	2	1	0	−1	−2	−3	−4
MU_Y	6	5	4	3	2					

根据收入约束条件的限制，可得出能够购买X和Y这两种商品的不同数量组合，及相应的MU_X/P_X与MU_Y/P_Y和总效用，如表3-3所示：

表 3-3　消费者购买 X 和 Y 两种商品数量组合表

组合方式	MU_X/P_X 与 MU_Y/P_Y	总效用	组合方式	MU_X/P_X 与 MU_Y/P_Y	总效用
1. $Q_X=10, Q_Y=0$	$-4/10\neq 0/20$	5	4. $Q_X=4, Q_Y=3$	$2/10=4/20$	29
2. $Q_X=8, Q_Y=1$	$-2/10\neq 6/20$	18	5. $Q_X=2, Q_Y=4$	$4/10\neq 3/20$	27
3. $Q_X=6, Q_Y=2$	$0/10\neq 5/20$	26	6. $Q_X=0, Q_Y=5$	$0/10\neq 2/20$	20

由表 3-3 可以看出：只有在 $Q_X=4$，$Q_Y=3$ 的组合时，才既符合收入条件的限制，又符合 $MU_X/P_X=MU_Y/P_Y$ 的要求。此时，购买 X 商品所带来的总效用为 14，购买 Y 商品所带来的总效用为 15。购买 X 与 Y 商品带来的总效用为 14+15=29，在各种购买量组合中实现的总满足程度最大。

3.1.3　消费者剩余与价值悖论

3.1.3.1　消费者剩余

农民与其他消费者一样，在市场上购买物品是为了满足自己的需要。该物品给他带来效用的大小决定着他的支付意愿，决定着他愿意为购买此物品支付的价格。该物品给他带来的效用越大，他愿支付的价格就越高，但市场上的实际价格并不一定等于他愿意支付的价格。农民作为消费者愿意对某物品所支付的价格与他实际支付的价格的差额称为消费者剩余。消费者剩余及计算过程如表 3-4 所示。

表 3-4　消费者剩余计算表

饮料数量	愿付的价格/元	市场价格/元	消费者剩余/元
1	5.00	3.00	2.00
2	4.50	3.00	1.50
3	4.00	3.00	1.00
4	3.50	3.00	0.50
合计	17.00	12.00	5.00

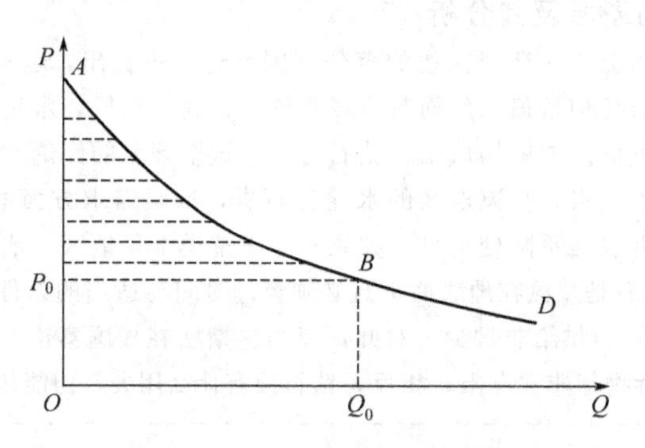

图 3-2　需求曲线与消费者剩余

我们还可以用需求曲线来说明消费者剩余问题。在图 3-2 中，需求曲线 D 表示消费者对每一单位物品所愿支付的价格，当市场价格为 P_0，消费者的购买量为 Q_0 时，消费者所愿支付的总货币额为从 O 到 Q_0 区间需求曲线以下的面积，即相当于图中的面积 $OABQ_0$；而消费者实际支付的货币额为市场价格 P_0 与购买量 Q_0 的乘积，即图中 OP_0BQ_0 的面积。这两块面积的差额是图中阴影部分 ABP_0 的面积，就是消费者剩余的总和。

[案例3-3] 生活中的"消费者剩余"

消费者剩余的概念在日常生活中经常被商人们所利用。比如，一个人想买西红柿。当这个人走到摊位面前的时候，看见摊位的西红柿又红又大又新鲜。他情不自禁地说："这西红柿真好!"卖西红柿的小贩子心想：这个人看中了我的西红柿，我可以贵一点卖给他。所以当这个顾客问："西红柿多少钱一斤?"小贩子回答："两元一斤。"本来西红柿只卖一块五一斤。由于这个顾客表现出很想买的样子，这表明他具有比较多的消费者剩余。所以小贩子故意提高了价格。从这个例子可以看出，当到个体摊位去买东西的时候，如果想买一件东西，千万不可直勾勾地盯着，应当适当地贬低这个东西。比如，你想买西红柿，你应当说："这些西红柿个儿太大，有没有小点的?"卖西红柿的小贩子以为你不太想买，就不会提高价格。再比如，你上服装摊位买衣服，许多衣服标价都大大高于实际成本。为什么要标价这么高呢？这是因为小贩子想把你的消费者剩余都赚去。或许这些衣服成本不足50元，而有些人特别喜欢，就愿意出100元甚至150元买下来，这里面就存在消费者剩余。因此，当去购买这件衣服的时候，如果这件衣服穿在身上非常合适，颜色也非常漂亮，这个时候你不要流露出满意的神色，应当说："这件衣服穿在身上还算可以。"如果你说："这件衣服穿在身上非常合适，颜色也非常漂亮!"那么你就很难压低价格，因为你表现出了比较多的消费者剩余。

在理解消费者剩余这一概念时要注意，消费者剩余并不是实际收入的增加，只是一种心理感觉，它反映消费者通过购买和消费物品或劳务所感受到的福利状态。因此可以成为衡量消费者经济福利的标准，是评价市场经济效率的一种重要工具。

3.1.3.2 价值悖论

一般来说，生活必需品的消费者剩余比较大，消费者对这类物品的效用评价相对较高，愿意付出的价格也比较高，但这类物品的市场价格一般并不高。在日常生活中商品价格与其效用相矛盾的经济现象称为价值悖论，这种现象的存在可以用物以稀为贵来说明。原因是日常生活中的大部分消费品数量都很多，商品数量越多，它的最后一单位的相对购买愿望越小，价格就比较低。比如，空气多得可以免费使用。像钻石这类商品虽然没有什么使用价值，只能用作装饰品满足炫耀身份的需要，加之数量极少，单位物品的边际效用极高，价格也必然非常昂贵。

[案例3-4] 钻石与水的矛盾及其分析

钻石与水的悖论首次由亚当·斯密在他的著作《国富论》里提出，也称作价值悖论。众所周知，钻石对于人类维持生存没有任何价值，然而其市场价值非常高。相反，水是人类生活的必需品，其市场价值却非常低。这种强烈的反差就构成了"钻石与水"这个著名的悖论。为什么会产生这样的现象呢？若不考虑市场上的其他因素，沙漠地区的水比钻石贵，这是需求方面的因素。从供给方面来说，地球上水的数量非常大，并且几乎随处可见（如果不考虑荒漠干旱地区，地球上几乎处处都有水，包含大气层中的水汽）；而钻石是蕴藏在地表底下且必须经过时间与适当的条件才能产生（如果不考虑人工钻石而单纯考虑自然钻石），供给非常少。对此，亚当·斯密在《国富论》中指出：没什么东西比水更有用，但能用它交换的货物却非常有限；相反，钻石没有什么用处，但能用它换来大量的货品。

3.2 农民的消费结构与消费方式

3.2.1 农民消费的内容与意义

3.2.1.1 农民消费的内容

广义的消费包括生产消费和生活消费。狭义的消费仅指生活消费。农民的生产消费是指在物质资料生产过程中，对生产资料和劳动的消耗；农民的生活消费是指农民为满足个人（家庭）物质和文化生活需要，对各种消费资料和劳务的消费。消费资料的消费是指以劳动产品的使用价值满足人们的某种生活需要。劳务消费又称服务消费，是以提供劳务满足人们某种生活需要的经济活动。

3.2.1.2　农民消费的意义

（1）消费是生产发展的动力和目的。社会上生产的任何产品都是为了满足各种消费的需要而生产的，一切生产活动总是以满足社会消费为最终目的。消费不仅是被生产所决定的，而且反过来对生产起着重大的影响作用。生产活动一旦脱离了满足消费这一目的，必然是盲目的生产，产品就难以找到销路，消费提供了生产的动力和目的。

（2）消费是使产品实现其价值的前提。任何一种生产活动对社会有无价值和能否产生效益，最终取决于它能否在消费中得到认可。因为任何生产活动，它所提供的产品，只有在消费中才能使之成为现实的功能，实现其自身的价值，如果一种生产活动所提供的产品不能被消费者所接受，那么这种生产活动也就毫无价值可言了。任何产品只有进入消费领域才成为最终产品，在没有进入消费领域之前都是中间产品，中间产品的价值是不能计算为国民生产总值的。

（3）消费是劳动力再生产的必要条件。农民生产产品首先要满足自己生活消费的需要，使其在生产活动中消耗掉的体力和智力得到恢复，并不断促进生产积极性的提高，使他们的劳动力再生产出来。

（4）合理的消费有助于提高消费效果。消耗同样数量和质量的消费品或劳务，由于消费结构和状况不同，人们对某种物质和精神需要得到满足的状况和程度也不同，从而取得的消费效果也是不同的。在我国农村，由于科学技术知识不普及，在生活消费方面不科学、不合理的现象很多，损失、浪费现象相当严重。因此，讲求合理消费，提高消费效果的潜力是很大的。

（5）农民的消费是一个广阔的市场。农民消费水平的提高对于我国国内市场的发展具有重要的促进作用，不断扩大的农村“内需”对于增强市场活力是一个巨大的拉动力量。通过促进农村消费，发展农村商品经济，提高农民的社会购买力，壮大农村市场，这对于我国经济建设和国民经济的发展具有极为重要的意义。

［案例3-5］农民的闲暇与文化消费

所谓农民的闲暇，是指农民在劳动时间之外，除去满足生理需要和家务劳动等生活必要时间支出后所剩余的个人可自由支配的时间，如用于休息、观看演出、旅游、游戏、从事体育活动、参与社交活动、学习和自修等方面的时间。农民的闲暇其基本属性是农民在可自由支配的时间内为满足消遣娱乐和发展的需要而进行的精神文化活动。而农民的文化消费，是指农民为了不断满足自身的精神文化生活需要而采取不同的方式来消费精神文化产品和精神文化服务的行为，包括个人文化消费和社会公共文化消费。个人文化消费包括个人教育、广播、电影电视、旅游、报刊图书、体育活动等。而社会公共文化消费包括教育、文化、科学、医疗保健、体育及相关的设施，如学校、体育场、图书馆、展览馆、文化宫、舞厅等。农民的文化消费具有能够满足农民精神文化生活需要的功能，其主体不仅有个人，也有社会。其中，农民个人文化消费主要是农民个体在闲暇时间进行的文化消费活动。从这个角度来说，研究农民的消费行为时，应该将农民的闲暇时间安排和文化消费行为研究有机结合起来，实现功能互补。

3.2.2　农民的消费结构

3.2.2.1　农民消费结构的内容构成

农民的消费结构是指农民的各种消费支出在消费总支出中所占的比例及其相互关系。消费结构受消费水平制约，同时又反过来影响和促进消费水平的提高。农民的消费结构由三方面内容构成：一是生活资料。主要是指农民为了生存需要和维持劳动力再生产所必需的消费资料，如食品、衣着、燃料、住房和日用品等。二是享受资料。主要是指农民用于物质和精神享受方面的资料。如娱乐、消遣、旅游等方面的消费资料。三是发展资料。主要是指农民用于增加文化科学知识，提高劳动和工作技能所需要的各种消费资料。按照以上的分类方法划分消费内容结构，可以较好地反映人们消费需求的层次性，但是三者的内涵与外延并无严格的界限，难以在实际工作中具体运用。因此，目前我国大多在上述分类的基础上，采用按消费品种类划分消费结构的办法，分为食品、衣着、燃料、住房、日用品以及文化生活服务等项目。这种分类方法，消费项目具体、明确，而且较为贴近我国农民的现有消费水平。

3.2.2.2 影响农民消费结构的因素

(1) 社会生产力发展水平。随着社会生产力发展水平的不断提高，社会能够为农民提供的物质资料和精神资料越来越丰富，城乡居民进行选择的余地越来越大，消费的内容结构也不断地发生变化。

(2) 农民的实际收入水平。农民的收入水平对消费水平和消费结构有着直接的影响。不同收入水平的农户，其消费结构大不一样。在低收入的情况下，只能以自给性消费为主，食物消费是其中的主要内容，而且质量档次相对较低。

(3) 消费品价格的变化。在商品经济条件下，农民商品性消费的比例越来越大，农民的消费建立在有货币支付能力的情况下，消费品零售价格的变化将会影响到农民的消费能力；此外，工农业产品比价的变化也会对农民的消费心理产生影响，从而使消费结构发生变化。

(4) 农村人口和劳动力结构。不同年龄和不同文化层次的农民，有不同的消费方式。随着农村人口结构的变化和农民文化水平的提高，发展和享受类消费资料的需要将会日益增多。

(5) 地区和民族习俗。我国地域辽阔，民族众多，风俗习惯迥然不同，消费结构也会不同。

(6) 信息诱导。报刊、广播、电视等新闻媒体的导向，生产经营单位各种形式的广告宣传和促销活动，都会不同程度地刺激农民的消费欲望，引起消费结构的变化。

(7) 政府的调控手段。改革开放前，在计划经济体制下，城乡居民的消费结构在很大程度上受国家计划控制，因为许多消费品凭票供应并对城乡居民区别对待。改革开放以来，计划经济逐步为市场经济所取代，国家主要通过宏观调控社会总需求与总供给的平衡。

3.2.3 农户消费水平的衡量指标

3.2.3.1 实物消费的数量和质量

农民的生活需要，首先是对各种具有不同使用价值的实物产品的需要，特别是农民基本生活用品的需要，如粮食、副食品、燃料、纺织品、日用工业品和耐用消费品等。这些物品消费数量和质量是衡量农民消费水平的重要指标。

3.2.3.2 劳务性服务消费量

随着商品经济的发展和社会化服务的开展，社会分工日益细密，农民在物质生活和文化生活方面需要的劳务服务消费量随着农村商品经济的发展将呈日益增多的态势。

3.2.3.3 货币消费额

为了综合反映农民的消费水平及其变化趋势，在考核实物消费量的同时，还常将农民家庭的实物消费与非实物消费进行同一量化为货币金额进行分析，通过人均年货币消费额来反映农民的实际消费水平。

3.2.3.4　恩格尔系数

恩格尔系数是一个国家或地区居民食物支出占总支出的比例。由于食物是生活必需品，在一般情况下，这部分支出总额不会发生很大的变化，居民收入水平提高，占总收入的比例会降低。按照一个国家或地区的恩格尔系数不同，可将农户的富裕状态分为四种类型：贫困型、温饱型、宽裕型和小康型。

(1) 贫困型农户。这一类型农户的恩格尔系数在60%以上，消费特征是：收入水平低，入不敷出。消费水平低，人均实物消费量和货币消费额均较少，生活必需品的消费中自给性的食物消费占绝大部分，温饱问题没有得到解决。

(2) 温饱型农户。这一类型农户的恩格尔系数为50%～60%。消费特征是：现有收入可以满足对基本生活消费品的需要，消费水平比贫困型农户有明显的提高，入能敷出，并略为有余。中档消费品和一部分耐用性的生活资料、发展资料已进入了消费领域，所占比例很小。消费结构仍以常规性消费为主，已由自给性消费向商品性消费过渡。

(3) 宽裕型农户。这一类型农户的恩格尔系数为40%～50%。消费特征是：收入水平较高，超过总体平均水平。储蓄行为出现，消费水平较高，消费的重点开始向数量增加和质量提高并重，生活投资越来越多地转向现代耐用消费品和住宅建设，享受资料和发展资料的投资份额增加较多。

(4) 小康型农户。这一类型农户的恩格尔系数为40%以下。消费特征是：收入水平较高，消费的重点已开始转向追求生活质量，生活消费基本上实现商品化，商品性消费接近85%。在改善生活的同时，生产性投资的比例也大大增加。

[案例3-6] 我国居民消费恩格尔系数降低说明的问题

有关权威部门提供的资料表明，我国城镇居民生活消费的恩格尔系数由1978年的57.5%下降到2008年的37.9%，下降了19.6个百分点；农村居民生活恩格尔系数由1978年的67.7%下降到2008年的43.7%，下降了24个百分点。城乡居民生活消费的恩格尔系数降到50%以下说明了什么？它说明我国人民正在由以吃饱为标志的温饱型生活向以享受和发展为标志的小康型生活转变。仅就食物构成而言，城镇居民吃好、注重营养、追求方便的倾向更加明显，商场与超市的净菜、速冻食品和绿色食品日益受到青睐，居民在外就餐的机会也越来越多。农村居民食品消费中主食消费下降，动物性食品消费呈增加的倾向。除了吃的以外，在用的方面，家电等耐用消费品的热点长盛不衰。彩电由平面直角而纯平、超平和高清晰度，冰箱由单门而多门、大容量和绿色环保。家用空调器、家庭影院、中高档家具等成为新的消费热点；家用电脑、移动电话、微波炉、影碟机的使用由几乎空白到迅速进入家庭生活中。特别值得一提的是，在物质生活进一步改善和提高的同时，城乡人民的精神生活也得到了进一步充实。用于陶冶情操、增进身心健康的文化艺术、健身保健、医疗卫生等方面的支出稳步增长，用于子女非义务教育和自身再教育的支出大幅度提高。综合而言，城乡居民消费恩格尔系数的降低表明消费结构的变化，表明物质和文化生活质量的提高，表明幸福指数的增长。特别需要强调的是，在生活质量提高的背后无疑是社会经济的发展，城乡居民收入水平的不断提高。

3.2.4　农民的消费方式

3.2.4.1　农民消费方式的概念

农民的消费方式是指农民在一定社会形态下，消费生活资料和劳务的技术方法和社会形式。简单地说，就是消费物质产品、精神产品和取得各种劳务服务的方法和形式。农民在一定社会形态下的消费方式，首先取决于社会的生产力发展水平。一般来说，有什么样的生产力水平，就有什么样的消费方式。因此，一个国家选择什么样的消费方式必须从本国实际国情出发，充分考虑到本国的生产发展水平、资源状况、人口数量等客观条件；一个家庭消费方式的确定，也是同一道理。消费方式除受生产力水平制约外，还要受社会制度、民族习惯、思想意识、伦理道德等诸多因素的影响。

[案例 3-7] 思念粽子对消费者行为的引导

粽子是一种节令性非常强的传统食品，但随着现代速冻保鲜技术的不断进步，速冻粽子开始作为一种商品出现在市场上，目前主要品牌有“思念”、“五芳斋”、“龙凤”、“三全”、“乔家栅”等。在粽子市场，“思念”是一个后来居上的品牌。这种状况的改观主要来自于年轻的“思念”高层班子领先的战略决策，即对粽子产品属性的差异化改观和对消费观念的创新性引导。他们通过几个月的市场观测发现了两大市场空白点：一是粽子的直观属性较差直接影响消费者的购买决策，二是粽子完全可以作为一种日常快速消费品来经营。针对这两大空白，“思念”高层领导凭着多年对市场需求的敏感性把握，创新性地采用了特殊的竹叶，确保了粽子的长久新鲜与清香。改变该现状的最大挑战在于，采取何种有效的创意手法将如此新鲜与清香的“思念”粽子表现并暴露在消费者面前，让他们知道思念粽子比其他品牌的粽子更具购买力的理由，以此来扩大产品知名度并提升产品销量。针对如何逐渐打破消费者在特定节日食用的习惯，广告宣传和生产创意通过产品差异引导消费观念变化，进而扩大产品销路成为“思念”产品经营成功的重要途径。

3.2.4.2 农民消费方式的类型

（1）个人消费。个人消费是满足个人需要的消费活动，主要是指劳动者本人及家庭的吃、穿、用、行，以及文化、娱乐等消费。个人消费是现阶段农民生活消费的主要部分，其消费资料归个人所有，消费过程有关决策问题由农户自行决定。

（2）公共消费。公共消费是满足农村社区居民共同需要的消费活动，主要包括文化教育、医疗卫生、妇幼保健、公共交通，以及其他有关的公共生活设施和社会福利设施的消费。公共消费资料由社会支配，人们可以有偿或无偿地使用这些消费资料。农村中的社会公共消费主要包括以下内容：普及农村教育、农村医疗卫生事业、农村社会保障制度、农村文化阵地建设等。

3.2.4.3 农民消费方式的引导

（1）引导农民树立正确的消费理念。在这方面主要是通过宣传教育引导农民树立健康正确的消费理念，确定合理的消费内容结构。在生活资料、享受资料和发展资料消费的投入比例确定上立足当前，考虑长远；同时，对食品、衣着、住房、燃料和文化生活用品的消费都要量入为出，既要考虑生活消费问题，也要考虑生产消费问题。

（2）引导农民建立合理的消费方式。这方面的工作目标是：通过科学的消费保证农业生产对劳动力数量和质量提高的需要，不断改善农民的物质和精神生活水平和质量，不断增加对农业的生产性投入，合理地利用自然资源和经济资源，加强农村物质文明和精神文明建设，不断提高农村的整体消费效益，从而实现农村消费结构和消费水平的最优化。

3.3 农村公共消费及其发展

3.3.1 农村公共消费的含义和内容

3.3.1.1 公共消费的含义与分类

公共消费由政府最终消费支出和为居民服务的非营利机构最终消费支出组成，是指由政府和为居民服务的非营利机构承担费用，对社会公众提供的消费性货物与服务的价值，其中政府最终消费支出是主要部分。按照职能划分，公共消费支出包括教育、卫生保健、社会保险和福利、体育和娱乐、文化等方面。从受益对象考虑，公共消费支出要区分为用于居民的和用于公共服务的两部分。从消费提供方式或来源看，公共消费支出有两种情况：一种是由政府等部门自由市场上购买产品，然后免费提供给特定居民；另一种是政府等部门将自己的服务产出免费或以无市场含义的价格提供给居民和公众。

3.3.1.2 农村公共消费的内容

农村公共消费是满足农村社区全体居民共同需要的消费活动。公共消费资料由社会支配，人们可以有偿或无偿地使用这些消费资料。农村中的社会公共消费主要包括以下内容：农村文化教育、农村体育设施、农村社会治安与管理、农村医疗卫生、农村文化场馆的建设与运用、农村社会文化娱乐活动、农村市场建设、农村道路、农村环境绿化和环境保护等。农村公共消费的决策一般由社区行政部门或农村社区性合作经济组织统一作出。

3.3.2 农村公共消费的特点

3.3.2.1 农村公共消费产品的不可分割性

农村中的文化教育、医疗卫生、妇幼保健、公共住宅、公共食堂、公共交通、社会治安以及一切有关的公共生活设施和福利设施建设是由农村社区来进行组织和完成的。这些消费项目被称为“公共产品”，这些产品的所有权属于农村社区范围内的全体居民，在产权关系上是不可分割的，具有非排他性和非竞争性的特点。非排他性就是指在技术上或经济上无法避免“免费搭车”的现象出现。所谓“免费搭车”是指不支付费用而参与消费。非竞争性是指不论参与消费的消费者数量多少，每个消费者都会得到同样的满足程度，消费效用都相同。“公共产品”不用进行交易，每个消费者不用花钱就可以方便地获得消费的条件。在这种情况下，无论生产者是谁，进行“公共产品”的生产和经营都无利可图。

［案例 3-8］集体泵站供水进行收费的烦恼

税费改革和取消农村“两工”后，位于江边的临江村将原有集体所有的泵站改为股份合作制，由入股村民民主管理，农户和泵站之间的关系发生了变更。2009 年 5 月，改制后的泵站第一次开机抽水。第一次开机抽水的成功源于管委会成功地收取了水费。2010 年再次出现春旱时，泵站能否第二次进行供水成为悬念，关键因素在于能不能从灌区内 10 个村民小组的几百农户手中收上水费。在临江村对于是否抽水的态度可以归纳为两种：一是泵站管委会的态度，委员们一致担心本年很可能收不齐钱，因为农民不到旱到自己家的井或堰塘解决不了春旱问题时是不会轻易交钱的。二是农户的态度，存在两种看法。一种看法为如果今年雨水好，或许就用不上泵站的水了，现在交钱可能会吃亏。另一种为渴望泵站能顺利抽水，但表现出明显的悲观情绪，而悲观情绪来自于对两种情况的判断：首先，2009 年有少数人没交钱但却获得了供水，也有交了钱但最后没有抽上水的；其次，有些人在渠道的上游，即使不交水费，水也要从他家的田里经过并得到灌溉。对于“搭便车”的行径，管理制度上没有任何制约机制。由此，抽不抽水和怎样收齐水费对泵站管委会来说是很棘手的问题。

3.3.2.2 农村公共消费的组织由社区政府完成

市场和私人企业不能提供“公共产品”的生产，满足公共消费的需要，所以农村公共消费的组织工作只能由农村各级政府来承担。政府组织公共消费，提供“公共产品”也需要各种要素费用支出，但“公共产品”不能通过市场出售，所以农村社区政府必须依法通过强制性收税来为提供“公共产品”筹集资金。在农村社区范围内，每个公民都有义务向政府依法纳税，政府利用这些税收向社会提供“公共产品”，每个人都可以享受。通常所说的“税收取之于民，用之于民”就是这个道理。

3.3.3 农村公共消费的功能

3.3.3.1 消费内容转化功能

农村公共消费不同于农民的个人消费，在消费方式上与个人消费有所不同。农村公共消费事业的发展有助于农民改变消费观念，改变消费结构，提高消费质量。农村公共消费在这方面的功能主要如下。

(1) 转变消费方式。当前农村消费的主要目的是满足农民家庭对劳动力再生产的消费需要。处于自给或半自给状态的农村劳动力的培养，只要劳动者具备一定的体力，通过“父传子承”和个人消费的方式，掌握祖传的生产技艺和技术，就能从事农业生产。而社会化大生产需要的农村劳动者，不仅需要有强壮的体力，而且需要有发达的智力和熟练的专业生产技术，能适应现代信息技术、遗传工程技术等现代生产技术在农业生产中应用的需要。这样的农村劳动者单纯依靠个人消费方式是无法培养的，必须通过公共消费，依靠良好的托幼设施、健全的医疗卫生设备、多层次的文化教育、优质的生活服务和经过较长时间的专门化培养才能做到。

(2) 丰富农民的消费内容。通过农村公共消费，可以使农民的个性得到全面、自由的发展。农民，作为社会和自然界的主人，按其本性来说，要求依法满足多方面的需要，全面发展自己的个性，这是社会健康发展的客观需要。劳动者在物质生活方面的消费需要，主要通过个人消费得以满足，而精神生活方面的消费需要，则要通过更多地依赖社会公共消费来满足。

(3) 提高消费水平。通过农村社会提供的“公共产品”，广大农民可以对一些不适宜于个人进行生产及个人无力进行生产的消费资料进行消费。比如火车、汽车等交通工具运行的铁路、公路，乡村的道路、水渠、电站、农村文化中心、公园、体育场及卫生院、防疫站、幼儿园、疗养所的建设及运用等。

3.3.3.2 文化生活服务功能

农村公共消费的文化生活服务功能就是通过发展农村文化建设事业，利用多种手段和组织形式，举办业余剧团、电影、广播、体育、文化站、图书馆等，深入广泛地开展群众性的农村文体活动，丰富农民业余文化生活，提高广大农民的精神生活质量。

3.3.3.3 农村社会保障功能

社会保障是因为社会成员不能参加正常劳动，或因遭受意外而不能维持其基本生活需要时，由政府和社会依法对其提供最低限度的经济帮助。社会保障主要是在经济上、物质上的保障或帮助，是农村社会成员遇到困难时的一种救援措施。农村社会保障作为农村中的一种“公共产品”，其主要功能是可以对因年老退休、失业、疾病、工伤、自然灾害而引起的社会成员的经济损失给以援助，对那些失去劳动能力的老年人和不具备劳动能力的人给予经济上的帮助，以维护社会经济秩序的稳定、满足社会上无劳动能力人的生活需要和促进社会收入分配的“公平”合理。

3.3.4 促进农村公共消费发展的措施

3.3.4.1 搞好农村公共文化设施建设

在这方面，主要是通过建设农村文化中心，为农民提供公共的图书资料、影剧院、书场、公园和体育场所等公共文化消费环境条件，满足农民学文化、学科学知识、欣赏体育表演和进行体育锻炼等方面的消费需要。

3.3.4.2 发展农村医疗卫生事业

发展农村医疗事业，主要是通过举办农村社区合作医疗站或合作医疗性质的卫生所、村办的自负盈亏的卫生所、农民联合诊所、乡村两级医疗卫生服务点和个体医生诊所等，为农民的防病、治病、提高医疗卫生保健水平提供各种有利的社会条件。

3.3.4.3　发展农村文教事业

在这方面，要大力兴办农村小学、普通中学和初、中等职业技术学校，为农民学习科学文化知识，提高科学种田和养畜水平提供接受初、中等文化和专业技术教育的条件。

3.3.4.4　搞好农村精神文明建设

农村经济文明建设是农村经济发展的软件环境条件，是广大农民不可或缺的文化生活方面的“公共产品”，其建设水平高低不仅反映出农村物质文明的建设水平，同时对物质文明建设具有重要的影响作用。在我国农村搞好精神文明建设主要应做好以下三项工作：

第一，努力繁荣农村文化。为广大农民提供优秀的精神产品，创造丰富的文化生活，是建设有中国特色社会主义新农村的重要内容，也是农村精神文明建设的重要任务。国家要逐步增加投入，加强农村文化设施建设，扩大广播电视覆盖面，有条件的县乡要办好文化馆站；同时积极探索在市场经济条件下发展农村文化的新路子，调动社会各方面的积极性，兴办健康文明的文化产业。要开展丰富多彩的群众性文化体育活动，坚持开展文化科技卫生“三下乡”，办好“农家书屋”，丰富农民的文化生活。新闻、出版、文化、影视等部门要把为九亿农民提供优秀的书刊、戏曲、电视电影等作为自己义不容辞的责任，用健康向上的文化艺术占领农村阵地。要移风易俗，通过开展创建文明户、文明村镇等活动，引导农村自觉摒弃旧观念、旧习俗，创造新生活，逐步在农村形成科学文明健康向上的生活方式和社会风尚。

第二，保持农村良好的社会秩序。良好的社会秩序，是农村文明进步的基本要求。维护农村社会秩序，保持农村社会稳定，要靠教育、靠法制。一要善于处理新时期的农村人民内部矛盾，解决好各种利益纠纷和热点问题，预防和妥善处置群体性事件，调动积极因素，化解消极因素。二要加强农村社会治安综合治理。对突出的治安问题，要组织开展专项斗争，增强农民群众的安全感。三要加强农村基层社会管理。发动群众制定村规民约，实行依法治村。严格各项管理制度，加强治安防范工作，把问题解决在萌芽状态。深入开展基层安全创建活动，把社会治安综合治理的各项措施落实到基层。努力促进农村社会秩序根本好转，保持农村长治久安。

第三，提倡和鼓励健康、文明、积极的文化消费行为。要通过移风易俗，改革不文明、不健康和有害身心的生活习惯和消费习俗，比如对婚嫁提倡新事新办，对一些不利于环境保护的文化习惯和生活方式要进行改革，对不文明的行为方式要坚决予以革除等。要破除迷信，反对铺张浪费，树立文明新风，坚决摒弃封建主义的陈规陋俗，将现代思维观念和行为方式引入广大农民的精神产品生产、消费过程中。

单元小结

消费欲望是一种缺乏的感觉与求得满足的愿望。它是不足之感与求足之愿的统一，消费欲望具有无限增长性、层次递进性、满足对象的可替代性三个特点。消费偏好是指消费者对于所购买或消费的商品或劳务的爱好胜过其他商品或劳务，又称“消费者嗜好”。消费偏好受文化、经济、社会等诸多方面因素的影响。消费者偏好可以具体表现在商品的功能、品种、品牌、型号、款式、形状、颜色、生产厂家等诸多方面。

农民的消费效用就是从消费某种物品中所得到的满足程度。总效用是指从消费一定量某种物品中所得到的总满足程度。边际效用是指某种物品的消费量每增加一单位所增加的满足程度。边际的含义是指两种增量的比值，是指自变量增加一单位所引起的因变量的增加量。在边际效用中，自变量是某物品的消费量，而因变量则是消费物品的满足程度。总效用与边际效用的关系：当边际效用为正数时，总效用增加；当边际效用为零时，总效用达到最大；当边际效用为负数时，总效用减少。

消费者均衡研究的是消费者在收入和物品价格既定的情况下，如何选择各种商品购买量组合才能实现满足程度最大化的问题。消费者均衡实现的条件是所购买的各种物品带来的边际效用与其价格之比相等。也就是说，每一单位货币不论用于购买哪种商品，所得到的边际效用都相等。

农民作为消费者愿意对某物品所支付的价格与他实际支付的价格的差额称为消费者剩余。消费者剩余并不是实际收入的增加，只是一种心理感觉，它反映消费者通过购买和消费物品或劳务所感受到的福利状态。因此可以成为衡量消费者经济福利的标准，是评价市场经济效率的一种重要工具。

在实际生活中，生活必需品有较大的消费者剩余，因为供给量比较多。比如水是人类生活必不可少的物品，但多到几乎可以免费使用，因而价格比较低；而钻石这一类商品几乎没有什么使用价值，但因其数量极少，因而价格很高。这种现象称为“价值悖论”或“钻石与水”的矛盾，据此可以更清楚地理解“物以稀为贵”的基本原理。

农民消费主要体现食品、衣着、住房、燃料和用品等生活消费品支出以及对生活服务、文化服务等服务的消费。消费方式是指在一定社会经济条件下，消费者同消费资料相结合的方式即消费方式，包括消费者以什么身份、采用什么形式、运用什么方法来消费资料，以满足其需要。消费方式是生活方式的重要内容。消费结构是指在一定的社会经济条件下，消费者在消费过程中所消费的各种不同类型的消费资料比例。改革开放以来，农民消费结构发生了巨大变化。

农村公共物品是指区别于满足农民个别需要的私人产品，局限于农村范围内，用于满足农村社会的公共需要，具有一定的非排他性和（或）非竞争性的社会产品。加快发展农村公共物品的生产，国家和各级政府应充分发挥主导作用，把发展农村公共事业放到全面建设小康社会的“大盘子”中统筹谋划、积极安排。要坚持“多予少取放活”的方针，重点在“多予”上下工夫，加大公共财政的支农力度；同时要进一步整合支农资金，提高资金使用效率。城市要采取多种形式支持农村发展，推进城市基础设施和公共服务向农村延伸；同时要引导广大农民通过自己的辛勤劳动改善生产生活条件，建设自己的家园。

综合练习

（一）名词解释

幸福指数　消费欲望　效用　总效用　边际效用　消费者均衡　消费者剩余　价值悖论　消费结构　公共消费　公共产品　农村基本建设

（二）填空

1. 效用与欲望不同之处在于，（　　）存在于消费之前，（　　）产生于消费之后。

2. 一个国家或家庭生活越贫困，恩格尔系数就越（　　）；生活越富裕，恩格尔系数就越（　　）。
3. 一般来说，凡是企业和个人家庭能完整地购买其消费权的产品，都具有消费上的（　　）性，这种产品是私人物品。
4. 农村公共物品的非（　　）性的含义有：一是边际生产成本为零；二是边际拥挤成本为零。
5. 消费者每多喝一杯茶，其（　　）效用在一定范围内会增加，但（　　）效用却是递减的。
6. 联合国根据居民生活消费恩格尔系数的大小，对世界各国的生活水平有一个划分标准，即一个国家平均家庭恩格尔系数大于60%为贫困；50%～60%为温饱；40%～50%为（　　）；40%以下为（　　）。
7. 由于公共物品的（　　）性，就可能出现“免费搭车”的现象，即不管是否付费都可以获得消费利益。
8. 由于资源稀缺，在选择上，农民消费偏好的取舍要以资源合理配置与利用为前提，偏好要取决于（　　）。

（三）选择答案

1. 根据幸福方程式，幸福指数是（　　）的比值。
   A. 欲望与效用　B. 效用与欲望　C. 效用与偏好　D. 欲望与偏好
2. 根据马斯洛需求层次论，需要分为（　　）和自我实现的需要等。
   A. 生理需要　B. 安全需要　C. 社交需要　D. 尊重需要
3. 某个农民逐渐增加对L商品的消费量，达到效用最大化。在这个过程中，L商品的（　　）。
   A. 总效用和边际效用不断增加
   B. 总效用不断下降，边际效用不断增加
   C. 总效用不断增加，边际效用不断下降
   D. 幸福指数不变
4. 总效用曲线达到最高点时，（　　）。
   A. 边际效用曲线达到最大点　B. 边际效用为零
   C. 边际效用为正数　D. 边际效用最小
5. 边际效用递减规律可以用以下（　　）理由来解释。
   A. 生理偏好的变化　B. 心理偏好的变化
   C. 物品本身用途的多样性　D. 物品功能的变化
6. 已知甲农户的收入为40元，商品X的价格为4元，商品Y的价格为2元，假定该农户计划购买5单位X商品和10单位Y商品，商品X和Y的边际效用分别为40和30，如要得到最大效用，他应该（　　）。
   A. 增加X和减少Y的购买量　B. 增加Y和减少X的购买量
   C. 同时减少X和Y的购买量　D. 同时增加X和Y的购买量
7. 已知商品X的价格为2元，商品Y的价格为1元，如果农村居民从这两种商品得到最大效用的时候商品Y的边际效用是26，那么商品X的边际效用应该是（　　）。
   A. 52　B. 13　C. 26/3　D. 26
8. 农村公共消费有以下（　　）的特点。
   A. 非排他性　B. 非竞争性　C. 消费的可分割性　D. 消费的公共性

（四）判断正误

1. 同样商品的效用因人、因时、因地而异。（　　）
2. 只要商品的消费数量在增加，边际效用大于零，消费者得到的总效用就一定在增加。（　　）
3. 消费方式是由生产方式决定的，生产方式的社会性质决定消费方式的社会性质。（　　）
4. 消费者偏好可以具体表现在商品的功能、品牌、款式、颜色和生产厂家等诸多方面。（　　）
5. 人的消费欲望具有层次递进性的特点。（　　）
6. 如果农民从消费某种物品中感受到痛苦，则是负效用。（　　）
7. 只要边际效用大于零，消费量增加，总效用就会增加。（　　）
8. 在边际效用中，自变量是某物品的消费量，而因变量则是消费物品的满足程度。（　　）

9. 当农村居民从对某种物品的消费中所获得的边际效用不断增加时，幸福指数会增加。（　　）

10. 如果某个农村居民从消费每种商品中得到的总效用与它们的价格之比分别相等，他将获得最大效用。（　　）

（五）回答问题

1. 某农户计划购买X和Y两种商品，X商品的价格为20元，Y商品的价格为10元，各种不同数量的X和Y商品的边际效用如下表。若该农户有160元钱，那么购买X商品和Y商品各多少单位可以实现效用最大化？这时货币的边际效用是多少？

Q_X	MU_X	Q_Y	MU_Y
1	16	1	12
2	14	2	11
3	12	3	10
4	10	4	9
5	8	5	8
6	6	6	7
		7	6
		8	5
		9	4
		10	3
		11	2
		12	1

2. 填写下表空格中的数字。

某种商品的购买量(Q)	总效用(TU)	边际效用(MU)
1	10	10
2		8
3	24	
4		4
5	30	

3. 根据下表中的资料计算消费者剩余总和，绘制出消费者对A种商品的需求曲线，并在图中标出消费者剩余的面积。

A种商品的购买量/件	愿意付出的价格/元	实际付出的价格/元	消费者剩余
1	6	1	
2	5	1	
3	4	1	
4	3	1	
5	2	1	
6	1	1	
合　计			

（六）复习思考题

1. 阐述欲望的概念与特点。
2. 阐述消费者剩余与价值悖论的含义。
3. 从公共产品供给和消费的角度阐明税收取之于民、用之于民的道理。
4. 如何理解消费是社会生产发展的动力？阐述消费不足会限制社会生产力发展的根本原因。
5. 针对怎样通过扩大“农村内需”来拉动农村消费水平的提高，从而促进农村商品经济的发展，谈谈你个人的看法。
6. 个人进行农村公共物品的生产存在哪些困难？怎样解决？

第4单元　农村企业生产与收益分析

【教学目标】 通过本单元的学习，掌握农村企业的生产要素、周期、类型、产品产量等基本知识与方法、学会生产项目与生产结构分析的基本技能，能够运用所学知识和技能进行农村企业生产成本与收益分析。

[案例4-1] 生产中的多种交替关系与决策

当人们组成社会时，要对具有各种不同交替关系的生产机会进行选择。在资源既定前提下，生产机会可以提供的各种产品产量之间通常不是全有与全无的关系，而是“这个多一些”就会引起“那个少一些”的关系。典型的交替关系是很多经济学教科书中谈到经典的“大炮与黄油”之间的交替。社会把更多的钱用于国防以保卫我们的海岸免受外国入侵（大炮）时，能用于提高国内生活水平的个人物品的消费品（黄油）就少了。在现代社会中，同样重要的还有清洁的环境和高收入水平之间的交替关系。因为要求生产企业减少污染就应增付生产物品与劳务的成本，结果可能是这些企业赚的利润少了，支付的工资低了，收取的价格高了，或者是这三种结果的某种结合。因此尽管对污染问题进行法律管制给予我们的好处是更清洁的环境，以及由此引起的健康水平的提高，但其代价是企业所有者、工人和消费者的收入减少。诸如此类的交替关系在日常生活中到处都存在。认识到交替关系本身并没有告诉我们，人们作出什么样的决策会更合理。然而了解它们以后，可以知道怎样才能够进行合理地选择，作出良好的决策。

4.1　生产要素与生产周期

4.1.1　农村企业的生产要素

生产是指能够创造或增加效用的人类活动。所有能够为人们创造或增加某种满足的活动都是生产活动。任何生产都需要投入生产要素，从这个意义上说，生产是厂商利用一定方法或手段对各种生产要素进行组合以制成产品的行为过程。在生产过程中，由于厂商的生产方向、利用的生产要素种类及其组合方式不同，所创造的成果也不同。

企业的生产要素是指企业在生产过程中所使用的各种生产资源，是从事生产经营活动的必备条件。这些资源可以分为劳动、资本、土地与企业家才能四大类。劳动是指劳动力所提供的服务，可以分为脑力劳动和体力劳动。土地是指生产中所使用的各种自然资源，如土地、水、自然状态的矿藏、森林等。资本是指生产中所使用的资金，它有两种形态：无形的人力资本和有形的物质资本。前者是指体现在劳动者身上的体力、文化、技术状态，后者指厂房、设备、原料等资本品。这里的资本是指物质资本。企业家才能是指企业家对整个生产过程组织和管理工作的能力。经济学家特别强调企业家才能在生产中的功能，认为把劳动、土地、资本组织起来，生产各种产品的关键正是企业家才能。生产是这四种要素合作发挥作用的过程，产品则是这四种要素共同做出贡献的结果。总体来说，土地等自然资源和劳动力资源属于传统生产要素，而资本和科学技术属于现代生产要素。农村企业的生产要素也具备上述特点。

生产函数是表明在一定技术水平条件下，生产要素投入数量与某种组合和它能生产出来的最大产量之间的对应关系。如果用 Q、L、K、N 和 E 分别表示总产量、劳动、资本、土地和企业家才能，则生产函数的数学表达式为：

$$Q=f(L,K,N,E) \tag{4-1}$$

这一函数式表明，在一定技术水平条件下，农村企业生产 Q 的产品产量需要一定数量劳动和资本的组合。生产函数也表明，在劳动与资本的投入数量和组合方式已知时，可以用生产函数式推算可能生产的产品数量。

4.1.2　农村企业的生产周期

生产周期是指产品从开始投产至产出的全部时间。在工业中，指该产品从原材料投入生产开始，经过加工，到产品完成、验收入库为止的全部时间；在农业种植业中，指从整地、播种开始，到产品收获入库为止的全部时间。在经济学分析中把生产周期分为短期和长期两种，短期和长期的划分并非按照具体的时间长短，而是以生产者能否变动全部要素投入数量作为标准。短期是生产者来不及调整全部生产要素投入数量，至少有一种生产要素投入数量固定不变的时间周期。例如，在短期内，厂商能够调整的只有劳动时间、原材料等要素，而厂房、机器设备等都只能保持不变。长期是生产者可以根据环境的变化调整全部生产要素投入数量，对生产进行调整的时间周期。在短期和长期划分的基础上，相应地把投入要素分为不变投入和可变投入。不变投入又称为固定投入，是指在所考察的时期内数量不能改变的投入要素。不管产量如何变动，不变投入的数量都是固定的。例如厂房、机器设备和土地等。可变投入是指在所考察的时期内其数量可以改变的投入要素，比如当产量变化时，生产过程中的直接生产工人工资、原材料、燃料等。短期内生产要素投入可以分为不变投入和可变投入，而长期内所有生产要素投入都是可变的，没有不变投入和可变投入之分。

4.1.3　农村企业生产的类型

4.1.3.1　按生产方法划分，可分为合成型、分解型、调解型和提取型生产

合成型生产是指将不同的成分（零件）合成或装配成一种产品，即加工装配性质的生产，如机械制造厂和纺织厂等。分解型生产是指原材料经加工处理后分解成多种产品，即化工性质的生产，如炼油厂和焦化厂等。调解型生产是指通过改变加工对象的形状或性能而制成产品的生产，如钢铁厂和橡胶厂等。提取型生产是指从地下、海洋中提取产品的生产，如煤矿和油田等。一个企业的生产过程可能采用多种生产方法，上述几种生产类型可以同时并存。如机械制造企业属于合成型生产，但兼有调解型生产的成分，如铸锻、热处理和电镀等。

4.1.3.2　按生产资源来源划分，可分为订货方式和存货方式生产

订货方式生产是根据用户提出的具体订货要求后，才开始组织生产，进行设计、供应、制造和出厂等工作。生产出来的成品在品种规格、数量、质量和交货期等方面是各不相同的，并按合同规定按时向用户交货，成品库存甚少。因此，生产管理的重点是抓“交货期”，按“期”组织生产过程各环节的衔接平衡，保证如期实现生产目标。存货方式生产是在对市场需要量进行预测的基础上，有计划地进行生产，产品有一定的库存。为防止库存积压和脱销，生产管理的重点是抓供、产、销之间的衔接，按“量”组织生产过程各环节之间的平衡，保证全面完成计划任务。

4.1.3.3　按生产的连续程度划分，可分为连续生产和间断生产

连续生产是长时间连续不断地生产一种或很少几种产品。生产的产品、工艺流程和使用的生产设备都是固定的、标准化的，工序之间没有在制品储存，如油田的采油作业。间断生

产指输入生产过程的各种要素是间断性地投入。生产设备和运输装置必须适合各种产品加工的需要，工序之间要求有一定的在产品库存。例如机床制造厂、机车制造厂和轻工机械厂等。

4.1.3.4 按生产专业化程度的高低划分，可分为大量、成批和单件生产

大量生产是指产品数量很大，大多数工作地点在长期内按照一定的生产节拍（在流水线生产中，相继完成两件制品的时间间隔）进行某一零件的某一道工序的加工。大量生产的品种单一，产量大，生产重复性高。

成批生产是指一年中分批轮流地制造几种不同的产品，每种产品均有一定的数量，工作地点的加工对象周期性地重复。例如，机床、机车、电动机和纺织机的制造属于成批生产。成批生产介于大量生产与单件生产之间，即品种不单一，每种都有一定的批量，生产有一定的重复性。在当今世界上，单纯的大量生产和单纯的单件生产都比较少，一般都是成批生产。由于成批生产的范围很广，通常将它划分成大批生产、中批生产和小批生产三种。由于大批生产与大量生产的特点相近，所以，习惯上合称“大量大批生产”。同样，小批生产的特点与单件生产相近，习惯上合称“单件小批生产”。有的企业，生产的产品品种繁多，批量大小的差别也很大，习惯上称之为“多品种中小批生产”。“大量大批生产”、“单件小批生产”和“多品种中小批生产”的说法比较符合企业的实际情况。

单件生产是指产品品种多，而每一种产品的结构、尺寸不同，且产量很少，各个工作地点的加工对象经常改变，且很少重复的生产类型。例如，新产品试制、重型机械和专用设备的制造等均属于单件生产。

4.2 农村企业生产行为分析

4.2.1 短期生产行为分析

短期生产行为，农业生产一般是以一年为一个生产周期。在一个生产周期内，投入的生产要素包括可变要素和固定要素两大类，分析的是可变要素投入变动对产量和收益变动的影响。

4.2.1.1 总产量、平均产量和边际产量的定义

总产量（TP）是指一定的生产要素投入量所提供的全部产量。以 Q 代表某种可变要素投入量。总产量函数的数学表达式为：

$$TP=f(Q) \tag{4-2}$$

平均产量（AP）是指单位可变生产要素提供的产量。计算公式为：

$$AP=TP/Q \tag{4-3}$$

边际产量（MP）是指增加一个单位可变要素投入量所增加的产量。总产量、平均产量和边际产量三者的关系是：

$$TP=AP\times Q \tag{4-4}$$

$$TP=MP_1+MP_2+MP_3+\cdots$$

$$MP=\Delta TP/\Delta Q \tag{4-5}$$

如果在某项生产中使用劳动和资本两种要素，假定资本是固定要素，那么就可以得到劳动的总产量、平均产量、边际产量。则这三种变量可以写成：

$$TP=AP\times L$$

$$AP=TP/L \tag{4-6}$$

$$MP = \Delta TP / \Delta L$$

如果某农户生产 A 种产品时所用的生产要素是资本与劳动。其中资本是固定要素，劳动是可变要素。总产量、平均产量和边际产量的变动规律可以根据表 4-1 中的资料进行说明，并运用表 4-1 的资料绘出图 4-1 和图 4-2。在图 4-1 和图 4-2 中，横轴 L 代表劳动投放量，纵轴 TPP、APP、MPP 分别代表总产量、平均产量和边际产量。

表 4-1　总产量、平均产量和边际产量变动关系表

资本量(K)	劳动量(L)	劳动增量(ΔL)	总产量(TP)	平均产量(AP)	边际产量(MP)
10	0	0	0	0	0
10	1	1	6	6	6
10	2	1	17	8.5	11
10	3	1	31	10.3	14
10	4	1	46	11.5	15
10	5	1	60	12	14
10	6	1	72	12	12
10	7	1	81	11.6	9
10	8	1	86	10.8	5
10	9	1	86	9.6	0
10	10	1	80	8	−6

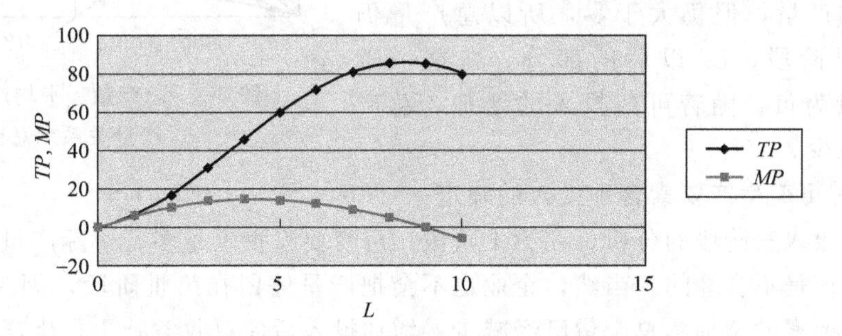

图 4-1　总产量与边际产量关系示意图

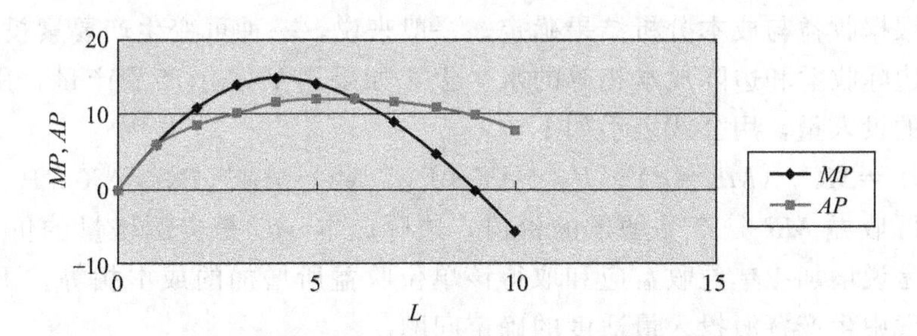

图 4-2　边际产量和平均产量关系示意图

4.2.1.2　总产量、平均产量和边际产量的变动规律及其数量关系

第一，在资本投入量不变的情况下，随着劳动投入量的不断增加，最初总产量、平均产

量、边际产量都是递增的，但各自增加到一定程度后开始下降。所以总产量曲线、平均产量曲线与边际产量曲线的形状都是先上升而后下降。

第二，平均产量是图上原点到总产量曲线各点连线的斜率，其变化特征取决于边际产量变动的情况。边际产量曲线与平均产量曲线相交于平均产量曲线的最高点。在相交前，平均产量是递增的，边际产量大于平均产量（$MP>AP$）；在相交后，平均产量是递减的，边际产量小于平均产量（$MP<AP$）；在相交时，平均产量达到最大，边际产量等于平均产量（$MP=AP$）。

第三，边际产量是总产量曲线各点切线的斜率，其数值变动直接影响总产量的变动。在生产的初级阶段，当边际产量增加时，总产量以递增速度增加；当边际产量减少，但仍大于零时，总产量以递减速度增加；当边际产量为负数时，总产量减少。归纳起来，总产量与边际产量之间的数量关系是：当边际产量大于零时，总产量增加；当边际产量为零时，总产量达到最大；当边际产量为负数时，总产量减少。

4.2.1.3 生产投入阶段的划分

将图 4-1 和图 4-2 合并成一个图（见图 4-3），就可以更加清楚地看出总产量、平均产量和边际产量之间的数量关系。根据总产量、平均产量与边际产量之间的关系，可将生产划为三个阶段：第Ⅰ阶段，以平均产量曲线的最高点为界，可划出 O 至 L_1。在这一阶段，随着可变要素投入的增加，平均产量递增，边际产量大于平均产量，说明继续增加可变投入是有利的。第Ⅱ阶段，以边际产量曲线与横轴的交点为界，可划出 L_1 至 L_2。在这一阶段，平均产量开始下降，边际产量小于平均产量，但仍大于零，所以总产量仍在增加。第Ⅲ阶段，L_2 以后的部分。在这一阶段，边际产量为负，随着可变投入的增加，总产量的绝对量减少。

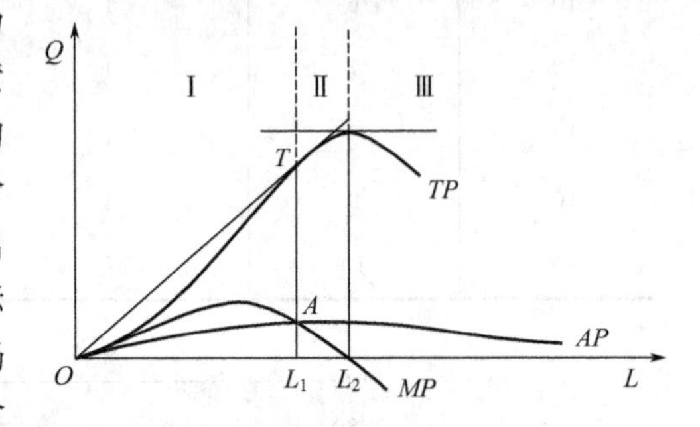

图 4-3 总产量、平均产量与边际产量关系示意图

4.2.1.4 一种可变生产要素合理投入的确定

根据生产投入三阶段的分析，在第Ⅰ阶段，可变要素投入越多，边际产量增加越多，这个时候停止生产是不合算的。当然，企业也不会把产量停留在第Ⅲ阶段，因为在这一阶段，随着可变生产要素的增加，总产量已经减少。增加投入后使总收益减少，生产者是不会做这种赔本生意的。只有在第Ⅱ阶段，才能够实现利润最大化。至于企业把产量定在第Ⅱ阶段的哪一点上，要根据收益与成本分析结果确定。一般来说，一种可变生产要素投入的最适点应在生产投入的边际收益和边际成本相等的水平上。如果用 Y 表示产品产量，用 X 表示某种可变生产要素的投入量，用公式表示如下：

$$MR=MC,\ (MR=dY\times P_{\mathrm{Y}}=\Delta Y\times P_{\mathrm{Y}},\ MC=dX\times P_{\mathrm{X}}=\Delta X\times P_{\mathrm{X}}) \tag{4-7}$$

其中，边际收益 MR 是产品增量的价值，边际成本 MC 是资源增量的价值。边际收益等于边际成本是说增加 1 单位收益应和取得该单位收益所增加的成本相等。下面通过例题，说明在生产实践中生产资源投入最适度的确定问题。

例 4-1：根据表 4-1 中的资料，如果我们设单位劳动时间的工资为 90 元，单位资本价格为 10 元，单位产品价格为 10 元，如果用 π 表示生产经营的利润，其他参数的表示方法不变。分析结果如表 4-2 所示。

表 4-2　边际收益和边际成本对照分析表

K	L	ΔL	TP	AP	MP	MR	MC	π
10	0	0	0	—	0	0	0	−100
10	1	1	6	6	6	60	90	−130
10	2	1	17	8.5	11	110	90	−110
10	3	1	31	10.3	14	140	90	−60
10	4	1	46	11.5	15	150	90	0
10	5	1	60	12	14	140	90	50
10	6	1	72	12	12	120	90	80
10	7	1	81	11.6	9	90	90	80
10	8	1	86	10.8	5	50	90	40
10	9	1	86	9.6	0	0	90	−50
10	10	1	80	8	−6	−60	90	−200

通过分析可以看出，劳动的最佳投放量应在 6 个单位和 7 个单位之间，这时的边际收益为 90 元，边际成本也是 90 元，利润额为 80 元。利用表格法分析生产资源投入的最适度，首先要通过列表计算出有关的参数，然后对增投每一单位资源所取得的边际收益和边际成本进行比较，二者相等时的资源投入量即为最佳。

[案例 4-2] 三季稻不如两季稻

1958 年的“大跃进”是一个不讲理性的运动，当时时髦的口号是“人有多大胆，地有多高产”。于是一些地方把传统的两季稻改为三季稻，结果总产量反而减少了。在农业生产仍采用传统生产技术的情况下，土地、设备、肥料、水利资源等都是固定生产要素，两季稻改为三季稻并没有改变这些固定生产要素，只是增加了可变生产要素劳动和种子。两季稻是农民长期生产经验的总结，它行之有效，说明在传统农业技术条件下，固定生产要素已经得到了充分利用。改为三季稻之后，土地过度利用引起肥力下降，设备、肥料、水利资源等由两次使用改为三次使用，每次使用的数量都不足。这样，三季稻时的总产量就低于两季稻了。四川省把三季稻改为两季稻之后，全省粮食产量反而增加了。江苏省邗江县 1980 年的试验结果表明，两季稻每亩总产量达 1007kg，而三季稻只有 755kg，更不用说两季稻还节省了生产成本。群众总结的经验是“三三见九，不如二五一十”。

4.2.2　长期生产行为分析

长期生产行为分析，是指在一个生产周期内，所有的生产要素都是可变的，这里主要分析两种生产要素的变动对产品产量和收益变动的影响。

4.2.2.1　等产量曲线

等产量曲线是表示两种生产要素的不同数量组合可以带来相等产量的一条曲线。或者说是表示生产某一固定数量的产品，可以使用的两种生产要素不同数量组合的一条曲线。图 4-4 所示为在某项生产中使用劳动和资本两种生产要素的等产量曲线，曲线 Q_0 上不同劳动和资本的各种投入量组合（如 A、B、C、D 点）都能提供 Q_0 的产量。等产量曲线有以下四个特征：其一，等产量线是一条向右下方倾斜的曲线，其斜率为负值。表明在两种生产要素数量与价格既定的条件下，为了达到相同的产量，在增加一种生产要素投入量时，必须减少另一种生产要素的投入量，也就是两种要素之间是相互替代的关系。其二，在同一平面图上，可以有无数条等产量线。不同的等产量线代表不同的产量水平，且离原点越远的等产量线所代表的产量水平越高，离原点越近的等产量线所代表的产量水平越低。其三，在同一平面图上，任意两条等产量线不能相交，若相交，在交点上两条等产量线则代表相同的产量，与第二特征相矛盾。其四，等产量线是一条凸向原点的线。这是由资源边际替代率递减所决定的。

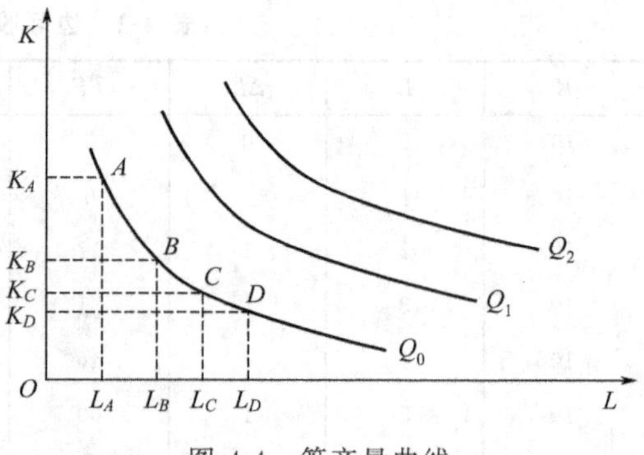

图 4-4 等产量曲线

4.2.2.2 资源边际替代率

资源边际替代率是在维持相同产量水平时，减少一种生产要素的投入数量，与增加的另一种生产要素的投入数量之比。如果以 ΔL 代表劳动的增加量，ΔK 代表资本的减少量，$MRTS_{LK}$ 代表以劳动替代资本的边际替代率，其计算公式为：

$$MRTS_{LK}=\Delta K/\Delta L \quad (4\text{-}8)$$

或

$$MRTS_{LK}=dK/dL \quad (4\text{-}9)$$

一般来说，资源边际替代率是负值，因为一种生产要素投入量增加，另一种生产要素投入量就要减少。但为了方便起见，一般用其绝对值表示。可用表 4-3 中的数字资料来说明劳动和资本这两种资源的边际替代率的计算过程及变动情况。资源边际替代率是等产量线各点切线的斜率，运用一种资源替代另一种资源，随着其投入量的增加，边际替代率是递减的。

表 4-3 两种资源边际替代率计算表

要素组合	K	L	ΔK	ΔL	$\Delta K/\Delta L$
A	6	1	—	—	—
B	3	2	−3	1	−3
C	2	3	−1	1	−1
D	1	6	−1	3	−0.33

4.2.2.3 等成本线

等成本线又称生产预算线，它是一条表明在生产成本与生产要素价格既定的条件下，所能投入的两种生产要素数量最大组合的线，如图 4-5 所示。等成本线表明了进行生产的限制条件，即所投入的生产要素所花的钱数既不能大于也不能小于企业所拥有的货币成本。因此等成本线公式为：

$$M=P_L L+P_K K \quad (4\text{-}10)$$

M 为货币成本总额，P_L、P_K、L、K 分别为劳动和资本的价格与投入量。上式也可写为：

$$K=M/P_K-(P_L/P_K)L \quad (4\text{-}11)$$

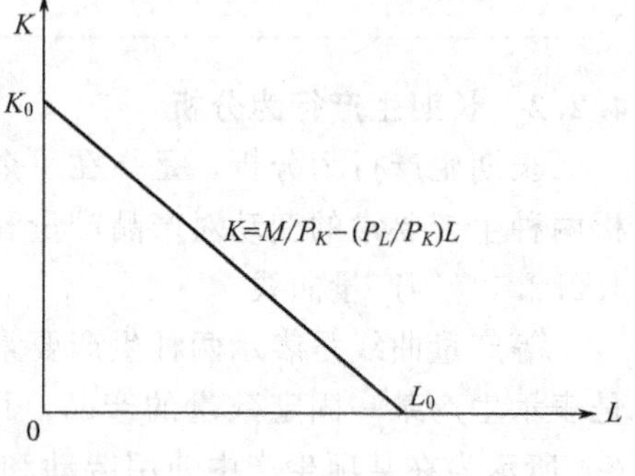

图 4-5 等成本线

按照式（4-11）可以把等成本线看成斜率为 $-P_L/P_K$ 的直线方程式。其中，M、P_L、P_K 为既定常数，那么给出 L 的值，就可解出 K 的值；同理，给出 K 的值，也可解出 L 的值。由此可作出由该方程式所表示的等成本线。等成本线上任何一点都是在货币成本与生产要素价格既定条件下能投入的劳动与资本的最大数量的组合。该线内的任何一点所投入的劳动与资本的组合，都是可以实现的，但并不是最大数量的组合，即没有用完全部货币成本。该线外的任何一点所投入的资本与劳动的组合，都是无法实现的，因为所需要的货币超过了既定的成本。只有在等成本线上的各点坐标才是满足既定成本条件下两种资源最大投入数量的组合。

4.2.2.4　生产要素最适组合比例的确定

长期生产要素最适组合的原则是：在成本与生产要素价格既定的条件下，应该使所投入的各种生产要素所取得的边际产量与生产要素价格的比例相等，也就是要使每一单位货币无论购买何种生产要素都能得到相等的边际产量。生产要素的最适组合也可以称为生产者均衡。假定所投入的生产要素是资本与劳动。用 K 代表资本的投放量，MP_K 代表资本的边际产量，P_K 代表资本的价格；用 L 代表劳动的投放量，MP_L 代表劳动的边际产量，P_L 代表劳动的价格；M 代表总成本，MP_M 代表货币的边际产量，则生产要素最适组合条件可写为：

$$P_K K + P_L L = M \tag{4-12}$$

$$MP_K / P_K = MP_L / P_L = MP_M \tag{4-13}$$

式（4-12）是实现生产者均衡的限制条件，企业的货币量是既定的，投入资本与劳动的支出既不能超过这一货币量，也不能小于这一货币量。超过此货币量是无法实现的资源投放量组合，而小于此货币量的投入量组合也达不到既定资源投入成本时的产量或收益最大化。式（4-13）是实现生产者均衡的生产要素最适组合条件，满足这一条件要求的生产要素配合比例是总成本一定的条件下产量最大的生产要素组合比例。为了进一步说明相关问题，我们运用等产量曲线和等成本线来分析。如果把等产量线与等成本线组合在一个图上，那么，等成本线必定与无数条等产量线中的一条相切于一点。与确定的等成本线相切的那条等产量线的切点坐标 $E(M,N)$ 就是实现生产要素最适组合的两种资源的配合比例，如图 4-6 所示。

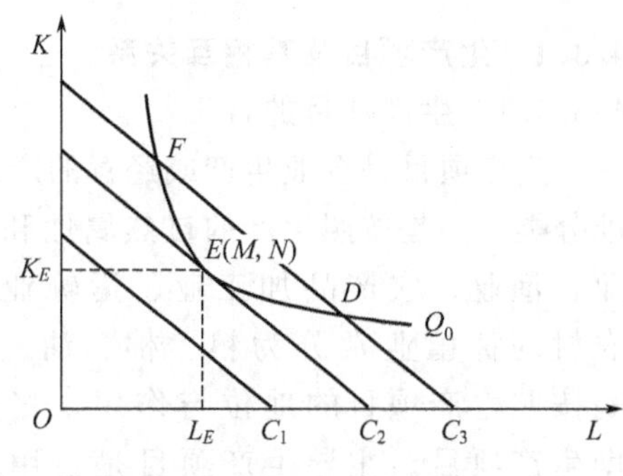

图 4-6　既定产量下使成本最小的要素组合

根据式（4-13）和图 4-5 可以求得，在产量一定情况下总成本最低或在成本一定情况下产量最高的生产要素组合一定满足下列条件：

$$\Delta K / \Delta L = P_L / P_K \tag{4-14}$$

能够满足式（4-14）要求的生产要素组合比例是实现生产者均衡的要素组合。下面通过一个实例说明。

例 4-2：根据表 4-4 中的资料，令 $P_K = 10$ 元，$P_L = 25$ 元。可以分析在产品产量为 100 单位时，实现总成本最低的资本和劳动投放量的组合比例。

表 4-4　两种资源最佳配合比例表

要素组合	生产要素配合比例		资源边际替代率	资源投入总成本
	K	L	$\Delta K/\Delta L$	$P_K K + P_L L = M$
A	6	1	—	85
B	3	2	−3	80
C	2	3	−3	95
D	1	6	−0.33	160

按照实现生产者均衡的条件要求，两种生产资源的价格比率为2.5，和两种资源边际替代率中的−3这一数值的绝对值相接近，这一资源投入比例是B组的投放方案，由此得出K和L这两种资源的最佳投放组合方案是$K=3$，$L=2$，这一资源投放比例的总成本是80元，这是所有各资源投入组合方案中总成本最低的方案。

[案例4-3]“木桶理论”与生产要素的合理配置

经济学家厉以宁曾以“木桶理论”来阐述经济学问题。这一理论认为木桶的盛水量取决于最短板的长度，这在非均衡经济学里叫做“短边决定原则”。它告诉我们，“木桶”想多盛“水”的方法有二：一是生产要素替代，锯长补短；二是拆桶重装，进行资产重组。事实上，一个人、一个集体或一个企业所取得的成绩或成就，也常常取决于其“短边”。一只水桶能容纳多少水，取决于最短的那块木板。要想得到最大容量，得到满桶的水，就必须把所有木板的长度都提升到与最长的那块一样。企业生产要素种类多样，各种要素的贡献能力不同，要提升经济效率，就要进行生产要素合理配置与利用，以实现最大的综合效益。

4.3 农村企业生产项目的合理组合

4.3.1 生产项目及其相互关系

4.3.1.1 生产项目的含义

生产项目是企业生产或经营的产品类别。在农村企业生产中，生产项目通常按照两种标准分类。一是按照生产的自然属性和工艺特点，将生产项目划分为种植业、畜牧业、林业、渔业、农产品加工业、运输业、手工业等。其中每个大类又可细分为若干项目。农村的种植业常分为粮、棉、油、麻、丝、茶、糖、菜、烟、果、药、杂十二项。二是按照生产项目的地位与作用，将生产项目划分为主导生产项目、补充生产项目和辅助生产项目。主导生产项目是占用土地、劳动力和生产资金较多，在产品总值和商品总值中所占比重大，具有决定性的生产项目。补充生产项目是为了充分利用主导生产项目未能充分利用自然经济资源和副产品，或者配合和促进主导生产项目而从事的生产项目；辅助生产项目是指为主导和补充生产项目服务，一般不提供商品和劳务的经营项目。

4.3.1.2 生产项目间的相互关系

在资源既定的条件下，生产项目或产品之间的相互关系，一般表现为互竞关系、互助关系、互补关系三种情况。

(1) 互竞关系。互竞关系是指两种项目生产相互竞争利用某种一定量的资源，即一种产品产量的增加必然引起另一种产品产量的减少，反之亦然，那么这两种生产项目或产品之间即为互竞关系。此时产品的边际替代率为负值。

(2) 互助关系。互助关系是在生产要素数量既定的条件下，增加一种产品的产量不仅不会引起另一种产品的产量减少，反而会使其产量增加，即两种产品数量是同增同减的关系。此时边际替代率为正值。产生这种情况的原因有两个，一是一种产品的生产能给另一种产品的生产提供某些生产要素或有利条件，如采用豆科与禾本科作物间作，在一定范围内可以发生这种互助关系。二是一种产品生产必须借助另一种产品生产作为基本条件，如栽种虫媒花的果树和养蜂生产的关系。

[案例 4-4] 小蜜蜂与农业生产的利害关系

"两只小蜜蜂，飞到花丛中，一只飞到西，一只飞到东，采罢百花蜜，回不到家中。"这不是在篡改流行酒令。事实上，如今小蜜蜂们真的遇到了大麻烦。它们迷路了。今年春天，很多美国蜂农突然发现，他们蜂巢中的工蜂都不见了，蜂王和嗷嗷待哺的幼虫不久因饥饿而死。据称，美国在过去的一年中蜂群的数量减少了一半，有些重灾区损失超过九成。人们把这种疯狂的现象称作"蜂群崩溃错乱症"(CCD)。在极短的时间内，CCD 席卷巴西、加拿大和欧洲的很多地方，造成大量蜜蜂消失。

如果蜜蜂消失，我们失去的将不仅仅是"甜蜜的生活"。考古发现，7000～8000 年前，我们的祖先已经在用人工蜂巢饲养蜜蜂了。这些小东西不仅提供了能量充沛的蜂蜜，更重要的是，通过传粉，它们为很多作物的丰收提供了最初的保障。时至今日，人类食谱中 15%～30%的部分直接或间接与蜜蜂的传粉有关，特别是众多的水果和蔬菜，仅在美国，蜜蜂 1 年创造的农业产值就高达 150 亿美元。此次 CCD 大爆发，损失最大的是美国的果农。不久，我们就会发现本就价格不菲的"美国大杏仁"又要涨价了。杏仁生产在美国是一项年产值 20 亿美元的大买卖，不过，这全靠蜜蜂所赐。

目前，我国的蜜蜂尚未出现 CCD 现象，但同样面临着巨大的危机。19 世纪末，我国引进了现今世界分布最广泛的蜂种——意大利蜜蜂（意蜂），由于我国的土著蜂种中华蜜蜂（中蜂）不如意蜂经济效益高，也不如意蜂强壮，特别是对意蜂带来的新传染病没有抵抗力，导致中蜂数量锐减，目前已经到了濒危的地步。然而正如达尔文在其《兰花的传粉》一书中叙述的那样，传粉昆虫与花朵之间经过长时间"密谋"，最终达成了同盟，这个同盟使得某些植物和特定的昆虫之间形成精妙的互惠关系——传粉与花蜜的交易。那些在千百万年中与中蜂蜜切合作的中国本土植物，突然发现，新来的意大利传粉工并不能与之配合默契，它们的传宗接代成了大问题。

(3) 互补关系。互补关系是在生产要素数量既定的条件下，一种产品的增加不会影响另一种产品的产量。此时产品的边际替代率等于零。主要原因是某一产品的生产使用另一种产品生产已经使用过的资源，可以使两种产品的产量都得到增加。如南方地区利用冬闲稻田，发展冬菜生产，可以充分利用劳动力和土地，增加农产品的产量和农民的收入。

4.3.2 生产项目组合的经济分析

4.3.2.1　产品的边际替代率

产品的边际替代率是指一定量的资源用于两种产品的生产时，一种产品数量变动 1 单位时所引起的另一种产品的变动量，实质是指两种产品增量的比值。如用 ΔY_1 表示产品 Y_1 的增量，ΔY_2 表示产品 Y_2 的增量，则产品的边际替代率的公式为：

$$产品边际代替率=\Delta Y_1/\Delta Y_2 \tag{4-15}$$

例如，用于 Y_1 的资源由 7 单位减少为 6 单位，而用于 Y_2 的资源则由 4 单位增加到 5 单位；相应的 Y_1 的产量减少 3 单位，Y_2 产量增加 10 单位，则 Y_2 代替 Y_1 的边际替代率为 $\Delta Y_1/\Delta Y_2=-3/10=-0.3$。也就是说，$Y_2$ 的产量增加 1 单位，Y_1 的产量相应减少 0.3 单位。

4.3.2.2　生产项目最佳组合比例的确定

认识和掌握生产项目间的相互关系，才能科学地选择和配置生产项目，确定合理的生产结构。若产品间具有互补关系，合理地选择和配置生产项目，有助于克服农业生产的季节性，充分利用有限的生产要素；若产品间是能互相提供有利条件的互助关系，合理地选择和配置生产项目，实行一业为主，多种经营能取得综合的最佳经营效益。若生产项目之间存在互竞关系，如何选择才能使有限的资源获得最大的报酬或收益，也就是如何确定生产项目的最佳配合，是在这里要说明的中心问题。

[案例 4-5] 玉米地里养大鹅，一举三得

黑龙江省尾山农场的养殖户梁某在玉米地里养大鹅，既挣了巧钱，又灭了杂草，还肥了良田，这一举三得的好事，让他乐得合不上嘴。去年，梁某听人说有的养殖户在玉米地里养大鹅效益不错，也买了二十几只鹅雏，在自家三亩地玉米长到一米多高时赶进了小园里。玉米地里杂草丛生，不但省去了人工除草，还把粪便拉到了田里，大鹅也在地里吃得“酒足饭饱”，通过实验，梁某发现这招真灵，且养鹅成本相当低。尝到了甜头的梁某，今年扩大了养殖，饲养了1500只大鹅，种了两公顷玉米，大鹅在玉米地里吃草不除根，杂草几天后长出新芽，正好吃了上顿接下顿，大鹅在玉米地里吃了丰盛的美餐，个个长得“膘肥体壮”。前段时间，梁某通过市场调查得知，县城烤鹅店在夏季大量缺少货源，他巧打时间差，与烤鹅店签订了合同，定在8月末将大鹅一次性全部售给烤鹅店。他算了一笔账，在玉米地里养大鹅，每只可比传统养殖方法多挣3元，1500只大鹅可多挣4500元。

两种产品之间最适配合比例的确定，应遵循均等边际收益原理。具体来说就是，两个具有替代关系的生产项目或作物，当它们的边际收益相等时，总经济效益最大。如以 ΔY_1 和 ΔY_2 代表两个项目或作物的产品的增量，Py_1 和 Py_2 分别代表两种产品单价，则当：$\Delta Y_1 Py_1=\Delta Y_2 Py_2$，即 $\Delta Y_1/\Delta Y_2=Py_2/Py_1$ 成立时，也就是当 Y_1 的边际收益等于 Y_2 的边际收益时，这时的产品组合的经济效益最大，此时资源的投放组合也就是对两个生产项目的最佳资源投入组合。其公式为：

$$\Delta Y_1/\Delta Y_2=Py_2/Py_1 \tag{4-16}$$

式（4-16）表明，资源数量不变，若 Y_1 替代 Y_2 的边际替代率等于 Y_1 对 Y_2 的价格反比率，则两种产品的总收益额最大。如果 $\Delta Y_1/\Delta Y_2<Py_2/Py_1$，则应增加对 Y_2 的资源投入，减少对 Y_1 的资源投入，可以增加总收益。如果 $\Delta Y_1/\Delta Y_2>Py_2/Py_1$，则应增加对 Y_1 的资源投入，减少对 Y_2 的资源投入，也可以增加总收益。如果生产两种以上产品，则产品之间最佳组合的数学表达式为：

$$Py_1\Delta Y_1=Py_2\Delta Y_2\cdots=Py_n\Delta Y_n \tag{4-17}$$

式（4-17）表明，在生产中利用有限资源生产多种产品时，当各种产品的边际收益都相等时，是能够取得最大收益的产品组合方式。

例 4-3：在某农户的生产过程中，资源分配与产品产出各种数据如表 4-5 所示。设 P_1 为 10 元，P_2 为 6 元，可以计算出各种投入产出参数如表 4-6 所示。根据给出的条件，两种产品之间的价格比率为 0.6，介于 0.5 与 0.7 之间，第四组资源投入组合方案符合两种产品均等边际收益原理的要求。资源投入组合比例为，投入 Y_1 和 Y_2 各 15 个单位资源，产品产出量分别是 18 和 28 个单位，总产值为 348 元，是所有的资源投入组合方案中总收益最大的方案。

表 4-5 两种产品的生产可能性表

组别	资源分配量		产品生产量		产品增量		产品边际替代率
	Y_1	Y_2	Y_1	Y_2	ΔY_1	ΔY_2	$\Delta Y_1/\Delta Y_2$
1	30	0	27	0			
2	25	5	25	11	−2	11	−0.2
3	20	10	22	20	−3	9	−0.3
4	15	15	18	28	−4	8	−0.5
5	10	20	13	35	−5	7	−0.7
6	5	25	7	41	−6	6	−1.0
7	0	30	0	46	−7	3	−1.4

表 4-6　产品边际替代率与产品产值表

组别	资源投放量		产品产出量		边际替代率	产品总值
	Y_1	Y_2	Y_1	Y_2	$\Delta Y_1/\Delta Y_2$	$P_1Y_1+P_2Y_2$
1	30	0	27	0		270.00
2	25	5	25	11	−0.2	316.00
3	20	10	22	20	−0.3	340.00
4	15	15	18	28	−0.5	348.00
5	10	20	13	35	−0.7	340.00
6	5	25	7	41	−1.0	316.00
7	0	30	0	46	−1.4	276.00

[案例 4-6] 粮食生产与多种经营

民以食为天，食以粮为主。我国是一个人口众多的国家，粮食的需求量大。长期以来，在我国农业生产中，粮食生产一直占有主要地位。新中国成立 40 多年来，粮食产量虽然有了很大的增长，但是，由于人口增长过快，耕地面积不断减少，人均粮食产量增长缓慢。1984 年我国粮食平均产量创历史最高水平（396kg），但是，仍未达到世界平均水平（400kg）。我国又是一个自然灾害频繁发生的国家。目前，丰收年粮食就不富裕，歉收年粮食供应则更紧张。所以，粮食生产是关系我国国计民生的头等大事。我国的自然条件和土地资源是多种多样的，国家建设和人民生活的需要也是多方面的。因此，我国的农业生产在坚持“决不放松粮食生产”的同时，还要贯彻“积极发展多种经营”和“发展优质、高产、高效农业”的方针，因地制宜，广开生产门路，使农林牧副渔得到全面发展。

4.4　农业企业成本与收益分析

4.4.1　成本与收益的分类

4.4.1.1　成本的含义及分类

成本是生产者为生产一定量产品而必须支付给生产要素供给者的报酬，也就是生产一定量产品所投入的生产要素的价值。在要素市场价格不变的条件下，成本的大小取决于所用生产要素投入的数量。成本从不同的角度有不同的分类，具体分类方法有如下几种。

（1）私人成本和社会成本。私人成本是企业在生产过程中购买或雇佣生产要素的货币支出额；社会成本不仅包括私人成本，而且包括企业生产经营对社会造成的没有得到补偿的损失和利益。

（2）显明成本和隐含成本。在会计学上，成本是指生产商品所发生的一切账面上的货币开支，因为显而易见，称为显明成本，也叫做会计成本，如购买原料、机器设备、雇佣生产要素的支出。在经济学上，成本不仅包括显明成本，还包括隐含成本。所谓隐含成本，是指生产者使用自己提供的生产要素所应获得的报酬，因没有发生实际的货币支付，故称隐含成本。如生产者使用自己的劳务而不需要支付的薪金、使用自有资金而不需要支付的利息、使用自己的房地产而不需要支付的租金等。显明成本和隐含成本之和，称为经济成本。

（3）机会成本。当把一定的资源用来生产某种产品时所放弃的别种产品的最大产量（产值），就是这种产品生产的机会成本。例如，土地可以有多种用途，既可以种稻谷，也可以种棉花、蔬菜或其他农作物。假如有一亩土地用来种粮食，可产稻谷500千克，价值800元；如果用来种棉花，投入同样多的资本与劳动可产棉花100千克，价值700元，则这一亩土地用来生产粮食的机会成本是100千克棉花或700元。同样，用来生产棉花的机会成本就是500千克稻谷或800元。由此可见，所谓机会成本，实质上是指选择的代价，即“选择成本”。运用机会成本概念时，有三个假设条件：其一，资源具有多种用途；其二，资源可以自由流动且不受限制；其三，资源能够充分利用。

（4）总成本、平均成本和边际成本。总成本是指生产一定量产品所支出的全部成本。平均成本是指平均生产每一单位产品所支出的成本。边际成本是指每增加生产一单位产品所增加的成本支出。若以 TC 代表总成本，AC 代表平均成本，MC 代表边际成本，Q 代表产量，ΔQ 代表产量增量，则其关系如下：$TC=ACQ$，$AC=TC/Q$，$MC=\Delta TC/\Delta Q$。

4.4.1.2 收益的含义与分类

收益分为总收益、平均收益和边际收益。总收益是生产和销售的产量乘以每单位的价格，以 TR 表示，即为 $TR=PQ$；平均收益是平均每一单位产品的销售收入，以 AR 表示，即为 $AR=TR/Q$；边际收益是每增加一个单位产品的销售所引起的总收入的增量，以 MR 表示之，即为 $MR=\Delta TR/\Delta Q$。如果 $\Delta Q=1$，边际收入就等于最后卖出的一个单位产品所能增加的总收入。

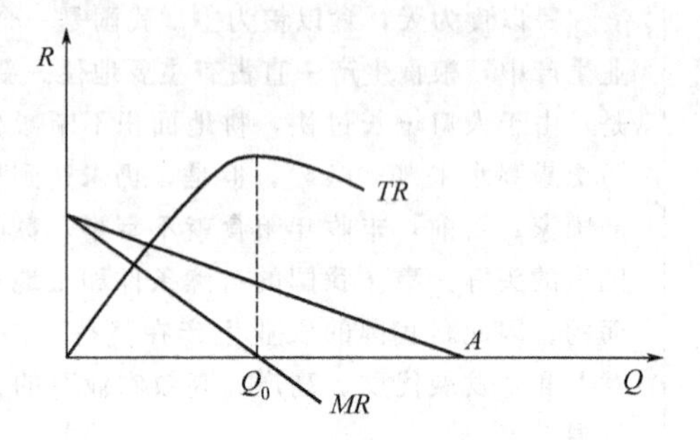

图 4-7 收益曲线变动示意图

从图4-7中可以看出，总收益与边际收益之间的数量关系是：当边际收益大于零时，总收益增加；当边际收益小于零时，总收益减少；当边际收益等于零时，总收益最大。

4.4.2 短期成本与经营决策

4.4.2.1 短期成本的构成

在短期内，某些生产要素如设备、厂房的使用量是固定不变的，可以调整的只是可变要素。与此相应，厂商的短期总成本可以分为固定成本和可变成本两部分，即

$$C=f(Q)+a \tag{4-18}$$

式（4-18）中，a 表示固定成本，$f(Q)$ 表示可变成本。固定成本是指厂商短期生产中生产一定量产品对不变生产要素所支付的成本，并不随产量的变化而变化。因此，a 是一个常数，在坐标图上表现为一条水平的直线。可变成本是指厂商短期生产中生产一定量产品对可变生产要素所支付的总成本，是随产量的变化而变化的。产量越高，可变成本就越大，但不是按同比例变化的。由于边际收益递减规律的作用，可变成本在生产的早期阶段随着产量增加而以递减的速度增长，到达一定程度之后以递增的速度增长。总成本是固定成本和可变成本之和，因而它的变化方向和特征是完全与可变成本相同的。短期总成本、平均成本和可变成本的变动如图4-8所示。

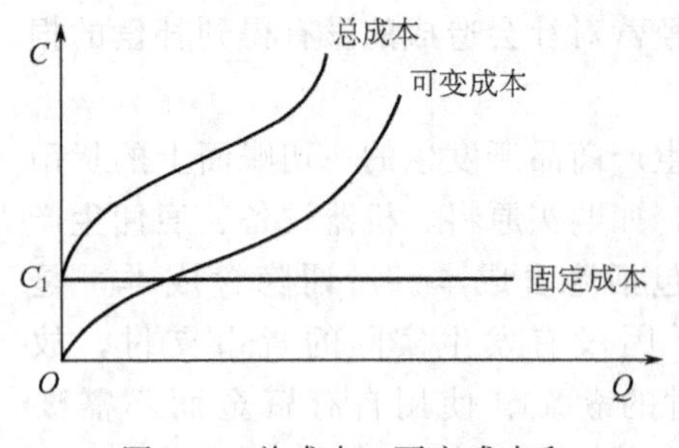

图 4-8 总成本、可变成本和固定成本曲线

[案例 4-7] 企业固定成本与可变成本的时间划分

企业的总成本可根据时间框架分为固定成本和可变成本，这个时间框架对于不同企业来说并不相同。比如一个拖拉机制造厂在只有几个月的时期内，不可能调整拖拉机的生产数量与规模。它可以生产额外一辆拖拉机的唯一方法是在已有的工厂中多雇佣工人。因此工厂的设备投入费用在短期中是固定成本，多雇用的劳动时间是可变成本。与此相比，在几年的时期中，这个拖拉机厂可以扩大设备投资规模，建立新工厂和关闭旧工厂，因此其设备投资在长期中又成为可变成本。对一个企业来说，进入长期要多长时间呢？答案取决于企业的经营规模及其生产性质。对于一个大型制造企业，这可能需要一年或更长的时间。但对于由个人业主经营的矿泉水店来说，店主可以在一小时甚至更短的时间内就买上一个新水罐，使经营规模由原来一天送 200 罐水变成送 201 罐水。

短期总成本、固定成本和可变成本与产量的商就是平均总成本（*ATC*）、平均固定成本（*AFC*）和平均可变成本（*AVC*）。图 4-9 说明了这三种平均成本曲线及其相互关系。平均固定成本是随着产量的增加而持续下降的，它会越来越接近于横轴，但决不会与横轴相交。因为随着产量的增加，固定成本分摊到单位产品的份额会越来越小，但不会为零。

平均可变成本呈 U 形状，使因为它在生产的早期阶段向下倾斜，在连续追加可变要素量后，边际产量会以较大的幅度递增，从而平均产量随之增加，与之相应，平均可变成本曲线向下倾斜；而在产量达到较高水平以后，再追加可变要素量，边际产量递减，从而平均产量就会降低，导致平均可变成本曲线向上倾斜。

平均总成本曲线也呈 U 形状。平均总成本曲线在初期的产量水平上要比平均可变成本曲线高得多，因为这时平均固定成本在平均总成本中占很大的比重。而随着产量水平的进一步提高，平均总成本曲线则与平均可变成本曲线非常接近，因为平均固定成本在平均总成本中的比重相对缩小。

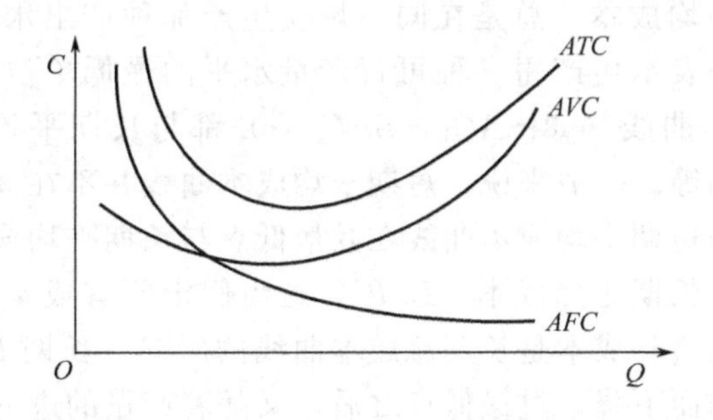

图 4-9　平均总成本、平均可变成本和平均固定成本曲线

4.4.2.2　企业短期经营决策分析

短期中完全竞争的企业所面临的价格是由整个行业的供求决定的，在既定的价格水平上，企业面临着五种可能的情况：一是市场价格高于平均成本。这时企业可以获得经济利润，要扩大生产经营规模。二是市场价格等于平均成本。这时企业没有经济利润，成本等于收益，也是收支相抵点，但从会计学角度看仍有利润。这时企业会维持原有产量。三是市场价格低于平均成本，但仍高于平均可变成本。这时企业可以弥补全部可变成本与部分固定成本。因为固定成本短期内没有产量也仍要支出，所以，只要能弥补固定成本，企业就要继续生产。这时生产是有亏损的，继续生产只是减少固定成本的损失。四是市场价格低于平均成本，但等于平均可变成本。这时企业生产仍不能减少固定成本的损失，只是可以弥补可变成本，企业可以生产也可以不生产。所以，当市场价格等于平均可变成本时，就是停止营业

点。五是市场价格不仅低于平均成本，而且低于平均可变成本。如果进行生产连可变成本也得不到补偿，这时的企业只有停止生产。

4.4.3 长期成本与经营决策

4.4.3.1 长期成本的种类

在长期中，所有生产要素都是可以变动的，总成本完全由可变成本构成。因此，长期成本仅仅与厂商在既定要素价格下所生产的产量水平有关。在这里，长期成本函数公式为：

$$C=f(Q) \tag{4-19}$$

所以，在长期内成本曲线只存在三条，即总成本曲线、平均成本曲线和边际成本曲线。

（1）长期总成本。长期成本函数并不是长期本身所确定的，它实际上是根据各个不同经营规模的短期成本函数而形成的。图 4-10 包含了对应于三种不同工厂规模的总成本曲线 K_1、K_2、K_3，企业家可以在任何一种工厂规模中生产出以 OR 表示的产量。长期成本曲线是短期成本曲线的包络曲线。它与每一条短期成本曲线相切，但不与它们相交。

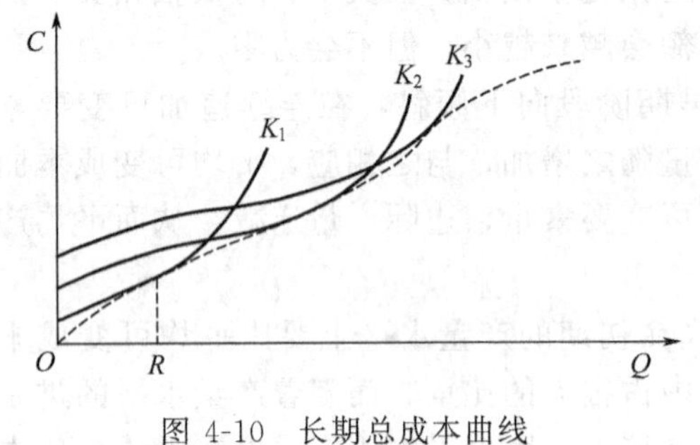

图 4-10 长期总成本曲线

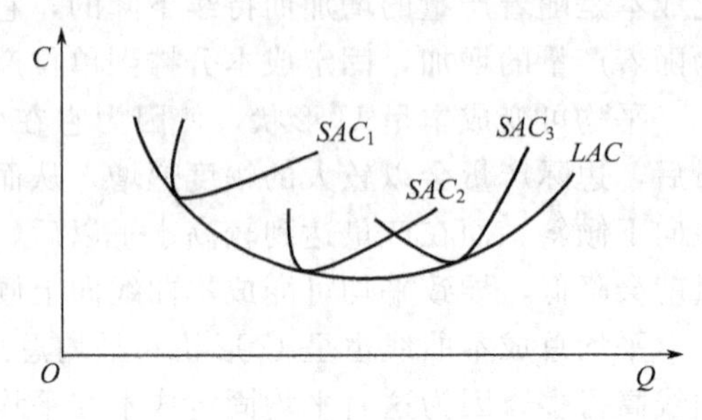

图 4-11 长期平均成本曲线

（2）长期平均成本。长期平均成本（LAC）等于总成本除以产出水平。因此，生产某一选定产出水平的最低平均成本，总是在同一规模生产那种产出水平的最小总成本上实现的。长期平均成本曲线是表示生产每一种可行产量水平的最低单位成本的曲线，如图 4-11 所示。每一短期平均成本曲线（如 SAC_1，SAC_2…）都与长期平均成本曲线有一共同点，在该点上两曲线的斜率相等。一般来说，短期平均成本曲线并不在其最低点与长期平均成本曲线相交，但肯定有一条短期平均成本曲线在其最低点与长期平均成本曲线相切。

（3）长期边际成本。长期边际成本（LMC）是当假定所有成本都为变量时总成本的变动率。从数学上看，长期边际成本是长期总成本曲线的斜率。长期 LMC 的变动规律是，开始时随着产品产量的增加而下降，过最低点之后，又随着产量的进一步扩大而上升。

[案例 4-8] 不同行业的长期平均成本

如果考虑到生产要素价格的变动，一般可以根据长期平均成本变动的情况把生产行业分为三种情况：成本不变、成本递增、成本递减的行业。在成本不变的行业中，各厂商的长期平均成本不受整个行业产量变化的影响，无论产量如何变化，长期平均成本都是基本不变的。这种情况很少见。在成本递增的行业中，各个厂商的长期平均成本要随整个行业产量的增加而增加。这种情况比较普遍。在成本递减的行业中，各个厂商的长期平均成本随整个行业产量的增加而减少，这种情况可能是由外部原因引起的，也可能是由内部原因造成的。

4.4.3.2 长期经营决策分析

在短期中企业调整产量的可能性是有限度的，只能对部分生产要素的投入进行调整。在长期中企业可以根据边际收益与边际成本相等的原则来调整全部生产要素的投入，企业进行长期经营决策时考虑的问题与短期经营决策也有区别。企业长期经营决策的内容包括两个方面。

(1) 行业进入与退出的决策。在完全竞争市场上，企业具有退出与进入某一行业的自由。因此，如果长期中产品价格低于平均成本（即有亏损），企业就会退出；反之，如果价格高于平均成本，有经济利润就会吸引其他企业进入该行业。企业在这种调整中必然对整个行业的供给产生影响，从而引起行业供给曲线移动，直到市场价格等于边际成本，不存在经济利润，但可能存在会计利润。这时没有一家企业进入与退出这个行业，每一家企业都实现了长期均衡。

(2) 生产经营规模的确定。企业在长期中，调整生产规模要遵循两个原则是：其一，要使价格等于或大于长期平均成本，即 $P \geqslant LAC$；其二，要使边际收益等于边际成本，即 $MR=LMC$。由于 $MR=P$，所以，调整的结果一定是：$LAC=MR=LMC=P$。这也是企业实现长期均衡的条件。这种情况下，企业经营不存在经济利润。

4.4.4 收益与利润最大化的原则

4.4.4.1 盈亏平衡原则

盈亏平衡分析是用来研究产量、成本与利润三者之间关系的一种分析方法。收益是产量与价格的乘积（即 PQ），也叫销售收入。利润是一定量产品的总销售收入（即总收益）减去生产该产品所费的总成本之后的余额。若以 TR 代表总收益函数，TC 代表总成本函数，则利润函数为 $\pi=TR-TC$。这里的利润是指经济利润，也叫超额利润或净利润，是不包括隐含成本在内的利润。它不同于会计学里的利润概念，会计利润是指总收益减去显明成本后的剩余，包括隐含成本在内。当总收益大于总成本，即 $TR>TC$ 时，厂商获得经济利润；当总收益小于总成本，即 $TR<TC$ 时，厂商蒙受经济损失；当总收益等于总成本，即 $TR=TC$ 时，厂商既没有获得经济利润，也没有蒙受经济损失，实现盈亏平衡，如图 4-12 所示。图中的 TR 为总收益曲线，TC 为利润曲线，TR 与 TC 的交点 A 和 B 叫做盈亏平衡点，AB 之间以横线表示的阴影部分是盈利区，A 点左边和 B 点右边以竖线表示的阴影部分是亏损区。在 A 点和 B 点，因为 $TR=TC$，所以 $\pi=0$；在 AB 之间，因为 $TR>TC$，所以 $\pi>0$；在 AB 之外，因为 $TR<TC$，所以 $\pi<0$。

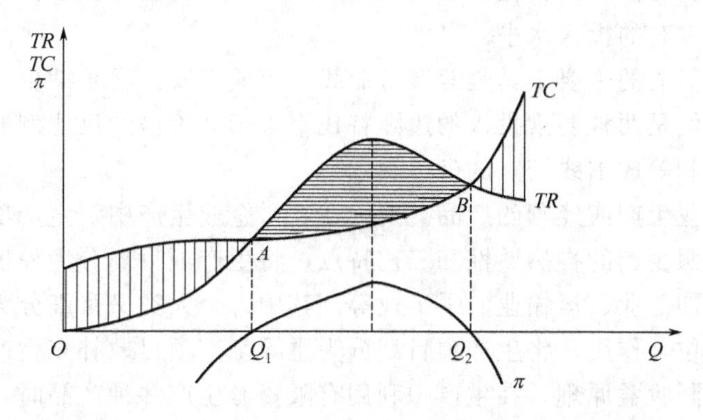

图 4-12　盈亏平衡分析图

4.4.4.2 利润最大化原则

通过盈亏平衡分析，可以确定厂商获得赢利的经营规模区间。这就是说，只有当产量大于 Q_1、小于 Q_2 时厂商才会获得赢利。那么在什么条件下利润最大呢？根据微分学原理，只有使边际利润等于零，即边际收益等于边际成本，才会实现利润最大化：

$$M\pi = MR - MC = 0 \qquad MR = MC \tag{4-20}$$

式（4-20）是企业实现利润最大化的必要条件。当 $MR > MC$ 时，$M\pi > 0$，说明此时增加产量会使总利润增加，没有实现利润最大；当 $MR < MC$ 时，$M\pi < 0$，说明此时增加产量会使总利润减少，或当减少产量时会使总利润增加，也没有实现利润最大；当 $MR = MC$ 时，$M\pi = 0$，此时增加产量既不会使利润增加，也不会使利润减少，利润才达到最大。因此，$MR = MC$ 时的产量是最佳产量，企业按此产量规模组织生产，会获得最大利润。

单元小结

农村企业生产是农村厂商利用一定方法或手段对各种生产要素进行组合以制成产品的行为过程。农村企业的生产要素是指企业在生产过程中所使用的各种生产资源，这些资源可以分为劳动、资本、土地与企业家才能四大类。

生产周期是指产品从开始投产至产出的全部时间。在工业中，指该产品从原材料投入生产开始，经过加工，到产品完成、验收入库为止的全部时间。在农业种植业中，指从整地、播种开始，到产品收获入库为止的全部时间。农村企业生产周期分为短期和长期两种，短期和长期的划分并非按照具体的时间长短，而是以农村生产者能否变动全部要素投入数量作为标准。短期是农村生产者来不及调整全部生产要素投入数量，至少有一种生产要素投入数量固定不变的时间周期。长期是生产者可以根据环境的变化调整全部生产要素投入数量，对生产进行调整的时间周期。农村企业生产的类型可以按照生产方法、生产计划、生产连续程度、品种生产量等角度进行划分。

总产量曲线、平均产量曲线与边际产量曲线的形状都是先上升而后下降。边际产量曲线与平均产量曲线相交于平均产量曲线的最高点。在相交前，平均产量是递增的，边际产量大于平均产量；在相交后，平均产量是递减的，边际产量小于平均产量；在相交时，平均产量达到最大，边际产量等于平均产量。生产弹性是指产品数量变动的比率与生产要素投入量变动的比率之比，表示生产中产品产量变动对生产要素投入量变动反应的敏感程度，可以用来评价资源投入的转化效果。短期生产中，一种生产要素投入的最适度是当边际收益等于边际成本时的投入水平。

分析长期生产行为的主要工具是等产量曲线和等成本线。在长期生产中，实现生产者均衡的要素配合比例是两种要素投入的边际替代率等于其价格的反比例的配合比例，在图形上可以用等产量和等成本线切点的坐标表示。

生产项目是企业生产或经营的产品类别。在农村企业生产中，生产项目通常按照两种标准分类。一是按照生产的自然属性和工艺特点，将生产项目划分为种植业、畜牧业、林业、渔业、农产品加工业、运输业、手工业等。其中每个大类又可细分为若干项目。二是按照生产项目的地位与作用，将生产项目划分为主导生产项目、补充生产项目和辅助生产项目。根据均等边际收益原理，在生产中利用有限资源生产多种产品时，当各种产品的边际收益都相等时，是能够取得最大收益的产品组合方式。

私人成本是农村企业在生产过程中个人支付的要素费用支出。农村企业在生产产品时社会为其所付出的代价称为社会成本。会计成本也叫显明成本，它是指农村企业在生产过程中购买各种生产要素实际支出的费用，是由农村企业支付并记录在会计账目上的支出。隐含成本是指农村企业使用自己提供的资源所应该支付的费用。

企业产品成本按生产周期长短可分为短期成本和长期成本。短期成本由可变成本和固定成本两部分构成。长期成本只有可变成本没有固定成本。无论短期成本还是长期成本都可分为总成本、平均成本和边际成本。

收益分为总收益、平均收益和边际收益。企业生产实现利润最大化的条件是边际收益与边际成本相等，此时产量是最佳产量，企业按此产量规模组织生产，会获得最大利润。当产品价格等于平均成本时，企业实现盈亏平衡；当产品价格低于平均可变成本时，企业要停止营业。

综合练习

（一）名词解释

生产　生产周期　短期生产　长期生产　生产函数　生产要素　生产项目　生产结构　总产量、平均产量　边际产量　总成本　固定成本　可变成本　总收益　平均收益　边际收益　长期总成本　长期边际成本　长期平均成本

（二）填空

1. 劳动是指劳动力所提供的服务，可以分为（　　）劳动和体力劳动。
2. 总产量曲线、平均产量曲线与边际产量曲线的形状都是先（　　）而后（　　）。
3. 按照生产项目的地位与作用，将生产项目划分为主导生产项目、（　　）生产项目和（　　）生产项目。
4. 在资源既定的条件下，生产项目或产品之间的相互关系，一般表现为（　　）关系、（　　）关系、互补关系三种情况。
5. 经济学家认为把劳动、土地、资本组织起来，生产各种产品的关键正是（　　）。
6. 按（　　）划分，企业生产的类型可以分为少品种大量生产、中量（成批）生产和多品种少量生产。
7. 总产量与边际产量之间的数量关系是：当边际产量（　　）时，总产量增加；当边际产量为零时，总产量（　　）；当边际产量为（　　）时，总产量减少。
8. （　　）等于（　　），增投一单位可变资源的成本应与相对应的产品增值量相等，否则就会得不偿失。这一原理称为边际平衡原理。

（三）选择答案

1. 当其他要素投入不变，而一种生产要素投入增加时，（　　）
   A. 总产量会一直增加　　B. 总产量会一直减少　　C. 总产量先增加，而后减少。
2. 当一种可变生产要素投入达到最适度时，应该是（　　）。
   A. 边际收益大于边际成本　　B. 边际收益等于边际成本　　C. 边际收益小于边际成本
3. 当达到相同产量的两种资源投入组合成本最低时，资源边际替代率（　　）资源价格的反比率。
   A. 大于　　B. 等于　　C. 小于
4. 等产量曲线是指在这条曲线上的各点代表（　　）。
   A. 为生产同等产量投入要素的各种组合比例是不能变化的
   B. 为生产同等产量投入要素的价格是不变的
   C. 不管投入各种要素量如何，产量总是相等的
   D. 投入要素的各种组合所能生产的产量是相等的
5. 收益是指（　　）。
   A. 成本加利润　　B. 成本　　C. 利润　　D. 利润减成本。
6. 利润最大化的原则是（ ）。
   A. 边际收益大于边际成本　　B. 边际收益小于边际成本　　C. 边际收益等于边际成本

(四) 判断正误

1. 在农作物生产中并不是施肥量越多越好。 ( )
2. 只要平均产量减少，边际产量一定是负数。 ( )
3. 农产品产量增加，农民的纯收入就一定增加。 ( )
4. 平均产量曲线与边际产量曲线在平均产量曲线最高点相交。 ( )
5. 边际收益递减规律意味着，随着可变投入量的增加，边际产量曲线最终要向右下方倾斜。 ( )
6. 如果平均总成本大于边际成本，平均总成本必然是递减的。 ( )
7. 利润最大化的原则是边际收益大于边际成本。 ( )
8. 养蜂也使果农受益，因此养蜂与果树栽培是互助关系的生产项目。 ( )

(五) 回答问题

1. 某鸡肉加工厂加工 1000 只鸡的总成本为 15000 元，其中机器折旧为 5000 元，工人工资及原材料费用为 10000 元，那么平均可变成本为多少？
2. 利用下表中资料求出总成本最低的资源投入组合方案（$P_X=10$ 元，$P_Y=28$ 元）。

要素组合	生产要素组合比例		边际替代率($\Delta X/\Delta Y$)	总成本($M=P_XX+P_YY$)
	X	Y		
A	20	1		
B	15	2		
C	11	3		
D	8	4		
E	6	5		
F	5	6		

3. 运用下表中的资料，请回答：(1) 计算总收益、平均收益、边际收益和边际成本，填至表中。(2) 实现利润最大时的产量与价格是多少？(3) 最大利润额是多少？

需求量	价格	总收益	平均收益	边际收益	总成本	边际成本
0	8				1	
1	7				2	
2	6				4	
3	5				7	
4	4				11	
5	3				16	
6	2				22	
7	1				29	

(六) 复习思考题

1. 什么是生产要素与生产函数？
2. 什么是边际收益递减规律？
3. 总产量、平均产量和边际产量之间的关系如何？
4. 怎样确定一种生产要素投入的最适数量？
5. 如何确定两种生产要素的最适配合比例？
6. 阐述生产项目合理选择的方法。
7. 企业如何进行短期经营决策？
8. 实现生产者均衡的条件是什么？
9. 实现利润最大化的原则是什么？

第 5 单元　农村社会收入核算与分配

【教学目标】通过本单元的学习，掌握农村社会收入核算与分配分析的基本知识与方法、学会生产要素价格确定的基本技能，能够运用所学知识和技能进行农村收入分配政策运用效应分析。

[案例 5-1]“漏桶效应”与收入分配政策选择

社会收入分配的基本原则可以概括为：效率优先，兼顾公平。具体的政策选择是在社会收入初次分配中，以市场调节为主，促进经济效率提高；在二次分配过程中，通过税收和社会转移支付提供社会保障，以避免收入分配的两极分化，实现“公平”。对于这种政策选择的功能可以用“漏桶效应”加以说明。

“漏桶效应”是说，假设沙漠上有两块居民区，一块居民区水源丰富，另一块无水，实现两地均等占有水资源的方法是把有水地方的水送到无水地方，直至两地的水一样多时为止。但运水的工具是一只漏桶，在送水的过程中会有一定量的水漏掉。这些漏掉的水就是效率损失，损失的多少取决于桶上漏洞的大小。当然，为了社会稳定即使有漏桶效应存在也不能选择使一个地方水很多，而另一个地方没有水。在社会收入分配中维持公平不可避免会出现决策失误、政策迟延、管理费用提高等问题，这些就好比运水桶上的漏洞，都会对社会资源在配置和利用中造成损失。水桶中漏出的水是为实现一定的公平所必须付出的代价。

根据“漏桶效应”理论，社会收入分配不可能绝对均等，从资源利用效率看实现的均等程度越高，效率损失越大。因为能力强的人与能力弱的人，勤劳的人与懒惰的人得到同样的收入时，就没有人干活了。给予能力不同、贡献不同的人以完全平等的收入，这实际上是一种最大的不公平，因为贡献小的人显然剥削了贡献大的人。市场经济实行按贡献分配，同时运用税收和社会保障来调整过大的收入差距，是使“漏桶效应”降至最小的一种公平做法。

5.1　国民收入与农村收入核算的指标与方法

5.1.1　国民收入核算的指标

国民收入核算的指标一般包括国民生产总值、国民生产净值、国民收入、个人收入和个人可支配收入五个指标。

5.1.1.1　国民生产总值

国民生产总值是指一个国家（地区）所有常住机构或单位在一定时期内（年或季）收入初次分配的最终成果。国民生产总值等于国内生产总值加上来自国外的劳动报酬和财产收入减去支付给国外的劳动者报酬和财产收入。国内生产总值是指在一定时期内（一个季度或一年），一个国家或地区的经济中所生产出的全部最终产品和劳务的价值。国民生产总值和国内生产总值的区别主要在于国内生产总值是以国家区域为划分标准。比如，一个美国企业在我国生产的最终产品的市场价值是计入我国的国内生产总值中，而在美国也要计入他们国家的国民生产总值中。理解国民生产总值定义时应注意如下问题：

第一，国民生产总值是指一年内生产出来的全部产品的市场价值的总和，因此，在计算国民生产总值时不应包括以前所生产的产品价值。

第二，国民生产总值是指最终产品的价值，不包括中间产品的价值。所谓最终产品是指在计算期间生产的不重复出售，只用于最终消费的产品。中间产品是指用于再出售和供作生产别种物品使用的产品。最终产品和中间产品的区别，不取决于产品的物质属性，而是按其在再生产循环流转过程中的功能来区分。根据不重复出售这一划分标准，一般把用作个人消费、投资、政府购买和出口的产品或劳务称为最终产品。

第三，国民生产总值中的最终产品不仅包括有形的产品，而且包括无形的产品——劳务，也就是要把旅游、服务、卫生、教育等行业提供的劳务，按其所获得的报酬计入国民生产总值中。

第四，国民生产总值是一个时期性的概念。国民生产总值是指一年内新生产的最终产品的价值，也就是一年内新生产的而不是新出售的最终产品的价值。相反，在这一年内生产但没有卖出的那部分产品价值，应该作为这一时期库存计入当期农村的国民生产总值。上年库存和本年库存的差额称为库存变动额。库存增加说明本年产品产值大于销售额，库存减少说明本年销售额大于产品产值。厂商存货增加被看做存货投资，而存货减少则被看做存货负投资。

第五，国民生产总值指的是当年的最终产品市场价值的总和，也就是要按这些产品的现期市场价格来计算。国民生产总值只计算能够通过市场交易活动的产品或劳务的价值，不能通过市场交换的那些用于赠与活动和慈善事业活动的物品价值则不能被计算在国民生产总值中。

5.1.1.2 名义国民生产总值与实际国民生产总值

根据上面的分析可以看出，国民生产总值是一个市场价值概念，其数量大小要用货币指标进行反映，它是最终产品和劳务性服务数量与其价格的乘积。因此，国民生产总值高低不仅要受实际产量变动的影响，还要受价格水平变动的影响。为了排除价格因素变动的影响，使国民生产总值指标变化能够确切地反映国民经济实际变动情况，必须明确名义国民生产总值和实际国民生产总值这两个指标的含义及其区别。

(1) 名义国民生产总值。在某一年内，按当年生产的产品和提供的劳务市场价格计算的国民生产总值称为名义国民生产总值。名义国民生产总值的计算见表 5-1、表 5-2。

表 5-1 2008 年某乡名义国民生产总值计算表

农产品名称	产量/吨	价格/(元/吨)	国民生产总值/元
农产品 A	500	920.00	460000
农产品 B	300	1860.00	558000
农产品 C	400	1220.00	488000
合计	—	—	1506000

表 5-2 1978 年某乡名义国民生产总值计算表

农产品名称	产量/吨	价格/(元/吨)	国民生产总值/元
农产品 A	300	160.00	48000
农产品 B	140	360.00	50400
农产品 C	160	280.00	44800
合计	—	—	143200

(2) 实际国民生产总值。按不变价格计算的某一年的国民生产总值称为实际国民生产总

值。不变价格是指统计时确定的某一年（称为基年或基期）的价格。根据上面的计算结果，在该地区 2008 年国民生产总值比 1978 年增长了近 10 倍，而产量综合指标只增长了近 2 倍。产量指标具有不可累加性，分析不同年份经济发展变化情况的综合指标主要是国民生产总值。为了便于把 2008 年的国民生产总值和 1978 年的国民生产总值直接进行对比，就要排除物价因素的影响，以 1978 的产品价格作为不变价格计算 2008 年的实际国民生产总值见表 5-3。

表 5-3　2008 年某乡的实际国民生产总值计算表（按 1978 年的价格计算）

农产品名称	产量/吨	价格/(元/吨)	国民生产总值/元
农产品 A	500	160.00	80000
农产品 B	300	360.00	108000
农产品 C	400	280.00	112000
合计	—	—	300000

（3）国民生产总值价格指数。名义国民生产总值与实际国民生产总值的比值，称为国民生产总值价格指数。它反映按报告期市场价格计算的国民生产总值和按某一基年价格计算的国民生产总值的对比关系，前者是后者的倍数，实际上反映的是从基期到报告期的物价综合增长指数（在统计学中把计算年称为报告期，基年称为基期）。计算公式为：

国民生产总值价格指数＝报告期价格计算的国民生产总值/不变价格计算的国民生产总值

$$=\sum P_{T}Q_{T}/\sum P_{O}Q_{T} \tag{5-1}$$

式（5-1）中，P_T是报告期的产品价格，Q_T是报告期的产品产量，P_O 是基期的产品价格。根据上面的资料，可以求得该地区 2008 年的名义国民生产总值与按 1978 年价格计算的实际国民生产总值的价格指数是：

国民生产总值价格指数＝(1506000÷300000)×100%＝502%

从这里可以看到实际国民生产总值是通过将名义国民生产总值用相应的国民生产总值价格指数“紧缩”而来的。因此相应的国民生产总值价格指数又可以称为“国民生产总值折算指数”，在这个例子中反映的是该地区从 1978 年到 2008 年的综合物价增长指数，也就是在此期间内 2008 年该地区的物价综合水平是 1978 年的 5.02 倍。

[案例 5-2] 国内生产总值核算中常见的问题

国内生产总值是一个估计值，它是将一个经济社会中数以百万计的商品和劳务相加而得出的一个总和。但在计算这一数值的时候会遇到一些难题。

（1）衡量产品质量改变的困难。今天的一个西红柿和 20 年前的一个西红柿没什么两样，但是一架飞机或一辆汽车却和 20 年前有了很大区别。一些产品的质量（和价格）几乎每年都会发生变化。比如计算 GDP 的人们只使用计算机的市场价格进行计算，他们可能得出计算机产出上升缓慢，甚至是下降的结论，因为计算机的价格迅速下降。但是人们不想单纯比较计算机的数量，否则将忽视新式计算机功能日益强大的事实。一种计算计算机产业真实产出的方法应该同时考虑质量的改进。假如所作修正不够充分，那么结果就会显示产出增长比实际要小得多。GDP 统计学家们知道这些难题，并想方设法基于质量变化作出某些修正。

（2）衡量政府服务的困难。GDP 的计算是以一定时期内出售的商品和劳务的价格和数量出发的。那么应该如何处理那些不出售或者不直接出售的商品呢？这类商品的一个重要部分就是政府提供的服务。试想政府官员们的工作效率提高，能够迅速完成注册的程序，这可能意味着该政府可以雇用较少的人手完成同样的工作。而 GDP 的统计数字仅仅反映了政府职员的工作时间。如果政府官员们的工作效率提高了，即使是真实的产出增加了，得出的GDP数值也反而可能下降。

(3) 衡量非经济市场销售商品的困难。非经济市场销售的商品和服务，如家庭成员完成的家务劳动，向国民收入统计家提出了相似的难题。统计数字低估了经济产出的真实水平，因为它们忽视了类似这样的经济活动。例如，如果一对夫妇留在家中打扫卫生和做饭，这将不会被列入GDP的统计之内。但是，如果这对夫妇外出工作，另外雇人做清洁和烹调工作，那么这对夫妇和佣人的经济活动都会被计入GDP中。

(4) 统计学问题的重要性。一些经济学家认为，虽然现行GDP的计算不尽完美（而这当然是肯定的），但这些不尽完美的问题在各个时期都相差无几，因此经济学家仍然可以略带犹豫地运用这些数据，作为经济规模的一种描述。放在几年的短时间里考察，这种看法确实相当正确。

5.1.1.3 国民收入核算的其他总量指标

(1) 国民生产净值。国民生产净值是一年中的国民生产总值减去生产过程中消耗掉的资本（折旧费）所得出的净增长量。从逻辑上讲，国民生产净值的概念比国民生产总值更容易反映国民收入和社会财富变动的情况，但由于国民生产总值比国民生产净值容易确定统计标准，而且折旧费的计算方法不一，政府的折旧政策也会变动，因此各国还是常用国民生产总值而不常用国民生产净值。

(2) 国民收入。国民收入是一个国家或地区在一年内各种生产要素所得到的实际报酬的总和，即工资、利息、租金和利润的总和。从国民生产净值中扣除企业间接税和企业转移支付（加政府补助金）就得到这一狭义的国民收入。企业间接税和企业转移支付是列入产品价格的，但并不代表生产要素创造的价值或者收入，因此计算狭义国民收入时必须扣除；相反，政府给企业的补助金不列入产品的价格，但成为生产要素收入，因此应当加上。

(3) 个人收入。个人收入是指个人实际得到的收入。国民收入不是个人收入，一方面国民收入中有三个主要项目不会成为个人收入，这就是公司未分配利润、公司所得税和社会保险税；另一方面政府转移支付（包括公债利息）虽然不属于国民收入（生产要素报酬），却会成为个人收入。因此从国民收入中减去公司未分配利润、公司所得税和社会保险税，加政府转移支付，就得到个人收入。

(4) 个人可支配收入。个人可支配收入，指缴纳了个人所得税以后留下的可为个人所支配的收入。个人可支配收入分为消费和储蓄两部分。

5.1.2 国民收入核算的方法

一般国民收入主要核算国民生产总值这个指标，核算方法主要有支出法、收入法和增值法。

5.1.2.1 支出法

支出法也称为最终产品法或产品流动法。这种核算方法，是把在一年内投入的生产要素生产出来的物品和劳务按购买者（需求者）支出的金额（因而也是这些产品和劳务的销售金额）分类汇总而成。计算公式为：

$$Q_1P_1+Q_2P_2+\cdots+Q_nP_n=GNP \tag{5-2}$$

产品和劳务的需求分为四类，就是个人消费、投资、政府购买和出口（外国购买者需求的产品和劳务），用这种核算方法计算的国民生产总值是个人消费（C）、投资（I）、政府购买（G）与净出口（出口X－进口M）的总和。计算公式为：

$$GNP=C+I+G+(X-M) \tag{5-3}$$

上面所列的核算项目中，个人消费支出（C）包括购买耐用品（如小汽车、电冰箱、洗衣机、收录机等)、非耐用品（如食物、衣服之类)、劳务（如医疗、旅游、理发、看戏等）等方面的支出，但建造住宅的支出不包括在内，尽管它类似耐用消费品支出，但一般将它包括在固定资产投资中。

私人国内总投资（I）是指个人或企业增加或替换资本资产（包括厂房和住宅建筑、购买机器设备以及存货）的支出。投资可分为固定资产投资和存货投资两大类。固定资产投资是用来增加新厂房、新设备、营业用建筑物以及住宅建筑物的支出，“固定”这个说法是表示这类投资品将长期存在并使用。存货投资指的是企业持有的存货价值的增加或减少，它的数值等于年末存货价值减去年初存货价值，存货投资可以是正数，也可以是负数。

政府购买支出（G）是指各级政府购买商品和劳务的支出。政府花钱设置法院、提供国防、修筑道路、举办学校等都属于政府购买，这些政府购买都作为最终产品计入国民收入。政府这些购买通过建立公共设施、造潜艇，或雇请公务员、学校教师、司法部门的人员等到社会公共部门或政府部门中提供服务。由于这些服务不是典型地卖给最终消费者，因此对政府提供的服务难以有一个市场估价。这就使政府购买和个人消费、投资和出口不同。在计入 GNP 时，根据政府提供这些服务所花费的成本进行计算其价值。

净出口（$X-M$）是指出口货物与进口货物之间的差额。世界各国一般都会与别的国家或地区发生经济贸易往来，在计算 GNP 时，净出口（$X-M$）应当加到总支出中去。由于进口产品价值和出口产品价值会出现不一致，这个净出口额可能是正值，也可能是负值。一般来说，净出口额为正值称为贸易顺差，净出口额为负值称为贸易逆差。

5.1.2.2　收入法

这种核算方法是从居民户向企业出售生产要素获得收入的角度看，也就是从企业生产成本角度看社会在一定时期内生产了多少最终产品的市场价值。但严格地说，产品的市场价值中除了生产要素收入构成的生产成本，还有间接税、折旧、公司未分配利润等内容。用收入法核算国民生产总值，可以把核算项目归纳为生产要素收入和非生产要素收入两大类。

生产要素包括劳动、资本、土地和企业家才能，因此按照收入法计算的国民收入中的生产要素收入应该是工资、利息、地租和企业家才能的报酬（利润）的总和。

工资从广义上说应当包括所有对劳动者从事工作所支付的酬金、补助和福利费，其中包括工资收入者必须缴纳的所得税及社会保险税。工资还应包括非公司企业的业主收入，它是指各种类别的非公司型企业业主的工资收入，如医生、律师、农民和店铺经营者等的劳务报酬。

利息在这里指人们储蓄所提供的货币资金在本期的净利息收入，但政府公债利息及消费信贷利息不计入国民生产总值，而只被当做转移性支付。

地租包括出租人所得各种租金，主要有房地产租金和土地租金，以及享有专利权、版权和自然资源所有权等具有地租性质的收入。

一般把公司税前利润也计算在生产要素收入之中。税前利润分为公司利润和非公司利润两类。公司利润包括公司利润税（公司所得税)、社会保险税、股东红利及公司未分配利润等。非公司利润是非公司性企业类组织的赢利，这类企业组织主要是独资业主制与合伙制企业，规模都相对比较小，但数量众多，因此占有非常重要的地位。

非生产要素的收入包括企业转移支付、企业间接税和折旧。首先是企业转移支付和企业间接税，前者指公司对非营利组织的社会慈善捐款和消费者赊账。后者指企业缴纳的货物税或销售税、周转税。这些税收虽然不是生产要素创造的收入，但要通过产品加价转嫁给购买者，所以也应看做企业的产出总值的构成部分。这和直接税不同，因为直接税（公司所得税、个人所得税等）都已包括在工资、利润及利息中，所以不能再计算到 *GNP* 之中。其次是资本折旧。这是资本的耗费，也不是生产要素的收入，但由于包括在支出法中的总投资中，所以在这里也应计入 *GNP* 中。

这样，按收入法核算所得的国民收入＝工资＋利息＋租金＋利润＋间接税和企业转移支付＋折旧。从全社会来说，国民总收入是个人或家庭收入、公司或企业收入与政府收入的总和。

5.1.2.3 增值法

这种核算方法是从生产者角度出发，把所有厂商投入的生产要素新创造出的产品和劳务在市场上的销售价值，按产业部门分类汇总计算国民生产总值，也称为部门法。从全社会角度来看，一国一年内所生产的最终产品（包括产品和劳务）的市场价值总和，就是国民生产总值，因此在计算时不应包括中间产品产值，只计算其增值额，以避免重复计算。在实际经济活动中，最终产品和中间产品是很难分清的，因此采用增值法只计算在生产各阶段上所增加的价值。举例说明，其计算分析过程和结果详见表 5-4。根据表 5-4 的资料，当年的国民生产总值是 5000 万元，而不是 10300 万元，它是最终产品价值扣除中间产品价值后的余额。

表 5-4 产品增值额计算表 单位：百万元

生产阶段	产品价值	中间产品成本	增值
棉花	10	—	10
棉纱	15	10	5
棉布	28	15	13
服装	50	28	22
合计	103	53	50

用这种方法计算国民生产总值时，各生产部门要把所使用的中间产品的产值扣除，仅计算本部门增加的产值。商业、服务等部门也按增值法计算。卫生、教育、行政等无法计算增值额的部门按该部门职工工资收入来计算，以工资代表他们所提供的劳务的价值。

从理论上说，这三种方法核算的结果应该是完全一致的。但在实践中，由于具体条件的限制，难以取得完备的统计资料，这三种方法所得出的结果往往并不一致。在三者不一致的情况下，以支出法计算的结果为准。

5.1.3 农村社会收入计算的指标与方法

农村社会收入根据具体指标的经济内容采用不同的计算方法。常用的指标主要是农村社会总产值、农村经济收入、农村增加值、农村可支配收入与农民纯收入。对农村社会总产值的计算一般采用“产品法”，即凡是有产品产量的（包括主产品和副产品在内），都按产品产量乘以其产品单价求得每一种农产品的价值，然后将各种产品的产值相加求得。农村社会总产值的计算范围是指在日历年度内行政辖区内的各种经济类型与各种经营方式所生产的农产品产量。农村社会总产值的计算价格有现行价格和不变价格两种。现行价格即当年各地各种农副产品的实际出售价，一般按大量上市的综合平均价值计算，称为名义社会总产值，不同年份之间的名义社会总产值不能直接进行对比。不变价格又称可比价格，即固定在某一年份的价格，计算的农村社会总产值称为实际社会总产值，可以对不同年度的实际社会总产值进行对比。农村经济总收入是以当年经济活动发生时现价计算的农村各项生产经营收入及非生产性收入之和。对农村增加值主要采取“生产法”和“收入法”两种方法进行计算。按“生产法”计算的农村增加值等于农村总产出减去中间消耗（中间产品消耗和劳务消耗）后的余额；按“收入法”（或分配法）计算的农村增加值是固定资产折旧、劳动者报酬、生产税净额和营业盈余的总和。农村可分配收入在实际工作中是按总收入减总费用（包括折旧）后，再加上投资收益与农民外出劳务收入之和进行计算的。农民纯收入按农民经营所得、从集体再分配得到的收入和农民从乡镇集体企业得到的收入进行加总计算，它等于农村可分配收入减去上缴国家税金后的余额。

5.2　农村生产要素价格的决定

5.2.1　工资及其决定

工资是劳动这种生产要素的价格，工资水平的高低也是由市场对劳动的需求和供给这两种力量共同决定的。在完全竞争和不完全竞争的劳务市场上，工资水平确定的方式和要求有很大的差别。

5.2.1.1　完全竞争市场工资水平的决定

在完全竞争市场上的工资水平是由所有的劳动供给者和需求者共同决定的，也就是说决定劳动工资的主要因素是劳动的需求和供给，如图 5-1 所示。在图中，劳动的需求曲线 D 与劳动的供给曲线 S 相交于 E，决定了工资水平为 W。这一工资水平等于劳动边际生产力。这时劳动的需求量与供给量都是 2000 小时，工资水平为每小时 4 元。

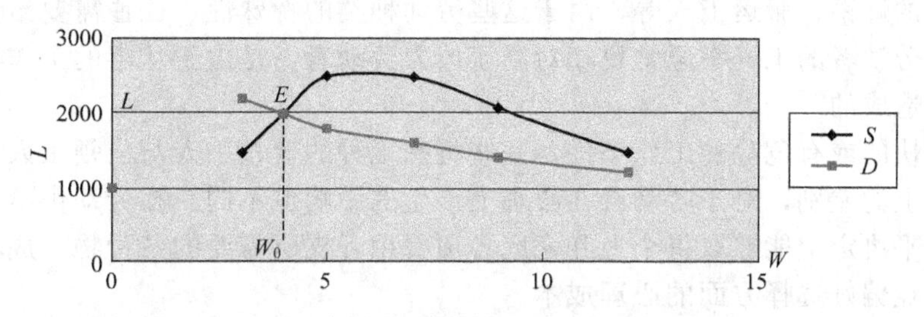

图 5-1　某地劳动力市场均衡示意图

从劳动需求方面来看，工资水平高低取决于劳动的边际生产力或劳动的边际收益产量，厂商愿意支付的工资水平，是由劳动的边际生产力决定的。从供给方面看，工资水平取决于劳动的替代效应与收入效应的对比。向右下方倾斜的劳动需求曲线与向后弯曲的劳动供给曲线的交点所对应的工资水平与劳务数量就是劳动的均衡价格和均衡数量。

5.2.1.2　不完全竞争市场工资的决定

在不完全竞争的劳动市场上，劳资双方都可能利用自己的力量形成对劳动需求或供给的垄断。

（1）厂商对劳动需求的垄断。厂商对劳动需求的垄断主要有雇主之间暗中串通或单独行动、行业准入制度和就业歧视性措施三种类型。

第一种类型，雇主之间的暗中串通或单独行动。当厂商的垄断程度比较高时，就会竭力把工资压低到劳动的边际生产力之下。应该说，尽管劳动市场上的垄断因素在短期内对工资的决定会有相当大的影响，但从长期看，劳动供求双方的力量都是劳务市场均衡的决定性因素，工资水平的高低最终还要看劳动边际生产能力的大小。

第二种类型，行业准入制度。行业准入制度的核心内容是厂商在招聘某些技术工种的从业人员时，从取得相应职业资格证书的人员中录用。对于这些行业或工种，厂商坚持要求员工只有经过专业技术培训，取得了职业资格证书才能被聘用。比如我国开始实行的农民绿色证书制度，对未来农民的从业资格作出了明确的规定，像对果树工、园艺工等工种就提出了相应的从业资格条件。

第三种类型，就业歧视性措施。某些劳动市场上就业歧视性措施所构成的买方垄断往往带有强烈的主观色彩，其表现主要有提出员工受教育程度的限定标准、各种歧视性用人选择等。各种歧视性用人选择常见的有种族歧视、性别歧视、年龄歧视、地域歧视等。

(2) 农产品价格补贴。农产品价格补贴也称为农产品支持价格。由于农业生产具有比较强的季节性，在农闲季节，从事农业生产的农民存在着就业不稳定性，常见的从事大田生产的农民存在着季节性失业现象。由于受这些农业生产技术经济特点的影响，农民不可能在全年都有工作可做。由于地理和行业条件限制，相当一部分农民转作他业的难度相对较大。为了补偿其季节性失业的经济损失，农民就要在劳动季节取得比较高的工资率。但农产品是生活必需品，政府为稳定农产品供给，需要在价格政策上采取支持措施，保护农民的生产积极性。

5.2.1.3 差别性工资——特殊工作的报酬补偿

某些工种的劳动，对劳动技能与劳动者生理或心理承受能力要求较高，需要给予较高的劳务报酬，这种劳务报酬我们称之为差别性工资。对于这样一些特殊的工种，由于劳动供给量相对较少，只有在工资水平上给予特殊的补偿，才能实现劳动市场的供求均衡。这些补偿性报酬主要如下。

(1) 高度紧张的脑力或体力劳动。如从事科研活动的科学家、学者、教授，长期从事繁重的体力劳动的炼钢、搬运工人等，由于这些劳动种类的特殊性，往往需要给予比较高的工资报酬。脑力劳动者的工资率通常要相对高于体力劳动者，是由于从事的工作项目对社会发展贡献率不同造成的。

(2) 不愉快的或有危险的工作条件。一些特殊工种的蓝领工人与白领工人相比，由于社会地位和名望上的差别，对于劳动者在心理上产生的影响也不同。在劳动供给上，劳动者不但要求工资水平决定上能够取得个人和家庭各项费用开支所需要的各种物质成本补偿，同时还要补偿在就业偏好选择方面的心理成本。

(3) 就业不稳定的工种。有些劳动项目本身就存在着就业不稳定性，比较常见的是有些工种存在着季节性失业现象。由于受这些行业本身技术经济特点的影响，劳动者不可能在全年都有工作可做。农产品支持价格从这种意义上说也是国家对农民在“农闲”期间“技术性失业”的一种社会补偿。

(4) 失败的风险。对于一些风险性较大的行业，为了补偿失败可能造成的损失，要有较高的风险报酬。比如给伐木工人的补贴，是由于伐木过程有很大的危险性。再比如煤矿工人面临着煤矿爆炸、塌方和着火等危险，也应该给予补贴。

(5) 特殊的社会影响和贡献。创新是社会发展的动力，对于为社会做出特殊贡献的要素提供者或劳动者，国家和社会应该给予比较高的报酬或奖励。

[案例 5-3] 资本与劳动，应该由谁当老板

老板被看做支配者。资本和劳动之间，谁是老板？从学理上讲，这是一个经营剩余归谁所有，以及经营过程中谁支配谁的问题，用经济学家习惯的说法，即“谁雇佣谁”的问题。资本与劳动的雇佣关系，资本雇佣劳动，资本是老板，资本为劳动付酬，干活给钱天经地义；劳动雇佣资本，逻辑和法理都不通。因为劳动与资本风险不对称，投资者风险大，劳动者几乎无风险。从人类社会发展和稀缺资源有效利用的角度看，只能是在企业经营中谁冒的风险大，谁来当老板，这是一种降低风险的制度。由资本家获取企业经营剩余，并直接或间接管理企业，有利于企业的发展，有利于人类社会物质财富的增长；如果承认人类社会的整体福利是存在的，还承认它是物质财富数量的增函数，那么资本雇佣劳动的制度，就是有利于人类福利水平提高的制度。

5.2.2　地租和利息的决定

生产要素除了劳动之外，还有资本、土地，这些生产要素的报酬及其决定也同工资一样，也是由其需求和供给共同决定的。这些要素的供求关系不同，市场均衡价格和均衡数量的形成和变动就各有不同特点。

5.2.2.1　地租

（1）地租的含义及其决定。地租是土地这种生产要素的价格，是土地所有者提供土地使用权的报酬。这里所说的土地泛指在生产过程中所使用的自然资源。地租是由土地的需求和供给两种力量共同决定的。土地的需求取决于土地的边际生产力，土地的边际生产力也是递减的，所以，土地的需求曲线是一条向右下方倾斜的曲线。土地的供给是固定的，因为土地是不可再生资源，所以在每个地区，可以利用的土地数量有一定的限度。这样，土地的供给曲线就是一条垂直于数量轴的直线。地租的决定如图 5-2 所示。在图中，N 轴代表土地数量，R 轴代表地租水平，S 为土地的供给曲线，D 为土地的需求曲线，D 与 S 的交点 E 的地租额 R 的坐标值是 600 元，土地的均衡数量是 800hm²。随着商品经济的发展和人口的增加，产品价格上涨，使土地边际收益增加，也就是对土地的需求提高，土地需求曲线向右移动，供求曲线的交点也向右移动，相应地租水平要上升。在表 5-5 中，由于土地供给量不变，随土地需求增加到需求量二的水平时，使地租水平由原来每公顷的 600 元上升到每公顷的 800 元。

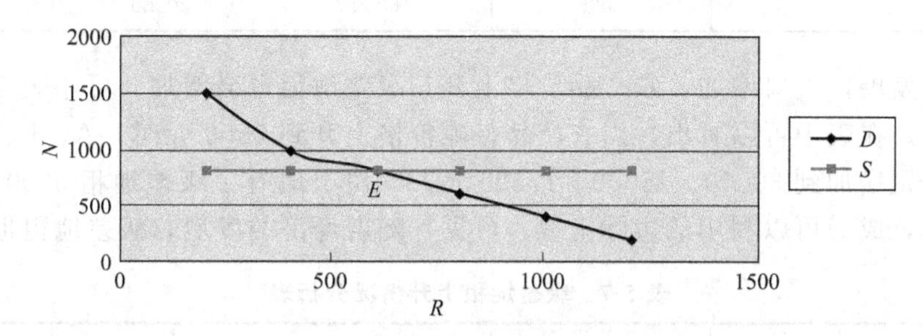

图 5-2　某地区地租形成示意图

表 5-5　某地区土地需求变化情况表

地租水平/元	土地需求量一/hm²	土地需求量二/hm²	土地供给量/hm²
200	1500	2000	800
400	1000	1500	800
600	800	1000	800
800	600	800	800
1000	400	600	800
1200	200	400	800

（2）级差地租。级差地租是指由于土地在肥沃程度和地理位置等方面的差别而引起的地租，是等量资本投放在面积相等的土地上具有不同的生产率所形成的，由个别生产价格和社会生产价格的差额所构成的超额利润转化而成的地租形式。可用表 5-6 中的资料来说明级差地租的形成与决定过程。A、B、C、D、E 是五块肥沃程度不同的土地，在土地上使用的其他生产要素相同，在生产成本相同的情况下，各块土地的产量不相同。在市场上农产品的市场价格是相同的，A、B、C 三块土地由于条件好、产量高，每公顷土地就分别产生了 20000

元、16000元和10000元的超额利润，这种超额利润就是级差地租。D块土地没有级差地租被称为“边际土地”，E块土地连生产成本也无法弥补，所以不会被利用。

[案例5-4] 地理位置与投资效益

张先生偶然在一个偏远的山里发现一种极具开发潜力的产品——富含矿物质的优质矿泉水，暗自窃喜的他在偷偷经过一番简单调查、分析后，便急不可待地投入资金进行开发。一番努力后，矿泉水灌装厂终于建成。就在这时，张先生发现了一个新问题：面对绵延曲折的羊肠小道，他该怎样将产品运出去？修这段山路需要投资至少10倍于建矿泉水灌装厂的资金，这已远非张先生力所能及。张先生苦思无策，只好忍痛割爱，空手而归，白糟蹋了一笔投资。在分析投资的客观环境时，相关的地理环境和基础设施建设是创业者绝对不可忽视的因素。如果小视它们的作用，则必然埋下失败的隐患。

表5-6 级差地租形成过程分析表

土地	产量/吨	价格/元	总产值/元	生产成本/元	级差地租/元
A	20	2000	40000	20000	20000
B	18	2000	36000	20000	16000
C	15	2000	30000	20000	10000
D	10	2000	20000	20000	0
E	8	2000	16000	20000	−4000

随着经济发展，人口增加，农产品价格上升，级差地租也会增加。可用表5-7中的资料来说明这一点。在表中可以看出，当农产品每吨价格上升到2500元时，A、B、C三块土地的级差地租分别增加到30000、25000、17500元，D块土地有了级差地租5000元，而E块土地收支相抵，成为可以利用的边际土地。可见，随着经济的发展，级差地租也在增加。

表5-7 级差地租上升情况分析表

土地	产量/吨	价格/元	总产值/元	生产成本/元	级差地租/元
A	20	2500	50000	20000	30000
B	18	2500	45000	20000	25000
C	15	2500	37500	20000	17500
D	10	2500	25000	20000	5000
E	8	2500	20000	20000	0

(3) 准地租与经济租。准地租是指那种只取决于生产要素需求状况而与其供给相对无关的租金，它是某些固定性生产要素在短期供给不变的情况下，所产生的一种超额收入。只要产品价格能够补偿平均可变成本，生产经营者就会利用已有的厂房和设备继续进行生产。产品价格超过其平均可变成本的余额，固定要素所获取的报酬相当于地租，因而称为准地租。

经济租是指生产要素的所有者所得到的实际收入高于他们所希望得到的收入，实际收入与期望收入之间的差额。这种经济租类似于消费者剩余，所以也被称为生产者剩余。例如，劳动市场上有A、B两类工人各100人，A类工人素质高，所要求的工资为2000元，B类工人素质相对低一些，所要求的工资为1500元。如果某种工作A、B两类工人都可以担任，那么，生产经营者在雇用工人时，当然先雇用B类工人。但在B类工人数量不能满足需求时，就不得不雇用 A 类工人。假设某生产经营者需要工人 200 人，他就必须雇用 A、B 两类工人，在这种情况下，生产经营者必须按 A 类工人的要求支付 2000 元的工资，B 类工人所得到的高于 1500 元的 500 元收入就是经济租。在经济生活中，其他生产要素在某种特殊需求的情况下，其所有者也可以得到这种生产者剩余。

5.2.2.2　利息

（1）利息的含义及形成的原因。利息是资本所有者应得的报酬，也是资本这种生产要素的价格。资本是能够带来剩余价值的价值，表现为各种资本物，也就是生产中所使用的各种物质资料。资本的物质形态多种多样，难以计算它们在使用过程中的代价。因此，一般所提“资本的价格”并非这些“资本物”，仅是指货币资本而言。利息作为货币资本的均衡价格，是由资本需求和供给两种力量共同决定的。利息形成的原因有两个：

第一，货币使用的时间偏好。人们在对未来消费与现期消费的比较中，大多是偏好现期消费的。换句话说，在现期消费与未来消费的货币效用对比上，现在多增加一单位货币消费所带来的边际效用大于将来增加这一货币单位消费所带来的边际效用，之所以有这种情况是因为未来是不可预见的。人们对物品未来效用的评价总要小于现在的效用，人们总是喜欢现期消费，因此，放弃现期消费把货币作为资本就应该得到利息作为报酬。

第二，迂回生产。迂回生产就是先生产生产资料，然后用这些生产资料去生产消费品，简单地说就是使生产的产业链延长。迂回生产可提高生产效率，增加创造财富的机会，而且迂回生产的过程越长，生产效率就越高。例如，原始人直接去打猎是直接生产；当人们先制造弓箭而后用弓箭打猎时，就是迂回生产，用弓箭打猎比直接打猎的效率要高。现代生产的特点就在于迂回生产，但迂回生产如何能实现呢？这就要必须有资本，资本借贷使迂回生产成为可能，从而提高了生产效率。这种由于使用资本而提高的生产效率就是资本的净生产力，资本具有净生产力是资本能带来利息的根源。

（2）利率及其计算。利息作为资本的价格，与工资计算的方式不同，它不是用绝对量来表示，而是用相对数即利息率来表示。利息率简称为利率，它是利息在某一单位时间内（通常指一年）在货币资本中所占的比率。在资本市场上，利息率取决于对资本的需求与供给。严格地说，利息是可供借贷资本的价格，这部分资本可称为“可贷资金”。按照供求定律，资本需求与利率成反方向变动：即利率越高，资本需求量越小，利率越低，资本需求量越大。资本的供给是可贷资金的供给，来源有三个方面：一是居民户储蓄，二是企业储蓄，三是政府的货币供给。资本的供给与利率成同方向变动。当资本的需求与资本的供给相等时，资本市场达到均衡，资本供求均衡价格的表现形式就是利率。计算利息时，可以采取单利计算和复利计算两种方法。单利计算法是不论借贷期限长短只就本金计算利息。复利计算法是本期利息加入下期本金重复计算利息，俗称“利滚利”。

5.2.3　利润与利润最大化

5.2.3.1　利润的种类

（1）正常利润。正常利润被认为是农村企业家才能这种生产要素的报酬，包括在成本之内，之所以称为正常利润是因为它是企业家刚好愿意从事企业经营所得到的报酬。实际利润高出正常利润就会有更多的企业进入该行业，如果低于正常利润，就会有企业退出该行业。正常利润的性质与工资相类似，也是由企业家才能的需求与供给共同决定的。可以说，正常利润是一种特殊的工资，其特殊性就在于其数额远远高于一般劳动者所得到的工资。原因是社会对企业家才能的需求是很大的，而企业家才能的供给又是很小的，也就是说具有使企业获得赢利能力的人才是相当稀缺的，这必然导致企业家才能这种生产要素的价格很高。

(2)超额利润。超额利润是指超过正常利润的那部分利润，也称为纯粹利润，在数值上等于总收益与总成本的差额。总成本由显性成本和隐性成本构成，显性成本是指生产经营者支出的记入会计账簿的工资、地租、利息及其他投入成本，隐性成本则是企业自己所拥有的并用于自身生产的各种资源的机会成本。超额利润可以为正值、零或负值，为正值称为获得了赢利，为零时称为盈亏平衡，为负值时便意味着亏损。在完全竞争市场或在静态社会中，不会有超额利润产生，只有在动态社会中和不完全竞争条件下，才会产生超额利润。动态社会涉及创新和风险，不完全竞争市场会产生垄断，因此，我们就从这三个角度来分析超额利润产生的原因。

[案例 5-5] 投资决策与风险防范

近年来，随着人们生活水平的提高，特色菜肴慢慢变成了抢手货。一位投资者看到此景，毅然抛开了一直处在考察中的其他投资项目，一心一意搞起了特色养殖。这位自称相信“风险与机遇并存”的投资者，力排众议，倾其所有，将全部资金都投入到他选定的特色养殖项目上，并坚信在自己的苦心经营下，一定能够从这个项目上获取丰厚回报。但一场突如其来的疫情，使其梦想破灭。虽然单一投资因为资金投放集中，在项目选择正确的情况下，常常会给企业带来好的收益，但其风险也是显而易见的，放大的风险只要发生一次，就可能使投资者多年积累起来的财富毁于一旦。形象地讲，投资过于单一，就像把所有鸡蛋放在同一个篮子里，一旦篮子打翻，鸡蛋也就全部摔破了。而由多项目构成的组合性投资，可以大大减少单一投资所带来的投资风险。作为一名缺乏经验的创业投资者，在进行投资决策时，一定要尽可能拓展投资思路，培养多角化投资思维方式，保持投资项目的多元化，并注意在项目与资金之间达成平衡。

第一，超额利润是承担风险的报酬。风险是投资者所面临的赢利或亏损的可能性。经济风险要由企业来承担，故投资者总是宁愿少冒险，而投资于有把握的项目中。但有许多项目是要冒风险的。为了减轻人们对风险的厌恶，就必须给予风险承担者一定的报酬，作为风险补偿，以鼓励对某些项目的投资。这部分风险报酬理应包括在超额利润中，构成超额利润的一部分。

第二，超额利润是创新的结果。创新是指企业家对生产要素进行新的组合，包括提供新产品和新劳务，引进新的生产方法，采用新原料，开辟新市场和建立新企业组织等行为。创新可以使企业提高产品质量，降低产品成本，或生产出新产品。增加利润是企业家创新的动力，超额利润是企业家创新的结果。

第三，在不完全竞争条件下，超额利润是由垄断产生的报酬。垄断可以产生垄断利润。垄断分为买方垄断和卖方垄断。买方垄断是指购买者在购买产品时可以规定价格，卖方只能接受该价格，在买方垄断下，买方可压低购买价格，以损害生产要素供给者的利益而获得超额利润。卖方垄断是指生产经营者在销售产品时可以规定价格，而买方只能接受该价格。在卖方垄断下，卖方可以提高价格以损害购买者利益而获得超额利润。

5.2.3.2 利润的作用

正常利润作为企业家才能的报酬，鼓励企业家更好地管理企业，提高经济效益。由于创新而产生的超额利润鼓励企业家大胆创新，这种创新有利于社会的进步。由于承担风险而产生的超额利润鼓励企业家勇于承担风险，从事有利于社会经济发展的风险事业。追求利润的目的使企业按社会的需要进行生产，努力降低成本，有效利用资源，从而在整体上符合社会的利益。整个社会以利润来引导投资，可以使投资与资源的配置符合社会的需要。

5.2.3.3　利润最大化

企业从事生产或出售商品的目的是赚取利润。如果总收益大于总成本，就会有剩余，这个剩余就是利润。值得注意的是，这里讲的利润指超额利润，不包括正常利润，正常利润包括在总成本中。如果总收益等于总成本，企业不亏不赚，只获得正常利润；如果总收益小于总成本，企业便要发生亏损。企业从事生产或出售商品不仅要求获取利润，而且要求获取最大利润，企业利润最大化原则就是产量的边际收益等于边际成本的原则。边际收益是最后增加一单位销售量所增加的收益，边际成本是最后增加一单位产量所增加的成本。如果最后增加一单位产量的边际收益大于边际成本，就意味着增加产量可以增加总利润，于是企业会继续增加产量，以实现最大利润目标。如果最后增加一单位产量的边际收益小于边际成本，那就意味着增加产量不仅不能增加利润，反而会发生亏损，这时企业为了实现最大利润目标，就不会增加产量而会减少产量。只有在边际收益等于边际成本时，企业的总利润才能达到极大值。所以 $MR=MC$ 成为利润极大化的条件，这一利润极大化条件适用于所有类型市场结构下的厂商。对于企业或农民来说，追求利润最大化是进行生产经营活动的根本性目标，引导着经营活动的方向，是从事生产经营活动的主要动力。

5.3　农村社会收入分配的原则与政策

5.3.1　农村社会收入分配的原则

5.3.1.1　效率优先、兼顾公平

效率是指资源的有效配置。经济上的效率，不仅要用在经济活动中所耗费的劳动量与获得的劳动成果的比率来衡量，还要用生产要素的结构型耗费来衡量。公平是指社会成员收入分配的均等化，也就是农村社会收入的平均分配。公平的内涵包括三个方面：一是机会均等，每个人都有同样付出劳动的机会和发挥自己才干的机会。二是规则平等，劳动者在收入分配过程中遵守同样标准的规则，在规则面前人人平等。三是差距适度，平等与责任兼容或兼顾。在承认人的能力、才智、积极性的差距以及由此带来的劳动生产率差别的基础上，财产和收入可以有适度差异。公平与效率之间存在着替代关系，两者之间此消彼长。在二者关系的处理上，实行效率优先、兼顾公平的原则，以实现让一部分人先富起来，带动大家共同富裕。

[案例 5-6]“分粥”与分配制度选择

有七个人曾经住在一起，每天分一大桶粥。可问题是，粥每天都是不够的。一开始，他们抓阄决定谁来分粥，每天轮班。于是每周下来，他们只有一天是饱的，就是自己分粥的那一天。后来他们开始推选出一个道德高尚的人出来分粥。强权就会产生腐败，大家开始挖空心思去讨好他、贿赂他，搞得整个小团体乌烟瘴气。

然后大家开始组成三人的分粥委员会及四人的评选委员会，互相攻击扯皮下来，粥吃到嘴里全是凉的。最后想出来一个方法：轮流分粥，但分粥的人要等其他人都挑完后拿剩下的最后一碗。为了不让自己吃到最少的，每人都尽量分得平均，就算不平均，也只能认了。大家快快乐乐、和和气气，日子越过越好。

同样是七个人，不同的分配制度，就会有不同的风气。所以一个单位如果有不好的工作习气，一定是机制问题，一定是没有完全公平公正公开，没有严格的奖勤罚懒。如何制定这样一个制度，是每个领导需要考虑的问题。这个原则的实行，在分配问题处理上也不能例外。

5.3.1.2 科学处理合理竞争与两极分化的矛盾

收入分配的刚性约束特征，决定了政府调节收入分配的重点只能放在收入增量调节上。在收入分配的政策导向上，以促进共同富裕为目标，鼓励一部分人和一部分地区通过诚实劳动和合法经营先富起来。在缩小收入差距的前提下，提倡通过合法竞争提高经济效率。具体做法是，在国民收入初次分配过程中强调竞争，努力提高资源配置合理性，以提高经济效率；在二次分配过程中注重公平，通过税收调节和社会转移支付解决社会成员收入分配的两极分化问题。

[案例 5-7] 排队接水与社会收入分配

社会收入或资源在不同的经济主体中进行分配，要让更多的人满意，就只有让需求量比较小的人优先得到满足，因为得到满足的人越多，社会支持率才会越高。但这是以牺牲规模效益为前提来实现的，经济效率会大大降低。结论是：社会收入分配的平均程度越高，经济效率损失越大，这个问题可以用排队接水的例子说明。如果有几个人拎着水桶在一个水龙头前排队打水，水桶有大有小，怎样排队，才能使得总的排队时间最短。该问题的假设条件有两个：一是水龙头的供水速度不变；二是每个排队接水的人都在自己的桶接满了水才走。这样一来，接水时间与水桶的大小有关。最优化排队方案是：按照打水人水桶的大小，从小到大排队。就整体利益而言，这实现了所有人的时间优化，却损失了个人利益，而且水桶越大的人受到的损失越大。从市场的角度来说，这不利于竞争，会促使持有大水桶的人将水桶分割为无限小的水桶，多次排队接水。如果采用独裁或民主方式解决问题，也都不可取。因为排队的人不可能永远是固定的几个人，随时都可能有新加入者，如果永远以自小到大来排序，造成的后果可能有两种：一是排队者不会灵活调整自己水桶的大小，新加入者的水桶若都比当前排队的某人的水桶要小，那么自该人开始以后的排队者都不可能接到水。二是假设排队者能够灵活调整自己的水桶大小，会造成大面积微型水桶接水的争夺活动，造成更大的资源浪费。结果是接水总次数会明显增多，接水总量会大大减少。

5.3.2 洛伦斯曲线与基尼系数

5.3.2.1 洛伦斯曲线

洛伦斯曲线是用来反映社会收入分配或财产分配平均程度的曲线，因其是由美国统计学家 M·O·洛伦斯发明的而得名。洛伦斯把社会全体居民依其收入占全社会收入的比率分成若干个等级，再分别在横坐标和纵坐标上标明每个等级的人口占总人口的百分比，每个等级人口的收入占社会总收入的百分比。连接各等级的这两个百分比率的坐标点所形成的一条曲线叫洛伦斯曲线。例如，如果把某个地区的农村人口分为五个等级，各等级人口各占总人口的 20%，各等级人口的收入占社会总收入的比例各不相同，也就是存在着收入上的差别。为了详细说明这个问题，我们把该地区农村各等级的人口比例和社会收入分配比例用表 5-8 中的资料来表示，用以说明利用洛伦斯曲线对农村社会收入分配平等程度进行分析的基本原理和方法。

表 5-8 某地区农村社会人口和收入比例对照表

级别	各级占总人口百分比	合计	各级占总收入百分比	合计
1	20	20	5.5	5.5
2	20	40	10	15.5
3	20	60	14	29.5
4	20	80	20.5	50
5	20	100	50	100

利用表5-8中的资料绘出图5-3，图中横轴OP表示各社会等级的人口百分比，纵轴OI表示各等级人口收入的百分比。OY为45度角的直线称为收入分配的绝对平均线，在这条线上各等级人口得到的收入完全相等。OPY是绝对不公平曲线。这条线表示全社会成员中，除了最后一个人占有全部社会收入外，其余人的收入都为零。实际收入分配曲线（L）介于绝对公平与绝对不公平曲线之间，在这条线上，除了起点与终点以外，线上任何一点到两个坐标轴的距离都是不相等的。实际收入分配曲线与绝对公平线（Y）越接近，表示社会收入分配越公平；反之实际收入分配曲线越接近绝对不公平曲线，则表明社会收入分配越不公平。

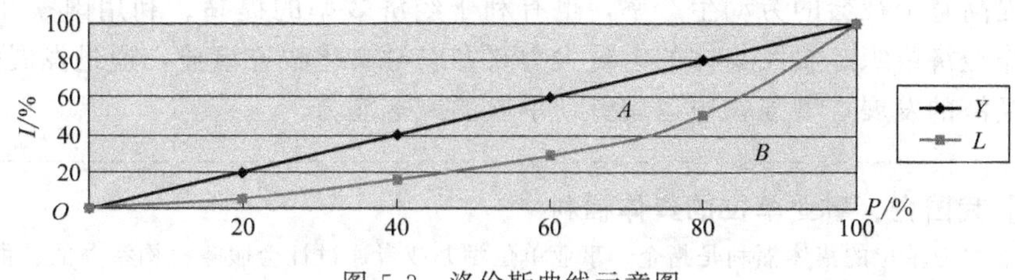

图5-3　洛伦斯曲线示意图

5.3.2.2　基尼系数

基尼系数是意大利统计学家基尼（Corrado Gini，1884～1965）根据洛伦斯曲线提出的判断收入分配平均程度的指标。在图5-3中，把人口和收入按100%的数值形成一个封闭区间，如果把实际收入分配曲线（L）与绝对公平线（Y）之间的面积用A来表示，把实际收入分配曲线与绝对不公平曲线之间的面积用B来表示，则基尼系数的计算公式为：

$$基尼系数=\frac{A}{A+B} \tag{5-4}$$

根据式（5-4），当$A=0$时，基尼系数等于0，表明社会收入分配绝对公平；当$B=0$时，基尼系数等于1，表明社会收入分配绝对不公平。而实际上，基尼系数总是在0～1之间。基尼系数越接近于0，表明社会收入分配越公平；基尼系数越接近于1，表明社会收入分配越不公平。

按国际通用的标准，如果基尼系数小于0.2，表示收入分配绝对平等；如果为0.2～0.3，表示收入分配比较平等；如果为0.3～0.4，表示收入分配基本合理；如果为0.4～0.5，表示收入分配差距较大；如果在0.5以上表示收入分配差距悬殊。

5.3.3　农村社会收入分配的标准与政策

5.3.3.1　农村社会收入合理分配的标准

（1）贡献标准。这种标准是按社会成员提供的生产要素所做的贡献分配社会收入。这种分配标准能保证经济效率的不断提高，但由于社会各成员在能力和机遇上存在差别，会引起社会收入分配的两极分化。

（2）需要标准。这种标准是按社会成员对生活必需品的需要分配社会收入。这种分配标准以满足个人需求为前提条件，但忽视个人对社会经济发展所做的贡献，势必造成以牺牲经济发展效率为代价的收入分配上绝对平均主义现象的产生。

（3）平等标准。也就是按公平的准则来分配国民收入。这是以公平优先的原则来分配社会收入的一种分配标准，但每个人的立场、观点和利益关系各不相同，平等的标准可以多种多样。为了使问题分析简单，社会收入分配的平等程度主要可以用三种标准衡量：一是劳动分配率，即劳动收入在国民收入中所占的比例；二是洛伦斯曲线与基尼系数；三是工资的差异率。

5.3.3.2 农村社会收入合理分配的政策选择

根据效率与公平的相互替代关系，要协调二者之间的矛盾，应设法以尽可能小的不公平换取尽可能高的效率；或者以尽可能小的效率换取尽可能大的公平。在社会收入分配政策取向上，在强调按要素贡献比率分配社会产品和收入的同时，还要尽可能做到兼顾公平。为此在社会收入分配过程中可以采取的主要政策如下。

(1) 增加农村教育费用支出。增加农村教育费用支出，一方面可以使农村低收入者获得赚取较高收入的能力，有助于缩小社会的收入差距，以利于公平的实现；另一方面可以使全社会受益，提高整个社会的劳动生产率，也有利于经济效率的提高。利用国家和农村社区、农村各类合作经济组织、农民集体的力量大力兴办农村文化教育事业，通过发展教育事业促进农村商品经济的发展，增强农民运用劳动手段的致富能力。

[案例 5-8] 我国企、事业单位的集体福利

我国企、事业单位的集体福利是指企、事业单位举办或者通过社会服务机构举办的、供雇员集体享用的福利性设施和服务，内容主要有三个方面：一是住宅。长期以来，我国实行的是福利分房政策，由国家或企业进行住宅建设，低租金分配给雇员使用。这种制度已不适应市场经济发展的需要，普遍开始实行住宅的商品化改革和货币化分房制度。基本做法是，公司和雇员按一定比例共同承担建房投资，房屋居住权归雇员所有，所有权由企业和雇员个人共同支配，雇员转让房屋居住权时只能转让给本单位的员工。二是集体生活设施和服务。包括雇员食堂、托幼设施、卫生设施及医疗保健、文娱体育设施、集体交通工具等，这些设施都对本企业雇员实施集体免费或低费提供服务。目前在许多企业中，提供免费或低费的工作餐、班车、年度体检等都具有集体福利的性质。三是享受休假、旅游待遇。传统的企业或事业单位的集体福利主要是满足雇员一些基本的生活需求，现代企业集体福利已经包括一些高层次的福利项目，例如文化娱乐、旅游观光以及假日休养等。带薪休假是一些发达国家企业雇员的法定福利项目，一般都在一周以上，并随着雇员为企业服务年限的增加，假期延长。我国一些企业也开始实施这一制度，并且经营效益比较好的企业对这项制度的实施范围有日益扩大的趋势。

(2) 搞好农村社会福利事业建设。农村社会福利性措施通常分为两类：一类属于宽容性措施，即对丧失劳动能力的人的救济，这被认为是出于人道主义的考虑，保证每个社会公民都能得到平等的生存权利。比如在农村中通过照顾“五保户”等社区性的救助行为，保障每个农民都能得到必需的生活资料。另一类是对有劳动能力，但没有工作或收入较低的人的补助。对于后一部分人，社会应根据每个人工作量的多少，按比例提供生活资料补助。在社会福利性措施实行过程中，要注意两点：一是不能拉平低收入者与高收入者的差距，根据居民收入差别的大小给予低收入者补助；二是不能硬性规定工资标准，容许雇主根据具体情况付给雇员工资，然后政府再参照最低生活标准要求对低于社会平均收入水平线以下的居民给予生活补助。在农村中可以采取的社会福利政策主要内容有三个方面：其一，各种形式的社会保障与社会保险。比如实行农村中的农民养老保险金制度、最低收入保障制度等，以保证每个农民在失去了劳动能力后都能得到基本生活收入来源。其二，向贫困者提供就业机会与培训。比如举办各种农村夜校和就业培训班，向低文化层次和低收入家庭免费或低费传授科技文化知识和技能，帮助其通过发展生产致富。其三，医疗保险与医疗援助。主要是实行医疗保险制度，通过发展农村合作性的医疗保险事业，为农民的防病治病提供社会帮助和服务。

(3) 实行税收调节政策。实行税收调节政策的目的是通过税收手段来缩小收入差距。实行税收调节政策的主要手段是征收个人所得税。个人所得税是税收的一项重要内容，它通过超额累进所得税率来调节社会成员收入分配的不公平状况。为了有效地协调社会收入分配中的公平与效率的矛盾，对农村中高收入者征收的所得税、财产税和遗产税的累进税率不能过高，以免造成资本的闲置及财产的外流。要开征某些既可以促进效率提高，又不会妨碍公平的税收，如特种物品的消费税、城镇土地使用税等。

（4）扩大生产资源的流动范围。农村社会生产资源的流动包括水平流动（地区间的流动）和垂直流动（社会职业等级中的流动）两种方式。在我国农村，无论资本还是劳动力都要允许其在全社会进行流动。只有流动才能为工作者和投资者创造出机会均等的获益条件。其中，重点是动员全社会的力量做好农村剩余劳动力转移工作，这样既能为农民创造公平就业的机会，也能鼓励人们奋发向上，又有利于提高农村经济发展的效率。

（5）创造条件增加农民收入。农民是农村劳动者的主体，增加农民收入对于促进农村经济持续发展、维护农村社会稳定具有重要意义。增加农民收入主要有生产和分配领域两个方面的基本途径。

生产领域的途径主要有三个方面：一是政府采取调节措施。根据农村市场经济发展需要，调整产业结构和生产布局，为农民致富提供宽松的政策环境和市场环境，以及资金、信息、技术等方面的服务。二是提高农民生产经营水平。创造条件提高农民的技术水平和管理水平，增加农产品科技含量，提高品质，降低成本，提高经济效益。广辟非农产业门路，搞好农村剩余劳动力输出，增加劳务收入。三是实施农业产业化经营。通过实施产业化经营，将农产品加工企业、生产基地和农户联结起来，确立合理的利益分配和调节机制，规避市场风险，保证农民收益的稳步增长。

分配领域的途径主要是增加农民可支配收入。主要措施有：一是减轻农民负担。健全法律保障措施，依法取消各种由农民出钱、出物的不合理负担，彻底治理在分配领域巧立名目，向农民伸手的问题，维护农民合法的经济权益。二是加大农民可支配收入的分配份额。在经济不断发展的条件下，采取以工补农的方式，让农民得到更多的实惠。三是健全福利措施。逐步缩小城镇居民与农民在福利方面的差距，建立农村社会保障体系，提高农民可支配收入水平和经济实力。

单元小结

国民生产总值，是指一个国家的国民在一段时期内（通常指一年）在国内外生产的所有最终产品（包括劳务）的市场价值总和。其他国民收入核算指标还包括：国内生产总值、国内生产净值、国民生产净值、国民收入、个人收入和个人可支配收入。名义 GDP 是按当期价格计算的所有最终产品（包括劳务）的市场价值，实际 GDP 是以某年作为基期的不变价格计算的国内生产总值。从名义国内生产总值中剔除价格水平变动的因素就可以得实际国内生产总值，用以衡量生产水平的实际提高程度。

核算国民生产总值的方法主要有支出法、收入法和部门法三种。其中支出法和收入法是常用的核算方法，支出法是通过核算一国经济体购买各项最终产品（包括劳务）的总支出来计算 GNP 的。购买最终产品的总支出包括：消费支出（C）、投资支出（I）、政府购买支出（G）、净出口（$X-M$）四部分。收入法通过加总一国经济体中各种生产要素取得的收入来核算 GDP 的。部门法是用增值法计算各个部门的产品增值总值。在利用各种方法计算的国民生产总值不一致时，要以支出法为准，通过误差调整，使其达到一致。

农村生产要素分为劳动、土地、资本和企业家才能。劳动的价格是工资、土地的价格是地租、资本的价格是利息、企业家才能的报酬称为利润。分配理论也可以称为生产要素价格决定理论，解决的是为谁生产的问题。对生产要素的需求是派生的需求，因此厂商追求利润最大化的过程也就决定了对生产要素的需求，厂商对生产要素投入数量进行决策的基本原则是要素的边际收益等于要素的边际成本。工资、利息、地租、利润的决定具有不同的特点，在不同市场条件下劳动、土地、资本和企业家才能报酬的影响因素及其作用结果不同。在完全竞争市场上的工资水平是由所有的劳动供给者和需求者共同决定的，在不完全竞争市场上雇主可以利用垄断力量影响工资水平的决定。资本的价格通常用利率表示，对利息的计算主要有单利计算法和复利计算法。说明地租的概念有级差地租、准地租和经济租。利润分为正常利润和超额利润。正常利润是企业家才能的报酬。超额利润产生的来源主要是风险、创新和垄断。

农村社会收入分配政策属于社会收入的再分配范畴，主要是协调社会收入分配中的公平与效率之间的关系。在分析社会收入分配平等程度时，常用的分析工具是洛伦斯曲线与基尼系数。社会收入分配的政策导向可以概括为，初次分配以市场调节为主，以提高效率；再次分配主要从税收、社会转移性支付和福利政策三个方面确定政策选择问题，以兼顾公平。

综合练习

(一) 名词解释

国民生产总值　国民生产净值　国民收入　农村个人收入　农民个人可支配收入　国民生产总值价格指数　中间产品　地租　利息　利润　超额利润　公平　效率

(二) 填空

1. 国民生产总值等于国内生产总值加上来自（　　）的劳动报酬和财产收入减去支付给（　）的劳动者报酬和财产收入。
2. 名义国民生产总值与实际国民生产总值的比值，称为（　　）。
3. （　）核算国民生产总值方法，是把农村地区在一年内投入的生产要素生产出来的物品和劳务按购买者（需求者）支出的金额分类汇总而成。
4. 地租是（　）这种生产要素的价格，是土地所有者提供土地使用权的报酬。
5. 洛伦斯曲线是用来反映社会收入分配或财产分配（　）程度的曲线。
6. 基尼系数越接近于（　），表明社会收入分配越平均；基尼系数越接近于（　），表明社会收入分配越不平均。
7. （　）是指生产要素的所有者所得到的实际收入高于他们所希望得到的收入，实际收入与期望收入之间的差额。
8. 正常利润被认为是（　）这种生产要素的报酬，包括在成本之内，之所以称正常利润是因为它是企业家刚好愿意从事企业经营所得到的报酬。

(三) 选择答案

1. 在下列产品中应该计入当年国民生产总值的是（　　　）。
   A. 当年生产的玉米　　B. 去年生产而在今年销售出去的玉米
   C. 某人去年购买而在今年转售给他人的玉米　　D. 去年生产的在今年仍未销售的玉米
2. 一国的国民生产总值小于国内生产总值，说明该国公民从外国取得的收入（　　　）外国公民从该国取得的收入。

A. 大于　　B. 小于　　C. 等于　　D. 可能大于也可能小于

3. 国民生产总值中的最终产品是指（　　）。

A. 有形的产品　　B. 无形的产品

C. 既包括有形的产品，也包括无形的产品　　D. 居民户直接用于消费的产品

4. 支出法又称（　　）或（　　）。

A. 要素支付法　　B. 部门法　　C. 最终产品法　　D. 产品流动法

5. 国民收入核算中，最重要的是核算（　　）。

A. 国民收入　　B. 国民生产总值　　C. 国民生产净值　　D. 国内生产总值

6. 农村社会收入分配的标准有（　　）。

A. 贡献标准　　B. 需要标准　　C. 平等标准　　D. 公开标准

（四）判断正误

1. 国民生产总值中的最终产品是指有形的物质产品。（　　）
2. 用作钢铁厂炼钢用的煤和居民烧饭用的煤都应计入国民生产总值中。（　　）
3. 同样的服装，在生产中作为工作服穿就是中间产品，而在日常生活中穿就是最终产品。（　　）
4. 居民购买房屋属于个人消费支出。（　　）
5. 国民收入等于工资、利润、利息和地租之和。（　　）
6. 在不完全竞争市场上的工资水平是由所有的劳动供给者和需求者共同决定的。（　　）
7. 迂回生产就是先生产生产资料，然后用这些生产资料去生产消费品，简单地说就是使生产的产业链延长。（　　）
8. 农产品支持价格也可以看做对农民作季节生产的报酬补偿。（　　）
9. 农村生产要素的报酬也要根据市场供求关系来确定。（　　）
10. 社会福利分配越平均，全社会的经济效率损失就越大。（　　）

（五）回答问题

1. 如果一个农村社区的五个等级人口数量各占总人口的20%，各等级人口的收入占地区社会总收入的比例如下表所示，请绘出表明该地区社会收入分配情况的洛伦斯曲线。

级别	各级人口占总人口的百分比	合计	各级人口收入占总收入百分比	合计
1	20	20	6	
2	20	40	10	
3	20	60	18	
4	20	80	25	
5	20	100	41	

2. 假定有四块土地面积相等，但肥沃程度不同，都投入100元资本，产量分别是6、5、4、3担，其他条件一样。每块土地收入和成本情况如下表所示，请计算各个地块的级差地租，请指出边际土地的种类；如果产品的市场价格上升为每担400元，现在的劣等土地是否可以成为边际土地。

土地肥沃程度	产品产量/担	生产成本/元		产品价格/元		级差地租
		每担	全部	每担	全部	
优	6	200	1200	300	1800	
良	5	240	1200	300	1500	
中	4	300	1200	300	1200	
劣	3	400	1200	300	900	

(六) 复习思考题

1. 社会收入核算中的五个基本总量指标是什么？这些指标之间的关系如何？
2. 阐述农村社会收入合理分配的衡量标准及其应用要求。
3. 采用单利法和复利法计算利息有什么区别？
4. 阐述超额利润产生的主要原因。
5. 阐述农村社会收入分配的基本原则与政策。
6. 在农村社会收入初次分配与再次分配中政策选择应有什么差别？为什么？

第6单元　农村经济调查与评价

【教学目标】 通过本单元的学习，掌握农村经济调查的基本知识和方法、学会农村经济指标的计算与运用的基本技能，能够运用所学知识和技能进行农村经济活动及其效益的分析和评价。

[案例6-1]“羊群效应”与农村经济调查

“羊群效应”的含义是指，在自由竞争市场上存在那些没有形成自己的预期或没有获得第一手信息资料的投资者，他们将根据其他投资者的行为来改变自己的行为。例如一个羊群（集体）是一个很散乱的组织，平时大家在一起盲目地左冲右撞。如果一头羊发现了一片肥沃的绿草地，并在那里吃到了新鲜的青草，后来的羊群就会一哄而上，争抢那里的青草，全然不顾旁边虎视眈眈的狼群，或者看不到其他更好的青草。羊群效应一般出现在一个竞争非常激烈的行业，而且这个行业有一个领先者占据了主要的注意力，那么整个羊群就会不断模仿这个领头羊的一举一动，领头羊去哪里吃草，其他的羊也去哪里淘金。在农村经济活动中没有经过周密市场调查和分析的“跟风决策者”会陷入不利的境地，对于这一点不可不察。

6.1　农村经济调查的类型与程序

6.1.1　农村经济调查的含义

农村经济调查是在利用各种方法系统地、直接地收集有关农村经济现象和问题的经验材料的基础上，通过对资料的整理和综合分析来科学地阐明农村经济发展变化过程及其规律的认识活动。农村经济调查通过直接在农村实际经济生活中系统地收集第一手实践资料，对农村经济现象进行分析和研究，可以帮助农村经济工作者和农业生产经营者从感性认识入手了解农村社会经济发展的实际情况，利用掌握的资料比较客观地描述和说明农村经济发展的状况、过程和特点，解释和揭示农村经济现象和问题产生、变化的本质和规律，从而对农村经济发展变化过程及特点进行科学的把握及准确的预测，为科学地作出经济决策提供依据。

6.1.2　农村经济调查的类型

6.1.2.1　按农村经济调查目的可分为探测性调查、描述性调查、因果关系调查和预测性调查

探测性调查，也称为非正式调查，是当需要调查的问题不甚明确时，在正式调查之前，为确定调查课题及调查重点而进行的调查。描述性调查，也称为结论性调查，是对某一问题的发展状况的调查，旨在说明“什么”、“何时”、“如何”等问题，并找出事物发展过程中的关联因素。因果关系调查，是在描述性调查的基础上，进一步调查、分析农村经济发展过程中变量的因果关系，寻因索果，解决“为什么”、“原因何在”等问题。预测性调查是对农村经济发展中变量的未来发展变化情况所作的调查和分析，为进行科学的经营和管理决策提供依据。

6.1.2.2　按农村经济调查的对象特征可分为普遍调查、典型调查和抽样调查

普遍调查是以调查总体为调查对象所作的调查，这种调查是为了了解农村经济发展的一

般情况对较大范围地区的每个调查对象无一例外地进行的调查，如对农村人口普查采取的就是逐户调查的方法。典型调查是以某些单位或典型农户为对象进行的调查。典型调查的主要特点在于，它是由调查者在调查总体中有意地选取若干有代表性的典型进行的调查，也就是调查对象的选取是由调查的主观因素决定的。典型调查结果的准确性取决于调查者对调查对象的认识程度。抽样调查是从调查总体中按一定的标准抽取部分个体作为对象所进行的调查，这种调查是以被抽取的样本状况来推论总体的情况，如对农村中农民家计支出调查采取的就是抽样调查的方式。

6.1.2.3　按农村经济调查的范围可分为宏观经济调查和微观经济调查

宏观经济调查是从国家或某一农村社区的角度出发，以整个农村经济发展过程为调查研究对象，探讨农村经济运行及其发展的趋势，为制定和实施农村经济发展政策和规划提供依据。调查的内容主要有农村社会总需求、总供给、国民生产总值、国民收入的增长变动情况等。微观经济调查是以个别农村企业或农户、某一农村合作经济组织作为调查对象，研究其经营管理过程中的现象或问题，探讨在农村商品经济条件下实现增产增收的具体途径和办法，为制定科学的经营决策方案提供依据。

6.1.2.4　按农村经济调查的连续性，可分为经常性调查、定期性调查和一次性调查

经常性调查指在选定了调查对象和内容之后，组织对其进行长时间不断的调查，以收集具有时间序列特征的信息资料，比如对农村市场行情和供求关系的调查就需要进行长期的追踪性调查，以便掌握农村商品经济发展变化的动态规律性。定期性调查指在确定了农村经济调查对象或内容之后，对调查对象进行有计划、有步骤的相隔一定时间进行的调查，以便发现和掌握其周期性的发展变化规律和不同环境下的具体情况，比如调查自然环境对农业生产的影响等，就需要进行定期性的观察，以了解自然因素对农业生产过程及收益的影响。一次性调查指出于某种调查需要，只对调查对象进行一次性的了解而进行的调查。它可以掌握农村市场的某些信息，为进行科学的决策提供依据，比如对新产品进行试销调查。

6.1.3　农村经济调查的内容

农村经济是农村中经济关系和经济活动的总称，它包括农村的农业、工业、商业、金融、交通运输、服务行业等经济部门的经济关系和经济活动，范围非常广泛，这里着重介绍农业生产调查和农村经济结构调查两个方面。

6.1.3.1　农业生产调查

（1）农业生产结构调查。农业生产结构是指农业内部各生产部门及其各生产项目的组成和比重，农业生产结构是由多部门和多种类别组成的一个多层次复合体。从部门来看，一般可以分为农、林、牧、副、渔各业，通常称为一级生产结构。在一级生产结构各业的内部，又可根据产品和生产过程的不同，再划分为若干小的生产部门，如种植业内部可划分为粮食生产部门、经济作物生产部门和饲料作物生产部门；农业内部也可划分为养猪业、养牛业、养羊业、养禽业等，通常称为二级生产结构。在二级生产结构内部，如粮食作物可分为禾谷类作物、薯类作物和豆类作物等，通常把这些称为三级生产结构。以上这些生产结构之间的数量关系，一般用农业总产值构成、收入构成、农业用地构成等指标来反映。

（2）农业商品生产调查。主要有两个方面，一是农业商品生产状况调查，主要有农产品商品量和商品率，以及商品生产的经济效果；二是调查影响商品生产的因素，主要包括农业生产专业化程度、农业劳动生产率、农村交通运输状况、农村商品流通渠道、开发新资源发展加工业和贮存情况以及农村通信和信息流通情况等。

（3）农业经济政策调查。农业经济政策包括党和国家各级政府关于发展农业的各项指导方针、政策、法令、法规，以及农村经济发展战略、保护措施和具体的实施方案。农业经济政策调查主要是调查这些方针政策在农业的贯彻落实情况、对农业经济发展的影响和作用，以及如何通过一系列经济法规来保障农业经济的迅速发展。

（4）农业资源调查。农业资源是指参与农业生产过程的物质要素，包括自然资源和社会经济资源。农业生产受自然和社会经济条件的深刻影响和制约，具有强烈的地域性和季节性。只有对农业资源进行周密的调查研究，才能更好地开发和利用当地的自然、社会经济条件，以最少的资源占用与消耗，获得最佳的经济效益。农业自然资源是农业生产可以利用的自然环境，其调查的主要内容包括气候资源、土地资源、水资源和生物资源等方面，着重调查这些因素的数量、质量、分布情况和历史演变过程。农业社会经济资源是指直接或间接对农业生产发生作用的社会经济因素。其调查的主要内容有：人口资源（主要有户数、人口数量、人口结构、人口增长变化、人口密度及其分布）、劳动力资源（主要包括劳动力数量和劳动力质量）、物资技术装备状况（主要包括农机具设施的数量、水利和农田水利基本建设情况、排灌设施和有效灌溉面积、旱涝保收高产稳产农田的比重、施用化肥的种类、数量及其结构和化肥、农药等的施用水平等）、交通运输条件（主要指交通运输条件的现状、存在问题及今后发展状况）、信息资源和管理资源等。

（5）农业生产经济效果调查。农业生产经济效果的调查，一般是借助一系列统计指标，反映农业生产单位的生产成果和生产经济效益。具体的调查指标有：生产成果指标（主要有各类农产品的单产、总产量、总产值、利润等）、资源利用程度或效果指标（主要包括土地生产率、劳动生产率和资金利用率等）、生产经济效益指标（主要有单位耕地生产成本、单位农产品生产成本、农机具作业成本等）。

6.1.3.2　农村经济结构调查

农村经济结构是指农业中各种经济要素的组成情况。其调查的主要内容包括：经济组织结构、产业结构、技术结构、流通结构、分配结构和消费结构调查。以此分析农村经济总体构成情况，以及各种因素变动对农村经济发展的影响和作用等问题。

[案例 6-2] 根据调研，从实际出发夯实农村产业基础

山东省莒县城阳镇在新农村建设中，注重从实际出发，遵循经济规律，把发展的主动权下放到村，进一步夯实农村产业基础，大力培植具有一定特色的专业村，带动了农业发展、农民致富。

城阳镇组织涉农部门对全镇 93 个村街的发展现状和发展前景逐一进行调查分析，本着依托传统产业，发展新兴产业的原则，重点扶持已具有一定优势的花卉、桑蚕、果蔬、养殖四大主导产业，加强技术、信息等方面的支持。镇里根据各村实际情况，尤其是附近工业项目所引起的农产品需求及其他需求，及时巩固或调整产业结构，大力发展第二、三产业。通过规模效应，使村（街）经济结构进一步合理化。

城阳镇根据地处城区的优越位置和已形成的建筑建材、服装轻纺、食品加工、机械制造、包装制品等六大支柱产业优势，加快劳动力转移，使千余农民成了各行业的行家里手，仅依托建筑行业就造就了 5 个以建筑装修为特色的专业村，依托食品加工业造就了 20 余个蔬菜专业村。目前，该镇已培植养鸡、养猪、养狐狸、瓜果、建筑等各色专业村 42 个，另有 10 余个专业村已初具形态。

6.1.4　农村经济调查的程序

农村经济调查作为一种系统的科学的认识活动，有着一种较固定的程序，这种固定的程序可体现出农村经济调查自身具有的内在逻辑结构。一般来说，一项完整的农村经济调查过程包括相互联系的四个步骤，即准备、调查、研究、总结与应用。

6.1.4.1 准备阶段

准备阶段的工作内容有：选择调查课题、进行探测性调查、提出研究假设、确定经济指标、设计调查方案、组建调查队伍等。准备阶段是农村经济调查的决策阶段和打基础阶段。选择调查课题是农村经济调查过程的起点，它规定了农村经济调查过程的总任务和总方向。因此，正确选择调查课题是搞好农村经济调查的首要前提。认真进行探测性调查，可使调查课题更切合农村实际，为设计调查方案提供客观依据。明确提出研究假设是做好设计和调查工作的必要条件。合理确定经济指标、科学设计调查方案是保证农村经济调查取得成功的关键步骤。慎重组织调查队伍是顺利完成调查任务的基本保证。

6.1.4.2 实地调查阶段

调查阶段的工作内容有：按照调查设计要求，采取各种调查方法，收集调查资料。调查阶段是调查者与被调查者直接接触的阶段，又称收集资料阶段或调查方案的实施阶段。在这个阶段，调查者要深入实地接触调查者，调查工作中所投入的人力最多，遇到的实际问题也最多。因此，要顺利完成调查阶段的任务，调查者就必须做到：第一，依靠被调查单位或有关组织，努力争取支持；第二，密切联系被调查的全部对象，努力争取理解和合作。

6.1.4.3 分析研究阶段

分析研究阶段的工作内容有：对实地调查所收集到的原始资料进行系统的审核、整理、统计、分析，并开展理论研究。首先，通过对调查的资料（包括文字资料和数字资料）进行全面复核，区分真假和精粗，消除资料中的假、错、缺、冗现象，以保证资料的真实、准确、完整和简明；其次，对复核后的资料进行初步加工，使之条理化、系统化；再次，运用统计学原理和方法研究经济现象的数量关系，揭示事物的发展方向和速度等问题；最后，运用各种思维方法和与调查课题有关的各专门学科的科学理论，对审查、整理后的文字资料和统计分析后的数据进行思维加工，揭示事物的内在联系，预测事物的发展趋势，作出理论说明，并提出实际工作的具体建议。

6.1.4.4 总结与应用阶段

总结与应用阶段的工作内容有：撰写调查报告、总结调查工作和评估调查结果。一般而言，农村经济调查都要撰写调查报告，并尽可能使调查报告在理论研究和实际工作中发挥应有的社会作用。总结调查工作既包括农村经济调查的工作总结，同时也包括每个参与者的个人总结，以期达到积累成功经验、吸取失败教训的目的。评估调查成果，一方面从学术角度，对农村经济调查所收集的事实和数据资料、理论观点和说明，以及所使用的调查研究方法，作出客观的评价；另一方面就是从社会应用角度，对农村经济调查结论的采用率、转引率和对实际工作的指导情况作出评价。调查结果的评估过程，实质上就是把调查结果应用于实践，让实践检验调查结果的过程。

农村经济调查的四个步骤是相互衔接、相互交错的，前一阶段是后一阶段的基础；同时，各阶段的工作内容相对独立，共同构成农村经济调查的完整程序。

6.2 农村经济调查的主要指标

6.2.1 农村经济指标的含义

所谓农村经济指标就是指一些反映农村社会经济生活情况的名称或数值。经济现象的名称用经济范畴表述，经济范畴的数量方面则通过数值反映。例如，社会总产品和国民收入是经济范畴，表现这些经济范畴数量方面的名称及其数值“社会总产值××亿元”、“国民收入××亿元”就是经济指标。通常农村经济指标在反映经济现象及其发展规律的数量表现时，是以农村和农业经济学理论所确定的经济范畴的含义为依据。一般来说，按照农村经济指标所反映的经济现象的不同，可以将其做如下分类：按照经济指标反映经济现象的范围，分为单项指标和综合指标；按照经济指标反映计划目标或实际情况，分为计划指标和统计指标；按照经济指标的计量单位属性的不同，分为实物指标和价值指标；按照经济指标反映经济发展的规模或生产经济效益，分为数量指标和质量指标。数量指标一般用绝对数表示，质量指标一般用相对数或平均数表示；按照经济指标职能的不同，分为核算指标和考核指标。

6.2.2　农村经济调查指标的种类

6.2.2.1　农村人口

农村人口作为一个社会经济范畴，是农村社会基本生产力和消费力的统一体。它向各部门提供劳动力资源，从而创造各种产品。同时，人口又作为社会产品的最终消费者，要求生活消费资料和服务的供给能够满足其日益增长的需要。通过农村经济调查了解和掌握农村人口的数量、构成及变动的有关资料，研究人口变动的规律及对农村商品经济发展过程的影响程度和范围，可以为制定和实施农村人口和就业政策，组织和安排农村经济生活提供依据。农村人口调查主要是调查农村人口的数量、人口的构成和人口的变动这三方面的内容。

6.2.2.2　农村劳动力

农村劳动力是指农村人口中 16 岁以上实际参加生产经济活动并取得实物或货币收入的人员，既包括劳动年龄内经常参加劳动的人员，也包括超过劳动年龄但经常参加劳动的人员，但不包括户口在家的在外学生、现役军人和丧失劳动能力的人，也不包括待业人员和家务劳动者。

6.2.2.3　农业机械总动力

农业机械总动力是指主要用于农、林、牧、渔业的各种动力机械的动力总和。包括耕作机械、收获机械、农产品加工机械、运输机械、植保机械、牧业机械、林业机械、渔业机械和其他农业机械的动力。

6.2.2.4　农林牧渔业总产值

农林牧渔业总产值是指以货币表现的农林牧渔业全部产品总量。它用价值量形式综合说明了一定时期（通常指一年）农林牧渔业生产的总成果和总规模，是观察农林牧渔业生产水平和发展速度，研究农林牧渔业内部比例关系和农林牧渔业在国民经济中的产业布局的一个重要指标；同时，也是计算农林牧渔业劳动生产率和农林牧渔业增加值的基础资料。

6.2.2.5　主要农产品产量

（1）粮食产量。是指国有经济的、集体经济的和农民家庭经济的粮食产量，还包括工矿企业办的农场和其他生产单位的粮食产量。粮食除包括稻谷、小麦、玉米、高粱、谷子及其他杂粮外，还包括薯类和豆类。

（2）棉花产量。是指区域内棉花的总产量。棉花产量包括春播棉和夏播棉的产量。产量按皮棉计算，不包括木棉。

（3）油料产量。指全部油料作物的产量。包括花生、油菜子、芝麻、向日葵子、胡麻子（亚麻子）和其他油料。不包括大豆、木本油料和野生油料。其中花生以带壳干花生计算。

（4）当年出栏牲畜头数。指农林牧渔业生产单位饲养的，供屠宰并已出栏的全部牲畜头数。包括交售给国家、集市上出售的部分。

（5）肉类总产量。指当年出栏并已屠宰的猪、牛、羊、马、骡、驴、家禽、兔等肉产量。即屠宰后除去头、蹄、下水后带骨肉的重量，也叫胴体重。

（6）水产品产量。指本年度内捕捞的水产品（包括人工养殖并捕捞的水产品和捕捞天然生长的水产品）产量。不论自食或出售的，都应计算在内。用作继续扩大再生产的水产品（如鱼苗、鱼种、鱼饵及转塘鱼、存塘鱼等）不作水产品产量统计。在淡水生长的各种水生植物，如莲藕、菱角等，因属农作物范畴，均不包括在水产品产量之内。

6.2.2.6　农村物价总指数

（1）农产品收购价格指数。这是反映国有商业、集体商业、个体商业、外贸部门、国家机关、社会团体等各种经济类型的商业企业和有关部门收购农产品价格的变动趋势与程度的相对数。农产品收购价格指数可以观察和研究农产品收购价格总水平的变化情况，以及对农民货币收入的影响，作为制定和检查农产品价格政策的依据。

（2）商品零售价格指数。这是反映城乡商品零售价格变动趋势的一种经济指数。零售物价的调整变动直接影响到城乡居民的生活支出和国家的财政收入，影响居民购买力和市场供需平衡，影响消费与积累的比例。因此，计算零售价格指数，可以从一个侧面对上述经济活动进行观察和分析。

（3）农业生产资料价格指数。这个指标是反映一定时期内农业生产资料价格变动趋势和程度的相对数指标。农业生产资料分为小农具、饲料、幼禽家畜、半机械化农具、机械化农具、化学肥料、农药及农药械、农机用油、其他农业生产资料、农业生产服务十个大类。其编制目的是了解农业生产中物质资料投入价格的变动状况，服务于国民经济核算。

（4）农村居民消费价格指数。这是反映农村居民家庭所购买的生活消费品价格和服务项目价格变动趋势和程度的相对数。该指数可以观察农村消费品的零售价格和服务项目价格变动对农村居民生活消费支出的影响，直接反映农民生活水平的实际变化情况，为分析和研究农村居民生活质量问题提供依据。

（5）农村工业品零售价格指数。这是反映农村市场工业品零售价格水平变动趋势和程度的相对数指标。通过农村工业品零售价格指数，可以观察工业品零售价格变动对农民货币支出的影响。

6.2.2.7　农民收入分配指标

（1）总收入。这是指调查期内农村住户和住户成员从各种来源渠道得到的收入总和。按收入的性质划分为工资性收入、家庭经济收入、财产性收入和转移性收入。农民总收入是这些个人收入项目的总和。

（2）总支出。这是指农村住户用于生产、生活和再分配的全部支出。一般来说，农村住户总支出是家庭经济费用支出、购置生产性固定资产支出、生产性固定资产折旧、税费支出、生活消费支出、财产性支出和转移性支出的总和。

（3）纯收入。这是指农村住户当年从各个来源得到的总收入相应地扣除所发生的费用后的收入总和。纯收入主要用于再生产投入和当年生活消费支出，也可用于储蓄和各种非义务性支出。“农民人均纯收入”按人口平均的纯收入水平，反映的是一个地区或一个农户中农村居民的平均收入水平。计算公式为：

纯收入＝总收入－家庭经济费用支出－税费支出－
生产性固定资产折旧－赠送农村外部亲友支出　（6-1）

（4）可支配收入。这是指农村住户获得的经过初次分配与再分配后的收入。可支配收入可用于住户的最终消费、非义务性支出以及储蓄。计算公式为：

农村住户可支配收入=农村住户总收入-家庭经济费用支出-生产性固定资产折旧-财产性支出-转移性支出 (6-2)

6.3 农村经济调查的方法

6.3.1 问卷法

6.3.1.1 问卷法的概念

问卷法是调查者运用统一设计的问卷向被调查者进行调查的方法。所谓问卷则是调查者根据一定的调查目的和要求，按照一定的理论假设设计出来的，由一系列问题、备选答案及说明所组成的，向被调查者收集资料的一种工具。

6.3.1.2 问卷的种类

问卷调查使用的问卷，按填写者不同分为自填问卷和代填问卷两种。

(1) 自填问卷。自填问卷是由被调查者自己填答的问卷。它是问卷的一种主要形式。自填问卷按照传递形式的不同，又可以分为报刊问卷、邮寄问卷、送发问卷等。

(2) 代填问卷。代填问卷是由调查者根据被调查者的口头回答来填写的问卷，也就是询问调查中面谈调查使用的问卷。代填问卷的最大优点是有利于控制访谈过程，有利于灵活使用各种访谈方法和技巧，易于对回答的结果作出正确的分析和评价，而且回收率和有效回收率高。但是，代填问卷也具有费人、费时和费钱等缺点，只适用于较小的调查范围；而且回答结果要受调查者的主观素质、被调查者的合作态度以及他们之间相互关系的影响，回答的质量往往因人而异，差别较大；有些问题又不宜于当面询问，也会影响回答质量。

6.3.1.3 问卷的基本结构

从问卷的结构来看，往往都包括这样几个部分：封面信、指导语、问题、答案和编码等。

(1) 封面信。封面信是一封写给被调查者的短信。它的作用在于向被调查者介绍和说明调查者的身份、调查内容、调查目的、意义等。它一般印在问卷表的封面或封二上。封面信的篇幅宜小不宜大，短短的两三百字最好。虽然它的篇幅短小，但在问卷调查过程中却有着特殊的作用。调查者能否让被调查者接受调查和如实地填写问卷，在很大程度上取决于封面信的质量。在封面信中，调查者首先要说明自己的身份，说明调查的大致内容和调查目的，然后还要说明调查对象选取的方法和调查结果保密的措施。

(2) 指导语（填表说明）。这是用来指导被调查者填写问卷的说明，它的作用与一般仪器的说明书相类似。有些指导语集中在封面信之后，并标有“填表说明”的标题。其作用是对填表的方法、要求、调查事项等作一个总的说明。例如：

填表说明：

① 请在每一个问题后适合自己情况的答案号码上画圈，或者在空白处填上适当的内容。

② 问卷每页右边的数码及短横线是计算机使用的，不必填写。

③ 若无特殊情况，每个问题只能选择一个答案。

④ 填写问卷时，请不要与他人商量。

(3) 问题与答案。问题和答案是问卷的主体。问题从形式上看，可分成开放式问题和封闭式问题两种。开放式问题是不为被调查者提供具体答案，而由被调查者自由填答的问题。

例如：①您在最近几年内种植的哪一种农作物总产量最高？②您对农村税费改革有什么看法？

封闭式问题是在提出问题的同时，还给出若干个答案，请被调查者选择一个作为回答。例如：

① 您最近几年内种植的农作物亩产量最高的是（　　）

A. 玉米　　B. 大豆　　C. 小麦　　D. 水稻

② 您对农村土地流转制度改革的态度是（　　）。

A. 应该改革　　B. 不应该改革　　C. 没什么看法

（4）编码及其他资料。在较大规模的调查研究过程中，常常采用封闭式为主的调查问卷。为了将被调查者的回答转成数字代码，以便输入计算机进行处理和定量分析，往往需要对回答结果进行编码。所谓编码就是赋予每一个问题及其答案一个数字或符号作为它的代码。编码工作既可在问卷设计时就设计好，也可调查结束后再设计。前者称为预编代码，后者称为后编代码。在调查工作中经常采用预编代码，因此预编代码也就成了调查问卷中的一个组成部分。

除了编码以外，有些问卷还需要在封面上印上访问员的姓名、访问的日期、审核人员姓名、被调查者的住址等有关资料。

6.3.1.4　问卷的设计

（1）问卷设计的原则。一是明确问卷设计的出发点。在问卷设计过程中要满足调查研究目的的需要，同时也要考虑被调查者的基本情况，尽量在满足调查目的的前提下，做到使问卷简明扼要，说明问题，便于被调查者作出回答。二是帮助被调查者排除各种回答问题的障碍。帮助被调查者克服心理和思想上的负担，使被调查者不会因为看到问卷后产生反感情绪。三是对调查问卷的设计要符合被调查者的文化水平和理解能力。四是问卷设计要紧密围绕调查指标来进行，调查内容和调查样本的基本特征应该一致，对问卷中变量的选择还要符合资料分析和处理能力的要求。

（2）问卷设计的步骤。问卷的设计工作也要严格按照科学的设计程序办事。具体工作步骤是：

第一，进行探索性工作。就是了解被调查者的基本情况，在进行实际问卷调查之前先对调查的问题和被调查者的基本情况有一个初步的了解，以便根据调查需要和实际情况要求设计调查问卷。

第二，设计问卷的初稿。在设计初稿过程中，可以采取两种设计方法。一种是卡片法，另一种是框图法。卡片法的具体做法是：先把每一个调查问题写在一张卡片上，然后按照问题的类型将卡片归类后进行排序，对卡片中所列的调查内容进行调整补充，最后将卡片中所列的调查内容写在纸上。框图法是根据调查研究的假设和所需的内容，在纸上画出整个问卷各个部分及先后顺序的框图，具体地写出每一部分的问题和答案，并进行排序。然后根据被调查者的实际情况和调查的需要，对每个调查问题进行调整补充，最后将调整好的内容重新抄写在纸上，形成问卷初稿。

第三，试用和修改。任何调查问卷都不可能一次设计成功，往往要经过若干次修改，特别是要把设计好的问卷初稿在正式调查前进行试验性的运用，以检测问卷的科学性。

（3）问题的设计方式。调查的问题主要有开放式和封闭式两种。由于开放式问题不需要调查者列出答案，在设计问卷时，只需要提出问题，并在题目后留出空白处以供被调查者回答即可。空白处的大小可根据调查目的和问题性质进行调整。封闭式问卷的问题包括问题和答案两部分，其形式可以有如下几种：

① 填空题。在题后或题中留出空白，或画一短横线，让被调查者填写答案。例如：

A. 您家今年种植的农作物主要有__________、__________、__________和__________等。

B. 您今年的家庭经营收入可以达到__________元，农业收入是__________元。

填空题一般只用于那些对回答者来说既容易回答，又容易填写的问题，通常只需填写数字或名词就可以。

② 判断题。被调查者对于这类问题只需要回答“是”与“不是”即可。在这类问题的题目后要给被调查者写出“是”与“不是”两个答案，让其任选其一进行回答。为了使答题方便和便于整理调查结果，可在每个答案后面留一个方框或括号，要求被调查者在其中画对号或圆圈。例如：

A. 您家是粮食种植专业户吗？　　　　是（　　）；不是（　　）。

B. 您家今年的经营收入是否多于去年？是（　　）；不是（　　）。

③ 单项选择题。这类问卷中对每个调查问题给被调查者提出的可供选择的答案在两个以上，被调查者可以从中任选其一进行回答。例如：

A. 您的文化程度是：（请在您认为合适的答案后面的括号中写√）

a. 小学（　）　b. 初中（　）　c. 高中或中专（　）　d. 大专以上（　）

B. 您对当前农村经济政策落实情况的评价是：

a. 满意（　）　b. 比较满意（　）　c. 不满意（　）　d. 没什么意见（　）

④ 表格形式题。就是设计简单的调查表格，将所要调查的内容涵盖在表格中，让被调查者通过填表来回答问题。表格设计要注意主词和宾词含义的确定性和简明性，以便于被调查者填写。

（4）答案的设计要求。在调查方案设计过程中要注意以下几方面的问题。

① 答案要具有内容的穷尽性和互斥性。所谓穷尽性，是指问题答案能够概括调查者希望得到的全部可能的答案；所谓互斥性，是指每个答案之间不能相互重叠和相互包含，被调查者在调查者所列的答案中只能任选一种进行回答。

② 根据调查研究的层次需要来设计变量的测量层次。对于经济现象和问题涵盖的层次比较多的问题，应列出具体的层次量级，提供给被调查者进行选择。例如：

A. 您家今年每人年平均收入的水平是（　　）。

a. 1500 元以下　b. 1500～2000 元　c. 2000～2500 元；

d. 2500～3000 元　e. 3000～3500 元　f. 3500～4000 元；

g. 4000～4500 元　h. 4500～5000 元　i. 5000 元以上。

B. 根据您自己的测算，您家的食物费用开支占总收入的（　　）。

a. 40%以下　b. 40%～50%　c. 50%～60%　d. 60%以上

③ 注意语言的运用和提问的方式。对于语言的运用要讲究科学合理性，陈述要简短，避免带有双重含义，提出问题不带有任何倾向性和不使用提示性的语言，不要用否定式的语言提出问题。另外，不要提出让被调查者难堪或难以回答的问题。

6.3.2　量表法

量表法是运用量表形式测定被调查者对问题的态度的询问方法。最常用的量表有：李克特量表、古德曼量表、鲍格达斯社会距离量表、梯形量表和语义差异量表。这里简要介绍古德曼量表和李克特量表两种量表及其使用方法。

6.3.2.1　古德曼量表

古德曼量表由一组对事物的态度或看法的陈述构成，被调查者分别对这些陈述发表同意或不同意的看法（只有两种选择，同意或不同意，同意记 1 分，不同意记 0 分），然后按照某种标准将被调查者在全部陈述上的得分加起来，就得到被调查者对这一事物态度的量化结果。如图 6-1 所示。

	同意	不同意
(1)从各方面考虑,减轻农民负担就是好	□	□
(2)减轻农民负担有助于提高农民的经济能力	□	□
(3)减轻农民负担有利于增强地方政府的公信力	□	□
(4)减轻农民负担有利于促进农业生产发展	□	□
(5)党和国家把减轻农民负担作为重要的经济政策导向	□	□

图 6-1　社会对减轻农民负担问题态度调查的古德曼量表

6.3.2.2　李克特量表

李克特量表是评分加总式量表最常用的一种，属同一构念的这些项目是用加总方式来计分，单独或个别项目是无意义的。该量表由一组陈述组成，每一陈述有“非常同意”、“同意”、“不一定”、“不同意”、“非常不同意”五种回答，分别记为 1、2、3、4、5，每个被调查者的态度总分就是他对各道题的回答所得分数的加总，这一总分可说明他的态度强弱或他在这一量表上的不同状态。李克特量表的构造比较简单而且易于操作，因此在社会经济调查中应用非常广泛。在实地调查时，研究者通常给被调查者一个“回答范围”卡，请他从中挑选一个答案。由于答案类型增多，人们在态度上的差别就能更清楚地反映出来。

6.3.3　测验法

6.3.3.1　测验法的概念

测验法又称实验调查法，它是研究人员根据一定的研究目的，通过控制某些条件，或改变某些社会环境，使实践活动在特定的环境下发生，以此来认识实验对象的本质及规律性的方法。测验法的逻辑是以因果假设为开端，通过控制某些条件，检验事物现象间或变量间的因果关系。通常，可以把实验变量分为自变量和因变量，自变量是由研究人员控制的变量，因变量是由自变量决定的变量。实验法是通过测量由自变量引起的因变量的变化，寻找事物间的因果关系。因此，与其他调查方法相比，测验法有自己的特点，即在实验过程中需要控制调查环境、实验本身可重复进行以及实验对象具有明显的动态性。

6.3.3.2　测验法的种类

(1) 根据实验的环境不同，实验法可分为实地实验法和实验室实验法。实地实验法，是指在被研究者的现场所进行的实验；实验室实验法，是指在某种人工环境中进行的实验。相比实地实验法，后者最大的特点就是实验环境的人为性，即将被研究者从普通的自然环境中转移到一个能够在观察和测量有关指标时达到高度精确的环境中。这种特点使得它的观察或测量值十分精确，但由于它的人为性，又使得实验环境与实际环境差距甚大，因此，其结果往往缺乏现实性。

(2) 根据调查目的的不同，实验法可分为研究型实验法和应用型实验法。研究型实验法，是指以揭示实验对象的本质及其发展规律为主要目的的实验调查。例如对农村社会学某个理论进行证实或证伪的实验调查法，就属于这类实验法。应用型实验法，是指以解决实际工作问题为主要目的的实验调查法。例如对农村家庭承包责任制、产供销、种养加一体化组织的调查，就属于这一类。

(3) 根据证明假设的逻辑结构性质，测验法可分为平行测验法和连续测验法。平行测验，也叫对照实验，是指既有实验组又有控制组或对照组的一种实验。实验组是指施加自变量影响的组，控制组是与实验组在范围特征等方面基本相同，但不施加自变量影响的组。在平行实验中，假设的检验要依据同时间内两个观察客体（实验客体和控制客体）的状况比较进行。

例 6-1： 假设对某个村进行农业技术推广实验，对另一个与此相似的村则维持采用旧农业技术，那么，这种实验对比结果可用下面两种图示表示：

实行旧的农业技术的村——劳动生产率 A_1

实行新的农业技术的村——劳动生产率 A_2

或者：

实行旧的农业技术的村╲╱劳动生产率 A_1

实行新的农业技术的村╱╲劳动生产率 A_2

实验结果，劳动生产率 A_1 可能优于也可能劣于劳动生产率 A_2。这样，可以对比出农业技术推广或政策推行的实际效果或效益。

连续测验，是指对统一研究对象在不同的时间里进行观察或测量，以检验假设的一种测验法。在这种情况下，假设的检验是同一研究对象在自变量作用前与作用后的两种状况的比较。

[案例 6-3] 种地测土施肥，增产增收

“对症下药”，这一医学上的常用术语在科学快速发展的今天也用在了农业上，测土配方施肥、电子配肥，在今天成了农村的时尚用语。众所周知，农民靠土地吃饭，在先进技术的引导下，农民生活得到了改善，耕种的庄稼产量增加了，钱赚得多了，农民能不乐吗？村民贺某家有 30 亩土地，全部耕种玉米，2007 年进行测土后，于 2008 年施用配方肥每亩增产了 150 千克。贺某算了一笔账：过去家里种的玉米亩产 450 千克，假如每千克卖 1.4 元，收入是 630 元，30 亩地年收入 18900 元。而现在，亩产增到 600 千克，年收入就能达到 25200 元，收入增加了 6300 多元。用贺某的话说，用了测土配肥技术后，相当于比过去多种了 10 亩地。

6.3.4 访问法

6.3.4.1 访问法的概念

访问调查是调查者直接向被调查者口头提问，并当场记录答案的一种面对面的调查。在社会经济调查中，访问调查是应用最普遍的方法之一。在访问调查中，调查人员可以直接了解被调查者对调查问题所持有的态度、观点和数据，掌握被调查者陈述的第一手资料，而且可以观察到被调查者的表情、举止和调查现场的环境，这就为判断调查结果的可靠程度提供了一定的依据。在有些访问调查中，调查人员还可以收集到许多很好的建议，为进一步研究和解决问题提供了直接的信息。所以，在收集数据的各种方法中，访问调查占有十分重要的地位。

[案例 6-4] 入户调研，建“商标帮扶户口”，促进品牌经营

陕西省大荔县利用开展“百千万红盾富民工程”的机会，相关部门人员深入农村，对农户和农产品生产经营企业逐一进行调查摸底登记，全面掌握各乡镇特色产业产品的种类、数量、规模等情况，建立了内容翔实的“商标帮扶户口”，宣传商标法律知识，并逐一进行指导，推动了“荔城”花生、“沙底莲花”辣椒、“高石脆瓜”、“沙苑”米醋、农家织女“俏织”粗布等 38 家特色产业的经营者走上品牌经销之路。其中王彦常村在村两委会的倡导下，去年四月成立了土布协会，注册了“俏织”商标。该村 16 台土布机在 20 名“巧妇”的带领下，百余名妇女参与，织出了设计美观的原生态土布，每个会员每年通过土布加工可增加收入 3000 元以上。

6.3.4.2 访问法的种类

根据不同的调查对象，访问调查有不同的类型，大体上可以分为三类：居民入户调查法、座谈会法和电话调查法。

(1) 居民入户调查法。这是指调查者（采访员）直接深入居民家庭中，针对某个问题而进行的调查。根据调查的不同要求，被调查者可以是家庭中的某个特定成员（如户主），也可以是家庭中有回答能力的任何成员。当调查对象是全体居民时，入户调查被经常采用。在市场调查研究中，有大量采用居民入户调查的例子。这是因为，家庭是消费者从事消费活动核算的基本单位，许多产品消费如家用电器、家具、各类室内装饰品、用品乃至食品都是以家庭作为消费的基本单位。入户调查这种方式很自然，方便地把被调查单位和调查的内容结合起来。在家中，被调查者可以一边从事家务活动，一边接受调查，较少有拘束感，这就有利于调查活动的展开。有经验的调查者也容易利用家庭这样一种特殊的调查环境，施展访谈技巧，并通过观察被调查者家庭的陈设和装饰，作为判断调查数据是否准确的一种辅助信息。居民入户调查法的具体工作程序如图 6-2 所示。

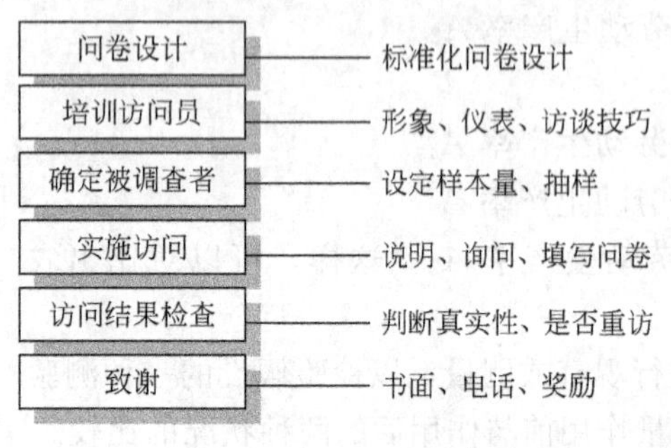

图 6-2 居民入户调查程序图

(2) 座谈会法。座谈会是一种集体访问方法，即将许多被调查者集中在一起同时进行访问。从性质上看，这种访问具有典型调查或重点调查的性质，调查结果侧重于情况的介绍、问题的讨论研究、对研究现象发展趋势的把握等，而不是对研究总体数量特征的推算。座谈会的主要优点有：一是经济、方便。座谈会实际上是邀请了解某方面情况的当事人、知情者或专家在一起进行访谈，这就比逐一访问要节约人力、物力和时间。二是信息广泛，资料完整。由于座谈会是访问者与被访问者之间、被访问者相互之间多层次的互动过程，因而在访谈过程中可以互相启发、互相补充、互相核对、互相修正。通过座谈会获得的资料信息比较广泛、完整。座谈会这种访问方式也有一些局限。首先，座谈会的召集人要有一定的权威，能够担当得起主持会议的责任。如果调查者的地位不相称，在与会者的心目中不能成为座谈会的中心，就很难使座谈会收到期望的效果。其次，参加座谈会的某些权威人士的发言容易左右其他人员的发言，使各种意见不能得到充分的表述。最后，座谈会也容易产生一种“团体压力”，使个人顺从多数人的意见而不敢表示异见。

(3) 电话调查法。电话调查法是由调查人员根据事先确定的原则抽取样本，用电话向被调查者提出问题获取资料的方法。这种调查方法使用起来速度快、省时、经济，但由于是背对背不见面的方式，通话时间又不宜过长，因此所获取的信息不够深入。在电话调查中，调查者和被调查者的语言交流是背对背进行的，双方所能感觉到的只是对方的声音，这对调查者就提出了更高的要求。电话采访员应当具备这样的能力，即从对方的声音中迅速、准确地判断出对方对于调查的基本态度和感兴趣的程度，以便及时调整采访策略，熟练地运用访谈技巧，进而有效地控制访谈过程。这说明，进行电话调查，采访员的语言运用能力十分重要。要使被调查者产生“如闻其声，如见其人”的感觉，在很短的时间内建立起对调查者的基本信息，给予积极的配合。这样，电话调查就会取得满意的结果。

6.3.5 观察法

6.3.5.1 观察法的概念

观察法是指调查者到现场凭自己的视觉、听觉或借助摄录像器材，直接或间接观察和记录正在发生的市场行为或状况，以获取有关原始信息的一种实地调查法。观察法与以上几种调查方法相比，有着自己的特点，比如调查结果直观可靠、操作简便易行、在观察中可及时发现新情况新问题，同时可克服语言交流带来的干扰。当然，这种调查方法也有一定的局限性，比如调查耗时长、费用相对较高；对很多事情只能观察表象资料，不能观察内在原因；同时，观察结果很容易受观察者的主观影响，由于观察者素质不同，观察的结果也不同，易产生观察者误差，因此对观察者的素质要求很高。

6.3.5.2　观察法的种类

按观察的形式不同分为直接观察法、间接观察法和实验观察法。

(1) 直接观察法。直接观察法是调查者直接深入调查现场，对正在发生的市场行为和状况进行观察和记录。主要观察方式有：①参与性观察。是指调查者直接参与到特定的环境和被调查者对象中去，与被调查者一起从事某些社会经济活动，甚至改变自己的身份、身临其境、借以收集获取有关的信息。如“伪装购物法”或“神秘顾客法”。②非参与性观察。又称局外观察，是指调查者以局外人的身份深入调查现场，从侧面观察、记录所发生的市场行为或状况，用以获取所需的信息。③跟踪观察。是指调查者对被调查者进行连续性的跟踪观察。如商场顾客购物跟踪观察、女士着装跟踪观察、用户产品使用跟踪观察等。

[案例 6-5] 咖啡杯颜色对味觉的影响

某咖啡店做过一个心理测验：店主请来 20 人，每人喝四杯分别用红、棕、黄、绿四种颜色的杯子盛放的咖啡，然后各自回答对不同颜色杯子中咖啡浓度的感受。结果绝大多数人的回答是：绿色杯子的咖啡淡，味酸；红色杯子的咖啡浓，味美；黄色杯子的咖啡浓度正好；棕色杯子的咖啡太浓，味苦。店主自己知道其实四种颜色杯子的咖啡浓度一样，于是选用了红色的杯子。

(2) 间接观察法。间接观察法是指对调查者采用各种间接观察的手段（痕迹观察、仪器观察等）进行观察，用以获取有关的信息。主要观察方式有：①痕迹观察。这是通过对现场遗留下来的实物或痕迹进行观察，用以了解或推断过去的市场行为。如食品橱柜观察法、垃圾清点观察法。②仪器观察。仪器观察是指在特定的场所安装录像机、录音机或计数仪器等器材，通过自动录音、录像、计数等获取有关信息。如商场顾客流量自动测量、交通路口车流量自动测量、电视收视率自动测量等。③遥感观察。这是利用遥感技术，航测技术等现代科学技术收集调查资料的方法，如地矿资源、水土资源、森林资源、农产品播种面积与产量估计、水旱灾害、地震灾害等均可采用遥感技术收集资料。这种方法目前在农村经济调查中应用较少。

6.4 农村经济活动的评价

6.4.1 农村经济活动评价的概念与内容

6.4.1.1　农村经济活动评价的概念

农村经济活动评价，又称为农村经济活动分析，是农村各经济部门或农业企业进行科学经营管理的一种重要方法，也是农村各经济部门或农业企业进行经济核算的一个重要组成部分。它是以核算资料、计划资料和有关资料为依据，对部门或企业的生产要素利用情况、生产经营成果等，进行有目的和深入细致的分析、比较、研究，以便从中发现问题，安排未来，提出切实可行的改进措施，确保企业全面完成生产经营任务，生产出适应市场需要的产品，达到用最少的劳动消耗取得最大效益的目的，通过数量分析来反映农村各经济部门或农业企业生产经营活动的实际情况。

6.4.1.2 农村经济活动评价的内容

农村各经济部门或农业企业经济活动评价的内容，取决于该部门或企业经营的特点，一般应当包括如下内容。

(1) 企业经营方针和经营决策。企业经营需要有正确的经营指导思想，经营方针：各个时期的经营活动，取决于经营的决策，在对企业的生产经营活动进行评价时，就需要结合企业的经营方针和经营决策，了解各项经营决策的成功率，以及决策成功失误的原因，帮助企业采取改善和提高企业素质的措施。

(2) 人员配备和劳动效率。在进行评价时，应对企业人员配备、职工队伍的素质、工作时间的利用、劳动和工作的效率进行分析，寻找以较少的人力或工作时间，完成和超额完成生产经营和管理工作任务的途径。

(3) 资金占用及运用。在进行评价时，应对企业资金的占用情况、资金的使用方向和使用效果进行分析，研究企业占用资金的合理性，取得资金的合法性，使用资金的效益性，寻找减少资金占用量，提高资金使用效益的途径。

(4) 生产耗费和成本升降。在进行评价时，应当对生产耗费和经营支出进行分析，研究生产耗费和经营支出发生节约成本超支的原因，寻找减少生产耗费和经营支出，降低成本的途径。

(5) 企业收入和经济效益。在进行评价时，应当对企业取得收入、实现利润的情况进行分析，研究影响企业收入和利润的原因，寻找增加收入和利润的有效途径。

6.4.2 农村经济活动评价的程序

6.4.2.1 明确目的，拟定提纲

任何行为都有一定的目的性，由于开展经济活动评价的主体各不相同，以及一定时期的关注重点不同，经济活动评价往往具有不同的目的。因此，在评价前，应根据经济部门或企业目前的工作重点和评价主体所要了解的内容，确定评价的目的和要求，然后拟定评价提纲，以便有计划、有步骤地开展评价工作。评价提纲是进行经济活动评价的指南，具有一定的指导意义，务求可行详尽。提纲内容一般包括：评价的目的和要求、评价的内容和范围、所需资料及取得途径、工作的步骤和方法、组织分工及时间安排等。

6.4.2.2 收集资料，掌握情况

详尽地占有资料、掌握情况，是正确进行评价的基础和出发点。在确定评价的目的和内容后，要根据评价的需要，收集系统、全面、准确、真实的材料，如各种核算资料、计划资料等。收集资料必须坚持实事求是的原则，客观、如实地反映事物的真相。对收集的资料要去粗取精、去伪存真、由表及里地加工整理，切不能按照主观成见去找例证、凑数字，导致错误的结论。因此，对收集的资料，一定要进行认真的核实审查，使之条理化、系统化，符合评价的要求，对部门或企业的情况初步有所了解，找出下一步经济活动评价的重点，为评价工作打下基础，做好准备。

6.4.2.3 对比分析，揭露矛盾

在详尽占有资料的基础上，利用有关数据，对各项农村经济指标进行基本的分析，掌握它们的数量变化和数量关系，使对问题的认识进一步深化。为此，就要采用一定的方法进行经济指标的分析对比，从中确定差异。差异即矛盾，通过对形成差异的各种因素及影响程度的分析，就可以逐步揭露矛盾，抓住关键。在评价过程中，要以各种经济指标的分析为基础，进而将各种经济指标的完成情况相互联系起来进行综合性评价，找出农村经济活动的内在规律性。在分析的基础上进行综合，避免只见局部不见整体，为进一步深入分析提供更为明确的目标。

6.4.2.4　深入实际，查明原因

要正确查明差异的原因和实质，就要带着问题，有针对性地深入农村经济部门或农业企业的内部，进行调查研究，广泛听取意见，真正搞清楚产生差异的原因，分析差异的实质，以抓住关键性问题。深入实际调查可以从开座谈会、个别访问等形式开始，从差异形成的时间、地点入手，调查差异形成的过程，然后进行因果分析，衡量每一个要素对结果的影响程度，在相互联系中找到起决定性作用的主要因素，研究出正确、有效的解决办法。这是评价工作的基本出发点和中心任务。

6.4.2.5　总结评价，提出建议

对农村经济活动进行评价的主要目的，就是总结过去、预见未来。因此，评价工作的最后，就是要在全面系统地掌握情况后，对农村经济活动过程进行归纳和总结，形成简明的分析评价报告，提出进一步改进工作的措施和建议。在评价报告中，要对所评价的农村各经济部门或农业企业的经济活动的各个方面作出综合性的分析评价，正确总结出其工作的业绩和经验，指出存在的问题和形成原因，有针对性地提出切实可行的建议和措施，促使不断提高经济效益。

[案例 6-6] 结合实际优化果园管理，提高经济效益

江西省寻乌县的果农根据生产实际优化管理和改良品种，尝到科学种果和售果甜头，生产经济效益大幅度提高。

“满山光”变“遍地草”，美化生态环境。过去，农民在果园里看到草就除，看到虫就猛打药，不仅影响生态环境，而且破坏果品品质。为实现果业的可持续发展，从 2006 年起，寻乌县推行以“天上点灯、树间挂虫、地上种草、果树滴灌、园中养鸡”为内容的现代果园管理模式，在文峰、吉潭、澄江等果业发展重点乡镇，打造现代农业示范区和现代农业示范点，引导农民把注意力集中到“提品质、节成本、增效益”和“生态建园”上来。据统计，按现代果业管理模式来发展果业，全县每亩果园每年节约成本 300 元，增产和增收均提高 20%以上；同时，寻乌县启动果业产业技术标准体系建设，推广无公害农产品、绿色食品生产技术规程，被中国绿色食品发展中心认定为“全国绿色食品原料（柑橘）标准化生产基地县”。

“卖鲜果”变“精加工”，提高销售价格。经过分析果农们发现，果品经过分等级、再加工，可以获得更高的效益。不加工、卖鲜果的老式营销模式制约了果农增收、果业增效的步伐。为此，寻乌县有关部门引导果农进行分级销售，并在 206 国道“澄江—文峰—南桥”沿线打造百里果品精深加工长廊，2008 年又新引进果品深加工企业 10 家，年加工、储藏果品可达 16 万吨，使果品由单纯的分级、包装向冷藏、果汁加工、脐橙糕点、香精香料等产业延伸。如今，全县已形成“果商进县不上山、果农进山又进市、果品下山就进厂”的加工销售模式，经过深加工的果品每千克可增值 0.6 元左右。

“同质化”变“多样化”，畅通销售渠道。在调查中了解到品种单一，集中上市，这是寻乌县果农过去卖果难的根本原因。为降低果业的自然风险和市场风险，寻乌县按照市场需求，建立健全了以县、乡、村为主体的新品种引种、试验、推广体系，提升良种繁育水平，加大优质、畅销、价高品种的选育、试验、推广力度，在全县推广特早熟蜜橘、“五月红”、“大叶纽贺尔”、“朋娜”等不同熟期的新品种，实现早、中、迟果均衡上市。如脐橙品种“五月红”，是夏橙，每年 5～6 月上市，比一般脐橙早近半年上市，不仅畅销，而且价格高 30%左右。

6.4.3 农村经济活动评价的方法

农村经济活动评价的主要技术方法是在评价程序的一定步骤中，用来测算数据、处理信息、整理资料、权衡效益的方法和分析计量模型。常用的具体方法如下。

6.4.3.1 比较分析法

（1）比较分析法的含义。比较分析法又称对比分析方法，是指将调查和实验所收集到的各项农业经济效果资料，进行加工、整理、归纳、分组，根据可比性原则将性质相同的指标进行对比分析，以区别经济效果的大小，从而选择最优农业经济或经营方案的一种方法。

（2）比较分析法的类型。比较分析法可细分为平行比较法、分组比较法和动态比较法三种。平行比较法是对不同方案，通过采用多个指标，列成平行表进行综合比较，评定其经济效果的优劣。采用平行比较法的步骤是：确定评价对象；选择评价指标；收集整理资料；列出平行比较表；综合比较分析并选出最优方案。分组比较法是按一定的标志进行分组，按每组的平均值进行比较分析，选择最优方案。动态比较法是根据不同时期的资料，采用动态数列进行比较分析，从而揭示经济现象中的依存关系和发展变化趋势的方法。

（3）比较分析的内容。运用比较分析法分析的内容主要有五个方面：一是规模比较。一定的农业生产力水平和一定的自然条件要求一定的农业经营规模与之相适应，才能取得良好的经济效果。规模的衡量指标主要有劳动力、土地面积、产量、产值、资金占用等，这些规模指标适用于不同经营条件，而我国当前主要选用土地面积作为种植业生产规模大小的衡量指标。二是水平比较。具体包括两个方面：一是投入水平，二是产出水平，具体表现为总量水平和平均水平。总量水平如总产量、总产值，具体可以分为时点水平和时期水平。平均水平如亩产量、亩成本，反映社会经济现象的典型水平和集中趋势，在获得平均水平指标时，应注意资料的代表性和个体差异性。三是速度比较，指某一社会经济现象在两个不同时间发展水平的比较，以反映社会经济现象变化的相对程度。四是结构比较。合理的农业生产结构有利于自然资源和经济资源充分利用，获得最大的经济效果。五是效益比较。主要有经济效益、社会效益和生态效益，农业生产方案的实施要实现三个效益总体最大化。当三者矛盾时，一般要求在保证良好的社会效益、生态效益基础上实现最佳的经济效益。

例 6-2：新光农业技术实验站进行“垄三”栽培与常规栽培对比试验的技术经济数据如表 6-1 所示，这是一个运用平行比较法进行技术经济方案对比分析的典型案例。从表中可以看出：大豆生产采用“垄三”栽培这项技术措施明显优于采用常规技术。

表 6-1 新光农业技术实验站大豆“垄三”栽培与常规栽培技术对比试验经济效益分析表

方法＼指标	产品产量/(kg/亩)	产品收入/(元/亩)	物资费用/(元/亩)	人工费用/(元/亩)	生产成本/(元/亩)	纯收入/(元/亩)	产品成本/(元/kg)	每元投资效益/元
垄三栽培	174	180.96	47.17	42.55	89.72	91.24	0.52	3.84
常规栽培	137	142.48	41.46	34.10	75.546	66.92	0.55	3.44
增减率%	27.0	27.0	13.77	24.78	18.90	36.34	−5.45	11.63

在这里，亩产量是一个技术效果指标，反映的是两种不同种植方式的终极技术效果，“垄三”种植的亩产量比常规种植高 27%，说明垄三种植技术效果好，这项技术是先进适用的。由于亩产大幅度提高，虽然亩成本也增加，但是成本增加的幅度远远小于产量产值增加的幅度。由此产生了良好的经济效益，高投入带来了高产出和高效益。土地生产率提

高，亩纯收入增加了36%。单位产品成本降低，每千克大豆成本降低了5%，资金生产率提高，每元投资效益提高了12%。显然，“垄三”栽培技术优于常规栽培技术，具有推广应用价值。

6.4.3.2　试算分析法

试算分析法又称为预算分析法，是指在生产方案实施前，根据各种定额、技术参数或历史资料，对新方案的预期经济效益进行评估和分析，然后同标准方案进行比较，以评价新方案是否可行的分析方法。由于试算分析法是同标准方案比较，因此又称为标准比较法。

试算分析法主要应用领域为：新旧技术或方案之间的试算和比较、各项新技术或方案之间的试算和比较、各类投资方案的试算和比较以及各种生产结构调整方案的试算和比较等。

试算分析法的作用是：一般用于新方案经济效益的事前预测性分析和评价，通过估算使新技术和新方案的实施具有技术上和经济上的可行性；根据有关的技术参数、试验数据、历史资料对新方案的经济效益进行试算分析；通过新方案与标准方案的比较来分析新方案的可行性。

试算分析法的准确性主要取决于以下因素：试算项目的正确选定；生产因素的正确选择和分析；技术参数、试验参数、历史数据的审定和正确应用；计算方法的科学性和正确性；自然、技术和社会经济条件的正确分析。

试算分析法的步骤：第一，确定试算分析的目的、目标和范围。第二，确定标准方案或基础方案作为对比的基础。第三，收集、整理、审核、加工试算所需的数据资料。第四，对试算对象进行定性分析，确定能反映试算方案本质特征的经济效果指标。第五，确立计算指标的方法和公式，计算出反映经济效果的指标。第六，将试算结果和标准方案进行比较，作出评价和结论。

6.4.3.3　综合评价法

综合评价法是对不同农业技术方案或措施，采用多个指标通过“评分”进行综合评价和选优的一种数量分析方法，是用一个具体的数量分值对农业技术经济方案的各个评价指标进行量化，再进行综合评价的方法。综合评价法的特点在于定量分析与定性分析相结合。综合评价法的步骤：首先，选定评价指标。其次，确定各项指标的评分标准。评分等级一般采用五级评分，最好为5分，最差为1分。再次，确定各项指标的评分权重。权重一般采用百分数来表示，各指标的权重之和为1。最后，编制综合评分表，累加各方案总分，进行比较和选优，作出评价结论。在应用时，必须注意两点：一是慎重选择参加评分的指标；二是慎重确定各项指标的权重。

6.4.3.4　因素分析法

又称连锁替代法，它是通过对组成某一经济指标的各个因素所进行的分析，以确定其对该指标的影响程度。进行因素分析，首先要将各因素进行排序，在给定其他因素不变的情况下，逐一分析每一因素变化对总体的影响程度，接着采用逐个替代方法，直至将各因素都分析完毕，最后分析、比较各个因素，从中找出影响总体的主要因素、次要因素，为经济活动提供决策依据。因素分析法的计算程序如下。

(1) 确定经济指标对比差异，即确定分析对象。

(2) 根据影响经济指标的分析因素之间的内在联系，建立反映经济因素与经济指标之间的内在联系的评价模型。影响经济指标的各个因素之间的关系可以是相乘的关系，也可以是相除的关系。

(3) 以标准指标为计算基础，按因素顺序以实际指标的各个因素逐次替换标准指标的各个因素，有几个因素就替代几次，每次替换后的实际数就被保留下来，求出新组合后的经济指标，直到所有因素变为实际数为止。

(4) 将每次替换后所得的结果与前一次的计算结果相比较，两者之差即为某个因素的变动对经济指标差异的影响数。

(5) 综合各个因素影响数之和，即为该项经济指标的对比分析差异数。

例 6-3：某农场小麦的产量和收入计划与实际情况的差异如表 6-2 所示。根据这些资料，可以分析由于播种面积、单产和单价三个因素的变化，分别对总收入变化的影响程度。

表 6-2 某农场小麦播种、产量、价格、收入情况表

因素指标	单位	计划	实际	差异
播种面积	亩	2000	1800	−200
单位面积产量	kg	200	250	+50
小麦单价	元/kg	3.00	3.60	+0.60
总收入	万元	120	162	+42

解：由上表可知，小麦总收入超过计划 42 万元，这是由播种面积减少、单产增加和单价提高综合影响的结果。那么，这三个因素的影响程度各是多少呢？

根据因素分析法的要求，分析如下：

第一，确定影响总收入指标的三个构成因素，依各因素的依存关系，列出计算公式。

小麦总收入（N）、播种面积（A）、单产（B）、单价（C）之间的关系为：$N=A\times B\times C$

第二，将“A、B、C”三个因素的计划数值依次用实际数值替代，求出各个因素变动所得结果。可先假定“B、C”不变，测定“A”因素的变动对“N”的影响程度，再顺次替代，分别测定“B、C”因素变动对“N”的影响程度。

第三，求出替代后计算结果的差额，测定该实际因素变动对“N”的影响程度。

第四，算出“A、B、C”各因素的影响数值之和，求出“N”受“A、B、C”三因素影响的总和。

按上述步骤替代计算的结果如表 6-3 所示。

表 6-3 影响小麦生产总收入变动的因素分析表

计算项目 / 计算顺序	替换因素	影响因素			总收入/万元	与前一次计算的差异/万元	发生差异的原因
		播种面积/亩	单产/kg	单价/(元/kg)			
计划数		2000	200	3.00	120(计划)	—	
第一次替换	面积	1800	200	3.00	108	−12	播种面积减少
第二次替换	单产	1800	250	3.00	135	+27	单产增加
第三次替换	单价	1800	250	3.60	162(实际)	+27	单价增加
合计						+42	三种因素的影响

表 6-3 的数据说明，小麦生产总收入因播种面积减少而降低 12 万元，因单产增加和单价提高而各自增加 27 万元，三种因素综合作用的结果是小麦生产总收入增加 42 万元。需要注意的是，使用因素分析法要求保持严格的替换顺序，若替换顺序不同，得出的结果也不同。

单元小结

农村经济调查是在利用各种方法系统地、直接地收集有关农村经济现象和问题的经验材料的基础上，通过对资料的整理和综合分析来科学地阐明农村经济发展变化过程及其规律的认识活动。按调查目的可分为探测性调查、描述性调查、因果关系调查和预测性调查；按调查的对象特征可分为普遍调查、典型调查和抽样调查；按调查的范围可分为宏观经济调查和微观经济调查；按调查的连续性，可分为经常性调查、定期性调查和一次性调查。调查的主要内容包括农业生产调查和农村经济结构调查两个方面。调查程序包括相互联系的四个步骤：准备、调查、研究、总结与应用。

农村经济指标是指一些反映农村社会经济生活情况的名称或数值。按照指标所反映的农村经济现象不同，可以作如下分类：按照反映经济现象的范围，分为单项指标和综合指标；按照反映计划目标或实际情况，分为计划指标和统计指标；按照计量单位属性的不同，分为实物指标和价值指标；按照反映经济发展的规模或生产经济效益，分为数量指标和质量指标。数量指标一般用绝对数表示，质量指标一般用相对数或平均数表示；按照经济指标职能的不同，分为核算指标和考核指标。常用的农村经济指标有农村人口、农村劳动力、农业机械总动力、农林牧渔业总产值、主要农产品产量、农村物价总指数和农民收入分配指标。

农村经济调查的方法主要有问卷法、量表法、测验法、访问法和观察法。各种调查方法具体功能和用途不同，调查者要结合具体的调查目标、调查对象和调查条件进行选择性运用，可能应用其中一种方法，也可能将其中几种方法进行组合运用。

农村经济活动评价，又称为农村经济活动分析，是农村各经济部门或农业企业进行科学经营管理的一种重要方法，也是农村各经济部门或农业企业进行经济核算的一个重要组成部分。农村经济活动评价的内容包括：企业经营方针和经营决策、人员配备和劳动效率、资金占用及运用、生产耗费和成本升降、企业收入和经济效益等。农村经济活动评价的程序是：明确目的，拟定提纲；收集资料，掌握情况；对比分析，揭露矛盾；深入实际，查明原因；总结评价，提出建议。农村经济活动评价常用的具体方法有：比较分析法、试算分析法、综合评价法和因素分析法。

综合练习

（一）名词解释

农村经济调查　探测性调查　描述性调查　农村经济指标　问卷法　测验法　观察法　访问法　农村经济活动评价　对比分析法　因素分析法

（二）填空

1. 农村经济调查是在利用各种方法系统地、直接地收集有关（　　）和（　　）的经验材料的基础上，通过对资料的整理和综合分析来科学地阐明（　　）及其规律的认识活动。
2. 按农村经济调查目的可分为（　　）、（　　）、因果关系调查和（　　）。
3. 一项完整的农村经济调查过程包括相互联系的四个步骤，即（　　）、（　　）、（　　）和总结与应用。
4. 农村经济指标是指一些反映（　　）的名称或数值。
5. 问卷调查使用的问卷，按填写者不同分为（　　）和（　　）两种。

6. 生活消费支出是指农村住户用于（　　）和（　　）方面的支出。
7. 根据不同的调查对象，访问调查大体上可以分为三类：（　　）、（　　）和（　　）。
8. 农村经济活动评价是通过数量分析来反映（　　）或（　　）生产经营活动的实际情况。

（三）选择答案

1.（　　）是对某一问题发展状况的调查，旨在说明"什么"、"何时"、"如何"等问题，并找出事物发展过程中的关联因素。
A. 探测性调查　B. 描述性调查　C. 因果关系调查　D. 预测性调查
2.（　　）是农村经济调查的决策阶段和打基础阶段。
A. 调查阶段　B. 研究阶段　C. 准备阶段　D. 总结与应用阶段
3. 农村劳动力是指农村人口中（　　）岁以上实际参加生产经济活动并取得实物或货币收入的人员。
A. 15岁　B. 16岁　C. 18岁　D. 20岁
4. 按照农村经济指标反映农村经济现象的范围，可分为（　　）。
A. 单项指标和综合指标　B. 计划指标和统计指标
C. 实物指标和价值指标　D. 数量指标和质量指标
5. 根据传递形式的不同，问卷可分为（　　）。
A. 访问调查问卷和座谈会调查问卷　B. 自填式问卷和代填式问卷
C. 开放式问卷和封闭式问卷　D. 邮寄问卷和送发问卷
6. 某调查问卷的问题："您至今未买电脑的原因是什么？设计的答案是：(1) 买不起，(2) 没有用，(3) 不懂，(4) 软件少。"这个问卷设计犯了（　　）方面的错误。
A. 不易回答　B. 措辞不准确　C. 措辞复杂
D. 缺乏艺术性，引起被调查者的反感
7. 将受访者集中在调查现场，请他们对调查主题发表意见以获取信息的调查方法是（　　）。
A. 观察法　B. 深度访问　C. 座谈会　D. 实验法
8. 电话调查是一种非常省力、省时的直接调查方法，但它的问题是（　　）。
A. 代表性差　B. 访问量少　C. 费用太大　D. 沟通不畅

（四）判断正误

1. 研究阶段是农村经济调查工作中，所投入的人力最多，遇到的实际问题也最多的阶段。（　　）
2. 描述性调查就是对农村经济发展中变量的未来发展变化情况所作的调查和分析。（　　）
3. 农村经济调查的观察法就是对被调查者行为的观察。（　　）
4. 在农村经济调查活动中，获取足够的信息资料是实现调查目的的目标。（　　）
5. 农村经济调查方法应用是否得当，并不能决定整个调查工作的成败。（　　）
6. 进行农村经济方案的对比分析，要注意分析指标的可比性。（　　）

（五）回答问题

1. 拟定一份利用假期时间进行农村经济调查的调查提纲，字数在1000字左右。
2. 通过农村居民入户调查，甲、乙两个粮食生产专业户四种作物播种面积和产量情况如下表所示，试用比较分析法说明两个农户种植四种农作物生产结果的优劣，并说明其原因。

作物	甲农户			乙农户		
	面积/亩	亩产/kg	总产/kg	面积/亩	亩产/kg	总产/kg
水稻	10	500	5000	20	450	9000
玉米	20	300	6000	20	260	5200
小麦	20	200	4000	10	180	1800
总计	50	300	15000	50	320	16000

3. 根据调查，某个农户水稻总产值2010年比2005年增加9192元，产值增加的原因有：扩大播种面积、提

高单产和价格提高，其具体情况如下表所示。请根据所学方法试分析上述三种原因对总收入产生的影响作用。

年份	播种面积/亩	亩产量/kg	水稻价格/(元/kg)	总产值/元
2005年	18	450	2.80	22680
2010年	20	498	3.20	31872
2010年比2005年增加	2	48	0.40	9192

（六）复习思考题

1. 简述农村经济调查的程序。
2. 请列举几种常用的观察法，并进行简要分析。
3. 试分析如何成功举办座谈会调查。
4. 简述农民收入的主要构成。
5. 农村经济活动的评价步骤有哪些？
6. 简述比较分析法的应用要求。

第7单元　农村经济预测与决策

【教学目标】通过本单元的学习，掌握农村经济信息、预测和决策的基本知识和方法，学会农村经济预测与决策的基本技能，能够运用所学知识和技能进行农村经济决策方案的制定和评估。

[案例7-1] 春季大旱对粮价波动的预测与对策

2009年新春伊始，我国各级政府都高调号召和组织抗旱，而一些小麦经营者却在算另外一笔账。山东省潍坊市一位小麦收购商根据多年的经验推断："如果清明前还是这种干旱天气，农民的收成要大受影响，小麦夏天要涨价，城里的面粉也要涨价。"在商言商。由北方地区50年一遇的大旱，联想到小麦和面粉可能出现的涨价，是再正常不过的事情了。其实这也是在提醒有关主管部门，大旱之年，需要提防粮价出现大的波动。事实上，北方地区的这场大旱，多多少少影响到了粮食市场。

据《成都商报》2009年2月6日报道，远离北方旱区的成都，有的面粉经营老板忧心忡忡，成都八里庄粮食批发市场多位面粉经销商称，预计到6月份大旱的影响将更加明显。成都粮食批发市场的情况还只是问题的端倪。如果北方干旱天气继续下去，对粮食供求造成大的影响，尚有一段时间的滞后性。当然，从全国范围来看，目前粮食总量是足够且供应充足的，人们完全不必过于担忧。但是，粮食作为人民生活最重要的必需品，生产与销售有其非常特殊的一面。可以预料的是，在今年北方严重大面积旱灾的背景下，一方面，种小麦生产成本会上升，并将转移到粮价上；另一方面，农民惜售粮食的现象会出现。两种因素影响的结果，必然会加重社会紧张心理。而一些粮食流通企业为了从中渔利，也会人为地提高粮价，助长"买涨不买落"的消费心理，并由此可能造成粮价出现大的波动，并传导到肉类、饮食和粮食加工产品等，使物价承受上行压力。

然而老天爷的喜怒哀乐不是人们能够完全预测的，2009年夏粮和秋粮上市时，没有出现春天时人们所预料的那种结果。但粮食是人民的生活必需品，丰收与歉收都具有重要的国计民生意义，做好应急预案绝非等闲之事。一般而言，国有粮库都有应付半年需求的粮食库存。有了这样充足的粮食储备，心中自然不用慌。古语说，凡事预则立，不预则废。在罕见的大旱之年，尤其要提防"蝴蝶效应"的出现，在应急机制上早做防备还是必要的。既要保证粮食供求基本平衡，也要充分利用集中拍卖国储小麦等手段，发挥调控功能，平抑市场价格，严防大旱之年引发粮食供应风波。

7.1　农村经济信息与运用

7.1.1　农村经济信息的功能

7.1.1.1　农村经济信息的概念

农村经济信息是指反映农村经济活动特征及发展变化情况的各种消息、情报、资料和数据等的总称。人们从事各种生产经济活动，总是不断地产生着经济信息，并通过这些信息的接收、传递与处理，反映和沟通各方面的经济情况及其发展变化趋势。应该说，农村经济信息存在于农村经济活动的全过程中。

7.1.1.2　农村经济信息的功能

(1) 目标导向功能。随着生产力的不断提高和科学技术的迅速发展，作为农村经济管理神经系统的经济信息，其作用日益凸显，越来越成为现代农村经济管理的基础。经济管理目标，是所有经济管理行为所要达到的预期目标，既是经济管理的出发点，又是经济管理的方向和指南。但无论何种经济管理目标，都必须充分地收集、分析、利用各种相关信息，以求制定出最优目标，农村经济管理也不例外。在现代市场经济条件下，要进行正确的农村经济活动，必须同时具备人力、物力、财力、信息四个基本要素。只有获得全面、准确、可靠的经济信息，并依靠这些经济信息对农村经济管理活动进行科学有效的管理，才能促使农村经济活动的正常运行，提高人、财、物流通的合理性和有效性，实现农村经济管理目标。

(2) 效益保证功能。农村经济信息是农村经济活动决策的基础，相应的，其决策方案也正是农村经济信息综合处理的结果。正确的决策取决于多种因素，但其中最重要的因素就是全面、及时、准确地掌握客观实际的信息。对于农村经济活动亦如此，没有好的经济信息作为农村经济活动决策的依据，其决策必然失误；同时，农村经济信息的反馈过程也是农村经济活动决策进行不断修正、不断调整的主要依据，以及判断、检验其决策方案是否正确、是否科学的主要尺度。目前，我国农村经济发展中矛盾的热点就是经济活动的效益差，为了使农村经济活动真正转到以提高经济效益为中心的轨道上来，必须要有正确的决策。为了提高决策的科学性，就需要采用各种先进手段，广泛收集有关的经济信息，进行大量的调查工作。只有通过一系列科学的步骤和方法，制定出科学的经济决策，并在实施过程中不断加以完善，保证经济决策目标的实现，才能获得最佳的经济效益。

[案例 7-2] 市场行情是企业经营的风向标

金风农用产品公司的新产品打入市场后，立刻迎来一片“顶呱呱”的叫好声。这时，一个下属向老总真诚地提议道：“在目前效益良好的基础上，我们是不是对信息通信多投资，以便更快地获得更多更新的市场信息，保持我们良好的发展势头。”而正为在产品市场上实现开门红而洋洋得意的老总却不屑地说：“那么多的报纸、杂志，还有电视、广播等信息渠道，足以满足我们对信息的需求了。现在市场需求那么火爆，而我们的资金却有限，将有限的资金投资于生产才是真正重要的事。”因此该公司的信息设备依然保持着陈旧、落后的状态。不久，市场突然转向，该公司却因对信息掌握得不及时，对市场变动反应滞后，而走上了下坡路。在当今这个信息爆炸的时代，企业经营者如果只注重生产设备的投资，而忽视对信息设备的投资，甚至置之不理，则早晚是要吃亏的。投资者要避免这种失败，就必须时刻注意市场动向，根据市场情况随时调整自己的经营方针。重视信息工作对投资预测和决策的基础作用，进行合理而必要的投资，是一个明智的企业领导应该做好的事情。

(3) 系统协调功能。农村经济信息既是投入要素，又能产出结果，参与投入和产出的全过程，贯穿于农村经济管理活动的各个环节。在农村经济管理活动中所涉及的物力、人力、财力，无不是由经济信息在控制、指挥和协调三者之间的数量、方向和规模。一旦出现信息的堵塞、中断或是异常突发现象的发生，都会造成人力、物力和财力的紊乱，造成农村经济活动的破坏。农村经济系统是一个复杂的、庞大的，存在着多层次、多环节的管理系统，不仅包括众多的部门和行业，而且还包括大大小小的各种经济形态的农业企业。为使各管理层次、经济环节的经济活动能够正常进行、相互衔接，沟通联系，形成有组织的活动，就必须通过农村经济信息这一桥梁，实现各方面的联系，以便在统一指挥下，把各方面经济活动协调在农村经济系统的整体之中，从而成为完整的、有组织的活动，确保对农村经济活动的有效管理，发挥总体功能。

7.1.2 农村经济信息的构成要素

7.1.2.1 农村经济信息的构成要素

(1) 语言。农村经济信息由各种人们能够传递和运用的语言所构成。不同的信息语言具有不同的信息符号和编码方式，从而决定了信息的传递和处理有不同的工作程序和方式。比如农村会计信息语言有基本的记账符号、记账规则、记账方法、账目平衡关系等。再比如农村市场信息语言主要有价格、供求关系、商品质量和销售量等。随着农村各业生产经营管理工作现代化水平的提高，电子计算机应用的范围日益广泛，掌握各种计算机语言和操作程序，并将计算机的语言编码程序和规则与农村经济信息处理过程相结合，是提高农村经济信息传递和处理质量与效率的重要手段，已经为人们所重视，并付诸实践。农村电子信息网络的建设对于促进农村经济管理现代化建设具有重要的作用，经济管理工作者学会运用现代化信息处理手段进行信息管理工作已经成为适应客观形势发展的需要。

(2) 传递。农村经济信息在人们的经济活动中产生，并应用于农村商品经济发展和农民家庭经营过程中才能实现其自身的价值，这是由经济信息的社会性所决定的。因此，信息价值的大小取决于经济信息可传递功能的大小。社会价值越大的经济信息可传递的范围应该越大，比如党和国家在农村中的方针、政策、路线、法律、法令和法规等。一般来说，有些经济信息只对个别企业或单位有重要的使用价值，传递范围就要小一些。比如一些重要的技术经济情报，对某个企业的经营活动具有专门的利益，信息的收集和运用者就要严格限定信息传递和使用的范围。

[案例 7-3] 韩家墅市场被列为农业部农产品信息采集点

2009 年 7 月份，天津市韩家墅农产品批发市场于实时价格滚动显示屏开启使用，来往市场的市民和商户们不出市场就可以了解到全国各大市场的蔬菜、水果交易价格，及时掌握当前信息。在韩家墅农产品批发市场管委会大楼上，一块硕大的屏幕十分引人注目，上面滚动显示的是该市场以及本市和全国各大农产品批发市场蔬菜和水果的实时交易价格。市场工作人员每天下午四点到五点采集菜价，经汇总再由专门负责人录入显示系统。系统目前不仅显示本市场菜价，还拥有全国 30 多个指定市场价格，所有数据均采自农业部。该市场不断加强信息化建设，在实现市场摄像头全方位监控的同时，开发并应用了全国大型农产品市场价格采集系统，为商户和市民提供了便利。

(3) 物质载体。农村经济信息的内容必须借助于某种物质载体才能存在和传播。农村经济信息的物质载体通常有语言、文字、声波、光波等。随着现代科学技术水平的提高，农村经济信息传递、运用和存贮的物质载体也日益多样化和现代化，国际互联网、报纸、广播、电视、杂志、书籍和磁带、磁盘等信息载体形式已经为人们所广泛采用。

(4) 反馈。农村经济信息是进行农村经济管理工作的依据和手段，能够进行跟踪和反馈，是经济信息必备的功能之一。要对农村经济工作进行有效的控制，就必须制定科学的管理目标，对目标的实施制订出科学的工作计划，对整个计划实施过程进行跟踪控制，随时发现偏差，并采取措施加以纠正和解决，这一切离开对经济信息的运用也就无从谈起。

(5) 人的特定需要。农村经济信息的收集、传递、处理和运用的目的是满足农村经济管理工作的某种需要。由农村经济工作的特点所决定，不同的时间、地点、环境、工作内容决定了经济信息在语言编码方式和程序、传递的范围和方式等方面都有所不同；同时经济信息的时效性不同，信息存贮和检索的方式和方法也存在着差异。不同的管理工作对信息的运用要求因时、因地、因人、因事而不同。因此，无法满足人们需要的经济信息是没有价值的信息，这种信息的收集和处理是无效的劳动，还可能对经济管理工作造成负面的影响。

7.1.2.2　农村经济信息的特征

(1) 综合性。农村经济信息产生于农村经济活动过程中，反映农村经济过程和特征，为人们总结过去的生产经营经验和预测未来服务。农村经济信息的社会性体现在四个方面：首先在于经济信息产生的社会性。农村经济发展变化过程及其特征必然要通过会计、统计、业务以及农村经济调查的各种资料反映出来，至于其质量和价值的高低取决于信息收集和运用者的分析运用能力和水平。其次是经济信息反映内容的社会性。农村经济信息是农村资源配置和利用状况的反映，是农村经济活动过程的反映，是农民与农民之间、农村社会经济组织之间、各级政府部门和农民之间经济关系的反映，因此离开了社会，农村经济信息的经济和社会价值就不复存在。再次是经济信息传递运用的社会性。农村经济信息产生于农村社会经济活动过程，反映农村经济活动，必然在农村社会中进行传递运用才能充分发挥作用。最后是经济信息作用范围的社会性，农村经济信息中如党和国家在农村中的方针政策、各种经济法规以及各种市场价格信息等都对农村商品经济的发展具有重要的影响作用。同时农村经济信息又具有综合性的特点，这是由农村产业内容的综合性和社会经济结构的多元性所决定的。另外，经济信息的收集和运用要受到多种不确定因素的综合影响和制约，因此对经济信息的分析运用水平的高低决定着信息价值的高低。

(2) 有效性。农村经济信息只有能够正确地反映农村经济活动的实际情况，为农民从事农业生产经营活动提供帮助，才能为广大农民和社会经济组织所接受和运用。农村经济信息的有效性主要体现在两个方面：一是农村经济信息要能够准确反映农村商品供求状况，通过这些信息为广大农民群众搞好生产经营活动提供帮助；二是通过党和国家的方针政策、路线和农民群众之间的意见与要求互相交流，沟通国家和农民，农村各级政府及农村经济组织和农民之间的经济联系，为发展农村商品经济协调好各方面的社会经济关系。

(3) 系列性。农村经济是一个有机的整体，具有产业结构综合化、经济形式结构多元化、经济区域差异性等特点，农村经济的各方面状况必须通过一个有机的信息收集和处理系统才能准确和科学地加以反映。另外农村经济发展是一个动态的过程，运用动态的信息收集、整理、分析、处理系统对各种信息进行加工、处理和贮存也是农村经济信息管理工作的重要任务。

(4) 服务性。农村经济信息作为一种重要的社会经济资源，在农村经济发展和农民的经营活动过程中发挥着越来越重要的作用。收集、运用和掌握各种经济信息服务于农村经济和农业生产经营活动，已成为全社会的共识。为广大农民提供各种信息咨询服务是农村社会化服务的重要内容，能否通过市场信息的运用和传播把广大农民的生产经营过程和国际、国内市场联结起来，是农村社区性经济组织和专业性合作经济组织能否受到农民欢迎的重要条件。

[案例 7-4] 当年的“倒爷儿”发财和现代的网络营销致富

20 世纪 80 年代以后我国进行改革开放，实行以经济建设为中心的基本国策，国民经济逐渐告别了产品供给相对紧缺状态，开始出现了由于商品需求时空差异、需求弹性差异等原因可以通过物资供求时空调整而赚取买卖差价的致富商机。这时，在我国各地开始出现大量因各种原因“下海”经商的“倒爷儿”，率先通过商品转手买卖致富。通观“倒爷儿”们发财的路程，既有市场投机经营的成分，也有艰苦劳动取得的结果。当年做倒卖商品生意的部分人后来成了巨富。虽然这些人在商海中的经营方式并不十分美观，有些做法也不符合现代市场运行规则，但这些“毛毛虫”经过“蛹化蝴蝶”的过程，为在个体经营者队伍中产生“中产阶级”阶层初步完成了原始积累的任务。在今天，人们要实现商品买卖途径致富，再走“倒爷儿”们曾经走过的路，成功的可能性比当初要小得多，甚至有些路径可能不复存在。社会的进步、时代的发展总给人们不同的致富商机。世界在进入知识经济时代后，电子信息技术的发展，为物流、商流和信息流的高度融通提供了现代交易技术条件和手段，利用网络营销方式进行创业致富，已经成为现代商人走入世界市场的重要途径。所不同的是，当年“倒爷儿”通过传统方式获得商品买卖时空差异信息，而现代商人和农民可以直接通过现代信息高速公路走入国内和国际市场。

7.1.3 农村经济信息运用的原则与程序

7.1.3.1 农村经济信息运用的基本原则

（1）计划性原则。计划性是指农村经济信息的运用一定要有计划、有目的地进行。计划的内容主要包括农村经济信息运用的目的、具体方法、任务分配、具体负责人、完成的时间等。

（2）时效性原则。信息是一种具有很强时效性的资源，这种特性要求农村经济信息运用一定要在最短的时间内完成，这样既可以使农村经济信息发挥最大的使用价值，也可以使农村经济信息的生产成本最小、信息利用的经济效益最大。

（3）实用性原则。实用性是指农村经济信息运用的内容一定要具有使用价值，只有有用的信息才有必要投入一定的人力、物力和财力，从而进行分析、计算、比较和研究。

（4）准确性原则。准确性是指农村经济信息运用过程中，一定要认真负责，做到准确无误；否则，即使耗费了大量的人、财、物，最终得到的信息也只是虚假无用的资源。

7.1.3.2 农村经济信息运用的基本程序

（1）制订计划。制订计划是指在农村经济信息运用之前制订详细的计划。即要明确目的是什么？需要运用的农村经济信息的内容有哪些？需要多少人手？需要多长时间去完成等。

（2）收集资料。计划制订好以后，就要着手收集所需要的有关农村经济信息资料。在收集农村经济信息资料的时候要做到知己知彼。例如，农村各经济部门或乡镇企业要做到知己，就必须掌握本部门或本企业的技术资源、生产活动的信息资源、物质资产、人员资产、财务信息等方面的信息资料；要做到知彼，就必须掌握经济发展动向、分析竞争对手的实力、对所处的环境信息也应掌握。要采用一定的信息收集方法，尽可能将所需要的信息资料收集齐全，避免因信息运用不当而造成的经济损失。

（3）分析研究。信息资料齐备后，要采用一定的信息运用方法，对已有的经济信息资料进行分析和研究，以得出相应的结论。例如，乡镇企业在生产经营过程中所处理的订单，依据客户的要求可能超过了企业的正常生产能力，但通过研究企业自身的信息资源理解到企业目前的半成品库存信息和各车间生产状况的信息，通过分析，若能得出这样的结论，即只要认真组织生产，达到客户订单的生产水平并无困难，那么这个订单完全可以承接。由上可知，对农村经济信息的分析与研究这一环节在整个农村经济信息运用的程序中占有极为重要的地位，因此，也是农村各经济部门或乡镇企业在经济信息运用过程中必须高度重视的环节。

（4）修正补充。在运用农村经济信息的过程中，还会发现一些预计外的问题，需要进一步收集相关信息资料；或者发现有些信息的可信度较低，需要进一步修正。这样，就需要一边运用这些经济信息，一边收集资料，一边修正补充，以求所得信息具有最大的使用价值，运用相关经济信息后所作出的决策正确无误。

7.1.4　农村经济信息管理的概念与基本措施

7.1.4.1　农村经济信息管理的概念

农村经济信息管理是指人们为了实现确定的农村经济目标，对经济信息进行的收集、整理、加工、存储、传播和利用的过程，也是人们对整个农村经济信息活动过程进行整体的战略规划，对经济信息活动中的要素（包括信息、人员和技术设施等）进行计划、组织、领导、决策与控制，以实现各种资源广泛共享、合理配置，满足对经济信息不同需求的全部过程。农村经济信息管理的目标是最大限度地发挥农村经济信息资源的作用，最大程度地满足农村社会经济的各种信息需求，有效地解决信息无序化与需求的特定性（特定的人对特定的时间、特定的地点、特定的信息内容）之间产生的矛盾。随着人们对经济信息需求与经济信息作用认识的不断加深，逐渐认识到经济信息不仅仅是一种资源，还能转变为知识，成为社会财富。实际上，农村经济信息发挥效用的过程也即农村经济信息的应用过程和农村信息管理的过程。

7.1.4.2　农村经济信息管理的基本措施

（1）农村经济信息的收集。农村经济信息是客观存在的，凡是有农村经济活动的地方，就必然会产生农村经济信息。要把大量农村经济信息变成处理对象，让它服务于农村经济管理工作，就必须经过经济工作者有意识的收集，并用文字、数据、符号记载下来，使信息处理具有物质对象。而且这种收集还贯穿于农村经济信息处理全过程，不断收集使农村经济信息得以完整，才能客观地反映出农村经济运动的不断变化。收集农村经济信息必须有这样一些基本要求：第一，收集的经济信息必须全面、真实可靠。第二，收集的经济信息必须含量大、价值高，有系统性。第三，收集的重点应当在系统外部环境，收集者要有极大的主动性。

（2）农村经济信息的加工。这个过程是指将收集到的农村经济信息按一定方法进行分类、判断，使之成为一份真实准确的信息资料。任何农村经济信息都必须进行加工，因为无论是通过农村经济活动调查还是查阅文献所获取的信息，都处在一种原始的、凌乱的、无序和彼此无联系的状态，必须经过加工使之有序化、系统化；同时，这个过程也是一个去粗取精、去伪存真的过程，可以提高信息的真实度和可信度，还可压缩多余信息，补充不足信息。在此基础上，可以产生新的更有价值的信息，因为经过一系列分析研究，可以产生出有价值的结论。

（3）农村经济信息的传递。经济信息只有经过传递，才能实现它的价值，成为决策的依据、控制的基础、组织的手段、指挥的工具；同时经济信息的传递还是经济活动赖以正常进行的前提条件。任何经济活动总是在一定条件和一定环境中进行，活动本身具有连续性，而且和外界保持着联系，必须在交换物质的同时不断进行信息交换。要使各个企业、各个部门与社会形成有机统一体，能够按比例协调发展，这种纽带联系作用只能用信息来维系。

（4）农村经济信息的处理。现代农村需要建立一个系统、高效的管理系统，目的是如何处理经济信息，从而为经济服务。由于现代化生产中，经济信息数量剧增，经济工作者对经济信息的需求量也显著增加，且管理者与信息提供者，使用者以及信息发生源之间关系错综复杂，因而不能保证经济信息的及时性和准确性，降低了经济信息的使用价值。建立信息管理系统就可以把来自各种信息源的经济信息加以收集，进行有组织、有系统的处理，向不同类型的管理机构或管理人员提供他们所需的经济信息。

（5）农村经济信息的反馈。经济信息的反馈，是指信息的接收方把接收和运用信息以后发生的情况，以信息传递的方式回输给发出方，并影响发出方下一个信息信号发出的行为过程。信息反馈能够及时地发现决策和计划在执行中的偏差，以便及时采取措施进行纠偏，有效地调节和控制经济活动的正常进行。

7.2 农村经济预测

7.2.1 农村经济预测的种类与内容

7.2.1.1 农村经济预测的概念

农村经济预测，是指以准确的调查统计资料和经济信息为依据，从经济现象的历史、现状和规律性出发，运用科学的方法，对经济现象未来发展前景的测定。农村经济预测是经济决策科学化的工具，是编制计划、预见计划执行情况、加强计划指导的依据，也是农村各经济管理部门或农业企业改善经营管理的有效手段之一。

7.2.1.2 农村经济预测的种类

(1) 按预测涉及的范围不同，可分为宏观经济预测和微观经济预测。宏观经济预测，是以整个社会经济发展的总图景作为考察对象，研究经济发展中各项有关指标之间的联系和发展变化。如对全国或某个地区社会再生产各环节的发展速度、规模和结构的预测。宏观经济预测是政府制定方针政策，编制和检查计划，调整经济结构的重要依据。微观经济预测，是以个别经济单位生产经营发展的前景作为考察对象，研究微观经济中各项有关指标之间的联系和发展变化。如对工农业企业所生产的具体商品的生产量、需求量和市场占有率的预测等。微观经济预测，是企业制定经济决策，编制和检查经营计划的依据。

(2) 按预测的时间长短不同，可分为长期经济预测、中期经济预测、短期经济预测和近期经济预测。长期经济预测，是指对5年以上经济发展前景的预测。它是制订农村经济和企业生产经营发展的十年计划、远景计划，规定经济长期发展任务的依据。中期经济预测，是指对1年以上5年以下经济发展前景的预测。它是制订农村经济和企业生产经营发展的五年计划，规定经济5年发展任务的依据。短期经济预测，是指对3个月以上1年以下经济发展前景的预测。它是制订企业生产经营发展年度计划、季度计划，明确规定经济短期发展具体任务的依据。近期经济预测，是指对3个月以下企业生产经营发展的预测，明确规定近期经济活动具体任务的依据。

(3) 按预测方法的性质不同，可分为定性经济预测和定量经济预测。定性经济预测，是指预测者通过调查研究，了解实际情况，凭自己的实践经验和理论、业务水平，对经济现象发展前景的性质、方向和程度作出判断进行预测的方法，也称为判断预测或调研预测。定性经济预测的准确程度，主要取决于预测者的经验、理论、业务水平以及掌握的情况和分析判断能力。定量经济预测，是指根据准确、及时、系统、全面的调查统计资料和经济信息，运用统计方法和数学模型，对经济现象未来发展的规模、水平、速度和比例关系的测定。由于定量预测和统计资料、统计方法有密切关系，所以也称为统计预测。它包括时间序列预测和因果预测等。

(4) 按预测的时态不同，可分为静态经济预测和动态经济预测。静态经济预测，是指不包含时间变动因素，对同一时期经济现象因果关系的预测。动态经济预测，是指包含时间变动因素，根据经济现象发展的历史和现状，对其未来发展前景的预测。

[案例7-5] 准确的市场预测是投资决策的基础

一家乡镇企业经过严格调查、慎重考虑，终于选准了棉花加工这一投资项目，踌躇满志地着手兴建。一切工作都按计划进展得十分顺利，但项目进行到后期，却遭遇国家对纺织业的结构进行调整（压锭），棉纺市场一时趋于疲软。该厂领导因此惊慌失措，就像抱着一个定时炸弹，一心急于脱手。谁知当他们刚刚以低价将该项目转手后，戏剧性的一幕出现了：随着国家对纺织业结构调整的步伐迈向深入，棉纺织市场发生了强烈的反弹，接手该项目的投资者迅速将项目完工，因此大赚了一笔。面对瞬息万变的市场，投资者必须保持良好的心态，冷静分析变化是长期的，还是暂时的；是政策性的，还是市场性的。惊慌失措只能导致决策失误，决策失误又必然导致投资失败。投资者在决定开始一个项目时，就应该对市场和政策的各种变化作出预测，并有针对性地应变。

7.2.1.3　农村经济预测的内容

（1）生产和资源预测。即对各类农产品的生产能力、生产技术、生产布局、生产发展前景以及自然资源、能源、交通运输的保证程度或利用情况和发展变化趋势的预测。

（2）市场预测。是对各类农产品销售趋势的预测，包括市场需求及其结构变化趋势预测，农产品供给总量及其结构变化趋势预测，价格变动趋势包括各种产品比价与差价结构，调控市场价格能力与效果预测，市场竞争能力预测等。

（3）科技发展和新产品开发预测。对科技发展的趋势、方向，可能出现哪些成果及可能开发出哪些新产品及其推广范围和应用效果的预测。

（4）竞争态势预测。农业企业要在竞争中永远立于不败之地，就要对国内外同行业及同类产品竞争的态势进行预测，以便掌握竞争的形势，采取应变措施，在竞争中战胜对手，不断发展壮大自己。

（5）经济效果预测。即对农业企业总收入和构成、成本、劳动生产率、人均收入水平、总收入、利润增长趋势和影响因素的预测。

[案例7-6] 根据预测分析提出改善经营管理的方案

在近年来，红星农机厂经营利润始终未能随着企业生产规模扩张而有所增长，几乎处于停滞状态。经过调查分析，该企业存在经营管理能力不足、资金周转不畅等一系列问题，体现在六个方面：一是企业在成本分析、预算管理、现金计划与现金流及项目可行性分析与立项方面需要加强管理与改善；二是成本核算体系不够细化，没有与其他职能部门，尤其是销售部门和采购部门进行有效沟通，库存大量积压形成资金占用，降低了资金周转率；三是预算管理制度没有充分健全，临时费用发生情况较多，特别是由于临时安排生产引起的采购，造成大量资金的临时调用；四是缺乏科学规范的现金流管理、预测及分析机制和体系，从而造成企业经营风险加大，生产成本上升；五是在项目投资方面，没有建立系统的项目可行性分析，同时在进行项目投资前也没有充分预见到投资回报周期及回报率；六是企业管理费用开支浪费严重，冗员较多，相当一部分管理人员存在隐性失业状态（上班时间感觉找不到应做的工作）。

7.2.2　农村经济预测的程序

农村经济预测的程序就是开展预测工作的步骤，它是提高农村经济预测工作的效率和质量的重要保证。农村经济预测的程序如图7-1所示。

7.2.2.1　确定预测目标

由于预测的目标、对象、期限、精度、成本和技术力量等不同，预测所采用的方法、资料数据收集也有所不同。明确预测的具体目标，是为了抓住重点，避免盲目性，提高预测工

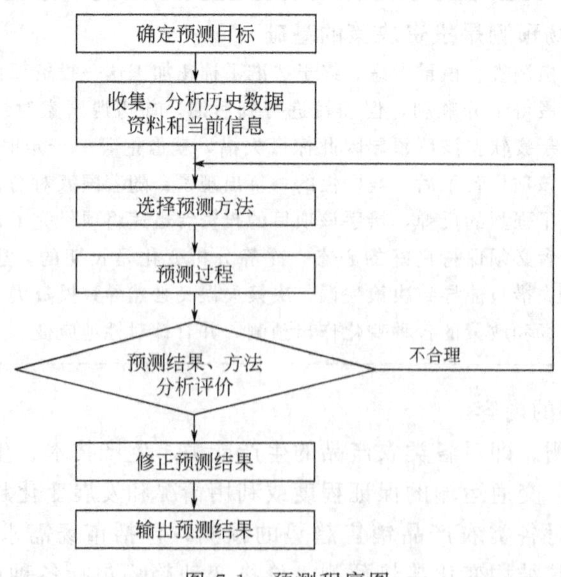

图 7-1 预测程序图

作的效率。例如，预测某种农产品的需求量，就是一个具体的预测目标。确定了这个目标之后，才能为收集商情资料，选择预测方案、配备技术力量和预算所需费用指明方向。只有根据农村经济活动的需要，制订预测工作计划，编造预算，调配力量，组织实施，才能以较少费用，取得满意的预测结果。

7.2.2.2 收集资料

资料是预测的依据，有了充分的资料，才能为农村经济预测提供可靠的数据。收集有关资料是进行农村经济预测重要的基础工作，如果某些预测方法所需的资料无法收集或收集的成本过高，即便有理想的预测方法也无法应用。广泛收集影响预测对象的一切资料，注意资料的真实性和可靠性，剔除偶然性因素造成的不正常情况，是运用定量预测模型的基础条件。

7.2.2.3 选择预测方法与建立预测模型

农村经济预测的方法很多，但并不是每个预测方法都适合所有被预测的问题。预测方法选用是否得当，将直接影响预测的精确性和可靠性。根据预测的目的、费用、时间、设备和人员等条件选择合适的方法，是预测成功的关键。对同一个预测目标，一般应同时采用两种以上的预测方法，以资比较和鉴别预测结果的可信度。定量预测模型应该在满足预测要求的前提下，尽量简单、方便和实用。

7.2.2.4 分析预测误差

预测是对未来的估计和推测，很难与实际情况百分之百吻合。预测模型又是简化了的数学模型，不可能包罗影响预测对象的所有因素，出现误差是不可避免的。产生误差的原因，一种可能是收集的资料有遗漏和篡改或预测方法有缺陷；另一种可能是工作中的处理方法失当，受到工作人员的偏好影响等。因此，每次预测实施后，都要利用数学模型计算的理论预测值，与过去同期实际观察值相比较，计算出预测误差，估计其可信度；同时，还要分析各种数学模型所产生误差的大小，以便对各种预测模型作出改进或取舍。误差分析往往与选择预测方法结合进行。

7.2.2.5 编写预测报告

预测报告是对农村经济预测工作的总结，也是向使用者作出的汇报。预测结果出来之后，要及时编写预测报告。报告的内容，除了应列出预测结果外，一般还应包括资料的收集与处理过程、选用的预测模型及对预测模型的检验、对预测结果的评价（包括修正预测结果的理由和修正的方法），以及其他需要说明的问题等。预测报告的表述，应尽可能利用统计图表及数据，做到形象直观、准确可靠。

7.2.3　农村经济预测的方法

7.2.3.1　定性预测

定性预测主要依靠预测者的知识、经验，以及对事物的性质、特点、历史延续状况的综合分析为依据，进行非数量化分析，并据以判断事物未来的发展趋势和发展方向的预测方法。其特点是预测时间短，节省费用，简便易行，实用性强，但预测结果不准确，可靠性程度差。定性预测的常用方法有以下几种。

（1）用户调查法。这种方法是预测者直接向用户了解预测期需要购买的农产品品种和数量，同时调查用户意见。这种方法的优点是，预测结果接近实际；缺点是，所需调查人员和费用较多，时间较长。如某奶粉公司主要供应几家大的供应站，如果要预测下一年度的销售量，则可以派人、去函、打电话、发电报、发传真、计算机网络了解这些批发站下一年度的奶粉需要量，然后将各种数据汇总，就成为下一年的奶粉销售预测值。

（2）专家会议法。这种方法是指依靠一定数量的专家，通过信息交流取得预测结论的一种方法。该方法的优点是，注意发挥专家构成的集团效应，通过专家的信息交流，促进创造性思维的发挥，从而得到富有成效的创造性成果，为科学的预测提供依据。该方法的缺点是，由于面对面的讨论与交换意见，往往受权威人士意见左右，有时受心理因素的影响也较大。

（3）头脑风暴法。头脑风暴法可分直接头脑风暴法和质疑头脑风暴法。直接头脑风暴法是按照一定的规则，由专家共同讨论问题，通过创造性思维活动实现预测；质疑头脑风暴法是针对某项预测问题，除了运用直接头脑风暴法外，还同时召开另一个专家会议，对当前一个会议提出的设想进行质疑。运用头脑风暴法应遵循几个基本原则：①限制预测对象的范围，使专家注意力集中；②认真对待和研究提出的任何一种设想；③让专家充分发表自己的意见，并鼓励对自己的意见进行补充和改进；④发言要简明扼要；⑤不能事先准备好发言稿；⑥专家会议10～15人为宜；⑦会议20～60分钟为宜。

（4）德尔菲法。德尔菲法是为避免专家会议法之不足而采用的预测方法。这种方法的应用始于美国兰德公司，在国外颇为流行。具体做法是，各专家不通过会议形式交换意见和进行讨论，而是在互相保密的情况下，用书面形式独立地回答预测者提出的问题，并反复多次修改各自的意见，最后由预测者综合确定市场预测的结论。

德尔菲法进行预测的步骤：①做好准备。准备好已收集到的有关资料，拟定向专家小组提出的问题（问题要提得明确）。②请专家作出初步判断。在做好准备的基础上，邀请有关专家成立专家小组，将书面问题寄发各专家（如有其他资料，也随同寄发），请他们在互不通气的情况下，对所咨询的问题作出自己的初次书面分析判断，按规定期限寄回。③请专家修改初次判断。为使专家集思广益，对收到各专家寄回的第一次书面分析判断意见加以综合后，归纳出几种不同判断，并请身份类似的专家予以文字说明和评论，再以书面形式寄发各专家，请他们以与第一次同样的方式，比较自己与别人的不同意见，修改第一次的判断，作出第二次分析判断，按期寄回。如此反复修改多次，直到各专家对自己的判断意见比较固定，不再修改时为止。在一般情形下，经过三次反馈，即经过初次判断和两次修改，就可以使专家的判断意见趋于稳定。④确定预测值。即在专家小组比较稳定的判断意见的基础上，运用统计方法加以综合，最后作出预测结论。

该方法的特点是：①以匿名的方式向专家征询意见，有利于专家充分发表意见；②通过信息反馈，有利于专家作出新的判断；③进行定量处理，预测结果具有统计特性，意见具有代表性。这种预测方法适用于解决长期预测问题。

7.2.3.2 定量预测

定量预测即在大量、系统占有资料的基础上，运用数量统计和数学模型方法，依靠各种数据，运用计算机，对事物进行数量分析，判断预测未来经济发展趋势和数量关系的一种预测方法。定量预测突出了事物的量化，所得结论比较客观，能避免人为因素的干扰和预测者的主观倾向。但有时由于某些重要因素难以量化，因此对资料本身的科学性和运用定量预测人员的素质要求较高。定量预测方法有很多种，按照处理资料的不同，常用的有趋势预测法和推算预测法。

(1) 趋势预测法。对于某些具有时间序列变化特征的预测问题，可以采用时间趋势预测方法进行预测。所谓时间序列，就是将预测对象的历史统计资料按时间顺序排列而成的一个数列。这种方法是根据时间序列的变化趋势分析预测对象的变化特征，所以也称为时间序列预测法。常用的方法主要有移动平均法和指数平滑法。

① 移动平均法。这种方法是将预测期以前若干期观察值作为预测依据，随着时间推移逐渐向后延伸，逐期推断下一期的变化趋势，确定预测值。具体方法有简单算术平均法和加权算术平均法两种做法。

1) 简单算数平均法。此法是将预测期以前若干期数值（销售量或销售额）加总后进行简单算术平均，并以平均值作为下一期的预测值。其计算公式为：

$$\overline{X} = \left(\sum_{i=1}^{n} X_i\right) \Big/ n \tag{7-1}$$

式中，$\overline{X}$ 为算术平均数，即预测值；X_i 为各期观察值；n 为观察总体中数据的个数。

例 7-1：某企业生产的甲产品 2005～2009 年各年度的产品销售量如表 7-1 所示，试用简单算术平均法计算 2010 年的产品销售量预测值。

表 7-1 某企业各年度甲产品销售量及下期预测值（采用简单算术平均法计算）

时期/年份	2005 年	2006 年	2007 年	2008 年	2009 年
本期销售量/千件	305	314	298	322	345
下期预测值/千件			305.7	311.3	321.7

根据式 (7-1)，如果以三期作为一个观察期限，那么按照简单算术移动平均法，可以依次算出 2008 年、2009 年和 2010 年的预测值分别为 305.7 千件、311.3 千件和 321.7 件。简单算术平均法由于计算方法特别简便，预测误差比较大，只适用于各期观察值基本没有变动的预测对象。

2) 加权算术平均法。加权算术平均法是根据观察期每一数据资料的重要程度，分别给予不同的权数，然后再加以平均计算的方法。在一般情况下，距离预测期越近，其权数越大。其计算公式为：

$$Y = \left(\sum_{i=1}^{n} W_i X_i\right) \Big/ \sum_{i=1}^{n} W_i \tag{7-2}$$

式中，Y 为加权平均数，即预测值；X_i 为各期观察值；W_i 为各期观察值对应的权数；n 为观察总体中数据的个数。根据表 7-1 中的数字，如果仍然以三期为一个观察期，设每期观察值在预测值中所占权重分别为 1/6、2/6、3/6，计算出的 2008 年、2009 年和 2010 年的预测值如表 7-2 所示。利用这种方法通过权重调整，有意识地调整了预测误差，较简单算术移动平均法，缩小了预测误差，但主观因素所起的作用加大。

表 7-2　某企业各年度甲产品销售量及下期预测值（采用加权算术平均法计算）

时期/年份	2005 年	2006 年	2007 年	2008 年	2009 年
本期销售量/千件	305	314	298	322	345
下期预测值/千件			304.6	312.7	329.5

② 指数平滑法。这也是一种连续进行短期预测的比较简易的预测方法。它是利用加权因子即平滑系数，对过去不同期间的实际值进行加权计算，以突出远期和近期的实际值对计划期预测结果的不同影响作用。此法特别重视最近期的实际情况对预测值的影响。利用最近一期的预测数及该期实际销售值，即可预测下一期的销售值。指数平滑法采用指数加权的办法进行预测，所取的指数称为平滑系数。它是对前一期的实际值和指数平滑值（即预测值）的加权平均。其计算公式为：

$$F_t = \alpha X_{t-1} + (1-\alpha) F_{t-1} \tag{7-3}$$

式中，F_t 为预测期的指数平滑值，即预测期的预测值；F_{t-1}为前一期采用指数平滑法计算的预测值；X_{t-1}为前一期的实际观察值；α 为平滑系数。

例 7-2：某公司 10 月份预测销售额为 200 万元，而该月实际销售额为 220 万元，现要预测该公司 11 月份的销售额。用指数平滑法计算结果如下：

因为：$F_{10}=200$ 万元，$X_{10}=220$ 万元。若取 $\alpha=0.9$，则：$F_{11}=\alpha X_{10}+(1-\alpha)F_{10}=\{0.9\times220+(1-0.9)\times200\}=218$（万元）

若取 $\alpha=0.8$，则：$F_{11}=\alpha X_{10}+(1-\alpha)F_{10}=\{0.8\times220+(1-0.8)\times200\}=216$（万元）

可见，平滑系数 α 取值不同，预测结果也不同。α 的取值应根据前一期预测值与实际值的差异来定，差异越大说明前一期预测的准确度越差，则应对前一期预测作较大的调整，加大前一期实际值的权数，也就是 α 的取值应加大。同理，如果前一期预测值与实际值的差异较小，则 α 的取值也应该小。一般来说，α 的取值范围在 0.6～0.9 之间比较合适。

（2）推算预测法。推算预测是根据预测期限内对某一时段的观察结果，运用一定的推算方法估计预测期的总体变动情况的预测方法，常用的方法有进度推算法与比例推算法。

① 进度推算法。这是一种对可以分阶段进行的工作，在前一阶段的工作完成以后，根据前一阶段的工作进度推算后一阶段工作完成情况的预测方法。

例 7-3：某企业在 5 月份计划完成产品产量为 11000 件。已知全月制度工作日是 22 天，每天工作定额是 500 件。到 5 月 20 日时，生产了 18 天，共生产了 9360 件产品，每天平均产量为 520 件。其中有 5 天，每天生产了 550 件产品。如果到月末还有 4 天的工作时间，请用平均日产量和先进平均日产量分别预测：1）全月可能完成的产品产量（Q）。2）完成全月生产计划需要的天数（T）。3）月产量计划完成的程度（H）。

解：分别用平均日产量和先进日平均产量进行计算、分析各项计划指标的完成情况。

1）全月可能完成的产品产量（Q）。

A. 用平均日产量进行计算：$Q_1=9360+520\times4=11440$（件）

B. 用先进平均日产量进行计算：$Q_2=9360+550\times4=11560$（件）

2）完成全月生产计划需要的天数（T）。

A. 用平均日产量进行计算：$T_1=(11000-9360)\div520=3.15$（天）

B. 用先进平均日产量进行计算：$T_2=(11000-9360)\div550=2.98$（天）

3）月产量计划完成的程度（H）。

A. 用平均日产量进行计算：$H_1=(11440\div11000)\times100\%=104\%$

B. 用先进平均日产量进行计算：$H_2=(11560\div11000)\times100\%=105\%$

② 比例推算法。这种方法是根据预测对象在历史上各个时期某一时段的观察值占各时期观察值的比例推算预测期预测值的方法。计算公式为：

预测期的预测值＝(预测期某个时段的数值)÷(∑历史上各期该时段的观察值/∑历史上各期观察值)　　(7-4)

例 7-4：某企业从 2005～2009 年各年份的产品销售额和 2010 年第一季度的产品销售额资料如表 7-3 所示，试用比例推算法预测 2010 年的产品销售额。

表 7-3　某企业各年度和第一季度产品销售额情况表

年　份	2005 年	2006 年	2007 年	2008 年	2009 年	2010 年
第 1 季度销售额/万元	36	43	27	38	45	50
全年产品销售额/万元	140	176	120	165	202	

解：根据公式 (7-4)，将表 7-3 中有关数据代入，可得：

2010 产品销售额预测值＝$50\div[(36+43+27+38+45)/(140+176+120+165+202)]=213$（万元）

推算预测法一般只适用于在一个预测期内，根据某一时段数值对预测期的总体数值进行预测时使用，预测误差可以根据预测需要进行相应调整。

7.3　农村经济决策

7.3.1　农村经济决策的概念与内容

7.3.1.1　农村经济决策的概念

农村经济决策是指农村各个经济部门或企业在各项经济活动中，对所遇到的问题进行科学的分析、判断，从多种可行方案中选择出最佳行动方案，以实现其最终目标的一系列活动。

7.3.1.2　农村经济决策的内容

农村经济决策包括农村各个经济领域和各项经济活动的决策，内容十分广泛。概括起来，主要有宏观和微观两个方面的内容。

[案例 7-7]“布里丹毛驴效应”与决策方案选择

所谓决策，就是作出决定和选择的意思。农村经济管理工作离不开决策，其重要意义，可以通过一个小故事加以说明。法国哲学家布里丹养了一头小毛驴，他每天要向附近的农民买一堆草料来喂。这天，送草的农民出于对布里丹这位哲学家的景仰，爱屋及乌，额外多送了一堆草料放在驴的旁边。这下子，毛驴站在两堆数量、质量和与它距离完全相等的干草之间，可为难坏了。它虽然享有充分的选择自由，但由于两堆干草价值相等，客观上无法分辨优劣，于是它左看看，右瞅瞅，始终无法分清究竟选择哪一堆好。犹犹豫豫，来来回回，在无所适从中活活地饿死了。导致这个悲剧的原因就在于它左右都不想放弃，不懂得如何决策。人们把这种决策过程中犹豫不定、迟疑不决的现象称之为“布里丹毛驴效应”。

(1) 农村宏观经济决策。农村宏观经济决策指对涉及农村经济全局活动和长远发展等重大问题的决策，是政府对农村经济进行宏观控制和指导的重要依据，因此，一般由各级领导机关作出决策。主要包括：①农村经济发展的战略目标、战略重点和战略措施；②农村生产力布局和经济结构，农村各产业部分发展的规模、速度、比例关系；③农村自然资源和经济资源的开发利用；④农村基本建设规划；⑤农村经济管理体制的改革方案；⑥农村经济发展与科学技术、生态环境、社会发展的协调统一等。

(2) 农村微观经济决策。农村微观经济决策是指对农村各个企业或经济组织，以至农户在经营活动中对产、供、销、人、财、物的决策。具体包括：①生产决策。如企业的生产经营项目、经营方针、产品结构、生产规模、资源分配与利用方案、技术措施的选择和确定等。②投资决策。如投资方向的确定，投资项目、基本建设、企业改造、设备的购置与更新方案的选择和确定等。③供应决策。如原材料供应渠道的选择，供应方式、采购时间、采购数量的确定等。④销售决策。如农产品销售渠道、销售方式、销售范围、销售价格、储运方式、产品包装、商标和广告等的选择和确定等。⑤财务决策。如乡镇企业财务方面的决策主要包括资金来源的筹集、资金的构成、贷款的时机与数量、资金调度和使用策略、产品成本与投用目标、利润分配等的确定等。⑥组织与人事决策。如管理层次和职能机构的设置、责权的划分，管理人员的选拔、考核、任免、奖惩制度的建立，职工的思想教育与技术培训等问题的解决。

7.3.2　农村经济决策的程序

农村经济决策要能做到合理、正确，必须经过一个科学的决策过程，按照一定的程序，有步骤地进行。决策的程序又常因决策的内容不同而略有区别。一般认为，任何一项科学的经济决策的程序，必须经过下列五大步骤，即确定决策目标、预测分析、拟定备选方案、评价和选择方案、方案的执行和反馈。

7.3.2.1　确定决策目标

所谓决策目标是指在一定的环境条件下，在预测基础上所希望达到的结果。确定决策目标是进行决策的前提条件，是拟定和选择可行方案的依据，也是决策过程中的关键环节，因为决策过程的其他步骤都是为实现决策目标服务的。在确定决策目标时要特别注意：以要解决的决策问题为依据；明确决策目标的基本要求；注意决策目标的层次；保证决策目标具有明确的含义；处理好多个决策目标之间的关系问题。

7.3.2.2　预测分析

预测是决策和计划的前提和基础。没有科学的预测，就不可能有科学的决策，更不可能有成功的计划。管理中各种问题的出现是与管理环境的变化紧密相关的。管理是一种综合系统活动，是一个动态过程。组织内外部影响管理的因素是不断变化的。之所以出现问题，说明组织计划中的一些指标已经不再适应变化了的管理环境，必须对组织计划进行调整。调整组织计划，重新进行决策，需要管理人员掌握大量的信息和数据。这些信息不仅包括有关的历史资料，而且包括对未来情况的估计和预测，在预测的基础上对相关问题进行深入的分析。

[案例7-8] 使决策问题简单化——“奥卡姆剃刀”原则及其运用

奥卡姆剃刀原则：如无必要，勿增实体。“奥卡姆剃刀”(Occam's Razor)是由14世纪逻辑学家、修士奥卡姆的威廉(William of Occam)提出的一个原理。奥卡姆(Occam)是英格兰萨里郡的一个地名，是威廉修士出生的地方。奥卡姆剃刀原则规定，如果有一组理论都能解释同一件事，则可取的总是最简单的、需要最少假设的那一个。不论面临什么问题或困难，或者正在努力实现什么目标，都应当思考这样一个问题："什么是解决这个问题或实现这个目标的最简单、最直接的方法？"这一原则的实行可能会发现一个简便的方法，为实现同一目标节约大量的时间和金钱。英国物理学家牛顿早期提出了引力观念，但在他那里，引力是无法证明的庞杂的"多"，而牛顿把这一切都剃掉了，只留下了"一个苹果掉在地上"这样一个最简单的事实，并以此作为科学推动的初始点，发现了万有引力定律。复杂的事情往往可从最简单的途径解决。牛顿之后一个个伟大的人物沿着奥卡姆剃刀剃着的这条思维之路前进。200多年后，爱因斯坦剃掉了长在牛顿头上的"荒草"，用单纯的演绎法建立新的科学体系。他们的共同特点是：将复杂的对象剃成最简单的对象，然后着手解决问题。

7.3.2.3 拟定备选方案

制定可行方案的阶段也是发动群众、集思广益的阶段。在这一阶段应当使人们的想法充分地表达出来，就某一单独的管理问题的解决和处理方法，都可以设计出许多具体的实施方案，并说明各种方案之间的区别和联系。只有存在两个以上的多种可供选择的方案才构成决策。制定各种备选方案是为了管理者对其进行比较，并从中选出一种最合适的方案。

7.3.2.4 评价和选择方案

决策就是要对某问题作出最后的处理决定。决策进入评价和选择方案的阶段，所要做的事情就是确定最优方案，即对各个方案进行全面评价之后，从中选出一个较优方案的工作。在选择方案时，要综合考虑方案实施后的各种结果。选择方案的标准对于某一特定的组织和特定的管理人员来说不一定是最优的，但应是最合适的。这是由于决策总是要面临大量未知的因素，未来的形势也会不断地变化。也就是说，不可避免要经历一定的风险，根本就不可能"全优"。如果力求"全优"，就要权衡大量的因素，浪费时间，也有可能错失机会。因此，正确的决策总是以达到目标为基本目的的，而要达到目标必然要舍弃一些。一般来说，评价方案可以从三个方面进行比较：①技术方面，选择在技术上先进、实用、技术效果好的方案；②经济方面，选择经济有效，能以最少投入获得最多产出的方案；③社会方面，选择社会效益好，能够更好满足社会需要的方案。备选方案经过分析评价，比较其优劣就能选定一个或综合一个最好的方案，或者说选定的是在目前条件下比较令人满意的切实可行的方案。

[案例 7-9] 决策中的"最优"是"满意"的不断优化

经常听到人们这样说，没有最好，只有更好。决策中只有满意方案，没有最优方案。从哲学思维来说，人们认识事物，总是要以自我的思维方式去定位。同时反映事物的本质也是与自己的知识相联系。所以我们的认知与实践都是有一个标准的，达到这个标准就称之为"满意"。而"最优"可以称之为"至善"或曰"完美"。"最优"是一个极限的概念。所谓极限就是因为人们的实践与认知不可能完全符合事物本身的本质，我们总是由认识到实践再到认识这个循环的过程，这个过程是有着深刻的辩证法意义的。在这个过程中总是由认识不清到清，再由清到不清。而这个过程中我们"满意"的标准在不断地变化，一定时期内我们认为事物是达到了认知的标准，所以"满意"。现实生活中所谓的"最优"只是阶段性的。确切地说它仍然不是"最优"。哲学是以理论的方式追求"最优"，从宗教意义上说有"最优"那便是"上帝"或"神"。所以，人们"认识世界"或"改变世界"都只能是达到一定的标准"满足"，而不可能是至善的"最优"。"最优"是一个通过不断地满足以达到"至善"过程的结果，从动态上说是对"满意"的不断修正和持续改进。

7.3.2.5 执行和反馈

决策是人们依据预定目标，对未来的行动作出决定。由于各种主客观条件的限制，人们在决策时，对未来事件发生的情况只能作出预测、估计，按照目前条件下令人满意的标准来选定行动方案，这就使得决策方案在实行过程中，难免不会发生偏差。因此，在选定决策方案并付诸实施后，还必须通过控制系统，建立一套跟踪、检查、报告制度，随时掌握决策方案的实施情况，以便及时纠正可能出现的偏差，确保决策方案顺利实施。

总之，农村经济决策是一个动态过程，必须按照一定的程序，有步骤地进行。这样，才能保证农村经济决策的科学性。

7.3.3　农村经济决策的方法

7.3.3.1　确定型决策

确定型决策的基本特征是，假设事件的各种自然状态是完全肯定而明确的，经过分析计算可以得到各方案的明确结果。进行确定型决策常用的方法有差量分析法和盈亏平衡分析法。

（1）差量分析法。所谓差量是指各个备选方案之间的差别。通过各个备选方案在预期收入、预期成本上的比较，从中选出最优方案的方法，就叫做差量分析法，也称差别分析法。差量分析主要是通过对比差量收入和差量成本来择优，差量收入是一个备选方案的预期收入与另一个备选方案的预期收入的差异数；差量成本是两个备选方案预期成本的差异数。如果差量收入大于差量成本，那么前一个方案就是较优的；相反，如果差量收入小于差量成本，则后一个方案是较优的。

例 7-5：某企业生产甲产品 12000 件，每件售价 80 元，单位变动成本 60 元；如果不生产甲产品而生产可以替代使用的乙产品 8000 件，每件售价 100 元，单位变动成本 78 元，固定成本不变。试比较分析生产甲、乙两种产品中的哪一种有利。

解：分别计算两种产品生产的差量收入、差量成本与差量损益。

甲乙两种产品的差量收入：12000×80－8000×100＝160000（元）

甲乙两种产品的差量成本：12000×62－8000×78＝120000（元）

甲乙两种产品的差量损益：160000－120000＝40000（元）

计算分析结果表明，生产甲产品比乙产品为优，可多获利 40000 元。

这种方法，一般以企业有同样的生产能力为前提。如果可行方案有两个以上，可以分别以两个方案为一组进行比较，最后选择获利最高的方案。

（2）盈亏平衡分析法。盈亏平衡分析法（见图 7-2）也叫保本点分析法，或量本利分析法，是通过分析企业生产成本、销售利润和产品数量三者之间的关系，掌握盈亏变化规律，指导企业选择获得最大利润的经营方案。企业的生产总成本分为固定成本和变动成本。固定成本是指成本总额在一定时期或一定业务量范围内不受业务量增减变动影响而固定不变的成本，如固定资产折旧费、办公费等。变动成本是指成本总额在一定时期或一定业务量范围内随业务量增减变动而成正比例增减变动的成本，如直接用于产品生产的原材料、燃料和计件工资等。

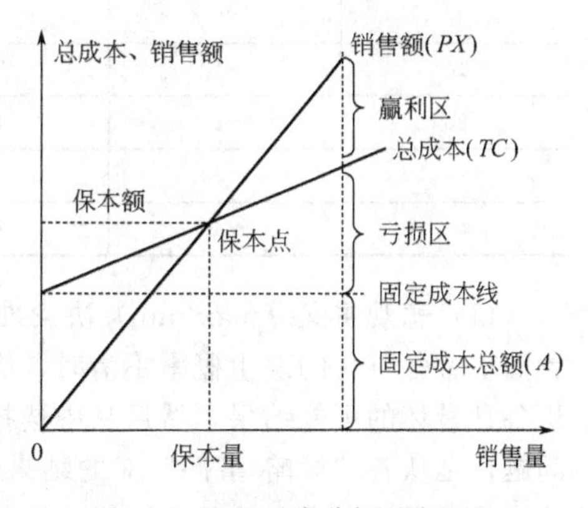

图 7-2　盈亏平衡分析示意图

在企业实际经营过程中，设总成本＝固定成本＋变动成本＝固定成本＋单位变动成本×业务量，如果我们用 E 表示利润；TC 表示成本总额；X 表示业务量；A 表示固定成本总额；B 表示单位变动成本；P 表示产品价格。量本利分析的基本方程式为：

$$E=PX-BX-A \tag{7-5}$$

当 $E=0$ 时，则保本点销售量计算公式为：

$$X=A/(P-B) \tag{7-6}$$

保本点销售额的计算公式为：

$$PX=PA/(P-B) \tag{7-7}$$

当 $E\neq 0$ 时，则实现目标利润的销售量计算公式为：

$$X=(E+A)/(P-B) \tag{7-8}$$

盈亏分析中各个变量之间的关系如图 7-2 所示。

例 7-6：某企业生产甲产品，单价为 15 元，单位变动成本 10 元，固定成本总额 15000 元，目标利润为 30000 元，求盈亏平衡和实现目标利润的销售量各为多少？

解：将有关数据分别代入公式（7-6）和式（7-8）中，可以求得：

盈亏平衡销售量：$X_1=A/(P-B)=15000/(15-10)=3000$（件）

实现目标利润销售量：$X_2=(E+A)/(P-B)=(15000+3000)/(15-10)=9000$（件）

7.3.3.2　不确定型决策

所谓不确定型决策是指决策者对环境情况一无所知，根据主观倾向进行决策。按决策者不同的主观态度，不确定型决策有三种常见准则：悲观主义决策准则、乐观主义决策准则和折中主义准则。下面举例说明。

例 7-7：某工厂按批次组织生产，并按批次销售甲产品。每件产品的成本和批发价格分别为 30 元和 35 元。若每月生产的产品当月销售不完，则每件损失 1 元。工厂每投产一批是 10 件，最大月生产能力是 40 件。决策者对其产品需求情况一无所知，试问应如何进行决策？

从题目可知，决策者可选择的生产方案有 0、10、20、30、40 件五种，这所有策略集合用 $\{a_k\}$ 表示。此外可能的销售情况也有五种，分别是 0、10、20、30、40 件，但不知道它们发生的概率，这是事件集合，用 $\{s_n\}$ 表示。每个“策略-事件”对都可以计算出相应的收益值或损失值，用 $\{b_{kn}\}$ 表示。比如选择月产量为 20 件，而销售量为 10 件时，收益额为：$10\times(35-30)-1\times(20-10)=40$（元）。将所有计算数据汇总，可构造出该决策问题的决策矩阵，如表 7-4 所示。

表 7-4　例 7-7 的决策矩阵表

策略 \ 事件	0	10	20	30	40
0	0	0	0	0	0
10	−10	50	50	50	50
20	−20	40	100	100	100
30	−30	30	90	150	150
40	−40	20	80	140	200

（1）悲观主义（max-min）决策准则。又称极大极小准则或保守主义决策准则。当决策者面临着各事件的发生概率不清时，决策者谨慎考虑决策错误可能造成的重大经济损失，分析各种最坏的可能结果，然后从中选择最好者，以它对应的策略为决策策略。对于例 7-7 的问题，是从各“策略-事件”对的结果中选出最小值，将它们列于表的最右列，再从此列中选出最大者，以它对应的策略为应选的决策策略，计算结果见表 7-5。

表 7-5　悲观主义决策准则计算表

事件 策略	0	10	20	30	40	Min
0	0	0	0	0	0	0←max
10	−10	50	50	50	50	−10
20	−20	40	100	100	100	−20
30	−30	30	90	150	150	−30
40	−40	20	80	140	200	−40

根据 max-min 决策准则有：max(0,−10,−20,−30,−40)=0，它对应的策略是“什么也不生产”，在实际中工作可以表现为先看看，以后再作决定。

(2) 乐观主义（max-max）决策准则。又称极大极大准则。决策者对待风险的态度与悲观主义者不同，当他面临情况不明的策略问题时，绝不放弃任何一个可获得最好结果的机会。决策者先考虑每个策略所引起的可能后果中的最大效益，然后再在这些效益中取一个最大值，与之相应的策略正是最后所取的决策。应用于解决例 7-7 的问题，即是从各“策略-事件”对的结果中选出最大值，将它们列于表的最右列，再从此列中选出最大者，以它对应的策略为决策者应选的决策策略，计算结果见表 7-6。

表 7-6　乐观主义决策准则计算表

事件 策略	0	10	20	30	40	Max
0	0	0	0	0	0	0
10	−10	50	50	50	50	50
20	−20	40	100	100	100	100
30	−30	30	90	150	150	150
40	−40	20	80	140	200	200←max

根据 max-max 决策准则有：max(0,50,100,150,200)=200，它对应的策略是“每月生产 40 件”。

(3) 折中主义准则。该决策准则同时考虑各种方案的最大和最小收益。“同时考虑”的一个最简单方法就是对它们采用加权平均，即在 0 与 1 之间选择一个数 α 作为最大收益的权重，并用以下关系式表示收益值：$H_i=\alpha\times a_{i\max}+(1-\alpha)\times a_{i\min}$，其中 $a_{i\max}$ 和 $a_{i\min}$ 分别表示第 i 个策略可能得到的最大收益值与最小收益值。α 体现了乐观程度的大小，称为乐观系数。α 越接近于 1，表明决策者对前景越乐观。假设 $\alpha=1/3$，将计算出来的收益值列于表的最右列，再从此列中选出最大者，以它对应的策略为决策者应选的决策策略，计算结果见表 7-7。

表 7-7　折中主义准则计算表

事件 策略	0	10	20	30	40	H_i
0	0	0	0	0	0	0
10	−10	50	50	50	50	10
20	−20	40	100	100	100	20
30	−30	30	90	150	150	30
40	−40	20	80	140	200	40←max

根据折中主义决策准则有：max(0,10,20,30,40)＝40，对应策略是“每月生产40件”。

7.3.3.3 风险型决策

风险型决策是指决策者对客观情况不甚了解，但对将发生各事件的概率是已知的。决策者往往通过调查，根据过去的经验或主观估计等途径获得这些概率。风险型决策是一种随机决策。一般应具备五个条件：一是有一个明确的决策目标，如最大利润、最低成本、最短投资回收期等；二是存在两个以上可供选择的方案；三是存在不以决策人主观意志为转移的两种以上可能出现的自然状态；四是可测算出不同方案在不同自然状态下的损益值；五是可测算出各种自然状态发生的概率。风险型决策方法主要有收益矩阵法和决策树法。

(1) 收益矩阵法。这种风险型决策方法是以决策收益矩阵为基础，分别计算各个方案在不同自然状态下的收益，然后按客观概率的大小，加权平均计算出各个方案的期望收益值进行比较，从中选择出一个最佳方案。

例 7-8：某肉食加工厂 2009 年 3～5 月熟食日销量统计资料如表 7-8 所示。每箱预计利润为 100 元，如果当天销不出去，每剩一箱就要支出 40 元冷藏保管费，预期 2010 年 3～5 月需求量与 2009 年同期无变化。决策问题是，2010 年同期日产量确定为多少时能使工厂获利最大？

表 7-8 某肉食加工厂 2009 年 3～5 月销售统计表

日销售量/箱	销售天数/天	概率	日销售量/箱	销售天数/天	概率
100	18	0.2	130	9	0.1
110	36	0.4	总计	90	1.0
120	27	0.3			

解：根据条件计算决策收益矩阵，如表 7-9 所示。

表 7-9 不同销售量决策收益矩阵分析表

自然状态 / 方案日产量/箱	日销售量/箱				期望利润/元
	100	110	120	130	
	0.2	0.4	0.3	0.1	
100	10000	10000	10000	10000	10000
110	9600	11000	11000	11000	10720
120	9200	9600	12000	12000	10480
130	8800	9200	9600	13000	9620

从计算结果看，日产量 110 箱时，期望利润为 10720 元，优于其他方案，应按日产量 110 箱制订生产计划，组织产品销售。由于各个方案的期望利润都是在将方案各种自然状态下的损益值按统计概率进行加权计算，它掩盖了偶然情况下的损失，所以选择哪一个方案都有一定的风险，对这一点决策者要根据具体情况适当加以考虑。

(2) 决策树法。决策树法是在风险型决策中常用的一种决策方法，它利用概率论原理，并且利用一种树形图作为分析工具。基本原理是用决策点代表决策问题，用方案分枝代表可供选择的方案，用概率分枝代表方案可能出现的各种结果，经过对各种方案各种结果条件下损益值的计算结果比较，为决策者提供依据。

① 决策树的构成。决策树是运用决策树法进行决策分析的一个重要的分析工具，由决

策点、方案枝、状态节点和概率分枝四个要素构成。决策树以决策点为出发点，引发若干方案枝，每条方案枝代表一个方案，方案枝的末端有一个状态节点，从状态节点引出若干概率分枝，每条概率分枝代表一种自然状态，在概率枝上表明自然状态的概率和收益值。决策树的基本图形及其所包含符号的含义如图 7-3 所示。

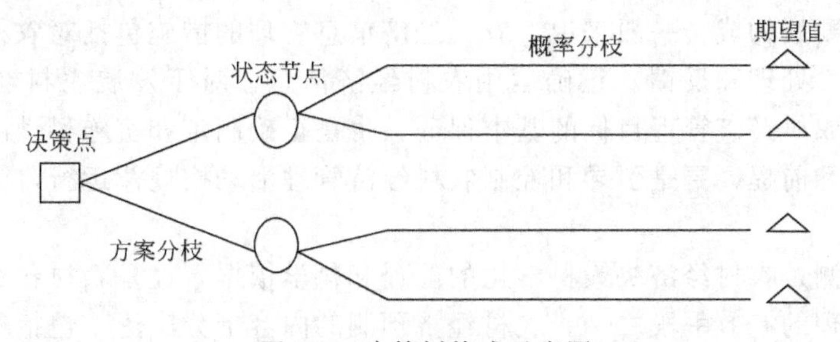

图 7-3　决策树构成示意图

② 决策树法的运用过程。下面举例说明运用决策树法进行经营决策的具体过程及做法。

例 7-9：某施工单位需要露天作业，施工所在地区夏季高温多雨，有一批施工机械暂时闲置。施工单位有两种选择，一是运走，需要运费 10 万元；二是留在原地。留在原地也有两种选择，一是用四万元建筑一个平台放置机械，这样可以防高水位，但不能防大洪水。二是不建平台，正常水位时没有损失，高水位时损失 40 万元。如果遇到大洪水，不论有无平台，价值 100 万元的机械可能全部被冲走。根据水文资料预测，该地区发生大洪水的概率为 3%，高水位的概率为 22%，正常水位的概率为 75%，请根据上述资料作出决策。

解：运用决策树法在上述两个方案中进行选择，分析步骤与方法如下：

第一步：绘制决策树，如图 7-4 所示。

第二步：计算期望值。各个方案的损益期望值如下：

运走方案的损益期望值＝－10（万元）

留在原地建平台方案的损益期望值＝{[0.75×(－4)＋0.22×(－4)＋0.03×(－104)]}＝－7(万元)

留在原地不建平台方案的损益期望值＝{[0.75×0＋0.22×(－40)＋0.03×(－100)]}＝－11.8(万元)

第三步：进行比较择优。通过计算分析，从各个方案的损益期望值对比结果看，留在原地建平台方案优于其他方案。因此，如不考虑其他因素的影响，应选择将机械留在原地建平台这一方案。

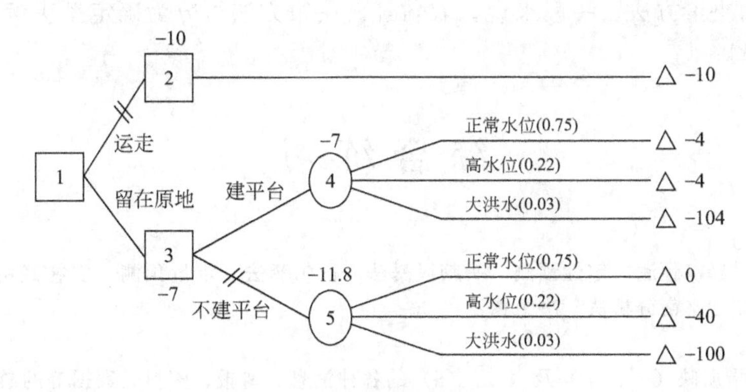

图 7-4　决策树法运用示意图

单元小结

农村经济信息是反映农村经济活动特征及发展变化情况的各种消息、情报、资料、数据等的总称。与其他经济信息类似，农村经济信息由语言、传递、物质载体、反馈和人的特定需要这五个要素构成。一般来说，农村经济信息管理的措施包括对农村经济信息的收集、加工、传递、处理和反馈。正确运用农村经济信息，对于发展农村经济有着重要作用，它既是实现农村经济管理目标的基本保证，也是正确制定和实施科学决策，提高农村经济效益的依据和前提，更是引导和控制农村经济管理活动按规律运行，沟通各方面经济联系的桥梁。

农村经济预测是农村经济决策科学化的前提和科学依据，也是农村各经济部门或农业企业改善经营管理的有效手段之一。农村经济预测的内容十分广泛，包括农村经济活动的全过程及其各方面。基于预测内容的丰富性，预测方法选用是否得当，将直接影响预测的精确性和可靠性。因此，根据预测的目的、费用、时间、设备和人员等条件选择合适的方法，是预测成功的关键。定性经济预测，是预测者通过调查研究了解实际情况后，凭自己的实践经验和理论、业务水平，对经济现象发展前景的性质、方向和程度作出判断进行预测的方法，其准确程度主要取决于预测者的经验、理论、业务水平以及掌握的情况和分析判断能力；定量经济预测，是根据准确、及时、系统、全面的调查统计资料和经济信息，运用统计方法和数学模型，对经济现象未来发展的规模、水平、速度和比例关系的测定。相比定性预测，定量预测结果更为客观。

农村经济决策，是在农村经济预测的基础上，对农村各个经济部门或企业的各项经济活动中所遇到的问题进行科学的分析、判断，从多种可行方案中选择出最佳行动方案，以实现其最终目标的一系列活动。农村经济决策包括农村各个经济领域和各项经济活动的决策，概括起来，可分为宏观和微观两个层面。农村经济决策对于农村经济发展意义重大，要使其能做到合理正确，就必须经过一个科学的决策过程，按照一定的程序，有步骤地进行。一般认为，任何一项科学的经济决策的程序，必须经过下列五大步骤，即确定决策目标、预测分析、拟定备选方案、评价和选择方案、方案的执行和反馈。需要注意的是，选择方案的标准不一定是最优的，但必须是最合适的。合理的经济决策方法是农村经济决策成功的有效保证。在农村经济决策中，一个基础问题是要确定在选择策略时所依据的效益计算方法，即决策方法。决策方法用于衡量各备选方案，包括目的、目标、属性和正确性的标准。在决策时使用不同的决策方法会导致不同的最优策略，对于不同的决策问题应当有与之相适应的决策方法。一般来说，农村经济决策方法可分为确定型决策、不确定型决策和风险型决策。

综合练习

（一）名词解释

农村经济信息　农村经济预测　定性预测　头脑风暴法　德尔菲法　定量预测　农村经济决策　风险型决策　差量分析法　盈亏平衡分析法　决策树法

（二）填空

1. 农村经济信息是指反映（　　）及（　　）的各种消息、情报、资料、数据等的总称。
2. 农村经济信息的构成要素，包括（　　）、（　　）、（　　）、（　　）和人的特定需要。

3. 农村经济预测按预测涉及的范围不同，可分为（　　）和（　　）。
4. 农村经济预测的内容，涉及（　　）、（　　）、经济效果的预测、（　　）和对科技发展及新产品开发的预测。
5. 对同一个农村经济预测目标，一般应同时采用（　　）种以上的预测方法，以比较和鉴别预测结果的可信度。
6. 中期经济预测，是指对（　　）农村经济发展前景的预测。
7. 农村经济决策是指农村各个经济部门或企业在各项经济活动中，对所遇到的问题进行科学的分析、判断，从多种可行方案中选择出（　　），以实现其最终目标的一系列活动。
8. 所谓决策目标是指在一定的环境条件下，在（　　）基础上所希望达到的结果。

（三）选择答案

1. 吸收专家参加的创造性思维过程的一种智力激励的预测方法为（　　）。
   A. 主观概率预测法　B. 德尔菲法　C. 座谈会法　D. 头脑风暴法
2. 某乡镇企业2009年开发一种新产品，其固定成本为1000万元，单位产品销售价格为2.8万元/台，单位产品变动成本为0.8万元/台，如不考虑其他因素，保本销量应为（　　）台。
   A. 1000台　B. 800台　C. 500台　D. 1100台
3. 选择在最差自然状态下能够带来最大收益的方案作为实施方案的决策方法为（　　）
   A. 乐观决策　B. 悲观决策法　C. 机会均等法　D. 折中决策法
4. 农村经济决策中，对确定型决策来说，一个方案只有（　　）结果。
   A. 一个　B. 两个　C. 三个　D. 多个
5. 在盈亏平衡点时，农村各经济部门或企业的利润水平应该是（　　）。
   A. 大于零　B. 小于零　C. 等于零　D. 不确定

（四）判断正误

1. 用户调查法的优点是预测结果更接近实际。（　　）
2. 农村经济预测的步骤是相互密切联系的，在先后顺序上不可交叉进行。（　　）
3. 一般而言，预测时间越短，影响预测结果因素的变化越小，预测误差也越小。（　　）
4. 农村经济决策的目标往往只有一个。（　　）
5. 折中决策法是以在最好自然状态下仍能带来“最大收益”的方案作为实施方案。（　　）
6. 农村经济决策中，选择方案的标准必须是最优的。（　　）

（五）分析与回答问题

1. 某奶粉厂2010年5、6、7月份奶粉销售额分别为120万元、140万元、110万元，使用简单算术平均法预测8月份的销售额。
2. 某农产品公司2010年第二季度的销售额为2600万元，预测值为2800万元，试用指数平滑法预测2010年第三季度的销售额。
3. 某乡镇企业生产一种新产品，每月固定费用为40000元，单位产品售价为18元，单位产品变动成本为13元。试求：(1) 盈亏平衡时的产量；(2) 赢利目标为48000元时的产量；(3) 产量为14000件时的赢利；(4) 固定成本增加2000元，产量为14000件，盈亏平衡时的单位产品售价。
4. 某农机厂为生产A产品而设计了两个基建方案，一个是建设大工厂，一个是建设小工厂。大工厂需要投资300万元，小工厂需要投资160万元。两者的服务期都是10年。估计在此期间，产品销路好的概率是0.7；销路差的概率是0.3。建大工厂，销路好可每年赚100万元，销路差就要亏20万元；但建小工厂，销路好可每年赚40万元，销路差也可赚10万元。试用决策树技术选择哪个方案总利润额大。
5. 某食品公司经销A种食品，进货价是3元/个，出售价是5元/个。如果这种食品当天卖不出去，就要造成损失1元/个。根据以往的销售情况，这种食品每天的销售量可能为1000、2000和3000个。商场经理要决定每天进多少货才能获得最大利润？试给出不同类型的商场经理可能采取的决策方案（假设乐观系数为0.6）。

（六）复习思考题

1. 简述农村经济信息有哪些特征。
2. 简述收集农村经济信息应遵循的原则。
3. 试述农村经济信息管理的基本措施。
4. 阐明运用德尔菲法进行预测的主要思路。
5. 简述农村经济决策包括的工作程序。

第 8 单元　农村经济计划与目标管理

【教学目标】 通过本单元的学习，掌握农村经济计划的概念、特征、种类等计划管理的基本知识，掌握计划制订、执行、调整与控制等计划管理的基本技能，掌握目标管理的基本程序与方法，学会运用常用的编制方法制订农村经济工作计划。

[案例 8-1] 科学制定生猪饲养规划，走出“蛛网循环”的怪圈

蛛网理论主要是针对农产品的生产与销售之间存在较长的时间差，其价格波动对下一个周期产量所造成的影响，从而带来供求的变动以及由此而产生的均衡波动。由于农产品的生产周期较长，在生产规模既定之后生产过程未完之前，无法中途改变规模以适应需求变化，因此现期产量只能由上一期规模决定。该理论的研究图表显示，农产品的逐年成交价格和交易量将环绕价格和产销量的均衡值上下波动，沿着一定的途径变动下去，变动轨迹像一个蜘蛛网的形状，“蛛网理论”即由此得名。目前，我国生猪主产区农民是用现货市场价格信号指导生产的，这就产生了价格大幅波动的“蛛网现象”：价格下跌，减少饲养量；由于供给减少，价格上涨，农民大量增加饲养量，结果由于供给太多，价格又大幅下跌……如此反复，陷入价格和产量“蛛网循环”的怪圈，农民无所适从。加上价格变化周期变短的规律性，严重影响了我国生猪市场长期稳定的发展和养猪农民的收入，养猪农民受到重大的经济损失。对于农户和农村经济规划部门来说，如何进行生猪生产策划，走出“蛛网循环”的怪圈，是一个亟待解决的稳定生猪生产，增加农民收入的重要研究课题。

8.1　农村经济计划的指标与类型

8.1.1　农村经济计划的概念与指标

8.1.1.1　农村经济计划的概念

农村经济策划是农村经济预测、决策和计划的统称。前面我们学习了预测和决策的知识和技能。这一单元我们学习农村经济计划的知识和技能。计划有广义和狭义之分。广义的计划，是指制订计划、执行计划和检查计划三个阶段的工作过程。狭义的农村经济计划，是指制订计划，即根据农村经济组织内外部的实际情况，权衡客观需要和主观可能，通过科学的预测，提出在未来一定时期内组织所需达到的具体目标及实现目标的方法。解决管理过程中六个方面问题，即为什么要做、做什么、由谁去做、何时做、何地做和如何做。概括地说，农村经济计划是国家或农村经济组织根据一定时期农村经济发展目标，对农村经济工作总体部署与战略措施作出的事前安排。

8.1.1.2　农村经济计划的作用

（1）为农村经济稳定发展提供保证。未来的不确定性和环境的变化使农村经济组织或企业面临各种各样的风险，良好的计划可以明确组织目标，使组织各部门的工作能够协调地、有条不紊地展开，从而使主管人员能超脱于日常事务干扰，集中精力关注于对未来环境不确定性的把握，从而制定相应的对策，最终实现组织的稳定发展。

（2）为有效筹集和合理配置农村经济资源提供依据，降低风险。只有制订合适的计划，才能合理有效地利用农村经济发展所需的人力、物力、财力，指导组织的经营活动顺利进行，从而取得较好的经济效益；同时，计划可以促使管理者更多地考虑未来环境变化可能带来的冲击，从而制订适当的对策，降低组织运行过程中可能存在的不确定性。

(3) 减少农村经济活动中的各种浪费。计划能够在实施之前的协调过程中发现可能存在的资源浪费和冗余，计划实施过程中可以减少组织的重叠性和浪费性活动。制订和执行计划的重要原则是目标如何做才能最有效，并且使这种做法在有保障的条件下进行。

(4) 为检查、考核和控制农村经济组织活动奠定基础。在计划中设立目标和标准，反映到控制职能中，农村经济管理者就可以把实际工作进度与计划目标和标准进行对照，以便纠正工作偏差，从而进行必要的校正，以达到预期的管理目标。

8.1.1.3 农村经济计划指标体系

农村经济计划指标以一定的数值表示某个计划时期农村经济和社会发展所要求达到的目标。它是国家或社区农村经济发展计划任务的数字表现，包括指标名称和数值两部分。农村经济计划指标按其表现形式，可分为实物指标和价值指标；按其性质，可分为指令性指标和指导性指标；按其内容，可分为数量指标和质量指标；按其作用，可分为核算指标和考核指标；按其复杂程度，可分为单项指标和综合指标。

在农村经济管理工作中，计划指标要求概念确切、严格、简明，各项指标之间应当相互配合，形成一套科学的、完整的计划指标体系，以反映国民经济的内在联系和社会再生产的主要过程。

农村经济计划指标体系是农村经济计划各组成部分的指标按其内在联系形成的有机整体。根据计划工作的要求，有特定的具体内容，包括农村经济和社会发展的各个主要方面。农村经济发展指农村社会总产值和国民收入、工农业生产、运输和邮电、商品流通和物资分配、固定资产投资、技术进步和技术改造、财政和信贷、对外经济和对外贸易等；农村社会发展指教育、科学、文化、卫生、人口、劳动工资、居民收入和消费、城乡住宅和公用事业、环境保护等。这些方面都成为各自独立而又相互衔接的各种部门计划或专业、专题计划以及综合计划，各有其更具体的指标。例如各业生产计划，总产值、净产值、主要产品产量等指标；固定资产投资计划，有基本建设投资额、更新改造投资额、新增生产能力和重点建设项目等指标。这些计划指标，经过平衡、落实，构成整套系统的计划，反映某个地区农村经济和社会发展的方向、规模、结构、水平、速度和主要比例，体现国家农村经济和社会发展的路线和方针、政策。正确制定和运用指标体系，对于提高农村经济的管理水平具有重要的意义。

8.1.2 计划的基本特征

8.1.2.1 目的性

任何组织都是通过有意识的合作，来完成预定目标而得以生存的。计划工作旨在有效地达到某种目标。具体地说，计划工作首先就是确立目标，然后使今后的行动集中于目标，并预测和确定哪些行动有利于达到目标，哪些行动不利于达到目标，从而指导今后的行动朝着目标预定的方向迈进。

8.1.2.2 主导性

计划、组织、人事、领导和控制等方面的活动，都是为了支持实现组织的目标而进行的。也就是说，管理过程中的其他职能都只有在计划工作确定了目标以后才能进行。因此，计划职能在各种管理职能中居首要地位。此外，农村经济管理人员必须制订工作计划，以了解需要什么样的组织结构，需要什么样的人员，按照什么样的方法去领导下属以及采用什么样的控制方法，等等。因此，要使所有的其他管理职能发挥效用，理所应当地应首先做好计划管理工作。

8.1.2.3　普遍性

计划工作在各级管理人员的工作中是普遍存在的。区别在于，高层管理人员负责制订战略性计划，中低层管理人员负责制订战术性计划或生产作业计划。因此，授予下级某些制订计划的权力，有助于调动下级的积极性，这对于顺利完成计划、实现组织目标大有益处。

8.1.2.4　效率性

计划的效率是指从农村经济组织目标所做贡献中扣除制订和执行计划所需费用及其他开支后的总额。如果一个计划能够达到目标，但在计划的实现过程中付出了较高的代价或者不必要的代价，这个计划的效率就是很低的。在衡量代价时，不仅要考虑时间、资金的投入，而且还要考虑个人和集体的满意程度。所以，在制订计划时，要时时考虑计划的效率，不但要考虑经济方面的利益，而且还要考虑非经济方面的利益和损耗。

8.1.2.5　创造性

计划是组织对未来资源配置的一种安排。由于未来环境具有许多不确定因素，因此，制订计划时，需要对环境有预见能力和应变能力，只有如此，才能制订出有效率的计划。从某种意义上说，计划是一种非常规的选择过程和设计过程，是一种创造性的活动。

[案例 8-2] 创新设计是企业保持经营活力的源泉

年轻的于某是一个很有能力的创业者，不到两年的时间就将自己经营的农贸公司打理得井井有条，生产稳定，产品畅销，赢利丰厚，在苏北地区颇有名气。时间一长，他就在生产管理、产品开发及市场营销上形成了套路，不肯越“雷池”半步，信言“以不变应万变就是企业的生命”，认为企业产品只要销路好、赢利高，就不需要再寻求变化，不需要再研制开发新产品，不需要再创新投资。结果没出两年，就被同行们挤出了圈子。作为一名投资决策者，如果只沉醉在昔日的辉煌中，不思进取，安于现状，则无异于自杀。拒绝创新投资的直接结果就是产品老化，使企业自身竞争力下降，为竞争对手打开缺口。要知道办企业就好像逆水行舟，不进则退。好的投资者都是“生产一代、储存一代、设计一代”，永远充满新意。

8.1.3　农村经济计划的类型

8.1.3.1　按计划内容的表现形式分类

按照不同的表现形式，可将计划分为宗旨、目标、策略、政策、规则、程序、规划和预算等几种类型。

(1) 宗旨。任何一个组织都应该具有自己的目的或宗旨。这种目的或宗旨是社会对农村经济组织的基本要求。明确的目的或宗旨回答了组织是干什么的和应该干什么的问题。例如工商企业的目的是生产或销售商品和服务；大学的目的和任务是培养人才等，农村专业协会的主要目的是利用集体力量为社员提供优质的服务。

(2) 政策。政策是指在决策或处理问题时指导及沟通思想活动的方针和一般规定。政策指明了组织活动的方向和范围，以保证行动同目标一致，并有助于目标的实现。在正常情况下，各级农村经济组织都有自己的政策和适用范围。制定政策有助于事先决定问题，不需要每次重复分析相同情况，从而使主管人员能够控制全局。政策必须保持一贯性和完整性。

(3) 程序。程序规定了如何处理那些重复发生的问题的方法与步骤。通俗地讲，程序就是办事手续，是对所要进行的行动规定时间顺序。程序是行动的指南，而不是思想的指南。因此，程序是详细列出必须完成某类活动的准确方式。例如，公司政策规定工作人员享有假期，为实施这项政策所建立的程序编制了度假时间表，制定了假期工资率、支付办法，以及申请度假的详细说明。

(4) 规则。规则是对具体场合和具体情况下，允许或不允许采取某种特定行动的规定。规则也是一种计划，只不过是一种最简单的计划。人们常常将规则与政策和程序相混淆，应特别注意区分。规则不是程序，因为规则指导行动，而不说明时间顺序。可以把程序看做一系列规则的总和。政策的目的是要指导决策，并给管理人员留有酌情处理的余地。虽然规则有时也起指导作用，但是在运用中没有自行处理的权力。

(5) 规划。规划是综合性的计划，它是为实现既定目标、政策、程序、规则、任务分配、执行步骤、使用资源以及其他要素的复合体。因此，规划工作的各个部分的彼此协调需要严格的技能，以及系统的思考和行动的方法。通常情况下，规划需要预算的支持。

(6) 预算。预算作为一种计划，是一份用数字表示预期结果的报表。预算又被称为“数字化”的规划。例如，财务收支预算，可称为“利润计划”或“财务收支计划”。一个预算计划可以促使上级主管对预算的现金流动、开支、收入等内容进行数字上的整理。预算也是一种控制手段，它迫使人们制订详细的计划，又因为预算是采用数字形式，所以它使计划工作更细致、更精确。

8.1.3.2 按计划对组织的影响范围和程度分类

按计划对组织的影响范围和程度分类，计划可分为战略计划和战术计划。战略计划是确定农村经济组织未来发展方向的长远计划，一般具有四个特征：一是时间跨度长，涉及范围广；二是着重于组织总体的概括性谋划；三是执行结果具有较大不确定性；四是整个过程由农村经济组织最高层管理者领导和控制。战术计划是规定组织经营目标如何实现的具体实施方案和细节，用来指导管理者逐步而又系统地实施战略计划规定的任务。从相互关系来看，战术计划是战略计划的执行性计划，也有四个特征：一是时间跨度比较短；二是覆盖的范围较窄；三是战术计划的内容比较具体明确；四是可操作性强，风险小。

8.1.3.3 按农村经济管理部门职能分类

根据农村经济组织或企业部门管理职能的不同进行分类，可以将计划分为生产计划、财务成本计划、供应计划、劳资计划、安全计划、人员培训计划、研究与开发计划、销售计划等。这些计划通常是与组织中按职能划分的管理部门的组织结构体系相对应的。

8.1.3.4 按计划的内容分类

按计划的内容可以将计划分为专项计划和综合计划。专项计划又称专题计划，是指为完成某一特定任务而拟订的计划，如基本建设计划、新产品试制计划等。综合计划是指对农村经济组织活动所作的整体安排。综合计划与专项计划之间是整体与局部的关系。专项计划是综合计划中某项重要项目的特殊安排，它必须以综合计划为指导，避免同综合计划相脱节。

8.1.3.5 按计划所涉及的时间分类

按计划所涉及的时间可以将计划分为长期计划、中期计划和短期计划。长期计划往往是战略性计划，它规定农村经济组织在较长时期的目标以及为实现目标所应采取的措施和步骤。中期计划确定整体目标和分项目的目标。其目标考核指标有：销售额、产品结构、新产品比例、利润额、资本结构、资金利润率及设备投资和人员的限额。短期计划通常是指年度计划，它是根据中长期计划规定的目标和当前的实际情况，对计划年度的各项活动所作出的总体安排。中期计划是介于长期计划和短期计划之间的计划。上述三种计划，相互衔接，反映了事物发展在时间上的连续性。

8.2　农村经济计划管理的程序

农村经济管理活动是个发展变化的过程，计划作为行动之前的安排，必须是一种连续不断的循环。灵活的计划必须有充分的弹性，计划，再计划；不断循环，不断提高。任何计划工作的步骤都是相近的，依次包括以下内容：计划的制订、计划的执行、计划的调整和计划的控制。

8.2.1　计划的制订

8.2.1.1　计划制订的原则

（1）可行性与创造性相结合。编制计划过程中，必须考虑到农村经济组织现有的人力、物力和财力资源，任何超越组织现有资源约束条件的计划最终必然失败；同时，组织可以对未来环境作合理的预测与分析，这样编制出的计划才可能是合理的计划。

（2）短期计划与长期计划相结合。长期计划由于时间长可能会产生较大的不确定性，面临较大的风险。因此，实际指导农村经济组织行动的计划期限不能太长，其长短应是以能实现或者有足够的可能性实现其所承诺的任务为准绳。如果组织仅仅注重短期计划而忽视长期计划，可能使组织丧失发展机会。因此，短期计划与长期计划的有机结合既能使组织一步一个脚印地向前迈进，又能适应未来的变化，把握机会。

（3）灵活性与稳定性相结合。由于计划是在对未来组织环境假定基础上的一种安排，而组织实际环境总是在不断变化的，因此，计划必须体现一定的灵活性，从而将环境变化给农村经济组织带来的影响降到最低程度。不过，保持计划的灵活性是有限度的。原因是：首先，不能总是以推迟决策来保持决策的正确性；其次，不能过分追求灵活性而不考虑代价的大小；最后，往往存在着一些使计划根本无法具有灵活性的情况。

（4）必要时重新确定使命和目标。农村经济组织或企业的计划工作必须有助于组织使命的完成和目标的实现，但这不是组织的最终目的。如果原有的使命和目标在大的方面不能与环境保持协调，或者为了使组织能够更好地服务于社会并实现自身价值，因此在必要的时候，重新确定使命和目标是非常必要的。

[案例8-3] 开办农资服务部的创业计划

小张大学毕业后，在一个县的农资经销公司的职务从兼职员工变为全职员工。凭借勤奋和努力，小张的职业生涯有了一个良好的开端，他从普通员工成长为一名业务经理。毕业五年后的一天，小张上班途中经过一幢贴有“出租”标志的房屋，这幢房屋坐落于县城商业繁荣的街道上，小张意识到这是一个自己开店的最佳位置。于是小张辞去农资经销公司业务经理的职务，开始创建自己的农资经销服务部。在父母和亲戚朋友的支持下，小张很快开始实施自己的创业计划。然而，开设一家新店有大量的计划工作要去做，比如如何进行经营定位、室内布置、寻找供应商、招募店员、制订工作规则和程序等。更为重要的是，成功开设一家新店，如何去管理，使之不断地成长，需要小张有长远、详细、周密的计划。

8.2.1.2　计划制订的步骤

（1）收集资料，确定计划的基本前提条件。计划是决策的制定及具体落实过程。因此，了解决策者的选择，理解有关决策付诸执行所面临的外部环境特点及组织内部所需具备的资源和能力条件，就构成了计划工作的前提条件。计划的前提条件的类型和性质可以从不同角度进行分类：外部的与内部的前提条件；定量的与定性的前提条件；可控的与不可控的前提条件。要合理选择关键性的前提条件，提供多套备选的计划的前提条件，保证计划的各种前提条件协调一致。

(2) 确定组织目标和实现目标的总体行动方案。这一阶段计划工作的实质就是决策。它大致包括以下工作步骤：首先，根据前阶段对计划基本前提条件的认识，估量组织发展的机会，确定组织的目标；其次，进一步调查研究，明确计划的具体前提条件；最后，提出多种可供选择的方案，经过比较分析，确定最满意的方案。

(3) 分解目标，形成合理的目标结构。组织目标的分解可以沿空间和时间两个方向进行，也就是将决策确定的组织总体目标分解落实到各个部门、各个活动环节乃至每个人，同时将长期目标分解为各个阶段的分目标。通过目标的层层分解、落实，就可以确定组织的各部分在未来各个时期的具体任务以及完成这些任务应达到的具体要求。

(4) 综合平衡。主要内容有三个方面：一是各项任务之间的平衡。即研究目标结构在时间上和空间上是否能相互衔接和协调。二是研究组织活动的进行与资源供应的关系。分析组织能否在适当的时间筹集到适当品种、数量和质量的资源，从而保证组织活动能连续、稳定地进行。三是分析不同环节在不同时间的任务与能力之间是否平衡。即研究组织的各个部分是否能够保证在任何时间都有足够的能力去完成规定的任务。

(5) 编制并下达计划。在综合平衡的基础上，组织可为各个部门编制各个时段的行动计划，并传达下去加以执行。执行的计划可分为单一用途计划和常用计划两种。单一用途计划的主要表现形式包括工作计划、项目计划和预算；常用计划是可以在多次行动中得到重复使用的计划，它由政策、程序、规则等构成。

8.2.2 计划的执行

农村经济组织或农村企业计划实施的主要工作是各管理层将计划指标层层展开，层层落实，层层制定对策。通过计划保证体系将计划执行过程中的问题、现状、目标、措施等一一指明，从而提高各部门、各个员工的工作责任感，保证计划目标的实现。如果在计划实施过程中，环境发生了变化，就需要对计划进行调整以便其能够适应环境变化的要求。

8.2.3 计划的控制

为保证计划的实施，必须在计划执行过程中加强对计划的控制。计划控制就是按预定的目标和标准来检查和控制计划的执行情况，及时发现偏差，迅速予以解决，以保证计划的实现。计划控制的基本任务是发现偏差和纠正偏差，计划控制包括事前控制和事后控制。事前控制是在具体的活动发生之前按标准实行控制，以预防偏离计划要求，保证计划的顺利执行；事后控制是在具体的活动发生之后，将实际执行情况与标准对比，发现差异，查明原因，采取措施，加以处理，以保证计划按预定目标进行。

[案例 8-4] A 食品公司销售部经理的烦恼

刘华是 A 食品公司的一个地区销售部经理，负责管理该地区十几家连锁商店。他为了使自己所负责的部门保持销售价格强势地位，在 2006 年新年前夕向各连锁商店经理发出通知，希望每位经理做到以下六点：一是将食品的质量损失降到最低程度；二是将加班费尽可能地降低；三是把商店库存压缩到最低程度；四是订货单尽早发出，以便公司采购员有足够的时间去讨价还价；五是确保广告费不超支；六是对购物优惠券的使用要格外谨慎。半年后，公司总经理对刘华的工作业绩提出了批评：一是利润水平没有达到预定目标；二是食品质量和加班费没有达到全公司平均管理水平；三是广告费用开支节省不多；四是虽然库存积压和购物优惠券费用有所减少，但各商店经理的订单提前和延迟现象严重，采购部门对此不满意。刘华对此感到很疑惑：本来认为很完善的计划怎么会出现这样大的偏差，应该怎样调整呢？

8.2.4 计划的调整

任何一项计划的内容都是设计者对未来的美好憧憬，或者是管理者对组织目标如何实现的具体行动安排，它们都是根据内外部环境、主客观条件的预测、估计而制定出的一种理想状态。但是，无论多么完美的计划，都不可能100%实现，因为在计划的实施过程中，环境和条件是在不断变化的。尤其在当今社会，经济迅速发展，市场瞬息万变。这就要求组织在计划的执行、计划的控制过程当中，不断地发现问题，查找原因，修正目标，以适应环境条件的变化，从而制订出更加完美的计划，以进入下一个计划周期。按照计划执行结果与计划目标之间偏差产生的原因，可以采取不同的调整方式。对由于可控制因素产生的偏差，可以通过调整工作方法和控制措施来改进工作，缩小偏差，保证计划目标的实现；对由于不可控制因素引起的偏差，比如国家政策调整、出口产品的国际市场环境变化等，则要通过重新制订计划来适应环境变化，维持农村经济组织或企业继续生存和发展。

8.3 农村经济计划的编制方法

农村经济计划工作效率的高低和质量的好坏，很大程度上取决于计划编制的方法和管理技术。传统的计划编制方法只有综合平衡法，难以适应农村经济组织或企业所面对的复杂而多变的外部环境，需要将综合平衡法和现代计划管理技术的运用结合起来。

8.3.1 综合平衡法

8.3.1.1 综合平衡法的含义

综合平衡法是农村经济组织或农村企业编制经济计划的基本方法。以农村企业为例，运用这种方法编制计划时要研究如何正确处理企业生产经营活动中的一些主要比例关系，使这些关系协调一致。比如资源供需关系，投入产出关系，企业整体发展与各部门、各环节平衡协调关系以及收入与支出关系等。由于运用综合平衡法要充分考虑各种要素及指标间的平衡关系，所以运用其制订的经营计划具有比较强的科学性和可行性。

[案例8-5] 制订经营计划应树立综合平衡观念

金某是一家乡镇粮食加工企业的老板，看到别人因生产营养混合米粉都快“赚疯”了，不由得也心急火燎起来，赶紧筹集了资金，决定尽快投资这一项目。就在这时，他手下的一名技术员劝告他：“老板，您只要将开工时间推迟四个月，我们就能安装调试好一种目前最先进的设备来生产这种产品，而且比现有设备生产的产品要好得多，相信也会畅销得多。”不料，金老板听后很不高兴地说：“推迟开工四个月？你知道推迟开工四个月意味着什么吗？那意味着我们将白丢掉上百万元的利润。”并且命令马上开工。但不出那位技术人员所料，工厂开工没几个月，就因为配套技术陈旧、产品生产质量不达标而使产品陷入滞销。这位老板不得不重新投入巨资对才开工没多久的工厂进行技术改造。创业者在初涉投资时，易受眼前利益驱动，而忽视长远利益，采取急功近利的短期行为，这样做虽然能够使企业一时获利，却丧失了长远发展的后劲。投资计划是一项系统工程，创业者要克服急功近利的思想，更不可杀鸡取卵、涸泽而渔。眼前利益与长远利益结合，局部和总体之间的综合平衡是计划制订中必须考虑的问题。

8.3.1.2 综合平衡的主要内容

（1）经营规模和发展速度的平衡。企业内部各生产部门、生产环节、生产要素和经济活动之间存在着相互联系、相互制约的关系，必须保持它们之间相对平衡的比例关系，只有这样，才能保证各生产经营部门相互配合、协调发展。

（2）经营结构的平衡。经营结构反映着企业经营项目的组合情况，决定企业各种经营项目对资源利用的比例关系。经营结构的平衡实质上是各生产部门以及项目之间资源配置与利用的平衡。

（3）生产任务与生产要素之间的平衡。它实质上反映的是生产任务需要与各种资源供应之间的平衡，实现这种平衡的目的是从总体上提高各种生产要素的综合利用率。一般来说，企业资源的需要量受企业经营规模的制约，资源供给量受生产要素市场价格的制约，规模效益的大小是决定生产计划任务指标的重要影响因素。

（4）产品生产与产品销售的平衡。产品是企业的物质生产成果，产品的取得意味着经营过程由物质生产领域转向了商品流通领域。产销平衡是指产品产量与市场需求之间的平衡，它是企业产品的投入能否有效转为销售收入并获得赢利的重要保证，它决定着企业可能实现的经营效果。需求决定供给，产品销售决定经营规模，这是企业确定产品生产与销售关系时应明确的指导思想，现代企业的客户“订单”是安排生产任务的重要依据。

8.3.1.3 平衡表及其具体格式

运用综合平衡法编制经营计划，主要是通过编制平衡表，找到资源供求矛盾，并提出解决矛盾的办法来完成计划编制的任务。企业运用综合平衡法编制经营计划，要通过编制综合平衡表来对资源需要和供应关系进行调剂。一般的平衡表包括资源需要量、供给量和余缺三部分。平衡表的格式如表 8-1 所示。

表 8-1 ×××平衡表

内容 项目	需要量（投入量）	供给量（产出量）	余缺量
合　计			

8.3.1.4 综合平衡法运用的步骤

（1）确定综合平衡内容及指标体系。综合平衡的基本内容和指标体系的确定要以经营计划目标、范围和要求为依据，具体计划指标可以根据不同部门或单位承担的生产经营目标来确定。

（2）进行部门需求预测。各部门对每一项已经确定的综合平衡内容（指标）都要进行需求预测。部门需求预测一般采用部门规划法，即各主管部门根据本部门在规划期内的发展要求，确定出对某一平衡内容的需求数值。企业要将各部门需求预测值编成总需求表进行综合汇总。

（3）综合平衡。通过平衡表对供需双方进行平衡，从而确定计划方案。在综合平衡过程中，决策者要依据企业经营发展综合要求和计划期任务，确定经营项目和规模，将资源需求与供给之间进行对比、找出缺口，采取措施加以解决。

8.3.2 零基计划法与弹性计划法

8.3.2.1 零基计划法

在 20 世纪 70 年代末的美国，提出了“零基预算”即“零基计划”的说法。顾名思义，“零基预算”即支出基数为零的预算。也就是说，它不再考虑以往，而是按“事件现状”来编制预算或计划。

（1）零基计划的含义。零基计划是指以零点为基础而制订的计划。具体地说，就是排除过去和现实中存在但可以避免的各种消极因素的影响，把各项生产经营业务视为从头开始的新工作加以安排，客观地考虑其获取收入、发生支出和实现利润的可能性，并据以制定的预算或计划。

（2）零基计划的优缺点。零基计划的优点是：零基计划作为一种计划模式，能提高资源使用效益，它确定每项费用数额的大小要依据成本与效益分析确定，这就要求要合理分配资源，充分发挥每项资源的使用效益。根据企业具体情况，灵活采用零基计划的制度能调动各级管理人员的积极性。零基计划不受原有计划的限制，没有框框，需要各级管理人员充分发挥主观能动性和创造性，根据具体情况制定计划方案。零基预算的缺点是：编制过程较复杂，工作量大，编制时间过长；有时还会出现“打井列入预算，填井也列入预算”，而总效益为零的荒唐现象。

（3）零基计划的编制程序。零基计划编制的工作步骤是：首先，拟定方案。根据企业的总目标和总方针，制定本部门每一项独立的生产经营活动的计划方案，确定活动目标，计算需要开支的费用标准。其次，评定方案。对每一项业务活动所需要的费用进行成本与效益分析，计算每一项费用支出可能取得的效益，根据计划项目的性质来权衡轻重、排列顺序、区别等级。最后，落实方案。根据可动用的资源或企业分给本部门所能使用的资源，结合对每项费用指标的评价，按照排列顺序分配资金、落实方案。

8.3.2.2　弹性计划法

（1）弹性计划的含义。弹性计划是在静态计划模式的基础上发展起来的一种计划模式，它是根据计划或预算可预见的多种不同的业务量水平，分别计算其相应的预算额，以反映在不同业务量水平下，所发生的费用和收入水平的财务预算编制方法。由于弹性计划随业务量的变动而作相应调整，考虑了计划期内业务量可能发生的多种变化，故又称“变动计划”或“变动预算”。

（2）弹性计划的特征。弹性计划有两方面的特征：其一，弹性计划仅以某个“相关范围”为编制基础，而不是以某个单一业务水准为基础。其二，弹性计划的性质是“动态”的。弹性计划的编制可适应任何业务要求，甚至在期间结束后也可使用。也就是说，企业可根据该期间所达到的业务要求编制弹性计划（预算），以确定在该业务量的要求下，“应有”的支出是多少。根据弹性计划的特征可以看出，为了提高弹性计划制订及控制的合理性，在核算各种计划指标时，科学确定各种业务活动的计量技术参数或数量定额具有重要的意义。因为当计划业务量指标或计划完成程度发生变化时，相应的计划指标控制或考核工作就可以建立在具有科学依据的基础上。

（3）弹性计划的编制程序。由于弹性计划的出现，使不同的财务经济指标水平或同一经济指标的不同业务量水平有了相应的预算额。因此，在实际业务量发生后，可将实际发生量同与之相适应的预算数进行对比，以揭示生产经营过程中存在的问题。弹性计划的具体编制步骤是：首先，选择和确定与计划内容相关的业务量计量标准和范围。如产销量、材料消耗量、直接人工小时、机器工时和价格等。其次，计算、确定各经济变量之间的数量关系，预测计划期或预算期可能达到的各种经营活动业务量。例如，预测随业务量增减变化而变化的变动成本，应计算每单位业务量所负担的成本费用。最后，计算各种业务量的财务预算数额，并以列表、图示或公式等方式表示。

例 8-1：建华农工商服务公司对销售的A种农产品的销售单价和成本经过加权平均计算为2440元/吨和2120元/吨，经过市场调查分析，前五年的产品销售总量在40000～80000

吨，公司据此确定的2011年产品销售收入、成本和利润的弹性预算如表8-2所示。

表8-2 建华农工商服务公司2011年A产品销售弹性计划表

序号	销售量/吨	销售收入/万元	销售成本/万元	销售利润/万元
1	40000	9760	8480	1280
2	45000	10980	9540	1440
3	50000	12200	10600	1600
4	55000	13420	11660	1760
5	60000	14640	12720	1920
6	65000	15860	13780	2080
7	70000	17080	14840	2240
8	75000	18300	15900	2400
9	80000	19520	16960	2560

（4）弹性计划编制注意的问题。为了加强计划管理，企业应根据自身情况选择相应的项目来编制弹性计划。对于如何选择与企业自身相适应的项目为基础编制弹性计划，应考虑以下三方面因素：一是所选择的项目必须与企业制造费用的变动有因果关系。也就是说，制造费用变动应随所选项目数值的变动而变动。二是选定的项目应尽量以实物单位数表示，而不以金额表示。若不得不以金额表示，则应使用标准金额，而不用实际金额。使用金额的缺点是容易受物价变动的影响而导致所选定的项目发生“歪曲”现象。三是所采用的项目力求简明易懂。若采用的项目不易为人所了解，则不但不能作为计划管理的工具，反而会造成许多混乱及误解。

［案例8-6］滚动计划让新城公司插上成功的翅膀

新城公司原来计划管理水平低下，公司实际运营与计划要求长期脱节，经营管理粗放。为了实现企业计划制订与实际执行的良性互动，在咨询公司的参与下，公司开始推行滚动计划管理方法。工作基本程序分为两个步骤：

第一步，公司以全面协同量化指标为基础，将各年度计划分解为四个独立的、相对完整的季度计划，并将其与年度计划紧密衔接。各季度计划的制订根据近细远粗、依次滚动的原则进行。每年年初都要制订一套繁简不一的四季度计划：第一季度的计划实行完全量化，各工作部门必须遵照执行；第二季度计划中50%的内容实现量化；第三季度计划中20%的内容实现量化；第四季度计划只作定性安排。在计划执行过程中对各季度计划进行定期滚动管理——第一季度计划执行完毕后，将第二季度计划滚动到原第一计划的位置，按原第一季度计划的标准细化到完全量化的水平；第三季度的计划则滚动到原第二季度计划的位置并细化到至少量化50%内容的水平，依此类推。第二季度或第三季度计划执行完毕时，按照相同原则将后续季度计划向前滚动一个阶段并予以相应细化。本年度四个季度计划全部执行完毕后，下年度计划的周期即时开始，如此周而复始，循环往复。

第二步，公司以全面协同量化指标为基础建立了三年期的跨年度计划管理模式，并将其与年度计划紧密对接。公司每年都要对计划本身进行一次定期调整。新城公司立足于企业长期、稳定、健康地发展，将季度计划——年度计划——跨年度计划环环相扣，前后呼应，形成了独具特色的计划管理体系，极大地促进了计划制订和计划执行相辅相成的功效，明显提升了预测、决策和计划管理水平，为企业整体效益提高奠定了坚实的经营管理基础。

8.3.3 滚动计划法

滚动计划法是一种具有灵活性的、适应环境变化的长期计划的编制方法。由于长期计划的计划期较长，影响它的不可控因素多，很难准确地预测到各种影响因素的未来变化，因而很难确保长期计划的成功实施。采用滚动计划方法，意在根据环境条件变化和实际完成情况，定期对计划进行修订，使组织始终有一个较为切合实际的长期计划作指导，并使长期计划与短期计划紧密衔接。

8.3.3.1　滚动计划的含义

滚动计划法是一种动态地编制和修订计划的方法。在编制计划时，先用近细远粗的方法制订出初始计划，然后每经过一段固定的时期（如一年或一个季度等，这段固定的时期被称为滚动期），便根据变化了的环境条件和计划的实际执行情况，对原计划进行必要的调整，并将计划期顺序向前延伸一个滚动期。

8.3.3.2　滚动计划的编制方法

运用滚动计划法要求在每次制订计划时，以最近执行期的计划执行情况和对环境因素的分析为依据，修订新一周期计划。它采取远粗近细、逐步逼近的方法，将计划期分成若干执行期（一般分成 3～5 个执行期）。制订计划时，由于离制订计划时间较远的执行期的环境因素难以准确测定，计划指标和行动措施只能比较粗略；离制订计划近的执行期影响因素比较容易掌握，计划方案则考虑得比较细致。随着滚动过程的不断进行，远的执行期逐步变近，由于计划的多次修订，计划方案也就逐步逼近实际了。

例 8-2：以红星农场编制五年经营计划的过程为例，用图 8-1 来说明采用滚动计划法编制和修改计划的过程。首先，在充分分析内、外部环境条件的基础上，先初步制订出2010～2014 年五年经营计划和 2010 年的年度计划，然后运用近细远粗的方法将其分解到各个年度。当 2010 年结束时，将实际完成情况与计划指标进行比较，分析产生的差异（可能是超前完成计划，也可能是延后）及差异形成的原因。在充分预测分析 2011 年环境条件的前提下，扬长避短，调整经营方针，修订原始计划，将长期计划向前延伸 1 个年度，并将 2011 年的年度计划明确下来……依此类推，不断延伸和滚动，将计划不断向前推进。

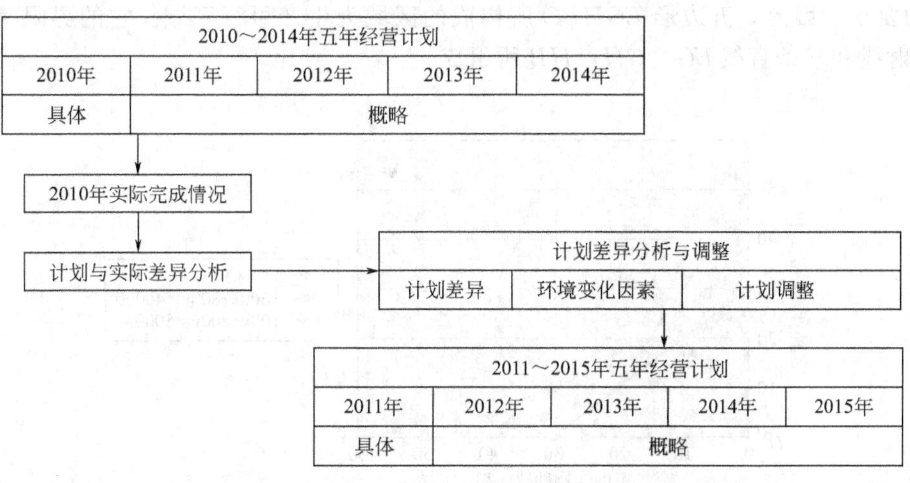

图 8-1　运用滚动计划法编制经营计划示意图

8.3.3.3　滚动计划法的优缺点

滚动计划法的优点是：计划制订过程与实际紧密结合，提高了计划的准确性。计划指标近细远粗，近期计划和远期计划相结合，计划与不断变化的环境相结合，提高了计划的适应性。计划指标逐期调整、延伸，增强了计划的弹性，有利于规避风险，提高组织的应变能力。缺点是：在计划逐期调整过程中，工作比较烦琐，对于近似性比较大的工作内容，计划管理人员容易采用传统经验处理相关问题，对客观条件可能发生的变化估计不足，使计划编制过程流于形式。

8.3.4 线性规划法

在企业编制经营计划时，经常会遇到具有多种生产项目、多种限制条件的生产结构方案的选择问题。在这种情况下，当限制条件和生产项目之间存在着一定的线性数量关系时，可以采用线性规划分析法解决相关的经营计划编制问题。

例 8-3： 某家庭农场承包耕地 30 公顷，计划种植甲、乙两种作物，种植甲作物每公顷用工 100 个工日，每公顷物质费用 1600 元，每公顷收入 5000 元；种乙作物每公顷用工 200 个工日，每公顷物质费用 800 元，每公顷收入 3000 元。该农户计划投入两种作物生产的总用工量为 5000 个工日，物质费用总额为 40000 元。根据上述资料，建立最大收益问题线性规划模型，并用图解法求解如何安排生产获取的总收入最大。

解：（1）建立数学分析模型。设甲种作物的种植面积为 X，乙种作物的种植面积为 Y，生产过程的总收入为 Z，根据给出的技术经济资料可以列出线性规划模型如下：

$$\begin{cases} X+Y\leqslant 30 \\ 100X+200Y\leqslant 5000 \\ 1600X+800Y\leqslant 40000 \\ X\geqslant 0,\ Y\geqslant 0 \\ Z\max=5000X+3000Y \end{cases}$$

在上面的线性规划模型中，前三个不等式为约束条件，后一个等式为目标函数。其中 X 和 Y 的计量单位都是公顷。

（2）作图确定可行区域。令 $X+Y=30$，$100X+200Y=5000$，$1600X+800Y=40000$，在一张坐标图上绘出这三个方程所表示的直线，可以得到图 8-2。在图中，根据生产的约束条件，只有位于 $EGHB$ 折线上及其左下方的区域才能同时满足土地、劳动力和物质费用约束条件的要求。因此，五边形 $EGHBO$ 所构成的区域为生产可行区域。它的界限是由 OX，OY 两条射线和三条直线 EG，GH，HB 所组成。

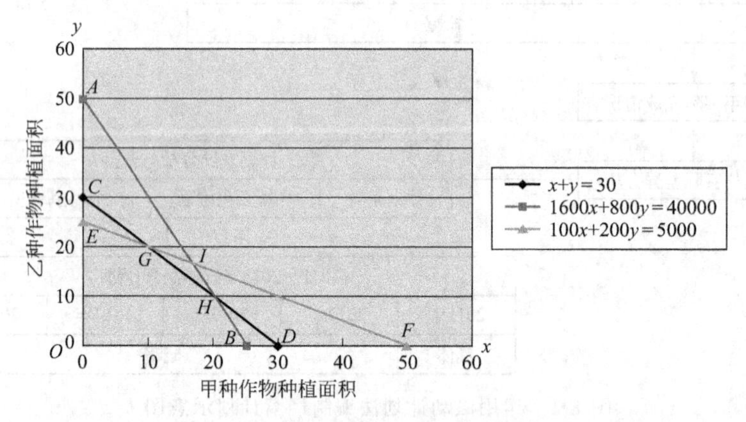

图 8-2 两种作物种植结构安排分析图

（3）确定最优解。根据线性规划问题的基本性质，这个问题的最优解一定在五边形 $EGHBO$ 的 E、G、H、B、O 这五个端点的坐标上，只要将各端点坐标上的 X 和 Y 的值分别代入 $Z=5000X+3000Y$ 中，就可以求出各自所表示的种植计划方案的总收入，通过比较求出最优解。

端点坐标	目标函数：$Z=5000X+3000Y$
E（0，25）	5000×0＋3000×25＝75000（元）
G（10，20）	5000×10＋3000×20＝110000（元）
H（20，10）	5000×20＋3000×10＝130000（元）
B（25，0）	5000×25＋3000×0＝125000（元）
O（0，0）	5000×0＋3000×0＝0（元）

通过比较可知最优解是 H 点坐标所表示的作物种植方案，也就是甲作物种植 $20hm^2$，乙作物种植 $10hm^2$，获得的总收入最大，为 130000 元。利用线性规划方法还可以求解在限定生产条件下，取得最小成本的生产项目组合问题，基本原理和方法与求解最大收入问题大致相同。

8.4　农村经济组织的目标管理

8.4.1　目标管理的含义与特点

8.4.1.1　目标管理的含义

目标管理是一个全面的管理系统，它用系统的方法，使许多关键管理活动结合起来，高效率地实现个人目标和组织目标。农村经济的目标管理，是一种通过科学地制定目标、实施目标、依据目标进行考核评价来实施组织管理任务的过程。从形式上看，目标管理是一种程序和过程。一切管理活动以制定目标开始、以目标为导向，以目标完成情况作为管理依据。以农村企业管理为例，目标管理贯穿于企业管理活动的全过程。企业中上级与下级共同商定企业目标，并将总目标逐级分解为部门目标及个人目标。企业通过目标体系明确各部门及个人的工作任务，将履行责任过程转化为实现目标的过程，目标成为对各部门及个人进行绩效考核的依据。

8.4.1.2　目标管理的特点

(1) 目标管理运用系统论的思想，通过目标体系进行管理。企业是由相互联系、相互作用的若干要素组成的错综复杂的有机整体。目标管理理论把企业看做一个开放系统进行动态控制。企业的全部管理活动都纳入一个完整的系统之中。通过目标的制定和分解，在企业内部建立起纵横交错的完整目标连锁体系。企业管理工作主要是协调总目标之间、总目标与分目标之间以及分目标之间的关系，并考核监督目标的完成情况。目标管理使企业管理更为规范化、程序化，企业高层领导能总揽全局，实现企业管理的整体优化。

(2) 目标管理是一种民主的、强调职工自我管理的管理制度。目标管理的各个阶段都非常重视上下级之间的充分协商，让职工参与管理，实现管理的民主化。在目标制定过程中，让职工广泛参与意见，在相互尊重中实现信息交流，把个人目标与组织目标相统一；在目标完成中，职工有权在企业政策范围内自行制定具体行动方案。各种管理制度通过职工的参与使职工发现工作的兴趣和价值，调动职工的工作积极性，也通过职工考核目标完成情况，挖掘人力资源的潜能，使职工在自我控制中实现个人与组织的目标。

(3) 目标管理强调成果，实行“能力至上”。目标管理中，对目标要达到的标准、成果评定的方法都规定得非常具体、明确。按照成果优劣分成等级，反映到人事考核之中，作为职工晋级、升职、加薪的依据。由于目标成果的取得真实地反映出个人能力、知识水平、主观努力程度，从而使人事管理更注重工作实效。职工无论学历、资历如何，只要在实践中显示出具有完成目标的能力，就会得到企业的承认。这有助于鼓励职工自觉学习，开发自身能力。

[案例 8-7] 贺场长实施目标管理的困惑

振华农场的贺场长在一次管理技能培训中学习到一些目标管理的知识。他对于这种简单清晰的理论逻辑及其预期的收益分析印象非常深刻。因此，他决定在农场内部实施这种管理方法。首先他需要为农场各部门制定工作目标。他认为：由于各部门的目标决定了整个农场的业绩，因此应该由他本人为其确定较高的目标。确定了目标之后，他就把目标下发给各个部门的负责人，要求如期完成，并口头通知在计划完成后他要组织人员亲自对落实情况进行考核和奖惩。但他没有想到的是中层部门管理人员在收到任务书的第二天，就集体上书表示无法接受这些目标，致使目标管理方案无法顺利实施。贺场长对此感到很困惑：实行目标管理是一种好办法，下属怎么这么不理解，推行起来会这么困难吗？

8.4.2 农村经济目标管理的程序

8.4.2.1 制定总目标

农村经济组织或企业的总目标主要由最高经营管理者制定，可吸收一些中下层管理者或少数职工参加。这时的目标方案是初步的，具有试探性，必须待向下分解落实为各级分目标后，才能确定正式的总目标。企业高层领导人对目标的认同和为此而承担责任是制定好总目标的关键。高层领导集体内的所有成员都应接受既定的总目标并为其实现而共同努力。

8.4.2.2 目标分解

在农村企业中，目标分解就是将总目标层层分解落实到各个部门、班组和职工个人，即制定分目标，形成目标体系。目标分解时，上级应向企业全体职工说明目标的可行性和对企业、对职工的好处，目标实现的途径和方法，以增强全体职工对目标实现的信心和决心，使他们能积极主动地参与目标的分解和落实，并努力去为实现各自的分目标承担责任，保证总目标的实现；同时，上级还应为下级提供必要的实现目标的条件，也就是进行各种资源的分配。具体地讲，目标分解应做好如下几方面的工作：

首先，上级管理人员应向下属说明上级目标的内容，包括数量、质量、时限和任务要求，征求下属意见。经过企业内部调研，根据下属意见对上级目标进行调整和修正。

其次，上下协商，确定下属的目标和任务。必须使下属的目标和任务符合三个要求：一是具体。二是与上级目标达到协调一致。三是有明确的时间要求。这一过程是反复进行的，直至上下满意、认可为止。

再次，在协商中，根据下属所承担的目标和任务分配资源，如人员、资金、设备等，以保证目标的实现。上级对下属合理的要求应尽最大努力予以满足。

最后，制定相应的考核和评价办法，确定目标实现的报酬和奖惩标准。目标分解过程中，各种目标之间的平衡和一致性是十分重要的，即同一层次的目标之间比例关系协调，避免资源的浪费；下一层次的目标应与上一层次的目标保持一致，保证上层目标的实现。通过目标分解，将企业各级目标体系形成一个树形的目标结构，具体结构形式如图 8-3 所示。图中表示了管理总目标与一级子目标、二级子目标之间的关系。在实际工作中，二级子目标还可以分解为三级子目标，三级子目标还可以分解为四级子目标，等等。每个目标（除总目标外），都是实现上一级目标的具体手段，同时也可以分解为若干个子目标，直到分解为最基层工作目标为止。

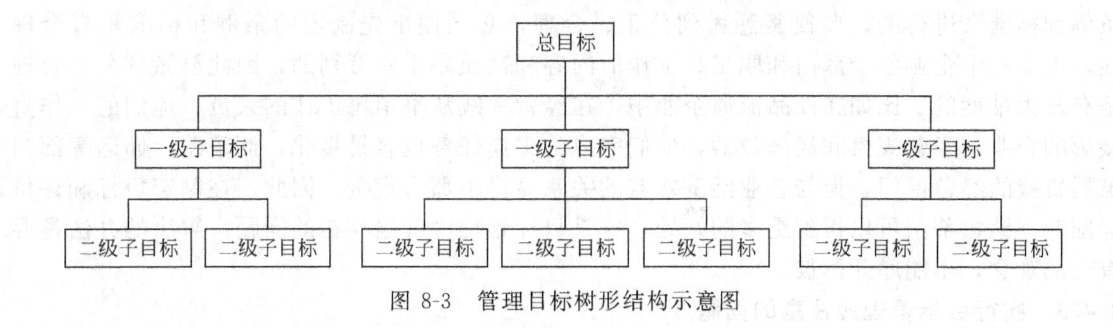

图 8-3　管理目标树形结构示意图

［案例 8-8］销售目标与生产目标矛盾的处理

长兴公司 2009 年春为最大限度地节约成本、增加利润，公司总部决定在全公司内实施目标管理，根据目标完成情况，一年进行一次绩效评估。事实上，他们在此之前为销售部门制定奖金管理措施时已经用了这种方法。公司通过对比实际销售额与目标销售额，支付给销售人员相应的奖金。这样销售人员的实际薪资就包括基本工资和一定比例的个人销售奖金两部分。销售大幅度提上去了，但是却苦了生产部门，他们很难及时完成交货计划。因此，销售部总是抱怨生产部不能按时交货。于是，公司高层管理者决定为所有部门和员工建立目标管理制度。生产部门的目标包括按时交货和库存成本两个部分。为了实施这个新的管理方法他们需要用到绩效评估系统。他们请了一家咨询公司指导管理人员设计新的绩效评估系统，并就现有的薪资结构提出改变的建议。他们付给咨询顾问高昂的费用修改基本薪资结构，包括岗位分析和工作描述。还请咨询顾问参与制定奖金分配方法，与年度目标的实现程度密切挂钩。总经理期待着很快能够提高业绩。然而不幸的是，业绩不但没有上升，反而下滑了。部门间的矛盾加剧，尤其是销售部和生产部。生产部埋怨销售部销售预测准确性太差，而销售部埋怨生产部无法按时交货。每个部门都指责其他部门存在的问题。由此致使公司客户满意度下降，利润也在急剧下滑。

8.4.2.3　目标的实施与检查

目标体系形成以后，要立即组织实施。应首先发动群众制定目标实施的具体措施，包括途径、方法、进度以及其他具体要求。目标在实施过程中，各级管理部门应定期检查，督促下属保质、保量、按期完成目标任务，发现问题，应与下属一道分析原因，寻求解决办法。根据目标管理的特点，目标实现过程中应强调责任人进行自我控制，对照任务书要求随时检查自己的任务完成情况，不断改进自己的工作方法，采取有效措施保证目标的实现。目标在执行过程中，必须进行有效的控制，发现问题，及时解决，以保证各项活动不偏离目标的轨道。各级领导在下级自检的基础上，必须用既定标准和进度计划来检查下级目标实施的效果，通过督促、协调和指导等方式，帮助下级改进工作，更好地完成任务。注意在采取调整措施时，必须与下级进行充分协商与讨论，避免强制性的上级干预。通过定期或不定期的检查，上级部门及时掌握目标管理活动各方面的情况，并及时向各部门员工进行通报、总结，根据个人成果进行考核、评比，以鼓励先进，鞭策后进。

8.4.2.4　目标成果评价

当目标管理的一个周期结束时，必须对目标实现的结果进行评价，并对承担者进行奖惩。评价与奖惩的关键是要做到公正、合理，体现多劳多得的分配原则，这是目标管理健康发展的根本。目标成果评价应采取自评、互评和上级部门评定相结合的方式进行，首先由职工个人对照任务书或目标任务卡片中的要求进行自我评价，然后由本部门职工或部门之间以民主讨论方式互评，最后由上级部门最后审定。对完成目标的奖惩，是按照事先制定的奖惩条例和标准来进行的，要使奖惩做到公正、合理，必须使事先制定的条例和标准具有合理性。由于一个企业各个部门和职工其工作的内容和性质是千差万别的，因此要做到公平合理是有较大难度的。比如在商品流通企业中，在经营一线从事销售工作的人员，他们的工作直接影响企业的经营规模和经济效益，他们完成的工作任务也容易量化，而采购、储运等部门虽属直接的经营部门，但与企业经济效益的关系显得不那么直接。因此，在制定目标和评价标准时，销售部门可以得到更多的好处，这是目标管理中普遍存在的问题。解决的办法是要有全局观念，不能厚此薄彼。

8.4.3 实行目标管理应注意的问题

目标管理是一种很实用的管理方法，应该大力推广。究竟如何推行目标管理？除了掌握具体的方法外，要特别注意下面三个问题：

第一，推行目标管理要有一定的思想基础和科学管理基础。所谓思想基础是指要教育职工树立全局观念、长远利益观念，要正确理解国家、集体和个人之间的关系。这是因为目标管理容易滋长急功近利本位主义的倾向，如果没有一定的思想基础，设定目标时就可能出现不顾整体利益和长远利益的现象。所谓科学管理基础是指各项规章制度比较完善，信息比较通畅，能够比较准确地度量和评估工作成果，这一点不仅是推行目标管理的基础，也是推行一切现代管理方法的基础。

第二，充分发挥领导的作用。目标管理制度中的领导不是原则上的领导，而是具体的、实际的领导，对各项指标都要心中有数。领导者工作不深入，没有专业知识，不了解下情，不熟悉生产，不会经营管理是不行的。所以实行目标管理不是对领导要求降低，而是提高了。目标管理中的领导者与被领导者之间不是命令与服从的关系，而是平等、尊重和信赖的关系。因此，要求领导改进作风，提高水平，发扬民主，善于沟通。在目标管理中，领导的重要职能是协调，首先表现在设置目标过程中的协调，其次表现在执行过程中的协调。要使大家的方向一致，目标之间要相互支持，这就需要领导者掌握一些协调的方法。另外，目标管理中的领导者应善于授权，因为没有分权，就不能创造个人自由达成目标的条件，这必然要导致目标管理的失败。

第三，目标管理要逐步推行，长期坚持。推行目标管理需要许多配套工作，如提高员工的素质，健全各种责任制，做好各项管理基础工作，制定一系列有关的政策等。这些都是企业的长期任务，所以目标管理也只有逐步推行，先试点，在试点的基础上总结经验，再大面积推广。正是由于上述原因，才不能期望目标管理是包治百病的灵丹妙药，在一朝一夕就能取得巨大成效，而需要长期坚持，不断发展和完善，这样才能收到良好的效果。

单元小结

农村经济计划是国家或农村社区根据一定时期农村经济发展目标，对农村经济工作总体部署与战略措施作出的事前安排。农村经济计划指标以一定的数值表示某个计划时期农村经济和社会发展所要求达到的目标。它是国家或社区农村经济发展计划任务的数字表现。包括指标名称和数值两部分。农村经济计划指标按其表现形式，分为实物指标和价值指标；按其性质，分为指令性指标和指导性指标；按其内容，分为数量指标和质量指标；按其作用，分为核算指标和考核指标；按其复杂程度，分为单项指标和综合指标。在农村经济管理工作中，计划指标要求概念确切、严格、简明，各项指标之间应当相互配合，形成一套科学的、完整的计划指标体系，以反映国民经济的内在联系和社会再生产的主要过程。

农村经济计划可以按照不同的标准进行分类。按照不同的表现形式，可将计划分为宗旨、目标、策略、政策、规则、程序、规划和预算等几种类型；按计划对组织的影响范围和程度分类，可将计划分为战略计划和战术计划；根据农村经济组织或企业部门管理职能的不同进行分类，可将计划分为生产计划、财务成本计划、供应计划、劳资计划、安全计划、人员培训计划、研究与开发计划、销售计划等；按计划内容分类，可将计划分为专项计划和综合计划；按计划所涉及的时间分类，可将计划分为长期计划、中期计划和短期计划。

农村经济管理活动是个发展变化的过程，计划作为行动之前的安排，必须是一种连续不断的循环。灵活的计划必须有充分的弹性，计划，再计划；不断循环，不断提高。任何计划工作的步骤都是相近的，依次包括以下内容：计划的制订、计划的执行、计划的调整和计划的控制。

农村经济计划工作效率的高低和质量的好坏，取决于计划编制的方法和管理技术。传统的计划编制方法只有综合平衡法，已难以适应组织所面对的复杂而多变的外部环境。现代计划编制方法主要有零基计划法、弹性计划法、滚动计划法和线性规划法。各种计划方法的使用应和农村经济组织或企业的具体情况相结合。

农村经济的目标管理，是一种通过科学地制定目标、实施目标、依据目标进行考核评价来实施农村经济组织管理任务的过程。农村经济组织进行目标管理的领域不同，其实施步骤也不尽相同。一般而言，目标管理程序包括如下工作步骤：制定总目标、目标分解、目标的实施与检查、目标成果评价。实行目标管理需要教育和引导中层部门管理者和全体员工树立全局观念，防止急功近利和本位主义的思想倾向的危害。

综合练习

（一）基本概念

计划　综合平衡法　零基计划　弹性计划　滚动计划法　管理目标　目标管理

（二）填空

1. 农村经济（　　）是（　　）、（　　）和计划的统称。
2. 农村经济计划要解决农村经济管理过程中六方面问题，即（　　）、做什么、（　　）、何时做、何地做和（　　）。
3. 按计划对组织的影响范围和程度分类，计划可分为（　　）和战术计划。
4. （　　）作为一种计划，是用数字表示预期结果的（　　）。预算又被称为“数字化”的（　　）。
5. 计划管理程序分为四个步骤：计划和制订、（　　）、（　　）和计划的调整。
6. （　　）是农村经济组织编制经济计划的基本方法，也是运用其他计划方法的思想基础。
7. 零基计划是以（　　）为基数的计划编制方法。
8. 在农村企业中，（　　）就是将总目标层层分解落实到各个部门、班组和职工个人，即制定分目标，形成（　　）。

（三）选择答案

1. （　　）是指对组织活动所作出的整体安排。
   A. 战略计划　B. 战术计划　C. 综合计划　D. 单项计划
2. 下列计划指标中，（　　）属于用货币形式表示的价值指标。
   A. 产品销售量　B. 工时利用率　C. 产品总产值　D. 车床数量
3. 企业编制经营计划的基本方法是（　　）。
   A. 综合平衡法　B. 弹性计划法　C. 滚动计划法　D. 线性规划法

4. (　　) 是决定某一预定时期内社会组织或企业经营收入和支出的计划。
A. 程序　B. 规划　C. 预算　D. 方案
5. 按照一切从零开始的思想观念制订的计划称为 (　　)。
A. 零基计划　B. 弹性计划　C. 滚动计划　D. 综合计划
6. 管理目标侧重管理的是 (　　)。
A. 管理方法　B. 管理对象　C. 管理环境　D. 管理过程

(四) 判别正误

1. 外部要素是确定计划目标的依据，内部要素则是实现计划目标的保证条件，只有内外因素协调平衡，制订的经营计划才具有可行性。(　)
2. 因为企业经营计划具有导向功能，所以企业经营计划指标越先进就越好。(　)
3. 在企业实际经营活动中，计划指标与实际执行结果之间出现偏差是正常的。(　)
4. 实现综合平衡是制订经营计划的基本要求。(　)
5. 为了提高计划控制的科学性，企业在实际经营活动中，可以采取多种控制方式对计划执行情况进行控制。(　)
6. 经营计划就是企业的决策方案。(　)

(五) 回答问题

1. 新村农机作业队经过对前五年的作业成本和收费情况的统计分析，预计今年每公顷作业收费 3000 元，作业成本预计为每公顷 2000 元。根据作业量预测，作业量变动幅度如下表所示。假如忽略其他因素的影响，请试为新村农机作业队编制一份弹性作业收入、成本和利润预算表。

序号	作业量/hm^2	作业收入/元	作业成本/元	利润额/元
1	1000			
2	1500			
3	2000			
4	2500			
5	3000			
6	3500			
7	4000			
8	4500			
9	5000			
10	5500			
11	6000			

2. 青山农场以日历年度为计划周期，编制四个季度的分月经营计划，运用滚动计划法，初始计划方案中第一季度各月份计划编制得比较详细，其他三个季度编制得比较简略。请绘出青山农场年度内逐季滚动经营计划示意图。
3. 富华复合饲料公司生产一种由甲、乙两种原料配制而成的混合饲料。根据化验结果测定每 100g 甲种原料中含有蛋白质 10g，脂肪 0.5g，碳水化合物 10g；每 100g 乙种原料中含有蛋白质 5g，脂肪 1g，碳水化合物 10g，甲、乙两种原料每 100g 价格分别为 0.50 元和 0.40 元。根据畜禽的营养需要，要求每袋混合饲料中至少应含有 100g 蛋白质，10g 脂肪和 180g 碳水化合物。请问每袋饲料中甲、乙两种原料应各配多少，会使每袋混合饲料的原料成本最低？
4. 给自己设定一个学年的学习目标，并将其具体化为一个行动方案。

（六）复习思考题

1. 简述农村经济计划的基本概念。
2. 农村经济计划指标体系包括哪些内容？
3. 长期计划与战略计划有什么异同？
4. 计划工作一般应包括哪些步骤？
5. 线性规划能够解决什么问题？
6. 怎样具体实施目标管理？

第 9 单元　农村人口、环境与资源

【教学目标】 通过本单元的学习，掌握我国农村人口、环境与资源等方面的基本知识，学会农村环境因素分析的基本技能，具备运用所学知识和技能进行农村资源利用情况分析的能力。

［案例 9-1］平原地区 30 年绿化，生态环境发生巨变

走进黑龙江省拜泉县，昔日的侵蚀沟里、风剥地上茂密的防护林映入眼帘，山清水秀，生机盎然。拜泉县幅员 3599 平方公里，共营造人工林 123 万亩，500 米×500 米农田防护林网格 10629 个，活立木蓄积总量 549 万立方米，林木价值 54 亿元。拜泉县 1992 年就率先成为全国平原地区人工造林百万亩县份，受到省政府立碑嘉奖，拥有“全国造林绿化百佳县”等桂冠。如今，又成为全国高标准平原绿化试点县。

拜泉县作为高寒贫水旱作农业区，以“三北”防护林体系建设为依托，把平原绿化作为林业生态工程建设的重点，坚持政府发动、产业带动、市场拉动的策略，建设多林种、网带片、乔灌草相结合的造林绿化体系。拜泉县对植树造林工作，实行育、植、管一条龙，进行制度化管理，在全省首家成立了林木销售管理办公室，对林木实行公开竞价拍卖，实行统一建账、专户管理、各村结算的管理机制。2007 年全县实现林木销售资金 8500 万元，全部用于新农村建设。

经过 30 年的平原绿化，林业经济和社会效益已经回报给 56 万拜泉人民。与 20 世纪 70 年代相比，坡耕地泥沙流失量减少 89%，土壤径流减少 78%，土壤有机质含量提高 0.51%；风速降低 58%，空气湿度提高 10%～14%，蒸发量减少 14.6%～17.8%，森林覆被率由 3.7%增加到 22.7%，拜泉境内连续 18 年未发生风剥地现象，林网内已形成了有利于植物生长的小气候，粮食亩产由 20 世纪 80 年代初期的几十千克提高到目前的 300 多千克，翻了两番。拜泉连续多年粮食总产稳定在 5 亿千克以上，2007 年在遭受严重旱灾的情况下，粮食总产仍然达到 5.15 亿千克。

9.1　农村人口与人口政策

9.1.1　农村人口及统计指标

9.1.1.1　人口与农村人口

（1）人口。所谓人口，是指一定数量的人的总和，包括人口数量、质量、结构、空间分布、流动和变迁等。人口具有双重性特点，即人口具有自然属性和社会属性，其中，自然属性是指人口的生物学特征，如性别、身高、体重等；社会属性是指人口作为社会主体所具有的特征，如民族构成、文化构成等。人口是人的自然属性和社会属性的统一体。

（2）农村人口。所谓农村人口，原来是指户籍在农村的人口。随着我国户籍制度的改革和变迁，农村人口的含义将有所改变。我们认为，凡是在农村区域内生活并长期居住，依靠在农村的产业而生存的人，都称为农村人口。

人口是社会的主体，农村人口是农村社会的主体。因为农村人口是农村社会生产和生活活动的发动者，是农村社会关系的承担者，也是农村社会发展的推动者。农村社会是农村人口的集合，正是由于农村人口之间的相互交往和联系才形成了整个农村社会。作为农村社会主体的农村人口与经济、社会因素密切相关。这首先表现为农村劳动力的发展必须同生产资料的发展相适应；农村人口的发展必须与消费资料的发展相适应。其次表现为农村人口的规模应该与整个社会的文化教育状况相适应。最后表现为农村人口的发展必须与提高生活质量的要求相适应。

9.1.1.2　人口的统计指标

（1）人口统计指标的含义。人口的统计指标，是反映人口自然和社会经济属性的统计尺度，它是人口统计的基本要素。

（2）人口统计中常用的绝对指标。①人口数。人口数是指一定时点、一定地区范围内有生命的个人的总和。②常住人口。常住人口是指在调查区域内经常居住的人口，具体包括三种人：第一，户口登记地在调查区域并且在该区域内常住的人口（不包括户口登记地在调查区域内但长期外出的人口）。第二，户口登记地不在调查区域但在该区域内常住的人。第三，在任何地方都没有登记户口，在该区域内居住的人口。由于常住人口资料的使用价值较高，为便于进行行政管理和制订社会经济发展计划，现在我国的人口普查和每年进行的人口抽样调查均以常住地进行登记，一个人只能在一个地方登记。③户籍人口。户籍人口是指在调查区域内有户口登记的人口。户籍人口的统计和常住人口以及现有人口不同，如果未办理户口迁入手续，不论在调查区域内居住时间有多长，都不能统计为户籍人口。④市镇人口。市镇人口是指地级市辖区内的常住人口、县级市街道行政区域内的常住人口以及县级市和县下辖镇居委会行政区域内的常住人口。⑤乡村人口（即农村人口）。乡村人口是指县级市和县下辖镇村委会行政区域内的常住人口以及县级市和县下辖乡行政区域内的常住人口。⑥农业人口。农业人口是指户籍人口统计中户口性质为农业的人口。

（3）人口统计中重要的相对指标。①人口出生率（又称粗出生率）。这是指在一定时期内（通常为一年）平均每千人所出生的人数的比率，一般用千分率表示。②人口死亡率（又称粗死亡率）。这是指在一定时期内（通常为一年）一定地区的死亡人数与同期平均人数（或期中人数）之比，一般用千分率表示。③人口自然增长率。这是指在一定时期内（通常为一年）人口自然增加数（出生人数减死亡人数）与该时期内平均人数（或期中人数）之比，一般用千分率表示。④成人文盲率。这是指成人文盲和半文盲人口（指不识字或识字不足 1500 个字，不能写字条，没有达到扫盲标准的人）占 15 岁以上人口的比例，通常用百分率表示。⑤人口密度。这是指单位面积土地上居住的人口数。它是表示世界各地人口密集程度的指标。通常以每平方千米内常住人口来计算。

9.1.2　我国农村人口的现状

9.1.2.1　农村人口基数大，且增长速度较快

众所周知，我国是世界上人口最多的国家，也是人口总量增加最快的国家之一。在新中国成立之初，我国就已经形成了几亿人的庞大人口增长基数。农村人口不仅在全国总人口中的比重一直最大，而且增长速度较快。农村人口总量由 60 年前的 4 亿多增加到 21 世纪初的 9 亿多。“十一五”期间，由于我国工业化和城市化进程的加快，2009 年年末的农村人口数量已下降到 7.13 亿（资料来源——百度网 2009 年统计公报）。虽然如此，但众多的人口总量仍对农村社会和经济发展形成了巨大的压力。

9.1.2.2　农村人口总量多，占全部人口的比重仍然很大

相对于城市人口而言，我国农村人口众多，占全国总人口的比重比较高。国家统计局公布的全国 1%人口抽样调查结果显示，截至 2005 年 11 月 1 日零时，全国 31 个省、自治区、直辖市和现役军人的总人口数为 13.0628 亿（不含我国香港、澳门特别行政区和台湾省），农村人口 7.4471 亿人，占总人口的 57.01%，远远高于世界平均水平，与世界发达国家和

地区的农村人口比例在30%以下的水平相比尚有很大差距。农村人口比重高，严重影响着我国农村城市化和农业工业化的发展速度和水平的提高。

9.1.2.3　农村人口密度地域分布不平衡

我国东部地区自然条件优越，经济比较发达，人口密度比较大，如江苏、河南、山东等省，每平方公里人口数量在500人以上。西部地区农村人口密度非常小，如新疆、青海、西藏等省区，每平方公里人数不到50人。

9.1.2.4　农村人口素质偏低

与世界上发达国家相比，我国人口受教育程度偏低。据有关资料统计，2000年我国14岁以下的文盲、半文盲达到1亿5千万人，占总人口的12%，而且95%在农村。我国人口文化素质偏低，主要是由农村人口文化素质偏低所决定的。

9.1.2.5　农村剩余劳动力多

据有关资料统计，2000年中国劳动年龄人口为78444万人，农村劳动人口为39222万人，农村劳动力占全国总劳动力的50.19%，我国可耕地面积约为16亿亩，人均1.26亩。农业部课题组运用劳动力合理负担耕地法计算出，中国现阶段农业部门需要的合理劳动力数量约为1.96亿人。因而，我国农村剩余劳动力高达2亿人左右。随着农业集约化经营程度的提高，如果按照发达国家的技术与管理水平从事农业生产，我国种植业只需4000万人，农村剩余劳动力将增加到3.5亿人。

9.1.2.6　农村人口的老龄化趋势已经显现

全国老龄办2006年2月23号发布的《中国人口老龄化发展趋势预测研究报告》的研究成果表明，按照国际上的统一标准："60岁以上人口超过总人口的10%或65岁以上人口超过总人口的7%即进入老龄社会"，那么中国已于1999年进入老龄社会，是较早进入老龄社会的发展中国家之一。

9.1.3　我国的农村人口政策

9.1.3.1　计划生育政策

实行计划生育政策是我国长期坚持的一项基本国策，这一国策的贯彻执行，是关系到中华民族兴旺发达的一件大事。通过实行计划生育政策，控制了人口数量，提高了人口质量，实现了人口增长与经济发展相协调，并使经济增长的速度和规模快于人口的增长速度，从而逐步实现增强综合国力和提高人民生活水平的目的，这是控制人口增长的一项基本方针。

我国农村人口生育政策是：提倡晚婚晚育，少生优生。具体对策是：在农村普遍提倡一对夫妻只生育一个孩子，对第一胎是女孩的家庭，可以有计划地安排生育第二胎；对于人口较多的少数民族的一对夫妻可以生育两个孩子，人口极少的少数民族的生育政策可以适当放宽。这个农村人口政策得到了广大农民群众的理解和支持，得到了全国各族人民的拥护。

在贯彻计划生育政策时，要重点抓好以下几个方面的工作：一是要杜绝多胎生育。二是要禁止早婚早育，提倡和鼓励晚婚晚育。通过加强婚姻登记管理，贯彻和宣传婚姻法等措施，使广大群众能够自觉地遵守婚姻法等有关法规。三是对符合生育二胎的，要坚持标准，从严掌握，做到生育时间必须有间隔。四是加强对流动人口管理。五是采取配套措施，使农民家庭的经济利益直接与计划生育挂钩，抑制农民的生育欲望，如对农村独生子女户和双女户可优先划分宅基地，减免学杂费、防疫保健费等。例如，从2008年起，国家对农村符合下面三个条件的家庭实施奖励：一是农村户口；二是两个女儿的家庭或者只生一个孩子的家庭；三是满60周岁。凡是符合此三个条件的家庭，每人每年补助600元钱，如果两口子都过了60岁，就会得到1200元的补助。通过政策的导向作用，使农民充分认识到，少生育有利于生活幸福、多生育则会让自己吃亏遭罪的道理。

计划生育政策是一个十分敏感的问题，关系到千家万户的切身利益，只有保持政策的连续性和稳定性，才能稳定人心，使计划生育政策长期稳定地坚持下去，并逐步形成优生优育的良好风尚。

9.1.3.2　优生优育政策

所谓优生优育，就是通过对人类遗传因素的研究，根据先天性、遗传性疾病的发病原因及其规律，应用社会措施与医学技术，预防有严重遗传疾病的婴儿个体出生。在我国过去每年出生的婴儿中，有8.5%属于先天性生理缺陷。据统计，全世界的遗传疾病有上千种，在我国3亿以上的儿童中，因遗传因素等造成的智力低下者，高达1000万人以上，占儿童总数的3%，占全国总人数的1%。因此，优生优育的工作既重要又艰巨。其具体的政策措施有：

第一，禁止近亲结婚。我国婚姻法规定："禁止直系血亲及三代以内的旁系血亲之间的婚配。"根据研究发现近亲结婚者所生育的子女代隐性遗传病的发病率比较高，所生育子女中残疾、痴呆、精神病、畸形与体弱的多，所生子女早期死亡率高。因此，应大力宣传和贯彻婚姻法，提高广大公民对近亲结婚危害的认识，坚决杜绝近亲结婚。

第二，按照规定进行婚前检查。男女双方在结婚登记前要到指定的医院进行身体检查，可以帮助双方了解对方的健康状况，对患有某种疾病不宜结婚或暂不宜结婚的，要禁止结婚，以排除对第二代可能产生的遗传性不利因素的影响。

第三，进行遗传咨询。对优生优育等方面的问题，向医生或遗传学家咨询，可以得到有关婚配和生育的建议以及遗传学指导，从而杜绝在第二代中出现残、呆、病、畸、弱儿的现象。另外，还要通过提倡适龄生育、开展产前诊断、创造舒适的育儿环境、母乳喂养和加强少儿早期智力开发等优生优育措施，利用各种有效途径，为子孙后代能够形成健全的人格、良好的智力发育和健康的身体素质，为全面提高人口素质奠定一个坚实的社会基础。

9.2　农村环境及保护措施

9.2.1　农村环境的构成

农村环境是指农村中以人们的社会生产和生活活动为中心的周围空间和所有影响人类生产、生活活动的各种自然、经济和社会因素的总和。人口、资源和环境是制约当今社会经济发展的三大要素，保护性地利用我们周围的环境已经成为人类的共识。为此，必须充分认识农村经济环境的现状、功能以及农村经济环境存在的问题，以便能够采取有力的措施，保护好我们的地球，保护好我们的家园和生存环境，促进农村商品经济健康、持续而稳定地发展。农村经济环境主要由自然生态环境、经济发展环境、科学技术环境和社会人文环境等子系统所构成。

[案例9-2]　黄河故道林茂粮丰

走进新乡黄河故道区，处处绽放着绿色和生机。林茂粮丰已成为今天黄河故道区的真实写照。

新乡黄河故道区是历史上黄河多次泛滥决口改道形成的面积约1060平方公里的平原沙区。从20世纪70年代起，故道区人民采取了植树造林措施，使部分流动沙丘得到固定，半流动沙丘得到绿化。新乡创建国家森林城市以来，进一步加大治沙造林力度。截至目前，防护林工程建设累计完成造林

26.19万亩，森林覆盖率由1990年的6.5%提高到25%。

林业的发展促进了粮食的丰收。夏粮连续多年获得大丰收。有专家考察新乡后评价：新乡市农田防护林体系有效改善了农业生态环境，增强了农业生产抵御干旱、风沙、干热风等自然灾害的能力，促进了农业稳产高产。

围绕建设国家绿色大粮仓的生产目标，新乡市各地都在不断进行探索。在延津、原阳和长垣等县，农田林网、农林间作是高标准农田防护林建设的主体。近年来，他们以农田林网内沟河路渠绿化为重点，实施高标准农田林网建设。以保护耕地、提高土地质量为基础，围绕改善沙区生产生活条件、增加农民收入、促进沙区经济社会可持续发展为目标，大力推广杨树和刺槐混交、农林间作、林果间作和乔灌结合等多种造林模式，沿黄河故道沙区营造防风固沙林17.51万亩，使过去的一些不毛之地变成了如今高效益的良田。目前，故道区农田林网控制率已达98%，涌现出了延津东秦庄、长垣县青城村、封丘县白寨村等众多的绿色明珠。

近年来，新乡黄河故道区不断创新造林机制，探索出了三种故道区平原林业的发展模式：对平原地区乡村道路、河道、荒沟两侧集体林地的使用权实行拍卖；对于以生产路、田间渠道和农田排水沟为骨架构成的大网格林网，统一规划，由土地承包户按规划造林或由大户承包造林；对小网格林网和农林间作，实行“树随地走、谁造谁有”。这些政策和机制，极大地调动了农民群众发展林业的积极性。

新乡市全面启动集体林权制度改革，各地采取股份合作制、租赁、拍卖等多种形式，吸引各种社会主体投资林业。新乡黄河故道区从沙荒造林到四旁植树，从营造农田林网、农林间作到建设点、片、网、带相结合的综合防护林体系，从初级平原绿化达标到实现高级平原绿化，让新乡古老的大地增添了浓郁的绿色，使区域生产、生活环境发生巨变。林业已成为“国家粮仓”的“绿色屏障”，农民增收的“绿色银行”。

9.2.1.1 农村自然生态环境

农村自然生态环境是影响人类社会生存和发展的所有农村自然生物和影响因素的总和。根据自然生物和人类社会之间的相互制约关系，分析农村生态环境的构成、功能对于因地制宜地采取科学的区域经济发展方针，促进农村经济发展具有重要的意义。农村自然生态环境包括农田生态环境、森林生态环境、草原生态环境和水域生态环境等。农村自然生态环境对于能量转换、物质循环和生态平衡具有重要的作用。

(1) 农田生态环境。农田生态环境是在人工控制下形成的农作物生产和再生产环境。在这一环境系统中，各种农作物与环境中的光、水、气、热、土地等非生物因素共同构成一个生态平衡的整体。农业生产要和生态环境保持平衡，就必须采取措施维护自然生态功能不被破坏，保证农作物能够从自然环境中获得足够的水分、热量和营养。要实现这一动态平衡，就必须有一套合理的耕作制度和耕作技术作为保证。

(2) 森林生态环境。森林生态环境是以木本植物为主体与草本植物、动物、微生物等因素共同构成的统一体。森林生态环境具有多种功能，它在保护环境、涵养水源、调节气候、保持水土、防风固沙、保护农田、净化空气、为野生动物提供栖息环境等方面，都具有不可替代的作用。

(3) 草原生态环境。草原生态环境是以多年生草本植物为主的人类牧业经济活动与草原生态系统的有机结合体，它在陆地生态系统中占有非常重要的地位。人类利用草原生态环境生产肉、奶、皮毛等畜产品，可以满足人类的多种生产和消费需要；同时与草原紧密结合在一起的湿地资源还是维护地球上物种多样性，实现自然生态环境动态平衡不可或缺的条件，搞好草原生态环境的建设是保护生态环境工作的重要内容。

（4）水域生态环境。水域生态环境是指人类为发展渔业生产而开发利用的各种泉水、溪流、江河、湖泊、水库、池塘等水域系统的总称。我国是一个内陆淡水资源比较丰富的国家，淡水水域对人类的社会经济发展具有特殊的作用，它可以为人类提供鱼类和水产品。因此对水域生态环境的合理利用与否，不仅直接影响农产品的数量与质量，也影响到农村生态环境的整体平衡问题。

9.2.1.2　农村经济发展环境

农村经济发展环境涉及农村商品的需求、供给、成本、利润、税收等诸多方面的内容。值得注意的是，在我国社会主义农村市场经济体制不断完善过程中，作用于农村各业生产和农民生活的各种影响因素处于动态的变化过程中，农村经济环境也在不断地发生变化。总体来说，影响农村经济发展的经济环境因素如下。

（1）农村市场和贸易。农村市场和贸易包括农产品市场和贸易、农业生产要素市场和贸易。农业生产要素是农业生产的物质来源。农村土地资源、水资源、农村劳动力、农村资本、农村各业生产的生产资料、技术的市场和贸易条件对农村商品经济的健康发展起着重要的影响和制约作用，对农村商品市场供求关系的变化起着决定性作用。

（2）农产品和生产要素价格。农产品和生产要素价格是反映农村商品供求关系的晴雨表和指示器。在农村生产资源日益稀缺和市场经济体制条件下，农村产品和要素价格已经成为农民进行生产经营决策的主要参考因素。

（3）农村信贷。就农村经济发展过程而言，农村信贷反映着农村剩余产品或可用于农村扩大再生产的追加资本的投向和数额。信贷和利率，对农村剩余产品和暂时闲置资本的流向具有重要的调节作用。

（4）农村财政政策。在市场经济条件下，财政政策是政府加强对农村经济发展过程宏观调控的重要手段。财政对农村经济发展增加投资，不仅关系到农村资本的总供给，也关系到农村基本建设投资的有效供给，同时也会对农村科技进步的发展起到促进作用。财政政策是农村经济发展速度和规模的调节器和指挥棒，是政府指导农村经济发展的主要工具之一。农村财政政策的主要内容有税收调节政策、政府发行公债、社会福利政策和投资倾斜政策。

（5）农村经济制度。农村经济制度包括农村经济法规和农村经济政策两大类。农村经济制度对农民利益驱动机制的实现提供保障体系，对农村经济的可持续发展具有保证作用。我国农村中的基本经济制度和政策主要有农村家庭联产承包制度、农业保护政策、多种经济形式并存制度、农村土地产权分离制度等。

9.2.1.3　农村科学技术环境

农村科学技术环境是指对农村各业生产和农民生活方式和内容起着影响和促进作用的生产、生活经验，以及建立在科学原理之上的生产工艺方法和技能体系的总和。由于农村生产和农民生活的方式、方法随着农村科学技术进步发生着质的变化，农村科学技术环境对农村经济发展的影响作用从范围和程度上看，涵盖的内容也越来越广泛。从影响农村生产的技术系统来看，物理技术、化学技术、生物技术、管理技术等已经成为农村商品经济发展不可或缺的内容。农村科技环境的构成要素主要有农村科学技术的种类、发展水平、农村先进科技的应用程度、农村科技推广的方式方法和组织形式、农村科研机构和推广机构的地域分布情况等，这些都对农村科技的推广应用起着重要的制约和影响作用。

9.2.1.4　农村社会人文环境

（1）农村聚落环境。农村聚落环境是指农民聚居场所的环境。农村聚落环境是农民在利用、适应和改造自然环境过程中创造出来的生存环境，也是和农民的生产、生活关系最密切、最直接的环境。农村社会的不断发展和进步，使农村聚落环境不断发生变化。而农村聚落环境的发展也为农民提供了越来越方便、舒适的生产和生活条件；同时，人口的聚集和人类活动的频繁，也使聚落环境承受着各种污染的压力。根据农村聚落环境的规模、性质和功能，可以分为院落环境、村落环境和城镇环境。

① 院落环境。院落环境是指由功能不同的建筑物和与其联系在一起的场院组成的基本环境单元。从简单的农舍到复杂的庄园，从简陋的茅屋到全自动装备的现代化豪宅，不同地区的自然经济条件差别使院落环境具有明显的时代特征和地区特色。如黄土高原的窑洞、内蒙古草原的蒙古包、北京地区的四合院等，都是人类在社会生活中为适应自己的各方面需要，因地制宜地建成的。院落环境容易受到居民生活中产生的废物的污染，从而对居民的健康产生威胁。在院落环境的设计规划和改造性建设方面，最重要的是加强环境保护意识，在充分利用自然生态条件的基础上，要创造出内部环境合理、外部环境协调的院落环境。

② 村落环境。村落是农村中农业人口的聚居地。村落的主要构成要素有农居、圈棚、库场、道路、水渠、宅旁绿地以及一定生产和生活条件下特有的附属设施及周围环境等。人口较多的中心村落则有小商店、小诊所、学校与集会场所等设施。随着自然条件的不同，以及农事活动的种类和规模的不同，村落环境的类型多种多样。我国作为一个农业大国，从传统农业向现代农业转变过程中，村落环境也因生产和生活方式的改变而发生着剧烈的变革。在村落环境朝着现代化方向转化的过程中，要特别注意因地制宜地综合利用自然能源，如太阳能、风能、水能、地热能等，加强对生物能的转化和利用，推广和使用沼气。鼓励农民发展庭院经济，改善村落的生态环境条件。

③ 城镇环境。城镇主要是农村中非农业人口的聚居地。它既是农村中工业、商业、交通的集中地，也是农村社区政治、经济、文化的中心。随着农村商品经济的发展，农村中剩余劳动力的大规模转移，我国农村中集镇和小城镇建设的步伐正在加快。由于农村中小城镇的人口集中速度很快，城镇的基本建设步伐很难适应人口聚集速度加快的需要，搞好城镇中的环境建设，减少生产和生活污染已经成为农村小城镇建设规划中必须要解决的重点问题。

(2) 农村文化环境。农村文化环境是农村社会中有关社会结构、风俗和习惯、信仰及价值观念、行为规范、生活方式、文化传统、人口规模与地理分布等因素和社会现象的集合。在不同的农村地区，由于不同的民族、宗教、文化等因素的影响，使人们在价值观念、风俗习惯等方面表现出不同的特征，因而使不同地区的社会文化环境有很大的差异。农村社会人文环境不同，对于人类选择农业生产和生活方式具有很大的影响和决定作用。

9.2.2 我国农村环境的现状

9.2.2.1 生态环境破坏严重

(1) 森林覆盖面积锐减。全世界森林覆盖面积在19世纪时约55亿公顷，目前世界上的森林每年减少约1200万公顷。第六次全国森林资源清查结果表明，目前全国森林面积已达1.75亿公顷，森林覆盖率为18.21%，全国人均占有森林面积0.128公顷，人均占有量在全世界排名居80位之后。由于森林在生物圈中的能量交换、水循环、氧与二氧化碳平衡等过程的重要作用，森林遭受破坏引起了全球性的气候变化，地区生态系统退化，给农村经济的发展带来了一系列灾难性的后果。

(2) 土地荒漠化速度加快。土地荒漠化是指在干旱、半干旱和易旱的半湿润地区，主要由于人类不合理的活动和气候变化等因素所造成的土地退化，包括土地沙漠化、草场退化、雨养农田和灌溉农田的退化、土壤肥力下降等导致土地生产潜力的降低或丧失，其形成过程涉及风力侵蚀、火力侵蚀、盐渍化、涝渍化和化学污染等。近年来，我国土地荒漠化速度加快，20世纪80年代以来，以每年2400平方公里的速度扩展，大量的耕地、草地被吞蚀。由于植被的破坏，截至2004年年底，我国荒漠化土地为2636200平方公里，占国土面积的27.46%；沙化土地面积测定为173万多平方公里，占国土面积的18.12%，昔日的西部绿洲已经逐渐变成了一片荒漠。华北地区的北部、东北地区的西部也已经受到沙尘暴的严重威胁。

(3) 自然灾害加剧。生态环境的破坏导致自然灾害的频繁发生。最突出的就是洪涝灾害加剧，长江流域由于上游森林砍伐严重，导致中下游地区洪涝灾害发生的时间间隔缩短。在世界范围内由于森林覆盖率降低，旱灾面积不断扩大。据统计，20世纪80年代我国全国受灾面积为20世纪50年代的五倍。生态失衡使鼠类的天敌减少，造成鼠害猖獗，每年我国因鼠害就要损失大量的粮食。2008年，中国农业生产面临诸多不利因素。南方出现大范围低温、雨雪、冰冻天气，蔬菜、油菜等农作物大面积受灾。2009年春北方地区持续干旱，全国1.66亿亩耕地受到旱灾影响。

(4) 生物多样性减少。生物多样性是指地球上动物、植物、微生物的纷繁多样性和它们的遗传及变异，它不仅提供人类生存不可或缺的生物资源，也构成人类的生物圈环境。由于人类活动造成的环境破坏和环境污染的影响，目前许多生物物种正在以惊人的速度灭绝和丧失。2007年世界自然保护联盟称目前全球有1.6万多个生物物种有灭绝危险。农业生产中的鼠害、虫害加剧主要是由其天敌数量锐减造成的。

9.2.2.2　环境污染问题日益突出

由于人类在生产和生活中向大气中排放了大量挥发性的有机化合物和痕量金属，加上自然源排放的空气污染物，大气污染不断加剧，目前全球约有9亿人生活在对健康有害的二氧化硫浓度超标的环境中，有10亿以上的人暴露在超量的悬浮颗粒物中。由于工业废水与农业流失的肥料、农药对河流、湖泊的污染，使得监测河流中生化氧含量BOD值超过6.5mg/L，氮和磷的含量也高于天然的含量，污染的河流含磷量中值为未受污染河流平均值的2.5倍。环境的严重污染对人类社会的生产和生活，以及农村经济持续而稳定的发展造成了严重的危害。

9.2.3　农村环境保护措施

9.2.3.1　防治农村环境污染

环境污染是指由于人类活动而输入环境的各种物质或因素，超出了环境自我净化或调节的功能，使环境质量恶化，从而干扰或破坏了人们正常的生活和生产活动的现象。我国城乡商品经济的发展对于繁荣城乡经济起到了重要的促进作用，但也为环境提供了污染源。主要表现有两个方面：一是城市对农村排放废物造成的污染，比如工业“三废”和未经处理的城市垃圾进入农村所造成的污染。二是农村自身的生产和生活造成的污染，比如农药、化肥施用不当和农村企业污染物的排放等。农村环境污染的防治措施主要如下。

(1) 完善农村产权法律法规体系。我国农村的环境污染日趋严重的主要原因之一是农村产权主体的不稳定，如农村土地、水塘、农业灌溉设施、环境治理设施等产权缺位，治理和使用权限不同一，这种情况容易造成对环境资源的短期利用行为以及环境资源的外部性效益难以转化。

(2) 建立健全农村环境保护法律法规体系。基于前面论述的农村环境污染问题的相关特点以及我国当前社会主义新农村建设的工作要求，需要构建一个比较完善的、针对农村环境污染特点的、独立的农村环境保护法律体系。根据新农村建设的决策要求，遵循可持续发展的原理，结合农村环境保护的特点，构建一个农村环境保护法律体系。

（3）建立强有力的农村环境污染防治和环境保护管理体制。在继续完善现有的排污许可证制度、排污收费制度和环境影响评价制度的基础上，要加快建立农业环境保护责任制度、农村生态环境综合治理考核制度和畜禽养殖污染防治管理制度等。

（4）建立农村基层环境污染防治和环境保护的管理监测机构。在农村现有的乡镇一级农业系统的环境保护监测部门的基础上，建立健全乡镇环境保护机构，提高环境保护工作的管理效率。最好是建立村一级的环境保护管理机构，在村民小组设立环境保护联络员等。

（5）建立健全农药、化肥、农用物资、种子的标准体系。从源头上防治农残物引发的农村环境污染，以及外来物种对农村生态环境的污染。

（6）建立有计划的长期坚持环境宣传教育机制，以提高公众的环境保护意识。政府要规定有专门的部门开展这项工作，重点是乡镇，村一级要培养专门人员定期对农民进行环境保护教育。

9.2.3.2 保护农村自然资源

农村自然资源是农村商品经济发展的物质基础。采取各种有效措施，保护农村中的植物、动物和微生物资源，防治水源污染，维持生物品种的多样性，是农村环境保护工作的核心内容，具体措施有三个方面：一是在生态保护方面，要抓紧治理被污染的江河湖泊，防止水土流失和外来有害生物的入侵；二是在生产基础设施方面，要搞好重大水利工程和农田水利建设，实施新一轮沃土工程，切实搞好退耕还林和天然林保护工程；三是在生活设施方面，要在适宜地区积极推广沼气、太阳能等清洁能源技术，进一步加强农村道路和电网建设，加强村庄规划、村庄建设和村庄治理。

9.2.3.3 加强农村人文环境建设

农村人文环境，是在农村中以有形或无形的、物质的或非物质的形式存在的，它表现在人际关系处理过程中，并潜移默化地指导人们的思维与行动。农村人文环境除了包括有形的名胜古迹以外，还包括社会治安、制度体制、娱乐休闲，周围人们的受教育水平、素质修养、人际关系等无形的因素，它们对于人们的精神生活具有不可估量的重要影响。农村人文环境改造与建设主要是围绕新农村建设的要求，从文化、卫生和社保三个方面着手改变农村的社会风貌。

（1）加强农村文化建设。在硬件方面，要加强文化站（室）、图书馆（室）等公共文化设施建设，加强农村广播电视和远程教育网络建设，构建农村公共文化服务体系；在软件方面，要加强农村群众性思想道德建设，引导农民崇尚科学、抵制迷信、移风易俗、破除陋习，形成科学健康的生活方式和文明向上的社会风貌。

（2）发展农村医疗卫生事业。针对农村缺医少药，农民看病贵、看病难等问题，大力发展农村卫生事业。健全县乡村三级医疗服务和医疗救助体系，每个县都要有一所中心医院、一所妇幼保健医院、一所疾病防治中心，每个乡都要有一所卫生院，每个村都要有一所卫生站。提高农村医务人员的医术和业务水平，并在有条件的地方对乡村医生实行补助制度和进修制度。要积极推进新型农村合作医疗制度，总结经验，逐步推广。

（3）深化农村社会保险体制改革。在我国农村，群众的温饱问题已基本解决，解决农民老有所养问题已经成为深化农村改革、保障农民利益、解除农民后顾之忧和落实计划生育基本国策、促进农村经济发展和社会稳定的头等大事。对农村社会养老保险基金要借鉴国外的先进管理经验和做法，建立有效的监督管理机制和机构，保证资产的保值和增值。要逐步建立农村社会保障制度，将对生活困难的农村居民进行的随机性照顾，转变为常态化的制度性社会救济。

［案例 9-3］发展生态农业致富，农民住楼房

山东省乐陵市有个梁锥村，村民们全部成了农业工人，住进了小“洋楼”，户均居住面积比城里人高，达230平方米。除了平日工资以外，农民们每年还有非常可观的分红。给这个村带来巨大经济效益的是一万多头肉牛，这些牛吃的是庄稼秸秆，贡献的是钞票。该村有500多人，共有980亩土地，宅基地就占了480亩。原来穷得叮当响，领头人梁希森曾经还讨过饭。他们用100亩地建新村，腾出来500亩建养牛场，屠宰厂、肥料场、加工厂，用380亩种地，获得粮食的同时也获得了大量的秸秆（不足的部分从周围村子买进）。经过这样的整合，土地升值近百倍。显然，梁锥村的农民不是用转基因这个“硬道理”解决的收入问题，而是用生态农业这个“软道理”（运用食物链原理、元素循环原理等发展农业），使该村发生了翻天覆地的变化。

9.2.4　生态农业与环保产业

9.2.4.1　生态农业的建设与发展

（1）什么是生态农业。生态农业是指在经济和环境协调发展的原则下，总结吸收各种农业生产方式的成功经验，按生态学、生态经济学原理，应用系统工程方法建立和发展起来的农业体系。要求把粮食生产与多种经济作物生产相结合，把种植业与林、牧、副、渔业相结合，把大农业与第二、三产业发展相结合，利用我国传统农业的精华和现代科学技术，通过人工设计生态工程，协调经济发展与环境之间、资源利用与保护之间的关系，形成生态和经济的良性循环，实现农业可持续发展。

（2）生态农业的类型。①立体开发型。立体开发型农业是根据土、光、水、气、热等自然资源和不同动植物的生物特性，通过种植业、养殖业、加工业的巧妙结合，进行立体种植和养殖，建立多物种共栖、多层次配置、多级质能循环利用的立体模式及其综合性技术。实行一种资源的多层次利用，提高农业生产资源的投入产出效益。②综合治理型。这种模式包括水土流失的小流域治理以及山水田林路、生物和环境综合治理等措施。这种模式不仅采取措施进行水土保持，而且通过植树造林、水利和农田基本建设功能的发挥，为农村经济发展创造有利的自然生态环境条件，实行环境和生物兼治的综合治理。③庭院生态型。庭院生态农业是依据生态经济学的基本原理和系统工程学的基本方法进行农业生产经营，从规划到布局，从物质、能量的输入到输出，更趋向于科学合理，有利于实现农业生产的优质、低耗和高效。在庭院生态农业这种模式中，把绿色植物、食草动物、食肉动物、微生物有机地组合起来，形成对物质资源的循环利用，提高对生态环境资源的利用效率。这种模式可以美化农家的庭院环境，增加农民的收入，有益于农民身心健康。

（3）生态农业建设的内容。生态农业是一个农业生态经济复合系统，将农业生态系统同农业经济系统综合统一起来，以取得最大的生态经济整体效益。它也是农、林、牧、副、渔各业综合起来的大农业，又是农业生产、加工、销售综合起来，适应市场经济发展的现代农业。生态农业建设的主要内容有：①通过调查统计掌握生态与经济的基本情况，进行农业生态经济系统诊断和分析，进行生态农业区划和农业生态系统的工程优化设计。②调整土地利用结构和农业经济结构；优先保护农业生态环境，建设生态工程，合理利用与增殖农业资源，改善农业生态环境。③按照生态学原理和农业生态工程方法，从当地资源与生态环境实际出发，设计与实施适宜的生态农业模式；发展太阳能利用、小型水利水电、风力发电、沼气等清洁能源；使农业废弃物资源化，对其进行多层次综合、循环利用，实现无污染的清洁生产。④对农业生态经济系统进行科学调控，实行现代集约化经营管理等。

(4) 发展生态农业的措施。主要有两个方面：①造林种草，改善农村自然环境。对农村中不适宜种植农作物的土地要退耕还林、退耕还草。对荒山荒坡及坡度大于15°的坡地要退耕还林。通过大力发展薪炭林、果木林与其他经济林，不仅可以有效地增加绿色植被的覆盖面积，而且还可以有效地控制水土流失，解决农村能源短缺问题，增加农民的收入及改善农村生态环境。②保持水土，培肥土壤。在这方面要实行生物措施与工程措施相结合的方法，大造水土保持林，改革耕作制度与施肥制度，实行合理轮作，调整作物布局，大量使用有机肥料，力争秸秆还田或过腹还田，使用高效、低毒、低残留的农药并控制化肥的使用。通过这些措施，逐步改善土壤自然肥力及土地利用率和生产力。

9.2.4.2 环保产业及发展的措施

(1) 环保产业的含义及经营内容。环保产业是指其产品或劳务用于防治环境污染，改善生态环境，保护自然资源等方面的产业部门。环保产业不仅包括环保产品制造业，还包括为防治环境污染、改善生态环境、保护自然资源等提供设施和服务的部门。

环保产业主要经营内容包括：大面积的植树造林，治山治坡，整治河流、湖泊，对工业废物和废料的综合治理和利用，防治环境污染等。通过这样一些生产经营项目，保护水资源、土地资源、森林资源和生物资源，为人类社会的长远发展做出贡献。对环保产业的发展在经济、社会、生态效益上，要以社会效益和生态效益为主。

发展环保产业的目的是合理地利用自然生态资源，控制环境污染的根源，减少环境污染的危害，保护自然环境，预防自然环境质量恶化，实现人类发展与环境条件相协调的要求。对于环保产业部门的经营活动过程，国家要通过立法、行政和财政等手段给予必要的扶持，以保证其能够在市场经济条件下保持旺盛的生命力。

(2) 发展环保产业的措施。主要有以下几个方面：

第一，规范环保产品市场。由于我国环保市场形成的时间比较短，市场体系发育很不完善，基本上还处于一种自然无序状态。有些地区的地方保护主义还很严重，人为的行政壁垒阻碍了全国统一环保大市场的形成。尽快建立起统一开放、竞争有序的环保产品市场，以促进环保企业健康发展，已经成为我国环保产业发展中迫切需要解决的问题。因此，当务之急是要放开环保市场，让环保产品的生产厂家和用户直接参与市场竞争，让市场这只看不见的手发挥作用，真正遵循市场规律，尽可能减少不必要的人为干涉；同时，政府有关部门要运用法律手段，进一步规范环保市场，有效地实施市场监督，保证市场竞争的公平和有序。

第二，建立健全环保产业管理体制。在这方面要通过放宽对环保企业发展的政策性约束，为环保企业的产业化经营创造良好的社会制度条件。具体措施有两个方面：一是要扶持骨干企业的发展，生产拳头产品。当前，国家要采取一些经济政策，鼓励和支持大型环保企业的发展。如对环保产业和项目给予减免税和贴息政策，对一些环保新工艺、新技术给予奖励等。通过这些措施，扶持一批环保骨干企业，并以它们为龙头，带动整个环保产业的发展。二是要以大型骨干企业为核心，发展环保产业集团，使分散的个体优势变成集中的整体优势。这是社会主义市场经济发展的必然趋势，是环保企业适应国内外环保市场剧烈竞争的迫切需要。

第三，搞好环保产业的科技开发。科学技术是环保产业赖以生存和发展的基础。我国环保产业落后的一个重要原因就是环保技术的落后。今后，我们要加强环保科技的研究与环保产品的商品性开发，在这方面既要重视开发那些投资低、效益高的实用技术，也要注意发展高新技术，尤其要注意采用微电子、生物工程、新能源等高新技术，改造传统的工艺和设备，提高环保产业的技术水平；同时，还要采取各种措施加速环保科技成果朝商品化、产业化方向的转化。目前，一些适用的污染治理和生态保护技术，具有可观的环境效益和经济效益。但由于缺乏中介环节，科技成果难以及时转化成企业产品。今后，应组建一批环保技术咨询公司之类的中介机构，提供灵活多样的技术服务，及时将环保技术转化为现实的生产力。

第四，强化监督机制。环保产品的质量是衡量整个环保产业发展水平的重要标志，也是关系到环境污染治理效益的关键。为此，各有关部门要加强协作，加速建立环保产品质量保障体系，完善质量监督机制。国家环境保护行政主管部门要协同技术监督部门对环保产品制定技术、质量标准，实施监督管理。有关生产主管部门，应监督企业执行环保产品技术标准，规定企业达到国家标准最高等级的期限，帮助企业提高产品质量。生产环保产品的企业应当建立有效的质量保证制度，按质量标准组织生产，保证产品质量符合规定的要求。

9.3　农村自然资源与经济资源

9.3.1　农村自然资源及其合理利用

9.3.1.1　农村土地资源的合理利用

(1) 土地资源的含义。所谓土地是指地球表面的陆地部分及附属物，包括内陆水域和海涂，它是由气候、地貌、岩石、土壤、植被、水文以及人类活动的各种结果构成的自然历史综合体。土地既是自然的产物，同时也包含着人类社会过去和现在的各种劳动成果。农村中处于原始状态的茂密的森林、肥沃的土壤、丰富的水源是自然形成的，但优良的排灌系统、交通运输条件、适于大面积机械化耕作的农田的形成则是人们通过自己的劳动取得的成果。在一定的土地面积上，人类社会可以对土地资源进行合理利用，为自身生存和发展创造良好的物质基础条件，也可以实行掠夺式运用，使自己所运用的生存空间的土地资源条件日益恶化。因此，对农村土地资源进行合理利用是保证农村商品经济健康发展的重要前提条件。

(2) 土地资源的特点。①数量的有限性。土地面积的大小是由地球表面的大小及其形状所决定的，所以土地数量相对稳定，不能延伸也不能复制。但各类土地的利用界限是相对的，随着农业生产力水平的提高，劣等土地可以变成优等土地，荒地可以变成耕地，没有充分利用的土地可以被充分利用。人类可以根据需要和客观可能来改变土地的用途，而不能增加土地的面积。②位置的固定性。土地作为自然历史综合体是无法移动的，人们可以改变与土地相联系的某些自然因素和经济因素，但不能改变土地的地理分布。所以在确定土地用途和制定生产规划时一定要结合不同地域的自然和经济地理环境条件因地制宜。③肥力的可变性。土地只要利用和养护得当，其肥力就会不断得到提高。但利用不当，也会使肥沃的土地变成荒漠。因此，对土地资源必须进行合理的利用。搞好农田基本建设，为提高农业生产力创造良好的物质基础条件是发展农业的长远性根本措施。

(3) 农村土地资源的种类。农村中的土地资源按照其经济用途分类，可以分为农业用地、农村居民点及乡村工矿用地、交通用地、水域和未利用的土地等。

① 农业用地。指直接用于农业生产的土地，包括：耕地，是指种植农作物的土地，如水田、旱田、菜地和田埂；园地，是指连片种植以采摘果实、茎叶为主的多年生作物的用地，如果园、桑园、茶园、橡胶园、咖啡园和药材园地等；林地，是指生长乔木、灌木、竹

类等用于林业生产的土地，按林木的经济用途可分为用材林地、薪炭林地、防护林地、特种用途林地和竹林等；草地，是指主要生长草本植物，用于经营畜牧业的土地，可以分为人工草地和天然草地两类；可用于渔业生产的水域，是指内陆领海范围内的水面以及沿海滩涂和水利设施用地，包括河流、领海、岛屿、湖泊、水库、滩涂、坑塘、苇地、沟渠、堤坝等。

[案例 9-4] 打绿色品牌，笨鸭蛋变成“金蛋蛋”

到吉林省大安市月亮泡镇做客，主人都会端上来一盘热乎乎的咸鸭蛋让客人品尝，这就是被月亮泡镇人称为绿色食品的“月亮湖”牌笨鸭蛋。正是这一枚小小的鸭蛋，每年都为月亮泡人创产值2000万元以上，村民都亲切地称它为增收致富的“金蛋蛋”。

月亮泡镇东临嫩江，背靠月亮湖，有丰富的水、草资源，多年来当地农民利用这得天独厚的自然条件饲养蛋鸭。由于蛋鸭以当地丰富的河蚌、鱼虾、菹草和水生浮游生物为食，所生产的鸭蛋具有蛋体大、蛋白清、蛋黄红等特点，是不可多得的绿色食品。经腌制的笨鸭蛋更是餐桌上的佳肴，深受广大消费者青睐，产品远销北京、大连、长春、吉林等大中城市，供不应求。

看见人们对月亮泡鸭蛋格外喜爱，月亮泡镇因势利导，把发展蛋鸭养殖作为农民增收的重要产业来抓。2002年，月亮泡镇成立了农牧有限责任公司，负责养鸭技术的指导、新品种引进，笨鸭蛋的深加工和销售，实现生产、加工、销售一条龙。为扩大发展，打造品牌，2004年，他们又注册了“月亮湖”牌笨鸭蛋商标，并先后荣获长春农业博览会名牌产品等称号。一批批养鸭户和养殖专业村如雨后春笋般涌现出来，借“鸭”生财。目前已形成沿江6个村为主的蛋鸭养殖园区，存栏蛋鸭5万只，养鸭户1000多户，年产鸭蛋800万枚，实现收入800万元。在养鸭业得到发展壮大的同时还带动了村民从事鸭蛋加工。现在全镇从事鸭蛋加工的加工户达30多家，年销售鸭蛋2000万枚，创产值2000万元。

由于月亮泡镇成为远近闻名的鸭蛋集散地，也带动了周边乡镇养鸭业的发展，辐射带动周边农户近万户，旺季每天交易量达20万枚鸭蛋。

② 农村居民点、工矿用地。这是指居民点和独立于居民点之外的农村厂矿、企事业单位和生产建设用地。包括农村居民点、城镇基础设施、油田、盐田、工厂和矿山等用地。

③ 交通用地。这是指用于农村交通道路的用地。包括铁路、公路、农村道路、码头、港口、机场及附属设施用地。

④ 未利用的土地。这是指在现有的经济和技术条件下，难以开发和利用的土地。如沙漠、戈壁、裸露石山、盐碱滩、沼泽、冰川、雪山等。

(4) 土地利用率。土地利用率是已经开发利用的土地面积占土地总面积的比率。在农业生产中衡量土地利用率的指标主要有垦殖指数和复种指数两个指标。

① 垦殖指数。垦殖指数是一个国家或地区耕地面积占土地总面积的比率，它反映一个国家或地区的土地面积在农业生产中已经开垦和利用的程度。耕地主要是指用于粮食作物、经济作物等农作物栽培的土地，耕地面积一般包括旱田、水田和水浇地面积。计算公式为：

$$\text{垦殖指数}=\frac{\text{耕地面积}}{\text{土地总面积}}\times 100\% \quad (9\text{-}1)$$

② 复种指数。复种指数是一个地区或企业内农作物播种面积占耕地面积的比率，它反映一个国家或地区内的耕地资源在一年内的重复耕作的次数。计算公式为：

$$\text{复种指数}=\frac{\text{农作物播种面积}}{\text{耕地面积}}\times 100\% \quad (9\text{-}2)$$

提高土地利用率的基本措施有：

第一，合理开荒，扩大耕地面积，提高土地垦殖率。充分利用可垦荒地，适当扩大耕地面积，是提高农产品总产量的一条重要途径，但要加强土地垦殖的法制化管理，防止盲目开荒，避免造成对自然生态环境的破坏。

第二，保护森林，扩大林地面积，提高森林覆盖率。森林可以涵养水源，保持水土，调节气候，保存物种。在我国，森林覆盖率不足 15%，远远低于世界平均水平。保护现有的森林资源，大力开展植树造林，提高森林覆盖率，为农业生产的持续发展创造良好的自然生态条件，是提高土地利用率和土地生产率的重要途径。

第三，改造荒山，扩大草原面积，提高畜牧业比重。我国的草原面积近 2.67 亿 hm^2，但大多为荒漠或半荒漠地区，草场的载畜能力比较低，加之近年来严重过牧，草场荒漠化现象比较严重。栽种人工牧草，改良草地的植被结构，提高单位草原的所能提供的饲草量，是发展畜牧业生产，调整农业生产结构应采取的重要措施；同时在半农半牧区，对于不适宜耕种农作物的荒山、荒坡要进行退耕还牧、退耕还林。

第四，改造沙漠，根治土壤荒漠化。对于已经沙化或严重沙化的土地，要积极采取治理措施。要充分调动社会各方面的积极性，实行经济责任制，将宜林宜牧荒山的改造与农村退耕还林、退牧还林有关政策的落实措施紧密结合起来，切实保护农民的利益，使土壤荒漠化的根治与农民的增产创收紧密结合起来。

(5) 土地生产率。所谓土地生产率是指在一定的时期内（常为一年），单位土地面积生产的产品数量或产值，可按土地面积、耕地面积、播种面积等分别计算。计算公式为：

$$土地生产率=\frac{农作物产量（产值）}{土地总面积}\times 100\% \tag{9-3}$$

提高土地生产率的措施主要有：

第一，搞好集约经营。集约经营是相对于粗放经营而言的。粗放经营是指在较低的技术水平条件下，在单位土地面积上投入较少的技术和劳动，依靠扩大耕地面积，通过广种薄收入的办法来增加农作物产量的农业生产经营方式。集约经营是指在一定的技术水平条件下，依靠通过采用先进的农业技术措施和农业技术装备，在一定的土地面积上投入较多的生产资料和劳动，并改善经营方法，以提高经济效率和土地生产率的农业经营方式。农业集约经营的主要方式有劳动集约、资金集约和技术集约三种类型。粗放经营与集约经营有本质的不同，粗放经营的投入产出规律是：低成本、低产量、低效益，以较多的土地面积生产出一定量的农产品和产值。集约经营的投入产出规律是：高成本、高产量、高效益，以较高的投入生产出更多的农产品。

第二，优化土地利用结构。根据当地的土地资源条件对各业生产进行合理的规划，在产业布局上实行因地制宜，做到农、林、牧、副、渔全面发展。努力发展种、养、加、农、工、贸一体化的立体式农业，形成优质、高效、低耗相结合的农业生产发展新格局。

[案例 9-5] 动脑筋改打法，薄地也增收

黑龙江省牡丹江市温春镇东河村距市区约 15 公里，是温春镇最偏远的小村，这里人多地少，人均三亩多地，要想在土地上做好农业大文章着实挺难。然而老刘全家仅九亩多薄地，凭借辛辛苦苦的结构调整，全年收入 7000 多元，这让老刘感到很欣慰。东河村“前不着村，后不着店”是个经济比较闭塞的村，调整结构委实不易。老刘每年都以种大田为主，也尝试过种蔬菜赚钱，由于离城市较远，销售周期也长，一年下来所剩无几。这两年，老刘在种植经济作物上动了一番心思，在仅有的九亩地上做文章。2002 年，他以每千克 240 元的高价购买一种叫“谢花面”的小倭瓜子，种了一亩地。

当年长出的小倭瓜色泽紫红、个头匀称，市场看好，客商主动上门来收购。通过实践，老刘摸索出了小倭瓜的生长习性，这种作物在岗地、沙土地、洼地都不行，最好是在平坦地块种植。2003年，老刘选择了相对好一点的地块种了两亩小倭瓜，秋后红里透紫的小倭瓜成熟了，老刘高兴极了，每亩收获1500公斤。老刘以每千克6角钱的价格全部卖了出去，收入1800元。2003年，老刘又用一亩地种豌豆，这种作物棵矮，却结得多，4月初种植，6月末收1000千克，每千克卖4角钱，收入800元。收了豌豆，老刘又利用这一亩地种了早熟大豆，收了110千克，收入200多元。老刘这一亩地共收入1000多元钱。剩下的六亩多好地，老刘全种上了玉米和大豆，收入4000多元。

第三，实行科学种田。主要措施有实行良种化，测土施肥，改良土壤，实行合理密植和田间保护措施等，努力提高科学技术在农业生产力提高中的含量比重，把农业生产率的提高转变到主要依靠科学技术进步的方向上来。

(6) 农业基本建设。农业基本建设是指较长的时期内固定在农用土地上的投资。它包括农、林、牧、副、渔各业固定资产的新建、改造和恢复工程等。农业基本建设的主要内容如下。

① 农田基本建设。在农田基本建设中主要解决两个问题：一是水的问题。水是农业的命脉。在我国由于水利设施跟不上，每年受旱面积平均约0.27亿公顷。成灾面积300万～600万公顷，只此一项，每年就要少生产粮食上亿吨。因此在农田基本建设中首先要解决的是水的问题。二是建设高产稳产农田。在我国，农田中的中产和低产田的比重较大。改造中产和低产田，充分发挥它们的增产潜力，是农田基本建设的又一项重要任务。在改造中产和低产田时，一定要坚持全面规划、综合治理、注重经济效益、社会效益和生态效益的有机结合，才能取得较好的投资效果。

② 林业基本建设。林业是我国农业生产中的一个薄弱环节。当前在林业生产中存在着两个主要问题：一是森林覆盖率低；二是森林分布不平衡。据调查，在东北、西南地区森林覆盖率分别达到20%和30%，而华北和西北地区不到5%。因此，加强林业基本建设，大力植树造林，尽快提高森林覆盖率，是从根本上解决我国林业生产现状的一项根本性措施。对林业基本建设要采取的措施主要有：首先要搞好原有森林的更新改造，对原有森林要合理地采伐，及时更新，切实保证原有森林的正常生长。其次要大力植树造林、绿化荒山荒坡，把一切宜林地尽可能利用起来，扩大森林面积，这是我国林业基本建设的根本任务。

③ 草原基本建设。在我国，草原面积很大，有2.23亿公顷，约占国土面积的20%。但由于基本建设搞得不好，利用率很低。据调查，近年来，由于草场的沙化、碱化和退化，草场的单位面积产草量比20世纪50年代减少了50%以上。加强草原的基本建设主要解决的问题是：一要明确牧区的生产方针，严禁在牧区乱垦草场，同时在原来开垦的不适宜种植粮食的耕地要退耕还牧。二要逐步改良牧草品种，进行草原水利建设，合理施肥，建设人工草场，充分合理地利用草场资源。三是在牧区要实行分区轮牧，保护草原，对草场利用要因地制宜。

④ 渔业基本建设。我国拥有很长的大陆海岸线和纵横交错、星罗棋布的内陆江河湖泊，但利用得很不充分。据有关资料统计，我国的内陆水面利用率不到60%，海涂养殖水面仅利用了15%。此外还有更多的零星水面和低洼地没有得到利用。在渔业基本建设工作中，一是要增强船队的远航能力，开展外海捕捞作业。二是建设近海渔场和养殖场，制止滥捕和水域污染。三是进行淡水水面的基本建设，改善水生动、植物的放养条件，充分利用现有的

淡水资源，做到养捕结合，提高养殖水面的土地生产率。

9.3.1.2 农村水资源的合理利用

(1) 农村水资源的含义及作用。水资源是人类社会必须利用的宝贵的自然资源。水是人类赖以生存的物质基础，没有水就等于没有生命。水是农业的命脉，是农业生产中物质和能量转化不可或缺的要素。人们常说，有收无收在于水，多收少收在于肥，也就是说没有水就没有农业生产，没有水就不会有人类社会的经济活动过程。水又是自然环境的重要构成因素，对自然地理环境的形成具有决定性的影响。没有水或水资源被污染，就会使生态平衡遭到破坏，就会对人类社会的存在和发展造成威胁。

(2) 农村水资源的特征。水资源按其来源分为大气降水、地表水和地下水三部分。水资源是一种动态资源，大气降水和地表水、地下水之间不断循环运动，形成自然界中的水循环。大气降水是水资源的基本来源。由于水的循环主要依靠太阳辐射的热能，而地球接收太阳辐射热能的能力又是一定的。因此大气降水的数量是有限的，所以水资源也是一种稀缺资源，并不是取之不尽、用之不竭的。合理用水是促进农村经济繁荣，实现农业可持续发展的基本保证措施。

(3) 农村水资源的合理利用。对农村水资源的利用和管理，主要抓好四个方面的工作：

第一，加强对水资源的产权管理工作。实行对水资源的法制化管理体制，改变目前城乡生产或居民生活用水的低价收费或不收费的制度，实行用水的定额控制，在这方面可以借鉴韩国所采取按水的生产成本和用水额累进收费办法，对超额用水或形成水源污染和严重浪费的企业或农户实行必要的惩罚措施。

第二，加强对水资源利用的综合管理。在搞好对水资源状况综合评价的基础上，对一个地区的农业、工业、能源、旅游、运输和生活用水，要进行统一规划，综合考虑，要把各项生产和生活用水的社会、经济和生态效益进行综合分析，合理分配各个部门和各项事业用水的分配比例。

第三，要积极开发水资源。要有计划地加快水资源开发利用工程的建设，除修建地表水利工程外，还要注意对地下水资源的人工补偿，建立地下水库，以增强对水资源的调蓄使用。要植树种草，提高植被覆盖率，涵养水源。

第四，节约用水。要建立健全水资源的管理机构和用水责任制度，并采用先进的灌溉技术，实行科学用水，节约用水。在这方面可以借鉴和采用以色列和韩国等国家的做法，在有条件的地方要安装节水设备，实行生产和生活用水的科学化控制。

[案例9-6] 风力发电，新的动力来源

开发利用风力发电对保护生态平衡、减少环境污染、节约矿物能源、缓解供电矛盾及解决偏远山区的用电问题、支持经济建设等都有着重要的社会效益和生态效益。同时风力发电本身也有许多其他发电方式无法比拟的优点，比如建设周期短、装机规模灵活、不消耗燃料、不污染环境、不淹没土地等。利用风力发电的尝试，早在20世纪30年代，丹麦、瑞典、前苏联和美国已经应用航空工业的旋翼技术，成功地研制了一些小型风力发电装置。这种小型风力发电机，在多风的海岛和偏僻的乡村广泛使用，它所获得的电力成本比小型内燃机的发电成本低得多。在我国，现在已有不少成功的中、小型风力发电装置在运转。我国的风力资源极为丰富，绝大多数地区的平均风速都在每秒3米以上，特别是东北、西北、西南高原和沿海岛屿，平均风速更大；有的地方，一年三分之一以上的时间都是大风天。在这些地区，发展风力发电是很有前途的。新疆维吾尔自治区、内蒙古自治区与辽宁省并列为我国风能开发的“三甲”，其中新疆的达坂城风电厂是我国目前最大的风力发电厂。

9.3.1.3 农村能源的合理利用

(1) 农村能源的含义及分类。农村能源是指在农村生产和生活中能够产生热能、机械能、电磁能、化学能、光能等各种能量的资源。自然界中天然存在的能量资源如原煤、石油、水源、天然气、风力、太阳能等称为"一次能源"。由一次能源经过加工转换而成的能源，如煤气、汽油、柴油、电力、氢气、沼气、热水和激光等称为"二次能源"。一次能源又分为再生能源和非再生能源。再生能源是指在自然界能够重复产生的能源，如太阳能、风能、潮汐能等；非再生能源是指那些在自然界中不能重复产生的能源，如煤炭、原油、天然气等。

(2) 我国农村能源的状况。我国农村能源的状况是：能源利用结构落后，供给严重不足，浪费严重。从总体上看，农村生产和生活用能源主要是依靠人、畜力和燃烧植物的秸秆。据估算，全国有相当多的地区一年要缺 2～3 个月的生活用燃料，生产用能源供应也严重不足；同时，农村中对能源使用的浪费现象也非常严重，生活用能方面大多使用老式炉灶直接燃烧植物的秸秆，热能利用率很低。生产用能方面，由于工艺水平落后，设备陈旧，管理水平低，因而能耗高，浪费大，能量的利用效率也很低。

(3) 农村能源合理利用的措施。解决农村能源利用问题的措施主要有三个方面：

第一，节约农用能源。农村所耗用的能源，有 85%用于生活燃料，因此节约烧柴和生活用煤是农村节约能源的主要途径。应积极推广节煤、省柴灶。同时要做到农业机械、灌溉设备和农机具的合理配套，实行联合作业，提高马力利用率；要合理灌溉，建议应用少耕法或免耕法等，千方百计节约农业生产和农民生活用能。

第二，合理开发利用生物能源。生物能源包括薪炭林、秸秆、柴草和沼气。要加强林木的种植和管理，增加薪柴产量。积极发展农村沼气，把秸秆直接燃烧变成沼气燃烧，热能利用率可提高好几倍。

第三，积极开发农村新能源。各地要从本地实际情况出发，发展小水电、小煤窑、利用太阳能、风能等。我国还有一些地区具有丰富的地热资源，可用于发电、供暖等，应充分开发利用。

9.3.2 农村经济资源及合理利用

9.3.2.1 农业技术装备的合理利用

(1) 农业技术装备的概念及特点。农业技术装备是农业生产过程所用的生产工具及其他劳动资料的总称，是农业生产力的一个重要组成部分。农业技术装备从原始农业、传统农业到现代农业，经历了一个长期的历史发展过程。反映各个农业生产发展阶段技术装备变革的标志，是劳动工具的不断进步。从最原始的石头、骨头等简单工具，到手工操作的铁木工具，从畜力牵引的半机械化农业，到现代的农业机器，分别标志着各个不同时代农业生产力的发展水平。随着社会生产力的发展，农业技术装备的内容越来越广泛且日益复杂，其中最基本的和最主要的部分是机械化的农业生产工具。现代农业技术装备的特点表现在以下几个方面。

① 多样性和成套性。农业生产部门有种植业、林业、畜牧业、副业、渔业等部门。种植业中又有粮、棉、油、麻、丝、茶、糖、菜、烟、果、药等生产项目。粮食生产中又有稻、麦、玉米等许多品种。农业再生产是自然再生产与经济再生产相互交织的过程，生产周期长，作业环节多。因而要求农业技术装备，特别是农业中的作业工具必须与一定的自然条件和农艺技术要求相适应，不同地点、部门、作物、作业要有不同的生产工具和装备设施。农业生产季节性强，农产品又有量大、鲜活、易腐等特点，这就要求在连续的生

产过程中，工具装备要“成龙配套”，在产前、产后等环节需要有加工、贮藏、运销等协调的装备设施。

② 成套性固定资产，一次性投资较大。农业技术装备，特别是农业机械装备和建筑设施，资金占用多，周转慢，利用率低，使用成本高。对于农业技术装备的投资购建，一定要通过科学的技术经济论证，尽量做到生产上可行，技术上先进，经济上合理，努力提高设备利用的技术效益。

③ 使用具有强烈的季节性，利用率低。在农业机械装备中，除运输工具、加工工具等动力机械和一些通用性装备可以综合利用，具有较大的适应性外，许多专用性工具装备则有很大的局限性。往往一种工具只能完成一种作业，而利用时间很短。

④ 布局分散，露天作业。农业生产总是与土地相联系，是在野外空间进行的，占用空间面积大，受自然条件影响大。在技术装备使用过程中，必须精心维护和保养，并要对外界条件的变化随机作出反应，及时处理。

⑤ 使用条件具有综合性。农业生产对象是有生命的有机体，影响因素复杂多样，环境条件要求严格，技术装备作为生产过程中的手段和物质条件，它必须和其他生产要素严格配合和相互协调，才能有效地发挥其作用，取得应有的使用效果。

（2）农业机器装备的种类。现代农业机器装备内容复杂，形态各异，联系复杂，按照它们在农业生产过程中的功能不同，可以分为六大类：① 动力设备。主要包括拖拉机、内燃发动机等。另外还有电动机、役畜以及太阳能、风能、潮汐能、沼气发电机等。②生产工具。主要指机械性工具，同时包括畜力作业工具及手工作业工具，如与拖拉机作业相配套的耕地、播种、插秧、镇压、施肥等各种生产用器具、各类联合收割机等。③生产性建筑和设施。包括农用厂房、仓库、道路、管道、输电线、灌溉设备等。④运输工具。包括农用汽车、运输用拖拉机、船舶、人畜力牵引车辆等。⑤加工、销售和储藏设备。包括脱粒机、粉碎机、磨粉机、碾米机、扬场机，农副产品初级加工及深加工机械，农副产品销售用房屋和设施，农副产品储藏、保鲜用场所和设备等。⑥现代电子设备。在现代农业生产过程中，如畜禽饲养、种苗繁育等生产经营项目中已经广泛使用电子计算机及电子设备对生产经营过程进行各种信息处理和控制。

（3）农业机械化的社会经济条件有五个方面：

① 工农业生产发展水平。首先，工业生产发展水平是决定农业机械化程度最重要的社会经济条件。农业机械化是由工业部门提供机械性劳动资料，取代农业中手工劳动的过程，也可以说是工业武装农业的过程。世界上一些国家实现农业机械化的进程表明，农业机械化都是随着工业化的发展逐步实现的。只有工业具备了一定的物质技术基础，能够提供品种齐全、数量充足、质量优良、价格低廉的农业机械，使得使用农业机械取代手工劳动达到在技术上可行、经济上合理，农业机械化才能得以充分发展。其次，农业生产自身的发展水平也是决定农业机械化程度主要的社会经济条件。在农业生产中，有了采用机械作业的客观需要，是农业机械化得以发展的先决条件。这一客观需要的形成，同农业生产发展状况密切相关。只有农业生产朝着深度和广度发展引起农业劳动力供给不足，才会产生采用农业机械的客观需要。

② 能源供应状况的制约。在农业中使用机械取代手工劳动，从能源供应的角度来看，就是要增加外投能源的数量，用石油等能源取代一部分生物能源。发达国家农业机械化的实现，农业生产由依靠农业内部的能源为主，变为依靠商品能源为主。要实现农业机械化，必须有充足的油料、电力等能源供应为保证。

③ 农艺技术的发展水平。农业机械的使用必须适应一定的农艺技术才能取得较大的经济效果。然而，在由传统农业向现代农业转变的过程中，农艺技术也在不断变革。我国的传统农艺是精耕细作，这种传统农艺千差万别，具有不统一性和不稳定性的特点。因此，必须在生产专业化基础上，经过科学示范，使农艺技术相对稳定，把农机技术与农艺技术结合起来，这是实现农业机械化的重要技术条件。

④ 国家财力和农业内部积累水平。发展农业机械化的过程，也是一个不断加大农业生产投入的过程，需要增加大量的资金投入。解决农业机械化资金来源的途径主要有两条：一是依靠农业内部积累；二是国家增加对农业机械化的投资和贷款。这都和国家的财力状况有关。国家财力雄厚，既可以对农业给予更多的投资和贷款，又可以缩小工农业产品“剪刀差”，减轻农业的社会负担，提高农业自身积累的能力。发达国家农业机械化的实践表明，国家不通过工业积累来扶持农业，单靠农业内部积累是难以实现农业机械化的。

[案例 9-7] 农机具的闲置与合理利用

“四轮拖拉机、拖斗、犁耙、喷灌机，我家都有，但一年也用不上几回，放在家里占地方不说，时间长了有的都快锈掉了。”河南省西华县尹坡村的一位农民这样说，“别看用得少，购买这些铁家伙可是花了不少钱，一台小四轮拖拉机就得好几千块。”附近的小朱庄是一个只有 70 余户的小村，除去因常年在外把耕地转包出去的 20 多户，剩下的 40 多户中有 36 户购买了小四轮拖拉机及配套农具。村里年长的人回忆说，20 多年前土地归集体耕种的时候，一台“东方红”就把全村几百亩地犁完了。不像现在，耕地时到处跑的都是小型拖拉机。在两个村紧挨着的黄泛区农场，却是另外一幅景象。大片的土地统一耕种，耕地时节，全场近 14 万亩的耕地，不到 200 台大型拖拉机就可以又快又好地完成耕作任务。在管理与保养方面，农场在每年机械作业前和年终，都要对农业机械进行逐台检查和评比。

⑤ 农业机械使用的经济效果。农业机械化是在农业中以机器代替手工具，以机械动力和电力代替人力和畜力进行生产的过程。我国的农业机械化包括农、林、牧、副、渔五业全部生产过程的机械化，要求耕种、收获、排灌、运输、加工等项作业都使用机器操作。根据我国国情，实现农业机械化的社会经济条件是，使用机器设备所增加的费用支出应该少于节省下来的劳动时间所能创造的物质财富的价值。具体表现为以下几点：

第一，使用农业机械能够迅速增加农产品产量与商品量，有利于农民增产增收。农机的投放与使用，从客观效果与社会需要方面考虑，要能够提高全社会的土地利用率和生产率，增加农畜产品总产量和商品量；但同时要考虑农业经营单位的微观经济效益，对于农民来说使用农业机械丰产不丰收就会影响农民购买和使用机械的积极性。

第二，农业机械化要有利于农民充分就业，提高农业劳动力利用率。我国人力资源丰富，实行农民家庭联产承包责任制以后由于农业劳动生产率和土地生产率提高，农业劳动力剩余和充分就业问题更加突出，因此使用农业机械必须重视农业劳动力的充分就业问题；否则，实现农业机械化就会出现负面的社会经济效益。

第三，农业机械化过程中要注意机器使用的经济界限。使用现代农业机械目的是增产增收，决不能把使用机器本身当做目的。用机器的经济界限是，用机器代替手工劳动，只有在机械化节约出来的劳动力、畜力能创造出大于机器耗费的价值时，才能产生出使用机器的经济需要。尤其是在我国人多地少，人均土地资源不足的条件下，只有把机械化与安排节余的劳力、畜力密切结合，相互适应，才能顺利实现农业机械化。

9.3.2.2　农业科技资源的合理利用

(1) 农业科学技术的作用及特征。农业科学技术是揭示农业生产领域发展规律的知识体系及其在生产中应用成果的总称，它是整个社会科学技术总体中的一个重要组成部分。现代发达的农业，所凭借的科学技术内容十分广泛而复杂，农业科学技术在生产经营中所起的作用越来越突出：科学技术是现代农业生产力的主要构成因素；现代农业科技不断拓展农业发展的新途径；农业科技进步推动着农业生产率和经济效益的提高；农业科技进步推动了农业现代化的快速发展。当代农业科学技术是由多学科构成的复杂的人文系统。由于农业经济活动本身的特点，决定了农业科学技术具有如下特征。

① 综合性和相关性。从农业科学技术的内部联系来看，具有明显的综合性和相关性特点。农业生产是以动植物生长发育为中心的生物性生产，既受自然因素制约，又受社会经济条件影响，各种因素交互作用，由此决定了农业科学技术是以生物技术为中心，其他各项技术因素相互配合，为生物生长发育创造良好环境条件的综合技术体系。比如作物高产技术是良种、施肥和病虫害防治等方面技术综合在一起共同发挥作用的技术体系。农业科学技术是由各单项技术组合在一起的，各项技术之间相互联系、相互依赖，单项技术发挥作用的程度、范围和效果都有一定的客观限度，只有把各种相关技术结合起来，才能发挥最大的科技效用。

② 应用的差异性。农业科学技术在应用过程中由于地点、时间不同，存在着很大差异，要结合不同的具体条件加以利用。农业科学技术应用的差异性主要体现为四个方面：一是区域适应性。农业技术是以促进生物生长发育为中心的技术体系，生物生长与环境的关系，决定着农业科技发挥作用的质量和效果。不同区域的自然条件不同，使之一项技术在不同区域有不同的经济效果。二是应用效果不稳定。农业生产受气候环境因素影响较大，农业科学技术的应用效果也受自然等难以控制因素的制约。技术应用效果差，可能并非技术本身的原因，农业科技成果推广应用的效果具有很大的随机性和风险性。三是农业科技成果使用价值大，交换价值低。农业科技成果带来的社会经济效益巨大。但是，由于工农产品剪刀差、农民对科技成果的购买力以及农民素质等方面因素的制约，使得农业科技成果进入市场后交换价值并不高。四是农业科技成果市场寿命周期比较短。农业科技成果利用空间大，对其使用范围难以控制。一项好的农业科技成果由于研制、试验、示范周期比较长，可能在未经正式推广前就早已在示范过程中扩散。

③ 研究开发的长期性。从农业科技研究开发过程来看，具有明显的研究开发周期长，受外界自然和社会经济条件影响大的特点。农业生产具有较强的周期性和季节性特点，决定了农业科技从研究、试验到推广应用，都要受到生物生长发育的季节性、周期性规律制约，具有较长的周期，多数技术项目只能在一年内试验一次，其技术稳定性需要通过若干年的试验才能检测出来。现代农业科技的核心是从农业外部输入大量的生物技术、化学技术和机械工程技术，农业科技发展要建立在整个社会科学技术发展的基础上，具有明显的外生性、滞后性和社会性的特点。农业科技进步必须得到整个社会广泛的强有力的支持才会具有生命力。

(2) 农业科技推广的形式。农业科技推广是通过农业科技人员和农民的共同活动，将科研成果和先进技术通过试验、示范和宣传教育，推广到农业生产实践中去，成为现实生产力的过程。农业科技推广主要有两个途径：一是用农业技术武装农民，提高他们的劳动技能；二是将先进的农业科技物化于农业生产资料之中，提供先进的生产工具和高效能的劳动对象。所以农业科技推广包括了农、林、牧、渔各业的各种增产措施以及农畜产品加工、贮运、能源的利用与开发等各方面科学技术的普及。凡是涉及农业生产、生活的科学技术的普及和改进，促进农业物质财富生产和精神文明的宣传、教育和实验工作，都可成为农业科技推广的内容。目前我国农业科技推广的形式按照技术转移过程有无价值补偿问题，可以分为有偿推广和无偿推广两种形式。

① 有偿推广。有偿推广是指农业科技转移到采用者，采用者要付给所有者一定的价值补偿金。具体形式有五种：一是技术转让。这是指采用者一次或分次付给技术所有者一定的资金，技术成果就属于采用者所有。二是销售物化技术成果。这是技术研制者或经营者直接销售物化技术，如种子、种苗等。三是自办技术经济实体。这是指科研教学单位或政府推广机构利用自己的试验场，直接应用自己的技术生产出产品，并销售出去，既取得了一定经济效益，也向社会提供了农业技术成果。四是科研生产联合体。就是科研、教学单位同生产单位合作，科研、教学单位提供技术，生产单位提供生产场所、资金等，共同进行生产经营，按照一定比例分配利润。五是技术承包咨询服务。技术承包咨询服务是农业技术提供者与使用者签订技术承包、咨询服务合同，对单项或综合性农业技术进行承包或咨询，按超产或承包收取承包、咨询服务费。

② 无偿推广。无偿推广是指农业技术转移到采用者手中时，不考虑技术的价值补偿问题，就是采用者可以无偿取得和应用生产技术。无偿推广是我国目前农业技术推广的重要形式，它主要是由国家农业技术推广机构和科研教学单位依靠政府提供的推广经费进行推广，或者是由农业专业技术协会、村级农业技术推广服务组织进行无偿性的服务。

(3) 农业科技推广的方法。农业科技推广不论采取有偿推广还是无偿推广的形式，都要在推广过程中综合运用以下几种具体方法。

① 技术培训和巡回指导。技术培训是通过举办培训班等方式，对农民或技术人员进行农业技术知识的宣传、教育的推广方式，或者针对某项推广技术进行技术操作规则等方面的培训。巡回指导是农业科技推广人员深入生产一线，面对面地同生产经营者进行技术交流，解决技术应用中出现的问题。

② 技术宣传和示范观摩。技术宣传是通过发放技术资料，召开技术宣传会议，播放广播电视和电影技术节目，进行报刊宣传、个人宣讲等方式，向农民宣传和介绍农业技术。示范观摩是通过技术示范、组织参观、操作表演等方式进行技术推广。

③ 农业技术市场。农业技术市场是农业技术商品交换的场所。常见的形式有技术门市、技术赶集和技术交易会等。技术门市是指有固定场所，进行以销售物化技术为主的商品交换活动。技术赶集是指有组织有计划地在预定的时间和地点，组织技术人员设摊摆位，提供技术咨询服务，发放销售技术资料，物化技术成果等。技术交易会是通过在技术交易双方会议由供需双方通过直接面谈、现场成交，签订技术合同等形式推广农业技术。

(4) 农村科研体制的改革。根据农村科技进步的特点与要求，在农村科研体制改革方面要转变政府职能，要建立新的农村科技研究体制，下放或转移部分权力；分离科研机构的社会职能，精干科研主体，强化政府的宏观调控职能，弱化微观介入程度，切实做到政府的行为适度、合法、规范。对科研院所、科研管理体制进行市场化改革，要根据农村科技创新和推广的基本要求建立科学的领导体制、民主管理制度，以科研为本，激发活力，创造良好的科技创新、开发、推广的宏观和微观环境。各级技术服务机构应逐步建成自主经营、自负盈亏的技术经济实体，积极推行租赁、承包经营，也可折价拍卖。鼓励有技术专长的农民自办或合办各种形式的农业科技服务机构，充分发挥农民科研所、农民专业研究会和农村科技示范户的积极作用。

9.4　农村劳动力资源及合理利用

9.4.1　农村劳动力资源的含义与特点

9.4.1.1　农村劳动力资源的含义

农村劳动力资源是指具有参加农村生产劳动能力的人。农村劳动力资源包括农村劳动力数量和质量两个方面。

(1) 农村劳动力资源的数量。农村劳动力资源的数量是指农村中符合劳动年龄并有劳动能力的人数和不到劳动年龄以及超过劳动年龄但仍参加农村生产劳动的人数。农村劳动力资源的数量由于自然因素和社会因素的作用是在不断变化的。影响农村劳动力资源数量的自然因素有：一是农村人口的自然增长率，这是最基本的影响因素；二是达到或超过劳动年龄的人数；三是劳动力的自然减员。影响农村劳动力资源数量的社会因素主要是指国民经济发展速度和国家所采取的有关政策措施。如劳动力在国民经济各部门之间的分配比例的变化，人口政策及其实施状况，农村经济形式结构和经营方式的变化，农村产业结构调整等，都会影响农村劳动力资源数量及其结构的变化。

(2) 农村劳动力资源的质量。农村劳动力资源的质量是指农村劳动力的体力强弱、技术熟练程度和科学、文化水平的高低等。农村劳动力资源的质量，随着社会生产力的发展，其主要反映指标也在发生变化。在以手工劳动为主的条件下，农村劳动力的体力具有十分重要的作用，男、女、整、半、辅助劳动力的划分常用来反映农村劳动力资源的质量。而在现代农村各业生产过程中，智力因素的作用在不断增长，体力因素的意义将不断下降。因此，农村劳动者的文化科学水平和技术熟练程度逐渐成为衡量农村劳动力资源质量的主要指标。劳动者所从事工作的科技含量已经成为衡量农村劳动力质量的重要指标之一。

9.4.1.2　我国农村劳动力资源的特点

(1) 农村劳动力基数大，剩余量多。我国农村劳动力资源从数量上看十分丰富。据有关部门测算，目前我国农村有劳动力4.5亿人，占全社会总劳动力资源的74%。近几年随着农村乡镇企业和农村第二、第三产业的发展，已经吸纳了1亿多农村剩余劳动力。而我国农村仅有耕地1亿公顷，加上一些后备农用地资源，按我国现代农村生产力水平综合分析，最多用2亿农村劳动力即可满足农业生产经营的需要。农村劳动力剩余较多，劳动力资源质量亟待提高。农村劳动力地区分布不平衡，大批农村剩余劳动力滞留在农村，所有这些都是农村劳动力资源的合理配置和利用，提高农村劳动力利用率和农业劳动生产率亟待加以解决的重要研究课题。

(2) 农村劳动力充分利用程度不平衡。农村剩余劳动力大部分集中在粮棉主产区和中西部经济欠发达地区。积极创造有利条件和政策环境，鼓励和支持这些地区的第二、第三产业发展是加快这些地区农村经济发展的重要途径。加快农村经济区域间的结构性调整，促进中、西部地区经济开发的步伐，对于解决农村剩余劳动力再就业，促进这些地区的发展有着举足轻重的作用。由于各地经济发展不平衡，加上农业生产存在季节性的特点，在整体上存在大量农村剩余劳动力的同时，一些地区或部门在一定时限内又存在劳动力的相对不足。这就要求在逐步实现农村机械化过程中，要不断组织广大农民向农村各业生产的深度和广度进军，实现农村劳动资源与其他农村自然资源、社会经济资源的合理组合。

(3) 农村劳动力文化素质较低。在农村劳动力的知识技术结构上，文化层次较高、技术与业务能力较强的农村劳动力严重不足，继续深入落实科教兴农战略，大力发展农村教育事业，提高农民科学种田能力还是一个长期的工作任务。

9.4.2 农村劳动力资源利用率

9.4.2.1 农村劳动力资源利用率的含义

农村劳动力利用率是一个反映农村劳动力资源在一定时间内利用程度的经济指标，是指实际参加农村生产劳动的人数或时间占能够参加农村生产劳动的人数或时间的比例。在一定的农村劳动力资源总量和农业劳动生产率水平条件下，农村劳动力利用率越高，就越能为社会创造更多的财富。提高农村劳动力利用率，就是提高农村劳动力参加农村生产劳动的人数和时间比例。评价农村劳动利用率的主要指标有：一是实际参加农村各业生产劳动的人数占能够参加农村各业生产劳动人数的比率。这个指标反映一定时期内参加劳动的人数和所有应该参加劳动人数之间的比例关系。二是在一定时间内，平均每个农村劳动力实际参加劳动的日数占应参加劳动日数的比率。这个指标反映单个农村劳动者在一定时间内劳动出勤日数情况。三是班工作日中的纯工作时间占班次工作时间的比率。它反映单位工日中劳动时间的利用效率。

9.4.2.2 提高农村劳动力利用率的影响因素

提高农村劳动资源的利用程度，必须了解农村劳动力利用率的影响因素。影响农村劳动力利用率的因素很多，概括起来有两个方面：一是劳动力的自然状况和觉悟程度，如人口数量、年龄、健康状况、思想水平、积极性和主动性等；二是自然条件和社会经济条件，如土地结构、气候、耕作制度、农村生产结构、多种经营的门路、集约化经营水平、劳动组织和报酬等。有些因素是比较固定的，或者要经过较长的时间才能起变化。有些因素则可以在短时期内发生变化。为此，提高农村劳动力利用率，既要从长计议，如控制农村人口的增长、逐步改善自然条件、发展农田基本建设等；又要从当前着手，如调整农村各业生产结构、改善劳动组织、改革收入分配制度、采用合理的技术经济政策等。

9.4.2.3 提高农村劳动力利用率的途径

(1) 合理安排使用劳动力。在这个方面可以采取两项主要措施：一是要组织好劳动协作与分工，尽量做到劳动力资源与需要量大体平衡。二是要根据各项生产劳动任务的要求，考虑劳动者的性别、年龄、体力、技术等情况，合理安排使用劳动力；做到各尽所能、人尽其才，充分发挥劳动力特长。

(2) 有效利用工时，提高工时利用率。在各业生产中，要提高生产过程组织工作的科学性。要避免窝工浪费，避免无效劳动，尽可能消除非必要的停歇时间，尽量减少必要的停歇时间，以便增加基本作业时间，从而增加纯工作时间，提高单位工作时间的利用效率。

(3) 建立健全劳动管理制度。通过改善劳动组织，如加强劳动纪律，实行生产责任制和改善劳动计酬办法等，提高劳动者的劳动积极性，以便提高劳动力的利用程度。

9.4.3 农业劳动生产率

9.4.3.1 农业劳动生产率的含义

农业劳动生产率是反映农村劳动力资源利用效果的经济指标，是指单位劳动时间内所生产的质量合格的农产品数量，或者质量合格的单位农产品所包含的劳动时间。农业劳动生产率反映农村劳动力资源在一定时间内的利用效果。农业劳动生产率的计算可以通过两个方面的指标来计算和加以反映：一是平均每个农民在一年内生产的农产品数量，它反映全体农民综合的个体生产能力的高低。其计算公式为：

$$\text{平均每个农民生产的产品数量}=\frac{\text{一年内质量合格的农产品总量}}{\text{农民的总人数}} \tag{9-4}$$

二是单位农产品所消耗的劳动时间。其计算公式为：

$$单位农产品消耗的劳动时间=\frac{劳动时间}{质量合格的农产品数量} \tag{9-5}$$

前一个指标在衡量一个社区或一个农业生产单位的全体农民的综合农业劳动生产率水平时经常采用，后一个指标在衡量单位产品中所占用的劳动消耗量时经常采用。从公式中可以看出，农业劳动生产率与农产品生产数量成正比，与劳动时间成反比。提高农业劳动生产率意味着以等量劳动时间生产出更多质量合格的农产品，或生产等量农产品耗费较少的劳动时间。农业劳动生产率反映了农村劳动力生产农产品的效率或消耗一定的劳动时间生产农产品的能力。

9.4.3.2　影响农业劳动生产率的因素

（1）农业劳动者的素质状况。如果农业劳动者拥有较好的身体条件，较高的智力水平和科学知识水平、文化水平以及较好的劳动技能和丰富的劳动经验，则拥有了更多的操作先进工具、推进科学技术在农村中的运用、合理组织农村生产经营活动的能力，也就拥有了更高的运用现代科技使农业生产快速增长的能力，就能够用较少的劳动耗费创造更多的农产品产出。目前，我国农村劳动力的科技文化水平普遍偏低，大部分滞留在狭小的耕作空间内，剩余劳动时间很多，但脱离土地去寻找其他就业门路的能力相对较弱。因而农村劳动力资源利用程度偏低，利用效果不高，劳动生产率水平的提高不能不受到劳动者素质条件的限制。

（2）农村生产资源潜力发挥程度。它包括农村生产资源是否充分利用和是否合理利用两方面的内容。如果对农村生产资源利用能够发挥出其潜力，那么就必然能够创造出更高的农业劳动生产率。

（3）农业生产的技术水平和技术结构。不同的技术水平和技术结构决定了完全不同的农业劳动力投入水平和产出水平，从而决定了不同的农业劳动生产率水平。现代农村技术所能实现的农业劳动生产率水平与传统农业技术所能实现的农业劳动生产率水平相比，无疑具有质的差别和量的飞跃。

（4）农业劳动的组织情况。它包括对劳动力的组织方式能否调动农村劳动者的劳动积极性；农业劳动的规模是否充分发挥了劳动力的潜力而获得较好的劳动投入规模效益；是否按照自然规律和经济规律要求使农村劳动力和其他生产要素实现最有效的结合而最大限度地发挥农村劳动力资源的潜力等。

9.4.3.3　提高农业劳动生产率的途径

（1）努力提高农村劳动者的文化和科学技术水平。在这方面要大力发展农村文化教育事业，完善农村教育体系，鼓励多种形式、多渠道发展农村科技推广工作，调动各方面力量和积极性尽快提高农民科技文化素质。

（2）大力推进农村技术进步。通过科技进步改进农村生产中的物质要素的优化组合与利用，提高土地生产率，提高农业机械的效能并降低费用消耗，改善农作物、家畜和家禽等的生物性状和经济性状，以科技进步推动“高产优质高效”农业的发展，争取用较少劳动投入，获取较多劳动产出。

（3）确定合理的农业生产结构和农村生产布局。根据市场变动及各种农村资源特点，进行科学的农业区划和农业生产布局，以充分发挥农村资源的区域优势，创造更大的经济和社会效益。

（4）完善农民家庭承包经营责任制。在我国现阶段要进一步巩固和完善以农民家庭承包经营责任制为基础的农村双层经营体制，通过法律手段将国家、集体和农民之间责、权、利关系有机结合起来，充分调动农民的劳动积极性，尽最大可能挖掘农业生产潜能，创造出更高的农业劳动生产率。

(5) 对农民从业资格逐步实行“绿色证书”制度。绿色证书是农民技术资格证书的习惯说法，是农民达到从事某项工作岗位要求具备相应基本知识和技能后，经当地政府认可的从业资格凭证。基本特点是：对象是农民，有岗位规范的要求或技术资格标准，取得证书者需要参加学习和培训，经考试考核合格，由地方政府或授权机关认可并颁发农业部统一印制的证书。农业部先后与教育部、总政治部、总后勤部联合下发了《关于在农村普通中学试行“绿色证书”教育的指导意见》和《关于在全军和武警部队副食品生产基地及从事农副业生产人员中开展“绿色证书”培训的通知》，将绿色证书培训扩展到农村普教和军队后勤系统。

[案例 9-8] 国际金融危机与“返乡农民工再就业”

受全球金融危机的影响，我国在 2008 年年底至 2009 年年初的民工返乡潮来得突然而猛烈。2009 年 1 月 12 日是春运第一天，广东始发的各列火车和各趟汽车挤得水泄不通。与往年不同的是，许多媒体都注意到，“东西多”的现象显著增加，许多农民工连锅灶都要带回去，大有农民工搬家永别广东的意思。人们开始担忧开春后的民工走向。种种迹象表明，农民工集体性返乡现象在短期内还难以从根本上得到遏制。

面对来势如此迅猛的农民工返乡潮，反思形成这种全国性现象的原因，国际金融危机固然是直接原因，但深层次原因还在于农民工就业岗位的技术含量大都比较低，从业的企业在国际性经济危机中受到了灾难性冲击，不幸的是“城门失火，殃及池鱼”。据有关资料统计，很多在沿海地区或经济发达地区打工的农民工从事的基本都是劳动密集型产业的工种。面对国际经济的结构性振荡，这部分人被卷入全球性失业大军行列中，这是社会经济调整的必然结果。

现在的问题是，已经回到家乡的民工们还会外出吗？外出又能找到工作吗？或者，就地能够找到工作吗？面对这些问题，我国各地相关部门开展专题调研，掌握返乡农民工真实情况，在农民工自愿的情况下开展有针对性的培训，充分利用经济调整的机会，解决农民工供给市场长期存在的技术断档难题；同时，制定促进农民工创业的扶持政策，降低创业门槛，推动建立创业促就业的管理体制，鼓励支持全民创业。大力发展农村产业，加大对新农村建设的投入力度，延伸农业加工链，增强农业对返乡农民工的吸纳能力。

9.4.4 农村剩余劳动力的转移

9.4.4.1 我国农村剩余劳动力转移的制约因素

从世界各国国民经济和农村发展的情况看，随着社会生产力的进步和农业劳动生产率的提高，必然会有越来越多的农村劳动力从农业中分离出来转向其他部门。在我国，农村剩余劳动力转移的制约因素主要如下。

(1) 城乡分割的二元社会经济结构。农村剩余劳动力的“流入地”城市在改革以前，是严格按照二元社会经济结构模式进行管理的。以户籍制度为核心以及与此配套的城市人口管理制度、就业制度、升学制度、医疗卫生制度、社会保障制度，把城乡严格分割，形成不能越雷池一步的城市壁垒。农村剩余劳动力受户籍、劳保福利、就业制度的制约，不能顺畅地进行部门、区域间的转移。农村经济体制改革的巨大成功为城市经济改革作了示范，城市经济中，民营企业的发展和经营机制的松动，自主权的扩大，劳动用工制度的改革，就业门路的扩大，使农民能够以合同工、临时工、承包等形式加入城市经济建设中。但是在我国目前要完全放开城门，让农民在城乡间自由流动，无疑还要受到诸多制度和政策因素的制约。

（2）农村劳动力市场发育状况。我国整个社会的劳动力流转机制还主要依赖于计划分配机制的作用，劳动力市场机制发育很不健全，从而制约着农村剩余劳动力的有效转移。

（3）社会资产结构状况。长期以来，我国在向工业，主要是重工业倾斜发展战略的指导下，形成了偏差程度很大的固定资产存量结构。这一结构的生成，在很大程度上制约着增量投资方向和结构。因为存量结构一旦形成，就会迫使后续投资不可抗衡地叠加，形成维系发展全靠敛聚大量投资增量，继续维持外延扩张的高耗低效型的产出结构，对劳动要素和其他生产要素更充分合理地组合形成限制机制，从而制约着农村剩余劳动力的转移。

9.4.4.2 农村剩余劳动力转移的途径

（1）改革城乡经济结构和就业结构。商品化必然推动工业化的发展。商品化、工业化必然要求增加社会基础设施的规模和效率，于是便会产生资源在空间的聚集和流动。这种聚集和流动过程就是现代城市化的过程。农村剩余劳动力持续有效地转移，如果没有产业结构和区域经济结构这样深层次社会经济结构的变化，是不能奏效的。随着农村商品经济的发展，城乡物资和人员交流日益频繁，今后国家应该把城乡劳动者的就业问题作为一个统一系统来考虑。为此，要改革城镇人口和劳动力管理制度，加快户籍、就业与劳保福利等制度的改革，使之与劳动力就业与区域转移的客观需要相匹配。

（2）进行有效的宏观调控。首先，要在农村内部强化结构性转移，在农村内部通过增加劳动时间投入和提高资源利用水平而对其进行深层转移，尽可能在林、牧、副、渔各业全面发展过程中吸纳更多的从种植业中分离出来的剩余劳动力，减轻对社会经济发展的压力。其次，要调整好农村和社会产业结构，大力推进第二、第三产业和乡镇企业的发展，鼓励和支持发展劳动密集型产业，使农村剩余劳动力在农村第二、第三产业发展中获得更多的就业机会。

（3）建立健全劳务市场。近些年来，各种形式属于低层次的劳务市场已经随商品经济的发展而产生，今后应不断总结经验，逐步使劳动力低层次的流动向劳务市场交易过渡。鼓励各地因地制宜地建立各种形式的劳务市场，也可建立专门的劳动力利用开发实业公司，不仅要疏通国内劳动力的流通渠道，而且要积极开拓国际劳务市场，把劳动力转移作为一项社会系统工程，从建立市场到管理工作，制定切实可行的制度与法律，运用工资、税收、经济合同等经济手段，建立和完善城乡待业保险制度，逐步把劳动力流动管好管活，把农村剩余劳动力资源的开发、转移、管理工作切实统筹抓好，使之能够在全社会范围内得到充分合理的利用。

（4）推行多种形式的劳动就业制度。在劳动就业和用人制度上要推行多形式和类型的就业方式和劳动力转移方式。首先，以家庭为单位的个体化就业方式应予以充分肯定。当前是稳定农民家庭承包经营形式，不仅不会阻碍农村生产的持续稳定发展，而且是缓解我国农村就业压力的有效选择。其次，实行社会市场化就业，也就是实行由国家统一调配和市场调节相结合的劳动就业制度。这种就业制度有利于劳动者选择职业和企业；同时有利于企业择优选择劳动者，变过去劳动就业形式上的单向选择为双向选择，增加农村剩余劳动力转移就业的社会自由度。

（5）进行农村土地流转制度的创新。在非农产业发达、农村劳动力大量转移的地方，可在自愿的基础上通过转包、转让、联合服务等办法允许农民对土地经营使用权依法有偿转让。也可以把土地使用权作为合作资本，让那些转移的劳动力把承包期内的土地经营使用权同种田能手合作，并取得合理收益。

(6) 开发人力资本，全面提高农民素质。这不仅可大大促进农业劳动生产率的提高，而且也可为农村剩余劳动力的顺利转移创造条件。发达国家和发展中国家现代化道路的实践表明，人力资本存量的迅速扩大，是一个国家农村经济发展越来越重要的源泉，是改善生存的必要条件，是构成国家财富的最终基础之一，是改造传统农村的有效手段，也是提高整个民族文化科学素质的主要途径。只有这样，中国农村劳动力深度就业的门路才会打开，一种多渠道、多层次、全方位的农村剩余劳动力转移的就业机会结构才会最终形成。

单元小结

农村人口，原是指户籍在农村的人口。随着我国户籍制度的改革和变迁，农村人口的含义将有所改变。可以认为凡是在农村区域内生活并长期居住，依靠在农村的产业而生存的人，都可称为农村人口。人口统计指标是反映人口自然和社会经济属性的统计尺度，它是人口统计的基本要素。常用绝对数指标有：人口数、常住人口、户籍人口、市镇人口、乡村人口和农业人口。重要的相对指标有：人口出生率、人口死亡率、人口自然增长率、成人文盲率和人口密度。根据我国人口现状和基本国情，农村人口政策主要是计划生育政策和优生优育政策。

农村环境是指农村中以人们的社会生产和生活活动为中心的周围空间和所有影响人类生产、生活活动的各种自然、经济和社会因素的总和。人口、资源和环境，是制约当今社会经济发展的三大要素，保护性地利用我们周围的环境已经成为人类的共识。农村经济环境主要由自然生态环境、经济发展环境、科学技术环境和社会人文环境等子系统所构成。我国农村环境的现状是生态环境破坏严重和环境污染问题日益突出。农村环境保护措施主要是防治农村环境污染、保护农村自然资源和加强农村人文环境建设。

生态农业是指在经济和环境协调发展的原则下，总结吸收各种农业生产方式的成功经验，按生态学、生态经济学原理，应用系统工程方法建立和发展起来的农业体系。生态农业的类型有立体开发型、综合治理型和庭院生态型。发展生态农业的措施主要是：造林种草，改善农村自然环境；保持水土，培肥土壤。环保产业是指其产品或劳务用于防治环境污染，改善生态环境，保护自然资源等方面的产业部门。环保产业不仅包括环保产品制造业，还包括为防治环境污染、改善生态环境、保护自然资源等提供设施和服务的部门。发展环保产业的措施主要有：规范环保产品市场；建立健全环保产业管理体制；搞好环保产业的科技开发；强化监督机制。

农村自然资源包括土地资源、水资源和能源。对于土地资源主要是通过农业基本建设等措施要提高土地利用率和土地生产率。要合理利用水资源和各种能源。农村经济资源主要包括农业技术装备和农业科学技术资源。要根据农业技术装备和农业科学技术的特点，充分发挥其利用效能，提高运用科技促进农业生产发展和农村经济繁荣的能力。

农村劳动力资源是指具有参加农村生产劳动能力的人。农村劳动力资源包括农村劳动力数量和质量两个方面。根据我国农村劳动力资源的特点，采取各种措施提高劳动力资源利用率和生产率，其中重要制约因素，就是搞好农村剩余劳动力的转移。主要途径有：改革城乡经济结构和就业结构；进行有效的宏观调控；建立健全劳务市场；推行多种形式的劳动就业制度；进行农村土地流转制度的创新；开发人力资本，全面提高农民素质。

综合练习

(一) 名词解释

农村人口　农村环境　生态农业　环保产业　环境污染　农村聚落环境　土地　土地利用率　土地生产率　复种指数　垦殖指数　粗放经营　集约经营　农业技术装备　农业科学技术　农业科技推广　农村劳动力资源　农村劳动力利用率　农业劳动生产率

(二) 填空

1. 反映农村劳动力资源利用程度的主要指标是（　　）。
2. 反映农村土地资源利用效果的主要指标是（　　）。
3. 垦殖指数是一个地区或企业内农作物的（　　）占耕地面积的比率。
4. 农村科技推广的方法主要有：（　　）、（　　）和农业技术市场。
5. 我国农村剩余劳动力转移的制约因素有（　　）、资产结构状况和（　　）。
6. 我国农村劳动力资源的特点是劳动力基数大、剩余量多、（　　）和（　　）。
7. 农业科学技术的特征有（　　）、（　　）和研究开发的长期性。
8. 提高土地生产率的措施有（　　）、（　　）和实行科学种田。
9. 土地资源的特点包括（　　）、（　　）和（　　）三个方面。
10. （　　）的类型包括庭院生态型、综合治理型和立体开发型。

(三) 选择答案

1. 农民的文化程度是反映农村（　　）情况的重要指标。
   A. 人口质量　B. 人口数量
2. 我国农村人口政策的主要内容是（　　）。
   A. 计划生育政策　B. 优生优育政策
3. 村落是农村中（　　）的主要聚居地。
   A. 农业人口　B. 非农业人口
4. 聚落环境是农村（　　）的主要构成内容。
   A. 自然生态环境　B. 经济发展环境　C. 社会人文环境
5. （　　）是农村经济发展环境的主要构成要素。
   A. 农村市场与贸易　B. 农村财政政策　C. 农村税收
   D. 农村信贷　E. 农产品价格　F. 农村经济制度
6. 某农户单位耕地面积的农产品产量反映的是该农户的（　　）水平。
   A. 土地利用率　B. 土地生产率
7. 实行农村科技成果商品化，对于农村科技成果的推广应采取（　　）的形式。
   A. 无偿推广　B. 有偿推广
8. 目前，在我国实现农业机械化的道路应是（　　）。
   A. 全面实现农业机械化　B. 有步骤地实现农业机械化　C. 半机械化和全面机械化相结合

(四) 判断正误

1. 农村人口的个体素质是决定农村人口群体素质的基础。（　）
2. 资源、环境和人口是当今世界上影响人类社会生存和发展的三大重要因素。（　）
3. 农村聚落环境是农村自然环境的主要构成内容。（　）
4. 农村城镇环境是农村中农业人口的主要居住环境。（　）
5. 在自然界中，植物、食草性动物和食肉性动物之间存在着食物链关系。（　）
6. 农业劳动生产率是反映农村劳动力利用程度的重要指标。（　）
7. 农业中的集约经营强调的是对农业生产资源在单位土地面积上的集中而节约的投放和使用。（　）
8. 复种指数是播种面积占耕地面积的比率。（　）

9. 经济信息是农村商品经济发展中必须运用的重要资源之一。 ( )

10. 土地资源具有面积有限性的特点。 ( )

(五) 回答问题

1. 请在课后查找有关资料，说明农业生产的“蓝色革命”与“绿色革命”的区别。二者与农村环境保护之间有什么关系？

2. 在农业生产中，经常使用“绿色农业”、“有机农业”和“无公害农业”这三个名词，通过查找有关资料，说明这三个概念的联系与区别。

3. 某农户种植玉米 30 公顷，有劳动力 3 人，2010 年收获玉米 315 吨，收入为 56.7 万元。请分别采用实物指标和价值指标计算这个农户的土地生产率和劳动生产率。

(六) 复习思考题

1. 阐述我国农村人口的基本现状。

2. 阐述我国农村人口政策的主要内容。

3. 农村经济环境由哪些要素构成？

4. 阐述农村环境保护的内容与措施。

5. 农业基本建设包括哪些内容？

6. 如何搞好农村科技推广工作？

第10单元　农村产业结构

【教学目标】 通过本单元的学习，掌握农村产业结构、农村乡镇企业和农村第三产业等方面的基本知识，学会农村产业结构合理化及分析评价的指标及运用要求，具备运用所学知识和技能进行农村产业结构调整方案分析评价的能力。

[案例10-1]“啥赚钱种啥”与“种啥啥赚钱”

时下，尽管有关部门通过各种宣传工具对农村产业结构调整进行大力动员，但大多数农民主动参与调整的积极性并不高，往往是看到别人种啥赚了钱，才纷纷效仿。可是此时市场商机已经逐渐丧失，待到跟风者的产品生产成规模后却又丰产不丰收。结果这些农民怨声载道：“乡里和村里号召种什么，什么就不赚钱。”市场竞争规则总是无情地嘲弄那些盲目跟风者，大家一哄而上时必然是产品供大于求，导致大家都不赚钱，形成“前面种，后面砍，经济损失成循环”的不良局面。

在每次农村产业结构调整中，总有部分农民先知先觉，善于洞察市场行情，抓机遇迎难而上，带头试种新品种的经济作物，结果是收获多于风险，成了率先致富的领头雁。这些先知先觉的农民既要应对市场风险，又要摆脱落后观念氛围的束缚，还要筹措资金、学技术、长知识，而这时那些等待观望说“风凉话”的农民尚未意识到自己即将成为“一哄而上”大军中的一员。当看到别人“种啥啥赚钱”后，自己才来了个“啥赚钱种啥”的跟风行动。可惜市场无情，因为等待观望“晚半拍”而坐失良机，放“马后炮”的结果是眼看着别人赚钱的种植项目到自己手里变成了赔钱的买卖。

至此，广大农民朋友应当清醒地意识到“啥赚钱种啥”与“种啥啥赚钱”是两种观念与行为的差别。俗语说，“先到者抓宝，后到者抓草”，至于能够抓到“宝”还是抓到“草”，在于对市场商机的准确把握和运用。特别是在跨入世贸组织门槛后，农户和农业企业能否成功地调整产品生产结构，根据现代市场供求更新经营观念和行为已是必须解决的迫在眉睫的头等大事。

10.1　农村产业结构及其调整

10.1.1　农村产业结构的内容构成

农村产业结构是指在一定时期农村地域内各个产业之间及其内部各生产门类之间相互依存、相互制约的构成比例和相互关系。农村产业作为一个整体，是由相互联系和相互制约的若干产业层次或部门组成的复合体。农村产业结构的内容主要可以从产业层次构成和产业部类构成两个方面进行分析。

10.1.1.1　农村产业层次构成

根据三次产业分类方法可以把农村产业分为三个层次，第一、第二、第三层次的产业依次称为第一产业、第二产业和第三产业。第一产业是农业，主要包括种植业、林业、畜牧业和渔业。第二产业是农村工业和建筑业，主要包括农副产品加工业、农村制造业、农村采矿业、农村建材业和农村建筑业等。第三产业可分为流通和服务两大部门。每次产业根据内部构成情况还可以进一步细分，具体分类情况可参见表10-1。这种划分方式有利于分析农村各业生产项目构成以及相互之间的资源利用关系和有机联系，对于调整和优化农村资源利用结构与产值结构具有重要的意义。

表 10-1 农村产业层次构成表

一级层次	二级层次	三级层次
第一产业	种植业	粮食作物、经济作物、园艺作物等
	林业	经济林、用材林、薪炭林、防护林等
	牧业	大家畜、小家畜、家禽等
	渔业	海水养殖、淡水养殖等
第二产业	工业	制造业、采掘业、加工业等
	建筑业	建筑业、勘察设计业等
第三产业	交通、信息业	运输业、邮电业、通信业等
	商业	商品销售业、饮食业等
	金融、保险业	金融、信托、保险业等
	科研	科研、技术服务、信息咨询等
	文教	教育、文化、体育、卫生等
	服务业	房地产管理、消费品维修、居民服务等
	公共部门	国家机关、社会团体等

10.1.1.2 农村产业部类构成

根据社会再生产实现的条件，可以把农村产业分成物质生产部门和非物质生产部门两大部类。物质生产部门又可以分为生产资料生产部门和生活资料生产部门。这种分类方式有利于分析各产业部门的社会功能属性及相互影响关系，对于调整各部门之间的社会角色分工及其分配结构关系具有重要的作用。

[案例 10-2] 发展生态旅游，促进农民增收

南京市溧水县洪蓝镇傅家边村地处丘陵地带，原来是有名的贫困山村。1994 年起，傅家边村成立农业科技园，以高效农业为载体，推行生态旅游，优化产业结构，促进农民增收。近 10 年来，傅家边农业科技园获得政府项目资金 3000 余万元，引进企业投资 8000 万元，带动农民自主投资 4000 万元，形成了南京地区小有名气的旅游品牌，目前已经成为国家 AAA 级景区。2008 年，傅家边村接待游客 35 万人次，农民年人均纯收入已达到 1 万多元，成为南京市“百强村”。

10.1.2 农村产业结构调整的任务与分析指标

10.1.2.1 农村产业结构调整的目标与任务

（1）农村产业结构调整的目标。我国农村产业结构，自 20 世纪 80 年代以来发生了显著的变化，农村产业内容与产品种类呈现出多样化的发展趋势，使产品数量和种类大大增加，为农村商品经济发展和社会进步提供了比较稳固的社会经济基础。客观地说，目前就全国来看，农村经济发展在区域、产业、品种、产量和产值构成等诸多方面与农村资源合理配置与利用、农村社会经济发展的总体要求之间还存在着一定的差距。农村产业结构调整的总体目标是，通过制定与实施科学的农村产业政策与措施使农村产业构成的演化过程能够与社会对农产品需求结构的变化、农业工业化和农村城市化的进程等方面的要求相适应。具体来说，主要有三个方面的内容：其一是实现农产品的供求总量的基本平衡，农产品的品种、品质适应市场需求；其二是通过发展优质高效农业，发展农村第二、三产业，实现农业的增效与农民的增收；其三是实现农业和农村经济比较合理的区域分工和布局，形成不同地区各具特色的专业化生产格局。

（2）农村产业结构调整的任务。根据上述的战略目标，农村产业结构调整的工作任务可以概括为五个方面：一是以农村各业产品优质化为重点，加快农业内部结构的优化升级；二是以市场开拓为龙头，大力增加农民的可支配收入；三是调整农村产业结构必须以资源综合开发利用为突破口，向农产品加工转化的深度和广度进军；四是调整农村产业结构必须以科技兴农为支撑，全面提高农业科技创新水平和农民素质；五是以推进农村城镇化建设为载体，大力发展农村第二、第三产业，促进农村剩余劳动力的转移。

10.1.2.2　农村产业结构分析的指标

（1）产值结构分析指标。包括总产值构成、净产值构成和国民生产总值构成等指标。这一类指标可以从各个部门、各种作物、各个生产项目在整个农村或某一部门中所处的地位说明某一地区的农村产业结构和各业生产布局状况。

（2）资源利用状况分析指标。这类指标主要是分析不同的农村产业结构方案对农村各种资源的利用程度和效果。包括农村土地、劳动力资源的状况和利用情况，农副产品的综合利用情况等。具体指标有农村土地利用率、土地生产率、农村劳动力利用率、劳动生产率等。

（3）经济效益分析指标。这类指标主要是分析和反映不同的农村产业结构方案的社会经济效益情况。如农村劳动生产率、土地生产率、资金利润率、单位产品成本、资源的投入产出率、单位投资的报酬率、农民人均收入水平、各种主要经济指标的增长幅度等。

（4）满足社会需要分析指标。这类指标主要是反映不同的农村产业结构方案的生产结果满足社会需要的程度和效果。具体指标有农村各业产品的总产量、总产值、商品总量、商品率、人均产品的占有量和商品量、人均实际消费水平、外贸出口量及出口率等。

（5）生态环境效益分析指标。这类指标主要是说明和反映不同的农村产业结构状态对农村生态环境的影响和改造情况。主要指标包括森林覆盖率、自然灾害减少率、土壤理化生物指标变化率、水源及空气的污染程度等。

［案例 10-3］从实际出发，夯实农村建设的产业基础

山东省莒县城阳镇在新农村建设中，注重从实际出发，遵循经济规律，把发展的主动权下放到村，进一步夯实农村产业基础，大力培植具有一定特色的专业村，带动了农业发展，农民致富。主要措施有两项：一是因村制宜定思路。城阳镇组织涉农部门对全镇 93 个村街的发展现状和发展前景逐一进行调查分析，本着依托传统产业，发展新兴产业原则，重点扶持已具有一定优势的花卉、桑蚕、果蔬、养殖四大主导产业，加强技术、信息等方面的支持。今年以来组织科技下乡 5 次，发放科技明白纸 2 万余份；同时，镇里根据各村实际情况，尤其是附近工业项目所引起的农产品需求及其他需求，及时巩固或调整产业结构，大力发展第二、第三产业。通过规模效应，使村（街）经济结构进一步合理化。二是支柱产业做引导。城阳镇根据地处城区的优越位置和已形成的建筑建材、服装轻纺、食品加工、机械制造、包装制品等六大支柱产业优势，加快劳动力转移，使千余名农民成了各行业的行家里手，仅依托建筑行业就造就了 5 个以建筑装修为特色的专业村，依托食品加工业造就了 20 余个蔬菜专业村。目前，该镇已培植养鸡、养猪、养狐狸、瓜果、建筑等各色专业村 42 个，另有 10 余个专业村已初具形态。

10.1.3　农村产业结构优化的标志与内容

10.1.3.1　农村产业结构优化的标志

农业产业结构合理化是指通过对农业产业结构的调整，使一个国家或地区的农业资源得到最合理的配置，从而使农业生产力水平、农业劳动生存率及效益不断提高的一个过程。判断农业产业结构是否合理的主要标志有以下几个方面。

(1) 资源利用最优化。合理的农村产业结构必须符合当地自然经济条件特点的要求，不同地区农村产业结构能否与当地的资源、地理、生态环境、技术进步、经济发展和市场状况相适应是农村产业结构是否具有长期合理性的基础。衡量农村产业结构是否优化的首要标志就是能否充分有效地发挥当地资源优势，并使其优势长期保持，资源永续利用。

(2) 部门配合最佳化。农村经济是一个由多个产业部门构成的地区经济综合体，合理的农村产业结构应是能够遵循部门间和部门内有机联系的规律，使各部门的生产规模和发展水平，既能与自然和社会经济条件相适应，又能做到彼此协调和相互促进。目前我国农村第二、第三产业发展相对比较落后，第一产业发展水平也不平衡，各产业之间、各产业部门内部生产项目之间未能配套成龙、协调发展，产业结构综合效益差。因此，合理的农村产业结构应能做到产业部门之间和产业内部对资源利用和配置的优化组合、互相促进，以实现农村中的农、林、牧、副、渔、工、商、运、建、服等各个产业全面发展、共同提高。

(3) 生态环境最良化。农村经济是一个复杂的生态经济系统，从农村产业结构的发展趋势看，农村中以生物资源为开发对象的农业系统，以非生物资源为开发对象的工业系统，以及以环境资源为开发对象的广义的旅游业系统，将构成未来农村经济总体的三大支柱性产业。因此，无论是从农村各业生产的生态依存关系出发，还是从未来农村经济发展的长远规划要求考虑，合理的农村产业结构必须能够保护和促进生态平衡，实现农村自然生态良性物质与能量的循环。

(4) 综合效益最大化。对于农村各业生产经营者来说，合理的产业结构应能促进经济效益的提高，但经济效益的提高是受多方面因素综合制约和影响的。从全社会的整体利益考虑，在确定农村产业结构调整的战略目标和方案时，必须把经济效益的提高和生态效益、社会效益的提高有机结合起来，在保证生态效益和社会效益不断提高的基础上实现全社会经济效益的最大化。因此，科学合理的农村产业结构调整目标和具体实施方案应符合生产上可行、技术上先进、经济上合理、法律上允许、自然生态环境不断优化等多方面衡量标准的要求。

10.1.3.2 农村产业结构调整的工作内容

(1) 农村产业部门结构的调整。农村经济是由第一、第二、第三产业构成的综合经济统一体，在这一社会经济体系中，第一产业是农村经济和国民经济发展的物质基础，第二、第三产业的发展程度决定着农村经济的总体发展水平。实现各个产业部门之间的协调发展是农村产业结构调整的主要内容。

(2) 农产品品种、品质结构的调整。农业内部产品结构的调整，重点在两个方面：一是品种结构，二是品质结构。当前，我国农产品供给数量不足的问题已经基本上得到解决，农产品中优质产品比率低、优质产品产出率低的矛盾日益突出。这方面重点工作是依靠科技进步实现农产品品种的更新换代，提高农产品的优质率。要积极鼓励和支持发展“环保型农业”、“绿色农业”、“有机农业”和“无公害农业”产品的生产和经营活动，提高我国农产品的国际市场竞争能力。

(3) 农业经营结构的调整。农业经营结构的调整方向是从过去的以产定销向以销定产转变，也就是要大力发展“合同农业”、“订单农业”，以市场需求为导向发展农业生产，实现农业的增产增收。

(4) 农村基础结构的调整。农村基础结构是指为农村的物质生产和居民生活创造共同条件和公共服务的部门和设施及其构成比例。农村基础设施包括农村交通运输条件、农村能源供给系统、农村物资仓储条件、农村水电设施、农村信息通信条件、农民住宅条件、农村文化卫生条件和农村教育条件等。发展农村基础设施建设，有利于改善农民的生产生活条件，提高农民的生产和消费水平。

(5) 农村就业结构的调整。提高农村劳动生产率是促进农业增产和农民增收的基础。调整农村就业结构，主要是推动从事种植业的劳动力向农村或城镇中的其他产业和服务业转移，向农业的深度和广度进军，向第二和第三产业方向发展，通过发展多种经济形式和经营方式的农村经济实体，增加农民的就业门路。

(6) 农村消费结构调整。在经济发展过程中，消费是生产的动力，对生产具有导向作用。没有消费结构的转变，就不可能实现产业结构的转变。我国有九亿多农民，他们的消费习惯、消费方式、消费结构在一定程度上决定着农村经济发展的水平、产业和品种结构的演化方向。因此，调整农村消费结构，可以大大促进农村产业结构和品种结构的升级，促进农村经济的发展。

[案例 10-4] 发挥地区资源优势，优化农村产业结构

在山东省寿光市，区域化布局同样已成气候：北部沿海地区建设成“海上寿光”，开发了 30 万亩海、淡水养殖基地；盐碱地带开发了集上林下藕、上枣下鱼、特种动物养殖等于一体的高效林业示范区及国家生态示范区；中部地带开发了东西长 20 公里的国际农业展区，开发了占地 2 万亩的国家级农业现代化示范园和万亩高科技蔬菜示范园，引进推广了 20 多个国家的 200 多个名优稀特新品种；南部地带建设完善了三处绿色食品基地和五大花卉生产基地。目前，寿光市已初步形成面上纵横交错、海陆相间，点上果菜交叉、花菜并举，国内外技术结合的“花城菜都”新格局。

莒南县从山多岭多的实际出发，大力调整优化产业和产品结构，相继建成了花生、板栗、茶叶、桑蚕、黄烟、柳条、草莓、优质瓜菜、优质苹果杂果和畜牧 10 大农产品生产基地和以瓜果茶桑为主的五条经济带，初步形成了“东北部山区以林果、畜牧为主，南部和西北部丘陵山区以优质茶叶、板栗、葡萄、黄烟和畜牧养殖为主，西部平原以瓜菜、草莓、桑柳、花卉和其他高效经济作物为主，城区周边乡镇以发展三产项目为主”的特色产业布局，全县 18 个乡镇都已成为专业乡镇，759 个村中已有 323 个村成为专业村，“一乡一业”、“一村一品”的格局基本形成。

同样按照区域化布局、规模化生产、专业化经营的原则，诸城市以资源和区位优势为条件，全市对种植业生产布局实行统一科学规划：平原地区以瓜菜、粮食为主，丘陵地区以黄烟、大桑为主，山区以果品、茶叶、花生为主，形成了粮油、瓜菜、黄烟、果品、茶叶、食用菌、棉花、桑蚕、万寿菊等一批特色主导产业。

10.1.4　农村产业结构调整的影响因素与措施

10.1.4.1　农村产业结构调整的影响因素

农村产业结构的形成与发展，受多种因素影响和制约，其中主要如下。

(1) 生产的对象。农村中主要的产业是农业。农业生产的对象是有生命的动植物与微生物。动物、植物和微生物之间进行着物质、能量和信息的转换，彼此之间存在着利用对方产品的相互伴生和拮抗关系。在农业生产中，耕地、草地、森林等各种生产用地之间，水分、阳光、温度、湿度等因素之间的关系，以及动物、植物、微生物等生命体之间的关系，对于人类组织生产过程，确定生产项目组合比例都具有至关重要的影响。

(2) 自然生态环境。农业生产的对象不同于工业生产等其他生产部门，人们在生产过程中要通过创造和改变动物、植物和微生物的生存、生长发育的环境条件，来利用和改变其新陈代谢、生长发育的生理机能，为人类提供所需要的产品。农业生产过程是一个自然再生产和经济再生产相交织的过程，在农村产业结构调整过程中，不仅要遵循自然规律的要求，还要遵循经济规律的要求。使农村各业生产对象的特点与自然环境条件的影响作用有机地结合起来，使生物的生长过程和自然条件因素的要求相一致。

(3) 经济资源条件。经济资源包括劳动力、资金和技术等。农村劳动力及其分布状况对农村产业结构的影响主要体现在质和量两个方面。在质的方面的影响因素主要是劳动者的科学文化水平、技术熟练程度和生产积极性高低等；在量的方面的影响因素主要是劳动者的年龄、性别、体力的强弱等。资金是农村产业结构调整的重要影响因素，主要体现在农业生产自身积累和外部资金的注入规模和水平方面，直接制约着农村各业生产投入产出的比例关系的调整问题。科学技术作为现代生产力的重要构成要素，是导致农村产业结构发生变化最强大的推动力之一，不仅决定着资源在各业生产中的分布状况，而且通过科学技术的发展能够创造新的产业部门，改变产业内容构成，提高所有产业的资本有机构成，从而提高农村产业结构的构成质量。

(4) 对外贸易结构。对外贸易结构是一个国家或地区与其他国家或地区之间的商品买卖活动比例关系，由进口和出口贸易两部分所构成。国际间的资本、技术、人才、产品的移动，对交易双方的产业结构都会产生重要的影响。

10.1.4.2 农村产业结构调整的措施

(1) 制定和实施科学的农村产业政策。农村产业政策是国家政府根据国民经济发展的需要，为实现社会资源在农村各产业部门之间的最优配置和农村经济活动高效化而制定和实施的各种规则和重大措施的总和。农村产业政策的主要内容如下。

① 农村产业结构政策。农村产业结构政策就是根据农村资源、资金、技术力量，产品需求及农村经济和国民经济发展的客观要求，确定农村各产业部门在农村经济发展中的地位和作用，并提出产业结构合理化的政策措施。建立合理的农业生产结构、恰当地安排农业内部农、林、牧、渔各业部门之间的关系，解决好农业生产同生态平衡的关系，逐步实现农业生产的社会化、区域化、专业化、商品化和科学化，这是事关农村发展以及国民经济发展的重大问题，也是农村产业结构调整过程进行政策研究的主要内容。

② 农村产业组织政策。制定和实施农村产业组织政策现阶段主要是解决农村企业或生产经营单位规模和企业组织结构合理化问题。要实现农村经济发展目标，必须有一个保证高效益和效率的企业组织结构和规模，而目前我国农村企业经营规模小，企业组织“小而全”，难以取得较好的规模经济效益，从而限制了农村商品经济的健康发展。因此，必须制定和实施科学合理的农村产业组织政策，以改进这种状况。农村产业组织政策具体包括促进农业生产要素合理流动的政策，保证农村生产单位或企业在专业化分工基础上实现规模经营的政策，扶持农村中、小企业及农户专业化生产发展的政策，促进经济联合、企业兼并和重组的政策等。

③ 农村产业技术政策。农村产业技术政策包括为使农村产业的技术和产品赶上世界先进水平而制定的开发和引进新技术的政策。目的是促进农村科技进步，加速农村各业对新技术的引进、吸收和推广。通过实行农村产业技术标准化、通用化和规范化等政策措施和手段，搞好农村技术人才的培养、引进和使用工作，促进农业科技的生产转化效率，推动农业生产现代化进程的加快。

(2) 合理进行农业区划与布局。农业区划是指根据农业生产的地域分异规律，将一定地域划分为不同等级和类型的农业生产区域。农业区划的工作内容主要有农业自然区划、农业生产部门区划、农业技术改造区划和综合农业区划。农业自然区划包括与农业生产有关的各种自然资源的区划，如地貌、土壤、气候、植被、动物、植物、水文、地质等资源的区划，以及对各种自然资源进行经济分析评价的综合自然区划。农业生产部门区划是根据农业生产各部门的生产特点和要求，按农业部门类别进行的农业区划。比如种植业区划、畜牧业区划、林业区划、渔业区划等。甚至在各部门中还可以作具体的区划，如专业化的种植区内还可以细分为粮食作物区划和经济作物区划等。农业技术改造区划包括农业机械化区划、农业水利化区划、农业电利化区划和优良品种推广区划等。综合农业区划是在上述三类区划的基础上，对农业生产条件和发展方向进行综合分析，然后划分各类综合农业区。

在农业区划工作中，一般以县级农业区划为基础。县级农业区划主要分为三个工作步骤，其工作内容和方法如下：第一步，准备阶段。包括组织队伍，进行技术培训，编写调查提纲和工作细则，收集整理历史资料，做好进行野外调查需要的仪器和图表的准备工作等。这一阶段的工作重点是收集整理历史资料。第二步，调查研究阶段。调查的内容包括农产品市场需求前景、农业资源和农业生产现状调查。在工作安排上应先进行农产品市场需求前景和资源调查，然后再进行农业经济现状调查。第三步，农业区划方案的拟订。在调查研究、分析评价的基础上，拟定技术、经济措施，编制农业区划说明书。说明书主要包括主件和附件。主件的内容有总论、分区说明和区划图表。附件的内容主要有各部门的远景布局及有关图表、农业自然条件评价的研究资料及其他有关专门问题的研究成果和实施调查报告。

农业生产布局，也称为农业生产配置，是指农业生产的地域分布。农业生产的地域分布有两方面的含义：一是指农业生产在地区上的分工；二是指同一地区内农业各部门间的合理分布。前者反映的是农业生产的区间关系，表现为不同地区农业生产的专业化；后者反映的是一定地区内农业各部门的正确结合，表现为一业为主的专业化与多部门经济相结合。农业生产布局的原则有：一是充分合理地利用自然经济资源；二是地域专业化与部门综合发展相结合；三是从发展农、工、贸一体化的经济体系要求出发，优化资源配置和利用；四是开发边远地区的农业经济。

10.2　农村乡镇企业

10.2.1　农村乡镇企业的特点与功能

10.2.1.1　乡镇企业的含义与特点

（1）乡镇企业的含义。乡镇企业是指农村集体经济组织或者以农民投资为主，在乡镇（包括所辖村、屯）举办的承担支援农业义务，或以乡镇公民为投资主体的股本在产权结构中处于决策地位的各类企业。乡镇企业是我国自20世纪80年代初期以来，在广大农村中迅速发展起来的一种企业形式，它在产权关系上有别于国有企业和私营企业，在投资主体、工人社会身份和地位上又与城镇集体企业有着明显的区别。应该说，乡镇企业是家庭联产承包责任制的副产品，是农村经济体制改革后我国农民的又一项伟大创造。

（2）乡镇企业的特点。根据上述理解，乡镇企业除了具备一般企业的共性特点外，主要特点是：一是投资者以农村合作经济和农民为主体，农村集体经济组织或者农民投资超过50%，或者虽不足50%，但能起到控股或者实际支配作用。二是举办地域在农村。乡镇企业顾名思义举办地域应是在乡镇（包括所辖村）。也包括许多主要厂（场）址在乡镇，而在城市建立有常驻机构或分厂、分公司的企业。三是乡镇企业承担着支援农业义务，如为乡镇提供税源费源、提供就业岗位、提供商品劳务等。

10.2.1.2 乡镇企业的功能

目前，乡镇企业已成为我国农村经济的重要力量，工业经济的半壁河山，国民经济的一大支柱，在整个国民经济中已处于“三分天下有其一”的举足轻重的地位。乡镇企业在我国农村经济和国民经济的发展和改革中的作用与功能主要表现在以下几个方面。

(1) 发展农村经济的重要力量。乡镇企业的崛起，有效地改变了农村中的产业结构和就业结构，为发展农村经济开辟了广阔的道路。二十几年来，我国农村逐步改变了以种植业为主的单一经营结构，形成了农工商综合经营的新格局。在我国农村社会增加值中，第一产业所占比重由70%下降到40%，第二、第三产业所占比重由30%上升到60%，随着产业结构的调整，大批劳动力从土地上转移出来。目前，全国农村中乡镇企业的劳动力占农村劳动力总数的30%左右，大批农村劳动力务工经商，形成一支有较高素质的第二、第三产业大军，不断开辟新的生产领域，这是具有历史意义的进步。有的地方第一、第二、第三产业融为一体，实现了区域化布局、专业化生产、产业化经营，既保证了粮棉等主要农产品持续稳定增长，又实现了多次增值增利，大幅度提高了投入产出率和农业的比较效益，增强了农业的自我积累、自我发展能力，促进了我国农村经济的全面发展。

(2) 实现农村奔小康的重要支柱。乡镇企业不但是农民增收的重要来源，而且成为增加农村集体积累、兴办公益事业的坚强支柱。据统计在乡镇企业发展比较好的地区，农民人均纯收入的1/3来自乡镇企业，乡镇企业积累的集体资产，占整个农村集体积累的近80%。集体经济实力的壮大，有力地促进了农村文化教育、医疗卫生等公共福利事业和水利、交通通信等基础设施的发展。在乡镇企业发达的地方，农民不仅物质生活富足、居住条件改善，而且精神生活日益丰富，呈现欣欣向荣、健康向上的社会主义新农村的可喜景象，农民长期以来梦寐以求的小康生活正在变成现实。

(3) 吸纳农村剩余劳动力蓄水池。我国是人多地少的国家，农民人均耕地只有0.11hm^2，劳动力严重过剩。近几年城市待业青年不减，下岗工人增多，吸纳农村剩余劳动力的能力减弱，为此，乡镇企业就成为吸纳农村剩余劳动力的主要渠道。发展乡镇企业可以缓解我国的就业压力，同时为农业适度规模经营，提高劳动生产率创造了条件。

(4) 促进农村现代化建设的物质基础。乡镇企业的发展为农村生产积累了大量的资金。几十年来，乡镇企业用于支农、补农、建农的资金已达到1500亿元，显著改善了农业生产条件，增加了农业技术装备。有些地方以加工企业为龙头，带动了种、养业的规模经营和集约经营，形成了种、养、加一体化，产、供、销一条龙的格局。在种植、养殖、加工、贮藏、运销等各个环节，采用国内外的现代设备和先进技术、生产效率和效益得到大幅度提高。

(5) 增加社会有效供给的有生力量。乡镇企业的生产经营，涉及国民经济的各个领域，从日用消费品生产到生产资料生产，几乎无所不有。目前许多产品产值在国内同行业中占有相当大的比重。如电子及通信设备制造占17%、机械占26%、原煤占40%、水泥占40%、食品饮料占43%、服装占8%、中小农具占95%、砖瓦占95%，为繁荣我国的城乡市场做出了巨大贡献。

(6) 促进小城镇的建设与发展的强劲动力。小区和小城镇是乡镇企业的重要“载体”。建立和发展乡镇工业园区，为投资者提供了诸多便利，还带动和促进了城镇经济的发展，逐步形成农村政治、经济、文化中心和城乡经济联系的纽带，加快了农村城市化进程。乡镇企业的发展使大量农村剩余劳动力有了稳定的职业和收入，为农村基层政权建设提供了物质基础，稳定了社会的安定团结。促进了农村小城镇建设以及科学、文化、教育等项事业的发展，缩小了城乡差别、工农差别，巩固了工农联盟，提高了农民素质，造就了一支宏大的产业大军，在农村精神文明建设中发挥了无可替代的重大作用。

10.2.2 乡镇企业的产业类型

乡镇企业的类型是多种多样的，并且因自然、社会、经济、人文等环境的不同而体现出不同的形式，概括起来有以下几种类型。

10.2.2.1 资源开发型产业

这类产业的特点是立足农村资源条件，开发商品生产，将地区资源优势转化为经济优势，它主要包括采掘加工业和农产品加工业。这类产业是乡镇企业发展的主要方向，其有利条件有三个方面：一是可就地利用自然和经济资源，减少消耗，降低成本；二是可就地利用廉价劳动力资源，实现农村剩余劳动力的就地转移；三是可使农产品增值，增加农民收入，扩大农业再生产。

10.2.2.2 产品扩散型产业

这类产业的特点是与大工业生产形成专业协作，可以利用当地劳动力和资源条件为大工业生产部分产品和零部件。发展这类产业必须要解决环境污染的防治问题。

10.2.2.3 劳务输出型产业

这类产业的特点是以劳务服务于社会，主要产业内容有商业、运输装卸业、建筑业、信息服务业等。这类产业的经营内容涉及城乡各业生产和居民生活的各个领域，已经成为农民进入城市经济建设、发展农村商品经济的重要力量。

10.2.2.4 新技术型产业

所谓新技术型产业就是指在产业革命浪潮的推动下，发展新型技术的产业。例如新能源工业、现代食品工业、海洋开发业、电子计算机工业、新材料工业，以及以生物工程技术为基础的生物化学工业等。随着知识经济时代和信息社会的到来，在21世纪一系列新技术产业将使我国的乡镇企业进入一系列崭新的生产经营领域，从而促进农村乡镇经济的腾飞和发展。

10.2.3 发展农村乡镇企业的原则和措施

10.2.3.1 发展农村乡镇企业应遵循的原则

(1) 坚持以农为本、统筹发展的原则。发展乡镇企业要坚持以农为本，依靠农民，充分调动农民的积极性和创造性。积极为拓宽农民就业渠道、增加农民收入、提高农民素质、改善农民生活条件、维护农民权益提供服务。按照建立全国统一市场的要求，规范和维护市场经济秩序，优化资源配置，统筹城乡和区域经济发展。

(2) 坚持市场主导、政府服务的原则。发展乡镇企业要遵循市场规律和经济规律。政府应通过制定和实施法律法规政策，为乡镇企业提供公共服务，为乡镇企业发展创造良好的制度环境和政策环境。乡镇企业发展什么样的产业、生产什么样的产品和采取哪一种经营方式，都应由其根据市场需求和国家产业政策自主决定。

(3) 坚持分类指导、突出特色的原则。发展乡镇企业要因地制宜、发挥优势、突出特色。各地要根据自身的资源禀赋特点和发展水平，自主确定主导产业和特色产品，在政策指导和规划安排上不搞“一刀切”。乡镇企业发展慢或刚起步的地区，要以发展为主，在发展中提高；乡镇企业发展已有较好基础的地区，要以提高为主，在提高中发展。

(4) 坚持公平竞争、扩大开放的原则。要全面落实《国务院关于鼓励支持和引导个体私营等非公有制经济发展的若干意见》等文件精神，取消对乡镇企业的各种歧视性政策，为乡镇企业发展创造公平竞争的制度环境和市场环境。对中西部等发展慢的地区，要采取一定的倾斜政策支持乡镇企业发展。对东部乡镇企业发展快的地区，要加快推进乡镇企业对内对外开放，不断优化组合国内国际资源，积极实施“走出去”战略，大力开拓国际市场。

(5) 坚持节约资源、保护环境的原则。大力发展循环经济，鼓励乡镇企业发展资源节约型企业，淘汰耗能高、浪费大的技术、工艺和设备，限制高能耗企业生产。鼓励乡镇企业建设环境友好型企业，加大污染治理投入，严格限制污染环境的企业发展。要引导乡镇企业聚集发展，统一建设治污、排污等基础设施，降低污染治理成本。

(6) 坚持发挥比较优势、提升竞争能力的原则。乡镇企业要充分发挥自身土地资源、自然资源和劳动力资源较丰富和机制较灵活等方面的比较优势，大力发展劳动密集型和资源密集型产业，加快发展农产品加工业，注重提升企业自主创新能力，积极发展有市场、成本低、附加值高的产业和产品，不断提高乡镇企业的市场竞争能力。

10.2.3.2 发展农村乡镇企业的措施

(1) 搞好产权关系调整，优化资源组合结构。乡镇企业的产权关系决定着乡镇进行资源配置和利用方式的选择问题。我国大多数乡镇企业的所有权属于社区范围内的全体公民，由于企业产权主体关系缺位和虚拟，经营管理和决策方式的确定基本以乡村行政权力范围所及为取舍的标准。由于政企不分，长期以来，乡镇企业在生产什么、生产多少、如何生产和为谁生产等决策过程中，不是按照价格和市场供求关系来进行，而是以行政意志为基本出发点，使乡镇企业的发展受到了许多不应有的政策性约束。优化乡镇企业资源组合的动力结构，就必须调整和改革其产权关系，用股份制、股份合作制等现代企业制度取代传统的企业产权制度。实行政企分开，搞好企业民营化转制改革，使乡镇企业能够成为自主经营的独立经济实体。

(2) 科学地进行资本运营管理。改革开放以来，乡镇企业迅速发展壮大，已成为我国农村经济和国民经济发展的重要力量。乡镇企业在发展过程中，取得了显著的成绩，但也面临许多困难和问题。作为农村经济和国民经济最具活力的一个重要增长点，乡镇企业从整体上升级上档，需要一个新的突破口。这客观上要求乡镇企业从传统的封闭式的经营观念中走出来，与资本市场建立密切的联系，借助外部力量（包括资金、技术、先进的管理模式，新的经营理念与高效的经营模式等）来完成资产负债的重组，调整资本结构，减轻债务负担；使各种资源得以有效的配置，从而提高经济效益，引导乡镇企业走出发展的困境。

(3) 搞好企业经营管理工作。在市场经济条件下，乡镇企业的发展能力主要取决于企业的内部功力。经营管理是充分利用各种内外部资源条件，实现企业资产保值和增值的决定性因素。科学地进行市场调查、经营预测和决策，搞好企业的物资采购、产品销售、产品质量和劳动管理等项经营管理工作，是提高乡镇企业经济效益的主要途径。

(4) 搞好社区性企业发展的同时，促进农村家庭工业的发展。农村家庭工业是以农民家庭为经营单位，具有利益直接、劳动时间弹性大、决策者和生产者功能同一等特点，在农村商品经济发展中具有重要的地位和作用。搞好家庭工业发展的主要工作有：生产规模的确定、专业分工和协作的组织、生产手段的现代化、社会化服务体系的建设等。

(5) 采取科学的宏观调控手段，搞好民营化转制。国家对乡镇企业的宏观调控手段主要有税收政策、财政政策、信贷政策、进出口贸易的管理体制以及各项经济法律法规等。通过这些宏观调控手段的运用，可以使乡镇企业在产业结构调整、资源优化组合和利用、经济利益关系调整等方面取得宽松的社会经济环境条件。为了有效地促进企业的发展，乡镇政府要精简机构、转变功能、加强服务，放宽对乡镇企业发展的政策性约束。

10.3 农村第三产业

10.3.1 农村第三产业的特点与功能

10.3.1.1 农村第三产业的含义与特点

1935年，英国经济学家、新西兰奥塔哥大学教授阿·格·费希尔（A G Fisher）在其所著的《安全与进步的冲突》一书中，首次提出了第三产业（tertiary in dustry）的概念，他把人类生产活动的发展划分为三个阶段：第一阶段主要是以自然界存在的物质为劳动对象进行的生产，如农业、畜牧业、渔业、林业等；第二阶段主要是以对初级产品进行加工的生产，如制造业和加工业等；第三阶段以各种服务业为主，如旅游、文化艺术、卫生保健、科学教育、金融等，所以第三产业通常又被称为“服务业”。我们所说的农村第三产业是指为农村第一、第二产业提供服务的部门，包括交通运输、邮电、商业、金融、保险和其他社会公共行业等，主要由农村中从事非物质财富生产的产业部门所构成。农村第三产业有如下特点。

（1）产品的无形性。农村第三产业主要经营劳务服务性产品。服务产品一般来说是无形的，如提供旅行导游、娱乐、客运等服务。有些服务企业具有工业或农业生产劳动性质（如农副产品加工、贮藏、农机耕作等），但它只是提供生产过程中某个环节的作业服务活动。不管这些作业是从生产环节中分离出来的哪一种服务，仅仅只是提供某种服务，而不是经营产品的总体生产。

（2）产品功能的替代性。人们为了达到同一消费目的，可以选择不同的劳务服务方式。如进行农机耕作，既可以自己耕作，也可以请农机服务公司代为服务等。

（3）生产与消费时间的同一性。工农业实物商品的生产、流通和消费，在时间上是有间隔的，从生产到最终消费往往要经过一系列的中间环节。农村第三产业经营的产品，主要是劳务性服务。而在服务业市场上，生产者和消费者直接发生联系，生产过程同时也是消费过程，两者在时间上和空间上不可分割。这又表现出服务产品的不可储存性。

（4）经营项目的季节性。各种服务企业按其作业的自然属性一般没有季节性，如农机服务、水利服务、运输服务就其技术功能来说，一年四季均可进行。但由于农业生产的季节性，服务于农业的农机耕作、播种、灌溉、收获、运输等，就要按照农业生产季节要求，在规定的时间内完成服务活动，才能达到农业生产技术质量要求，获得农业增产增收效益。

［案例10-5］广东江门第三产业发展驶上快车道

夏日的傍晚，走在从外贸码头到外海大桥的外海沿江特色饮食街上，只见新桥、五邑、鲤鱼门、又一鲜等大酒楼沿江一线排开，来来往往的行人、车辆不时地在各酒楼前停顿下来，以便寻找适合自己就餐的地点。停放在酒楼停车场众多的车辆中，既有江门本地的，也有外地的，如中山、顺德等地，完全是一幅四方宾客满盈门的热闹景象。繁荣热闹的餐饮业只是江海区第三产业发展渐入佳境的一个缩影。据江海区经贸部门有关负责人介绍，近年来，江海区发挥区域内交通设施日益完善的优势，通过大力实施“商贸推动”、“交通拉动”战略，第三产业实现了快速发展的良好态势。经过多年的培育，全区的物流、房地产、饮食娱乐等第三产业不断发展壮大，已经逐步驶上了发展的快车道，有效地促进了全区经济持续健康协调发展。

10.3.1.2 农村第三产业的功能

农村第三产业是与城市第三产业相对应的一个概念。其涵盖的行业、部门很多，其功能概括起来有如下几个方面。

(1) 转变农民的消费观念。我国第三产业长期发展缓慢的一个重要原因，在于对第三产业在国民经济中的地位和作用缺乏正确认识。认为只有第一、第二产业的劳动才创造价值，第三产业不创造价值。实践证明，随着经济的发展和社会的进步，市场的扩展直接决定生产的规模和进度，为生产提供技术、信息、贸易等方面的服务，越来越成为经济发展的决定性因素，因而第三产业在国民经济中的地位和作用越来越重要。它不仅成为庞大的、门类繁多的产业部门，创造着巨大的社会财富，而且作为国民经济运转的“增效剂”，渗透到第一、第二产业，物化于各种物质生产要素中，成为第一、第二产业发展的强大推动力。

(2) 加快农村城镇化发展。第三产业是农村城镇化的重要经济源泉和后续动力。城镇化与第三产业的发展成正相关关系。农村城镇化进程的加快，必然要求有发达的第三产业与之相适应。在大力推进城镇化建设进程的同时，为第三产业的发展形成强大的需求主体。因此，要加快推进城镇化建设步伐，统筹城乡经济社会发展，努力形成“以城带乡、以工促农、城乡一体化”发展格局，第三产业将起到不可代替的作用。

(3) 促进农村产业结构优化。第三产业的发展本身就是社会经济结构和产业结构调整和优化的必然结果；同时，第三产业的发展也必然引起社会经济结构和产业结构更趋合理和优化，并带动了其他产业的发展。实践证明，在稳定第一产业，加强第二产业的同时，大力发展第三产业，是我国农村产业结构调整的必由之路。

[案例 10-6] 建设绿色餐饮走廊，利用旅游资源致富

北京怀柔区渤海镇三渡河村紧邻旅游名胜——慕田峪景区，随着旅游产业的发展，每年到该地区旅游的人数达到 80 余万人次，在规划先行的基础上，实施了“绿色餐饮走廊”项目工程。在“强化领导，健全机构，明确责任，落实到人”原则的指导下，该建设项目已于近期完工。项目完工后，村里成立绿色餐饮走廊协会，负责协调服务，做到有管理有服务。“绿色餐饮走廊”项目的建设，极大地提高了三渡河村旅游接待水平，并带动周边邻近村庄共同发展。针对当地盛产板栗、核桃、大扁仁、樱桃等干鲜果品的优势，为扩大农产品的销售，三渡河村适时投资建设了“交易市场”。项目的建设，完善了农产品销售、物流环节，实现了由分散农户经营向规模市场交易转变；同时，有效地带动了运输、物流配送等相关产业的发展。“绿色餐饮走廊”和“交易市场”两个项目的投入使用，促进了当地经济发展和农民就业增收。两个项目共安排劳动力就业 360 人，其中当地农民 300 人。可实现年收入 2400 万元，利润总额 600 万元，向国家缴纳税金 200 万元。就业农民人均年收入达到 10750 元。

(4) 扩展农村劳动力就业门路。第三产业和其他产业一样，它会为社会创造许多有价值的岗位。对农村来讲，随着农业产业结构的调整，农村经济已由单一粮食生产向多种经营和农工商综合发展的方向转变，农村工商业、交通运输业和服务业不断发展，加快了农村剩余劳动力向第三产业的转移，增加了劳动收入，加快了农民勤劳致富奔小康的步伐。

(5) 改善城乡人民物质文化生活。批发零售贸易、餐饮业的迅速发展，极大地方便了城乡人民的生活需要，提高了社会购买力。交通运输业、邮电通信业及房地产业的发展，不仅拓展了城乡居民在衣、食、住、行等方面的消费需求，而且使居民在娱乐、旅游、体育和社会服务等方面的消费需求进一步扩大，促进了城乡经济的发展，使人民生活水平和生活质量有了明显提高，消费内容更加丰富，消费领域更加拓宽。

10.3.2 农村第三产业的内容

农村第三产业涉及的行业多且内容广泛，主要包括如下产业内容：一是生产服务业。这是指为农业生产服务的产前、产中、产后服务业。产前服务业主要有种子农药、化肥、饲料和其他生产资料的供应服务等；产中服务业主要有植保、机耕、灌溉服务等；产后服务企业有各类农产品加工、储运服务等。另外还有渗透生产全过程的信息、科技、资金、经营等方面的服务。二是生活服务业。这是指直接为满足和提高人们生活需要的服务业，主要包括餐饮、缝纫、理发、旅游和各种娱乐行业等。三是流通、金融和保险业。这是指在商品交换、运输和金融等业务领域内的服务业。主要包括商业、运输业、金融信用、信托和保险业等。四是社会公共服务行业。这是指为满足农村各业生产和居民生活需要提供公共服务的行业。主要有教育、文化、体育、科技、邮政、通信、出版、科研、信息咨询、经营管理、医疗卫生保健等服务行业。

10.3.3 发展农村第三产业的措施

10.3.3.1 城乡统筹规划，科学布局，以城带乡

（1）明确优势，科学定位。理清当地在城乡之间、不同区域之间的比较优势、需求特征和区域定位，明确农村第三产业发展的方向和重点。积极支持发展本地需求集中的产业或产业集群，并选择适宜进行农村第三产业发展的功能区建设，引导农村第三产业实现集群式发展、组团式布局。

（2）健全机制，合理分工。在城乡之间、不同的农村区域之间，完善发展第三产业的利益协调机制，将促进区域之间的资源、要素和产权流动，促进农村第三产业的空间集聚，同建立健全对受损区域的利益补偿机制结合起来，促进第三产业发展的合理分工、优势互补、有序竞争和区域合作。

（3）城乡合作，功能互补。瞄准区域经济社会发展的战略和现实需求，引导城市第三产业向农村延伸、扩散，引导农村地区主动承接以大城市、特大城市为龙头的城市高端第三产业辐射，发挥城市第三产业对新农村建设拉动效应，以及对农村第三产业发展和产业升级的示范、辐射和带动作用。

（4）突出重点，完善措施。在农业结构调整进展较快的地区和农村劳动力输出、输入比较密集的地区，要把加强农民培训服务体系和服务能力建设，作为发展农村第三产业的重点之一；在旅游资源丰富、历史文化积淀深厚的地区，发展农村消费性第三产业，要把以旅游业为主体的农村第三产业群作为重点内容；在大城市周边地区，要积极发展集旅游、观光、科技展示、休闲健身于一体的农村第三产业群，甚至将发展旅游业与发展现代农业结合起来；在产业集群发达的地区，要注意促进休闲、娱乐等消费性第三产业的发展和优质化。

10.3.3.2 提高经营管理水平，强化服务功能

（1）以市场为导向，提高服务满意度。在这方面主要是要树立“用户第一”的指导思想，为用户提供优良的服务环境，热情、周到、及时的服务方式，积极为顾客排忧解难，使顾客在享受服务的过程中感到称心、满意。

（2）健全制度，强化经营管理。农村第三产业大多数是服务性行业，但不同行业、不同种类的企业，经营业务管理的具体内容是不同的。农村生活服务企业，主要是搞好服务产品的购、销、调、存；生产服务企业，主要是搞好服务合同签订、服务设备的维护，为农村生产提供及时、优质服务；餐饮、旅游、娱乐性质的企业，主要搞好客源的组织管理、接待服务管理，制定相应的规章制度，实行岗位责任制等。

（3）搞好监控，不断提高服务质量。服务质量是服务业是否具有生命力的决定性因素。要提高服务质量，就要不断强化服务工作的质量意识、问题意识和改善意识。质量意识就是

要经常进行如何满足消费者需求的思考；问题意识就是永不满足服务工作现状，善于发现问题，明确改进方向；改善意识就是对服务管理工作中存在的问题不断改善服务质量。

(4) 把握投资机会，进行科学决策。农村第三产业多数属于服务行业，服务对象与第一、第二产业相比，不确定性大，投资风险比较高，搞好投资项目可行性研究具有重要的意义。进行项目投资决策的工作步骤是：首先是机会研究，即捕捉投资机会，提出投资的初步设想和建议。其次是初步可行性研究，就是收集一些主要资料，对机会研究所提出的设想和建议进行粗略的分析和判断。如果判断是肯定的，则进行下一步更详细的可行性研究，否则到此为止。最后是详细的可行性研究，是在认真调查掌握足够情报资料的基础上，对项目进行系统详细的分析评价。也就是对其必要性、可能性和经济效益进行综合评价，并为科学决策提供确切全面的依据和结论性意见。

10.3.4 农村社会化服务体系建设

10.3.4.1 农村社会化服务体系的特点

现代的农村社会化服务体系是在商品经济条件下，以社会分工协作为基础，专业化的、系统化的，能够满足农民多种需要，方方面面的农村服务构成的有机整体。建立健全农村社会化服务体系的主要是为农村各业生产和农民生活提供多方面的社会服务。在这里服务是指为集体或别人工作。服务方式如果是无偿的，是服务者对他人或社会做出奉献；如果服务方式是有偿的，服务者则与他人形成商品交换或分工协作关系，以满足双方的需要。农村服务是指为农村商品经济发展提供帮助，增加社会性的农业投入。现代农村社会化服务体系的基本特点如下。

(1) 服务专业化。现代农村服务业的形成和发展依赖于农村商品生产和分工协作的发展，同时又为其进一步发展创造条件。农村服务专业化可为农业现代化的实现提供推动力量，比如农产品的销售服务专业化既是农村商品生产和流通充分发展的结果，同时又为农村商品经济的健康发展提供了有利的社会经济条件。

(2) 服务商品化。农村服务体系是建立在农村商品经济和社会分工分业充分发展的基础上的，服务组织和农民之间建立起广泛的商品交换关系，服务双方通过利益互惠关系联结成一个有机的整体。在农村社会化服务体系中除国家对农民提供的无偿性政策资助外，各类服务内容都应以商品交换的形式提供给农民。

(3) 服务系统化。农村服务过程及其成果只有满足农民的服务需要，才能构成有效的农业社会性投入，才能为发展农业提供有效的帮助。此外，农村社会化服务具有多部门、多层次、多环节的特点，与之相适应，农村服务的内容、组织形式也应该是多种多样的。农村社会化服务体系应该是由各方面的农村社会服务构成的有机整体，从而达到服务功能互补、总体服务效益最佳。

10.3.4.2 农村社会化服务的内容

农村社会化服务体系是一个由各种服务内容构成的综合体，它是农村社区内的经济、社会、人文、自然环境改造与利用等各种历史和现实因素综合作用的结果，政策性因素对其形成和发展也起着重要的导向作用。在我国农村中，农民家庭承包经营是农业生产的基本经营形式，农村社会化服务体系的内容构成应主要包括以下服务内容。

(1) 农村科技服务。这方面的服务宗旨是：向农民推广农业科学知识和先进技术，帮助农民提高科学务农的水平，促进农村生产力的不断提高。农村科技服务的形式主要有社会集团技术承包服务和农业科技咨询服务等。从广义上讲，向农民推广应用先进技术和生产手段都属于农业科学技术服务的范畴。

(2) 农村信贷服务。没有资金，各种农业生产要素就不会实现有效的组合，不会形成现实的农业生产力。因此在农村社会化服务体系中，帮助农民融通资金、筹措资金发展商品生产是不可或缺的服务内容。搞好农村信贷服务的主要措施是办好农村信用服务合作社和其他信用服务事业。

(3) 农村供销服务。商品生产离不开市场，离不开流通领域的社会服务。农用生产资料、农产品流通条件制约着农业经营水平及收益水平。比如，农产品销售渠道不畅，即使粮食丰收了，也会出现谷贱伤农，丰年歉收的现象。帮助农民进入市场，为农民提供产品销售和生产资料的采购服务，是农村社会化服务体系建设的重要内容。

(4) 农产品贮藏、加工和运输服务。产、加、销系列化的农村服务是扶持农民发展生产，进行劳动致富的重要措施。搞好农副产品加工服务，有利于改变农业单纯生产初级产品和原料的现象，使农业生产在满足需要的基础上，实现产品增值，协调由于社会利益分配不平等所形成的各种社会矛盾。搞好农产品贮藏服务，可以调节农产品生产季节性和消费需要常年性的矛盾，对活跃城乡农副产品市场具有重要的作用。交通运输条件是制约农村经济发展的重要因素，有效的农村运输服务可使同距离的商品和农村社会服务的移动时间减少，既方便农业生产，又方便农民生活。

[案例10-7] 农产品“穿衣戴帽”闯市场

江西省金溪县通过大力发展“商标农业”，让农产品“穿衣戴帽”闯市场，促进了农业增效和农民增收。这个县生产的“爱和”大米和“天山香”茶油俏销沪、闽、粤，“秀谷茗茶”和“天圆”蚕丝被出口美、日、韩……目前，该县已为11类农副产品注册商标36个，涵盖种植、养殖和农产品加工领域。近年来，通过实施“科技兴农”战略，金溪县农业生产水平大幅提高，推动了农副产品加工企业的发展，现有市级龙头企业21家、省级龙头企业2家。这些龙头企业以“公司+农户”的形式，与4.6万户农民共同建立农产品生产基地16万亩。为提升市场竞争力和占有率，这些龙头企业先后注册了“寸草心”免淘米、“象山”土鸡蛋、“天山香”茶油等农副产品商标。该县把“商标农业”作为农业增效、农民增收的有效途径，相继出台系列政策，鼓励和扶持农产品加工企业走“商标农业”之路，对申请注册商标、荣获省著名商标和中国驰名商标的农产品及加工企业给予奖励。凭借商标的力量，金溪县的大米、蜜梨和茶叶等农副产品为农民带来了4亿余元的收益。

(5) 信息服务。畅通的信息渠道、发达的信息传递网络等构成的农村信息服务体系，对发展农村商品经济具有重要的促进作用。农村信息服务包括农村邮政、电信、电视、广播、报刊等为媒介的信息服务内容。

(6) 经营管理服务。为农民提供经济核算、经营咨询、市场营销、经营预测和决策，提高经营决策和计划的科学性，帮助农户实现企业化经营的目标应是开展农村社会化服务的重点内容。管理现代化是农业现代化的重要构成部分，加强经营管理服务也是提高农村社会化服务体系生命力的重要措施。

10.3.4.3　建立健全农村社会化服务体系的基本措施

(1) 大力发展农村社区服务业，壮大集体经济的实力。从我国的国情看，国家目前还难以拿出较多的资金举办各种农村服务事业，很多事情需要农民自己解决。因此，依托行政和社会力量搞一些技术性强、适宜大规模经营的服务项目，有利于集聚国家或社区范围内人、财、物力资源，解决迫切需要解决的农村服务问题。比如，除由县级以上的服务部门进行良种繁育、科技推广等外，可由乡、村社区性合作经济组织统一搞打井、办电、机耕、灌溉等服务项目。这样做有利于调动国家、集体和农民各方面的积极性，有利于实现农村服务社会化。其中，农村集体经济实力的壮大与发展是建立健全农村社会化服务体系的经济基础。

(2) 努力扩大农村社区服务范围，增强服务功能。农村服务的功能是为农民提供帮助，实质是体现在商品交换中的社会各方面和农民之间的社会分工协作关系。基于这样的理解，农村社会化服务的领域可拓展到与农民经济生活有关的各个方面。为适应农村商品经济发展的需要，要利用多种多样的服务方式，开展全方位的农村社会化服务，努力增强农村服务的政策、科技和投入的综合转化功能，为提高农业生产力水平提供全方位的社会性帮助。

(3) 依法管理，实行服务组织企业化经营。农村服务组织目前大多以行政组织为依托，特点是行政管理功能强、事业经营能力弱、服务能力和效率低、服务质量差。在服务组织中引入经营竞争机制，实行独立核算，自负盈亏，是实现农村服务专业化、社会化、商品化的组织条件。农村是一个广阔的服务市场，建立科学的宏观调控机制引导农村服务向健康的方向发展，实行法制化管理是重要手段。用法制手段促进农村服务组织实行企业化经营，理顺农村服务中的经济秩序，维护农村服务环境，排除各种服务干扰，增强服务功能，有助于实现农村服务过程的秩序化、服务内容系列化、服务规则制度化和服务质量标准化。

(4) 正确处理服务需要和可能的关系，提高农村社会化服务体系的整体效能。农村社会化服务体系是一个综合的社会系统工程，其中，各种各类服务相互依存、相互渗透、相互贯通，共同构成一个有机整体。利用市场机制，科学地进行系统功能的可行性分析，处理好服务需要与可能的关系，力争提高服务的综合效益，有助于增强农村社会化服务体系的生命力。

10.4 粮食生产与多种经营

在粮食生产与多种经营的关系处理问题上，一定要做到科学处理，其基本战略思路有两点：一是要坚定不移地抓好粮食生产，保证食品供给的安全；二是要积极发展多种经营，优化农村资源配置与利用结构。

10.4.1 坚定不移地抓好粮食生产，保证食品供给的安全

10.4.1.1 粮食生产是国民经济基础中的基础

俗话有“民以食为天”，“仓廪实而知礼节”，“手中有粮，心中不慌”之说。这几句话充分说明了粮食在物质、精神和战略等方面的重大意义。

粮食生产是农村各业生产中最主要的生产项目。这不仅是因为粮食生产在农业生产中占有重要的地位，更重要的是粮食生产是国民经济基础中的基础。粮食是人们最基本、最必需的生活资料。不论是农业生产本身，还是发展工业、商业等其他物质生产部门和非物质生产部门，都必须解决人们的吃饭问题。粮食在经济和社会生活中的重要性决定了粮食生产在国民经济发展中的重要性。

粮食问题既是一个经济问题，又是一个非经济问题。说它是经济问题，是因为粮食的供给规模影响和制约着国民经济中以粮食为原料的加工工业的生产规模，粮食的价格波动会导致社会商品价格指数的波动。说它是一个非经济问题，是由于粮食是人们生活的必需品，而且在数量上呈现刚性需求特征。在正常年景或和平时期，一国的粮食缺口可以通过国际市场获得供应，但在世界范围内发生大规模的灾荒或大规模战争等极端情况下，粮食供应的紧缺性特征就会显现出来，此时或者国际粮食市场根本就没有粮食可供交易，或者即使有少部分粮食交易，但价格极昂贵。这样一来，对人口众多的国家经济的冲击就会可想而知。因此可以说，以粮食为代表的农产品既是人们生活的必需品，又是特别重要的战略物资，对其常备

不懈的保障需求，正是世界上经济发达国家和地区普遍实行农业保护政策的根本原因所在。

10.4.1.2　我国粮食生产状况及发展措施

（1）我国粮食生产状况。对我国目前粮食生产和供给状况一定要保持清醒的认识，应实事求是地看到，目前粮食的总量确实不少，但其中品质较差的也不少，很多是不适销对路的品种。我国地域辽阔，农业发展极不平衡，居民尤其是农民的总体消费水平还不高，粮食转化品特别是肉类的消费量还比较低。从长远看，随着人口增加和人民生活水平的提高，随着工业化和城镇化步伐的加快，在人增地减趋势不可逆转的背景下，现有的粮食生产能力和巨大的需求潜力相比还是远远不够的。对此，我们一定要有清醒的认识。我们既要客观地面对当前粮食供大于求的局面，采取有针对性的措施调节年度间的粮食供求平衡；又要着眼于长远，着眼于发展，切实保护和稳步提高我国粮食的综合生产能力，这是一个涉及全局的重大问题。

（2）发展粮食生产的主要措施。保护和提高粮食生产能力，需要从多方面努力。一方面要切实保护好基本农田，这是保护粮食生产能力的根本。国家划定的基本农田保护区，是我国商品粮棉的主要生产基地，基本农田保护和建设好了，我们就能掌握农业生产结构调整的主动权。要认真贯彻《基本农田保护条例》，基本农田的作物安排可以根据市场需求合理调整，粮食多了，可以调种别的作物，但不能转为非农用地。另一方面要切实保护好农民种粮的积极性。为此，必须继续坚定不移地贯彻执行中央关于粮食流通体制改革的各项政策措施，尤其要坚持做到按保护价敞开收购农民的余粮。粮食收购要实行优质优价，用价格政策引导农民提高粮食品质。但决不允许借口优质优价实际上搞压级压价，甚至搞限收拒收。按保护价敞开收购农民的余粮，是粮改政策的核心。只有按保护价敞开收购农民余粮，才能避免谷贱伤农，才能掌握粮源，实现粮食购销企业的顺价销售。我国稳定地发展粮食生产的主要措施可以概括为以下几点。

① 提高土地生产率，增加粮食总产量。随着农村商品经济的发展，工业化发展速度的加快，以及人口的日益增多，我国的耕地面积呈现逐年减少的趋势。在保证耕地面积不被乱用的条件下，增加粮食总产量的主要途径就是不断提高单位耕地面积产量。

② 因地制宜地采用各项增产措施。要提高粮食单产，就必须全面采用现代农业生产技术，依靠科技进步促进土地生产率的提高。其中包括采用优良品种、现代测土施肥技术、田间保护技术和现代耕作技术等。我国各地的自然经济条件有很大的差别，对先进的农业增产技术的运用，要结合各地的不同情况进行选择。

③ 正确处理各种粮食作物种植面积的比例关系。我国粮食作物的种类繁多，农田又有雨养农田和灌溉农田的区别，加之土地条件与人们生产与生活习惯的区别，在不同地区对作物种类和种植面积结构的确定要求各有不同。在确定种植面积结构时，要结合不同地区的技术经济特点，将生产上可行、技术上先进、经济上合理、生态和社会伦理道德允许等方面的要求有机地结合起来，实现粮食生产的综合效益最佳。

④ 在普遍增产粮食的同时，建设商品粮生产基地。我国大部分地区都具有增产粮食的潜力，必须充分发挥这种潜力，在各方面条件都允许的情况下促进粮食总产量的增加，提高这些地区粮食商品化生产的能力。为了有效地运用增产潜力比较大的地区相对优越的地域资源优势，国家就要有计划有重点地建设一批商品粮集中产区，作为商品粮的生产基地，比如松辽平原、江汉平原、长江三角洲、河套地区等。这些地区由于从事粮食生产的基本条件比较好，发展商品粮生产可以收到投资少、见效快的效果。对于商品粮食基地的建设，国家要在财政、税收、信贷等方面给以大力的扶持，保证农民在增产粮食的同时，能够不断地增加

收入，提高农民种粮的积极性。

⑤ 保护耕地资源，维护粮食生产的基本条件不致被破坏。保护耕地资源的基本措施主要有数量保护和质量保护两个方面的内容。耕地资源的数量保护就是在发展农村商品经济发展过程中，农村第二、第三产业的扩张要少占用耕地。进行耕地资源质量保护的主要措施是实行合理施肥制度和休耕制度。其中实行休耕制度是一项重要的农业保护措施，要根据我国国情特点科学合理地运用。

10.4.2 积极发展多种经营，优化农村资源配置与利用结构

我国农村中自然和经济资源的种类很多，同时又有人数众多的劳动力资源，充分利用各种资源条件发展多种经营，可以增加农民的收入，又可以满足人民日益增长的多样化的生产和生活消费需要。在我国农村，农民进行多种经营的门类众多，就农村产业内容层次的一级层次而言，可以有第一、第二、第三产业的区别。在第一产业内部，又有农、林、牧、渔等产业部门。在种植业生产内部，又有粮食作物、经济作物的区别。在粮食作物中又有粮、豆、薯的区别等。根据农产品的自然属性，可以将产品种类归纳概括为 12 个字，就是粮、棉、油、麻、丝、茶、糠、菜、烟、果、药、杂。

综上所述，在我国组织农产品生产的基本方针可以概括为：绝不放松粮食生产，积极搞好多种经营。其基本理论和实践依据是：粮食是国民经济发展最主要的基础，它不仅是人民生活最基本的生活资料，也是工农业生产发展的基本条件。对粮食生产，绝不可以掉以轻心，必须抓紧抓好。在确保搞好粮食等主要农产品生产的同时，要积极发展多种经营，实行农、林、牧、副、渔全面发展的方针。充分利用农村中的各种自然、经济和社会资源促进农村第一、第二和第三产业的协调发展，实行农、工、商一体化经营，提高农村经济区域比较优势，促进农村商品经济的健康发展。

10.5 农业产业化经营

10.5.1 农业产业化经营的特征与类型

10.5.1.1 农业产业化经营的特征

所谓农业产业化经营，是指以市场为导向，以提高经济效益为中心，围绕当地农业中的支柱产业和主导产品，实行区域化布局、专业化生产、一体化经营、社会化服务、企业化管理，建立市场牵龙头、龙头带基地、基地连农户的种养加、产供销、内外贸、农工商、农科教综合一体化的生产经营体系，实现农业生产经营的集约化、规模化和商品化。农业产业化经营的特征如下。

(1) 布局区域化。按地区资源分布和“扶优限劣”的原则，筛选、确定、培育区域主导产业和产品，形成具有一定规模的产业特色，有利于充分发挥区域资源比较优势，提高农业产业的经济效益，是农业产业化经营的前提。

(2) 生产专业化。围绕主导产品或支柱产业进行专业化生产，把农业生产的产前、产中、产后作为一个系统来运行，做到每个环节的专业化与产业一体化协同相结合。由农业生产专业化带动形成的区域经济、支柱产业群、农产品商品基地，为农业产业化经营奠定了稳固的基础。

(3) 经营规模化。这是指农业生产规模扩大，有利于采用先进的科学技术，降低农业生产成本，为农产品的批量生产、加工、销售奠定条件，充分发挥大生产的优越性，可以促进农业产业化经营的高效运行。

（4）管理企业化。这是指农业产业化在经营管理中应坚持以市场为导向，以提高经济效益为目的，以优化资源配置为手段，运用现代企业理念和运行机制，改造传统农业。农业产业化的过程实际上是农业企业化的过程。在企业化过程中通过农村剩余劳力转移和农民分化、专业分工、追求利润最大化、调整产品行业的结构等，提高农业生产社会化水平。

（5）利益一体化。这是农业产业化最突出的表现形式。它是指农业企业集团内部、农业企业之间以及农业企业与非农业企业之间，通过某种经济约束或协议，把农业生产过程的各个环节纳入同一个经营体内，形成风险共担、利益均沾、互惠互利、共同发展的经济利益共同体。在实践中有不同形式的经营一体化，例如产销一体化、产加销一体化和资产经营一体化等。

（6）服务社会化。要实现农业产业化经营，就必须建立一个全方位、系列化、综合性的社会化服务体系，作为必要的保证条件。农村中的其他产业部门和国民经济各部门能够在商品交换原则指导下，与农业生产配套发展，使各类服务企业能够为农业产前、产中、产后各个生产环节提供必要的基础设施和条件。

10.5.1.2　农业产业化经营的类型

（1）“龙头”企业带动型。这种产业化经营形式是以公司或集团企业为主导，以农产品加工、运销企业为龙头，重点围绕一种或几种产品的生产、销售，与生产基地和农户实行有机的联合，进行一体化经营，形成“风险共担，利益共享”的经济共同体。在实际运行中，“龙头”企业联基地、基地联农户进行专业协作。这种形式在种植业、养殖业特别是外向型创汇农业中最为流行。

（2）专业市场带动型。这种产业化经营形式是以专业市场或专业交易中心为依托，拓宽商品流通渠道，带动区域专业化生产，实行产加销一体化经营，扩大生产规模，形成产业优势，节省交易成本，提高运营效率和经济效益。运作方式是：通过专业市场的批发商或加工企业与生产基地或农户直接挂钩，生产经营单位与农户签订合同，或建立联合，进行产销联营，农户按合同进行生产、交售，生产经营单位按合同收购、销售，利益在批发商和农户之间按合同约定的条款进行分配。

[案例10-8]“没有买不到的菜，没有卖不出去的菜”

“没有买不到的菜，没有卖不出去的菜”，这是各界对寿光蔬菜批发市场的评价。近年来，山东省寿光市先后投资3亿多元对蔬菜批发市场进行扩建，建成了国内第一家农产品电子拍卖中心和物流配送中心，面积扩大到680亩，年交易量40亿千克，交易额56亿元，成为“买全国、卖全国”的蔬菜集散中心、信息交流中心和价格形成中心。

以蔬菜批发市场为核心，寿光对外抓开拓，对内抓完善，构筑起与国内外市场相融合的现代化市场体系，逐步形成了农业大流通的发展格局。配套建设了“十大蔬菜专业市场”、“十大农资超市”，带动了蔬菜运销、经营、中介等产业和人才、信息、技术等要素市场的发展，形成了内外相通、遍布城乡的市场网络。全市建起了26个农资专业化市场，196个集贸市场，营销公司有590家，运销专业户、协会、联合体、经纪公司等中介组织有1.7万个。先后开通了寿光至北京、哈尔滨、湛江三条“绿色通道”。在北京、天津、哈尔滨等城市设立了寿光“无农药残留放心菜”专营区，与全国50多个大中城市农产品市场及国家机关、大型企业开展了直供直销、连锁经营和配送业务。开通了面向国际市场的农产品海上“蓝色通道”、空中走廊、网上通道，蔬菜销售范围辐射到30个省区市，出口到10多个国家和地区；同时，寿光不断创新交易方式，2005年创建了全国第一家蔬菜网上交易市场，2007年交易额突破200亿元，2008年更是达到305亿元。为更好地适应全市农产品流通业发展的需求，经国家发改委批准，寿光正在筹建占地1880亩的农产品综合批发市场，进一步提高市场的辐射带动能力。

从2000年起，寿光开始举办一年一届的国际蔬菜科技博览会，进一步扩大了寿光在国内外的影响。菜博会吸引了30个省区市和50多个国家和地区的参展商，展览内容涵盖了种苗、农机具、种植技术和设备、加工机械、深加工产品等方面。菜博会的参观者中有60%是农民，30%是客商，起到了窗口展示和招商引资的双重作用。

(3) 合作经济组织带动型。这种产业化经营的形式是通过专业生产合作社或农民专业协会为农民提供生产资料、资金、信息以及产中的各种服务，或者通过建立的加工、运销企业组织农民走向市场。这种方式具有明显的群众性、专业性、互利性和自助性，实行“民办、民管、民受益”，是一种受农民欢迎的好形式。

(4) 中介组织带动型。这种产业化经营方式是在某一产品的经济再生产全过程的各个环节上，实行跨区域联合经营和生产要素大跨度优化组合，并逐步形成市场竞争力强，经营规模大，生产、加工、销售相联结的一体化企业集团。目前，这种类型的中介组织主要是行业协会，“山东省农产品生产加工销售联合协会”（简称“农产联”）和“云南省花卉产业联合会”（简称“花产联”）就是该种类型的典型代表。

(5) 主导产业带动型。这是利用当地资源，从发展特色产业和产品入手，逐步扩大经营规模，提高产品档次，组织产业群、产业链，形成区域性主导产业和拳头产品，围绕主导产业发展产加销一体化经营。

(6) 商品基地带动型。这种产业化经营形式把开发资源与建设商品基地结合起来，开发一片山水、建成一个商品基地、培植一个拳头产品，推进农业集约化和产业化经营的发展，使资源产出率、劳动生产率和经济效率实现最大化。

(7) 行业公司结合型。在这种产业化经营形式中，从省到市、县设立跨地区、跨部门的集团公司，宏观调控农产品的加工销售户外贸出口、生产资料供应、资金投入、良种推广、各项服务等，生产经营过程由公司和各级分公司负责组织。

10.5.2 农业产业化经营的条件

10.5.2.1 承包农户形成集群式农产品商品生产基地

这是农业产业化经营的基础。农业产业化经营发展的基础条件是：必须有相对稳定的商品农产品生产基地，基地内的农户应达到一定数量，并能提供一定批量的商品产量和商品产值。如果不能带动一大批农户并生产一定批量的商品，表明生产基地还没达到一定规模，就形不成农业产业化经营。比如黑龙江省的金玉公司，如果没有松嫩平原上的大面积玉米种植形成的“玉米产业带”，这个被号称为“黑龙江省黄金塔工程”塔尖上的企业就得不到持续稳定的发展。

10.5.2.2 经济实力较强的龙头载体作为依托载体

龙头载体可以是加工企业、经销企业、专业市场、合作、中介组织、科技团体等，龙头载体可以是规模较大的1～2个，也可以是规模较小、数量较多的群体。总之，必须对基地商品农产品具有较大的收购、加工或经销能力，成为连接基地农户和市场之间的桥梁和纽带。比如“九三粮油集团”的发展就是以东北三省生产的黄大豆为加工对象，以收购当地大豆作为企业生产原料的主要来源。

10.5.2.3 龙头企业与农户之间形成利益共同体

实行农业产业化经营，龙头企业载体和基地农户之间的联系方式和利益机制，可以是较松散的信誉型市场交易利益共同体，可以是通过书面契约或章程建立起紧密型合同制和合作制利益共同体，因而形成有机结合的农工商或农商型产业链，并形成各种不同程度的利益共同体。这是实现基地农民增产增收的关键，也是维持农业产业化经营稳定发展的核心内容。

［案例10-9］利益共享，“公司+农户”模式的产业化经营

广东温氏食品集团有限公司创立于1983年，公司从当初的7户8股8000元资本起家，现已发展为一家以养鸡业、养猪业、养牛业为主导，兼营食品加工、动物保健品的跨行业、跨地区发展的大型畜牧企业集团。温氏集团把肉鸡饲养业务分离出来由养殖户经营。具体做法是：农户提出申请，公司审查资格后，在计算机系统中建立养殖户的档案；农户凭开户证明缴纳定金，作为鸡苗和生产资料的预付资金；农户按规定的日期到指定的地点领取鸡苗和饲料、药物和技术手册，农户不需预付现金，先以记账的形式登记，待肉鸡销售后统一结算；公司设立禽病诊断室和咨询室，定期向农户提供技术指导和服务；成鸡到上市日期时，公司实行统一收购，农户在肉鸡上市的第二天，即可到财务部结算，肉鸡的上市率、肉料比、上市均重、饲养天数、饲料领用情况和农户应得利润等都由电脑进行统计。

10.5.2.4 农户生产经营组织化程度比较高

随着农业产业化经营的发展，参与农业产业化经营的农户越来越多，需要一定的组织方式，才能实现小规模生产与大群体合作之间的有机结合。为此，必须通过一种农民乐于接受的组织形式，使农民在自愿互利的基础上，组成各种不同类型和规模的互助合作组织，以便协调生产，加强与龙头企业及市场的联系，克服一家一户的局限性，发挥群体协作的优势。

10.5.2.5 科技进步是主要的推动力量

农业产业化经营是农业生产经营方式的变革，其物质技术基础是农业生产要素的集约使用。因此，实行农业产业化经营，对科技进步要求更高，标准更严格。从世界范围来看，产品的市场竞争能力在很大程度上取决于科技含量的大小。为此，实行农业产业化经营必须以科技进步为主要推动手段，具体途径就是通过公司、专业协会或科技服务企业等中介组织迅速将当代科技新成果和新工艺传输给农户，使农业科技新成果在最短的时间内得到推广和应用。

10.5.2.6 政府部门科学的宏观调控和财政支持

农业产业化的发展离不开各级政府的支持，政府要加强宏观调控、政策扶持，在财政资金投入上要优先支持农业产业化经营；鼓励外资和社会闲散资金投入产业化经营；在龙头企业的立项、申报、审批及土地征用上给予一定优惠；加快统一市场的建设，加强市场的管理和监督，促进和保护公开、合理、公平的有序竞争，为推进农业产业化经营创造一个良好的外部条件。

10.5.3 农业产业化经营的措施

10.5.3.1 加强龙头企业建设

龙头企业是实行农业产业化经营战略的依托。一般来说，龙头企业应具有雄厚的经济实力，能够有效地开拓国内外农副产品市场；同时还必须拥有较为先进的技术，能对农副产品进行深加工，在当地对农村经济发展具有比较强的辐射能力，能为其所联系的农户提供社会化的生产和生活服务。

10.5.3.2 建立合理的利益分配机制

在农业产业化经营的组织体系中，经济利益是各方经济主体追求的共同目标，是联结各方经济关系的纽带。协调好各方的经济利益关系主要要做到，农产品商品基地与龙头企业、农业生产与销售、农民与服务组织之间的联系实行契约化，利益共同体内利益分配的对等化，经济业务联系的商品化。

10.5.3.3　调整优化产业与产品结构

农业产业化经营的标志是有一个或几个能够支撑地方经济发展的主导产业。主导产业是农业产业化经营的基础。围绕主导产业形成支柱性的生产项目和拳头产品，才能形成产业优势。确定主导产业要从实际出发，以市场为导向，发挥地区资源优势，注重经济效益、社会效益和生态效益相结合，并把生产、加工和销售有机地结合起来。

10.5.3.4　加强农副产品商品基地建设

农副产品商品基地是形成主导产业的社会经济基础。农产品商品基地的建设要与主导产业和龙头企业发展结合起来，做到布局区域化、经营集约化、服务系列化。要充分利用农民家庭经营的优越性，走以专业户带专业村，乡村联片建设农副产品商品基地的道路。

10.5.3.5　加快农业科技进步步伐

农业科学技术是农村各种资源高效优质地转化为现实生产力的催化剂，农业商品经济的发展需要现代的农业机械技术、农业生物技术和农艺操作技术的支持。农业产业化经营的本身就是农、科、教一体化的现代化农业生产经营方式，是与科技兴农战略的实施紧密联结在一起的。

单元小结

农村产业结构是指在一定时期农村地域内各个产业之间及其内部各生产门类之间的相互依存、相互制约的构成比例和相互关系。农村产业作为一个整体，是由相互联系和相互制约的若干产业层次或部门组成的复合体。农村产业结构的内容主要可以从产业层次构成和产业部类构成两个方面进行分析。

农村产业结构调整的总体目标是，通过制定与实施科学的农村产业政策与措施使农村产业构成的演化过程能够与社会对农产品需求结构的变化、农业工业化和农村城市化的进程等方面的要求相适应。有三个方面内容：一是实现农产品供求总量的基本平衡，农产品的品种、品质适应市场需求；二是通过发展优质高效农业，发展农村第二、第三产业，实现农业的增效与农民的增收；三是实现农业和农村经济的比较合理的区域分工和布局，形成不同地区各具特色的专业化生产格局。

农村产业结构分析的指标主要有产值结构分析指标、资源利用状况分析指标、经济效益分析指标、满足社会需要分析指标和生态环境效益分析指标。判断农业产业结构是否合理的主要标志有：资源利用最优化、部门配合最佳化、生态环境最良化和综合效益最大化。农村产业结构调整的工作内容包括：农村产业部门结构的调整、农产品品种、品质结构的调整、农业经营结构的调整、农村就业结构的调整和农村消费结构调整。

乡镇企业，是指农村集体经济组织或者以农民投资为主，在乡镇（包括所辖村、屯）举办的承担支援农业义务，或以乡镇公民为投资主体的股本，在产权结构中处于决策地位的各类企业。乡镇企业的产业类型包括：资源开发型产业、产品扩散型产业、劳务输出型产业和新技术型产业。发展农村乡镇企业的措施有：搞好产权关系调整，优化资源组合结构；科学地进行资本运营管理；搞好企业经营管理工作；搞好社区性企业发展的同时，促进农村家庭工业的发展；采取科学的宏观调控手段，搞好民营化转制。

农村第三产业是指为农村第一、第二产业提供服务的部门，包括交通运输、邮电、商业、金融、保险和其他社会公共行业等，主要由农村中从事非物质财富生产的产业部门所构成。农村第三产业具有产品的无形性、产品功能的替代性、生产与消费时间的同一性和经营项目的季节性等特点。发展农村第三产业措施有：城乡统筹规划，科学布局，以城带乡；提高经营管理水平，强化服务功能；搞好农村社会化服务体系建设。

在粮食生产与多种经营的关系处理问题上，一定要做到科学处理，其基本战略思路有两点：一是要坚定不移地抓好粮食生产，保证食品供给的安全。二是要积极发展多种经营，优化农村资源配置与利用结构。

农业产业化经营，是指以市场为导向，以提高经济效益为中心，围绕当地农业中的支柱产业和主导产品，实行区域化布局、专业化生产、一体化经营、社会化服务、企业化管理，建立市场牵龙头、龙头带基地、基地连农户的种养加、产供销、内外贸、农工商、农科教综合一体化的生产经营体系，实现农业生产经营的集约化、规模化和商品化。农业产业化经营的类型有："龙头"企业带动型、专业市场带动型、合作经济组织带动型、中介组织带动型、主导产业带动型、商品基地带动型和行业公司结合型。搞好农业产业化经营的措施有：加强龙头企业建设；建立合理的利益分配机制；调整优化产业与产品结构；加强农副产品商品基地建设；加快农业科技进步步伐。

综合练习

(一) 名词解释

第一产业　第二产业　第三产业　农村产业结构　农业区划　农业生产布局　乡镇企业　农村社会化服务体系　农村多种经营　农业产业化经营

(二) 填空

1. 农村产业按产业层次划分，包括（　　）、（　　）和第三产业。
2. 根据社会再生产实现的条件，农村产业可分物质生产部门和（　　）两大部类。
3. 农村产业结构优化的标志是（　　）、（　　）、（　　）和综合效益最大化。
4. （　　）是指根据农业生产地域分异规律，将一定地域划分为不同等级和类型的农业生产区域。
5. 乡镇企业的产业类型主要有资源开发型产业、（　　）、（　　）和（　　）。
6. 农村第三产业主要由生产服务业和（　　）构成。
7. 现代的（　　）是在商品经济条件下，以社会分工协作为基础，专业化的、系统化的，能够满足农民多种需要，方方面面的农村服务构成的有机整体。
8. 对于粮食生产和多种经营关系的处理，可以概括为绝不放松粮食生产，（　　）。
9. 所谓农业产业化经营，是指以（　　）为导向，以提高经济效益为（　　），围绕当地农业中的（　　），实行区域化布局、专业化生产、一体化经营、社会化服务、（　　），建立市场牵龙头、龙头带基地、基地连农户的种养加、产供销、内外贸、农工商、农科教综合一体化的生产经营体系，实现农业生产经营的集约化、规模化和（　　）。
10. 实行农业产业化经营，（　　）和基地农户之间要通过一定的联系方式和利益机制，形成信誉型的市场交易（　　）。

(三) 选择答案

1. 农村产业结构说明的问题是（　　）。

   A. 农村经济由哪些产业部门所构成　　B. 各个产业的构成比例与相互关系
2. 森林覆盖率是反映农村产业结构（　　）方面的指标。

A. 满足社会需要　　B. 生态环境　　C. 经济效益

3. 根据农村产业部类构成分类方法，农村产业可分成（　　）和（　　）。

A. 物质生产部门　　B. 非物质生产部门　　C. 农业生产部门

4. 农村中第一产业包括（　　）等生产部门。

A. 种植业　　B. 畜牧业　　C. 林业　　D. 渔业

5. 农村产业结构合理化的标志是（　　）。

A. 资源利用最优化　　B. 部门配合最佳化　　C. 生态环境最良化　　D. 经济效益最大化

6. 乡镇企业的产业类型主要有（　　）。

A. 资源开发型　　B. 劳务输出型　　C. 产品扩散型　　D. 新技术型

7. 农村的保险和金融业属于（　　）的范畴。

A. 第一产业　　B. 第二产业　　C. 第三产业

8. 农业产业化经营的基本生产单位是（　　）。

A. 农户　　B. 龙头企业　　C. 中介组织　　D. 商品基地

（四）判断正误

1. 农村产业结构具有综合性的特点，可以运用不同的经济指标进行分析。（　　）
2. 不同地区的农村产业结构特点不同。（　　）
3. 农村第一产业是第二、第三产业发展的物质基础。（　　）
4. 稳定粮食生产，积极搞好多种经营是进行农村产业结构调整的基本原则之一。（　　）
5. 产品扩散型产业内容主要有商业、运输业、建筑业、信息服务业等。（　　）
6. 资源开发型产业的特点是立足农村资源条件，开发商品生产，将地区资源优势转化为经济优势，它主要包括采掘加工业和农产品加工业。（　　）
7. 乡镇企业的发展也必须面向市场搞好企业的经营管理工作。（　　）
8. 乡镇企业的发展要因地制宜，在发展模式上不能实行“一刀切”。（　　）
9. 农业产业化的龙头企业是农业生产的基本组织形式。（　　）
10. 经济利益是农业产业化过程中各经济主体之间的主要联系纽带。（　　）

（五）回答问题

1. 根据所给资料，请阐明：(1) 望水台街道农村产业项目的构成及主导产业项目。(2) 望水台街道调整农村产业结构采取的措施。

辽宁省辽阳市望水台街道走精品高效农业发展道路，大力发展农村经济，着力加大农业产业结构调整力度。一是优化调整种植结构。今年全街道调减普通玉米种植面积400亩，用于还经还林，使全街道粮经比例达到2∶8。大力发展经济作物种植，搞好园区建设，抓好两个食用菌园区和三个苗圃示范区建设，做好推广工作。二是大力发展养殖业。在现有养殖规模基础上，抓好三个奶牛、肉牛示范园区建设，努力使奶牛、肉牛、肉鸡饲养量分别达到700头、1500头和25万只。三是突出发展食用菌业，使之成为全街道的精品产业。街道分析市场需求，结合实际，努力扩大食用菌的栽培规模，计划发展200亩，主栽香菇和双孢菇，使食用菌生产成为全街道的一个主导产业。

2. 针对下面三种情况，请提出你的经营思路及措施。

(1) 农民某甲种了50亩大豆，养了100只羊，办了一个家庭豆腐坊，进行农产品生产、加工和销售一条龙经营。

(2) 某县当地有一大批农户从事同样的粮食、果品、蔬菜生产，如冀中平原的小麦、玉米和太行山区的大枣、柿子，成为当地的一项支柱产业，但缺乏有组织、成规模的销售渠道，农民只能单家独户到农村集市上零星出售，产品形不成批量，商品率在低档次上徘徊。

(3) 某村农民集体办了一个小型面粉加工厂，面向社会收购小麦，加工成面粉后销售，与周围农村的农户之间只是单纯的买卖关系。

3. 如何科学处理粮食生产与发展多种经营的关系？

（六）复习思考题

1. 阐述农村产业结构的内容构成。
2. 农村产业结构的评价指标有哪些？
3. 阐述乡镇企业经营的特点与产业类型。
4. 阐述农村第三产业的内容及发展措施。
5. 阐述农村社会化服务化服务体系的概念与特征。
6. 农村产业结构合理化的标志是什么？
7. 阐述农业产业化经营的特点与类型。
8. 阐述农业产业化经营的条件与措施。

第 11 单元　农村经济体制

【教学目标】 通过本单元的学习，掌握农村基本经济制度的内容，掌握股份制与股份合作制经营的基本知识和管理要求，学会农村经济组织管理的基本要求，具备运用农村基本经济制度的能力。

[案例 11-1] 我国农村经济体制的历史变革

农村经济体制是一个国家或地区制定并执行农村经济决策各种机制的总和，包括一定经济制度下组织农村生产、流通和分配活动的具体形式和运行规则，明确规定参与农村经济活动各个主体的决策地位及其相互之间的利益关系，并且通过相应法律或制度体系加以体现。农村经济体制涵盖的内容有农村资源配置与利用决策方式、基本经济制度、生产经营方式、各种经济主体利益调节机制和农村经济组织形式等。新中国成立后，我国农村经济体制经历了一个不断变革和完善的历史过程。

新中国成立前，我国是一个半封建半殖民地国家，社会经济发展非常落后。中国共产党领导的新民主主义革命，带领中国人民推翻了三座大山。新中国成立后，旧中国遗留下来的极不合理的土地关系严重地阻碍着农业生产力的发展，中国共产党领导中国人民又进行了轰轰烈烈的土地改革运动。中国土地改革胜利完成以后，占全国农村人口 60%～70% 的三亿多无地和少地的农民，无偿地获得了大约 0.47 亿公顷的耕地，并且分得大量从地主手中没收来的耕畜、农具、房屋和其他生产资料；同时，广大农民的政治地位发生了根本性的变化，结束了被压迫、受奴役的地位，变成了国家的主人，农村的主人。

土地改革以后，我国农业经济是建立在土地私有制基础上的小农经济。小农经济条件下的农民虽然有很高的生产积极性，但发展农业生产的力量非常薄弱，基本上处于自然经济状态，很难扩大再生产，生产的社会化和商品化程度很低。为了促进农业经济发展，中国共产党根据生产关系一定要适应生产力发展水平的规律，从 1953 年开始，在全国范围内进行了农业社会主义改造。在社会主义改造过程中，采取了“自愿互利、典型示范、循序渐进、国家帮助”的方针，经过互助组、初级农业生产合作社和高级农业生产合作社等互相区别和互相联系的形式，逐步引导广大农民驶入了合作经济的轨道，建立了农业集体所有制的经济形式。

在农业社会主义改造的同时，我国社会主义全民所有制的农业经济也逐步建立起来。早在抗日战争时期，为了支持革命战争，在革命根据地创办了光华农场和南泥湾垦区。解放战争时期，先后在东北、华北等老解放区建立了一批国有农牧场。1949 年后，把官僚买办的农场、牧场、林场和渔场收归国有，并建立了相应的国有农牧业企业。为了大规模开垦荒地，发展农业生产，建设边疆和保卫边疆，国家大量投资兴办了国有农牧场、林场和渔场，从而建立起了我国全民所有制的农业经济体系。

到了 1956 年，农村社会主义改造基本完成，在农业中形成了以全民所有制农业经济为主导，集体所有制合作经济为主体，个体经济等其他经济形式为补充的农业经济形式结构。1958 年，我国农村开始人民公社化运动，在“左”的思想指导下，盲目追求“一大二公”的“政社合一”的管理体制，在农业中实际上只存在全民所有制和集体所有制的经济形式，而且集体所有制的农业经济组织的经营自主权并未得到应有的尊重，严重束缚了农业生产力的发展。

党的十一届三中全会后，我国农村经济体制改革迈出了新步伐。在改革开放政策引导下，以实行农村家庭承包责任制为契机，突破了“政社合一”人民公社管理体制的束缚，农民生产经营以户为基本组织单位，经营自主权得到了应有的重视，使农村商品经济发展充满了生机和活力。在国有农业企业，改变高度集中的计划经济管理模式，建立职工家庭农场；同时，鼓励集体、个人及其他经济组织发展商品生产，我国农业经济形式出现多样化发展的局面，个体经济、私营经济以及各种所有制经济之间的联营经济形式有了长足的发展。

从 2000 年开始，党和国家政府为了解决农民经济负担过重的问题，在全国进行了农村税费改革试点工作，目的是以法律形式对农民社会经济负担进行规范化管理，提高向农民收取各种社会公益性费用管理工作的科学合理性。全国首先在安徽省进行农村税费改革试点，待各项政策和配套措施逐步完善以后在全国推广。

2005 年以农村税费改革为重点的农村综合改革试点取得重大进展。全国农业税免征范围扩大到 28 个省份，其余的河北、山东、云南三省的农业税率一律降至 2%，全年又减轻农民负担 220 亿元。2005 年 12 月 29 日，全国人大常委会通过了关于废止农业税条例的决定。从 2006 年起，我国农民缴纳了 2600 年的皇粮国税彻底退出历史舞台。今后要继续加大对粮食生产的扶持力度，加强对粮食市场的宏观调控，加大农村土地制度改革力度。各地要认真贯彻落实《农村土地承包经营权流转管理办法》，以加强土地流转合同管理为核心，推进农村土地流转的规范化管理，加快农村土地承包法等配套法规的制定工作。

11.1　农村基本经济制度

11.1.1　农村土地产权制度

我国法律规定，农村土地归农村社区内部农民群众集体所有。全面推行农村家庭承包经营制度以后，对农村中的土地实行所有权和使用权相分离的制度，这是我国农村中最基本的经济制度。对这一经济制度实施过程中，农民和农村社区对于土地的使用权、收益权和让渡权处理的一些相关性问题，下面进行简要阐述。

11.1.1.1　农村土地使用权

实行农民家庭承包经营制度以后，由于农村土地的所有权和使用权相分离，农民拥有了农业生产的经营决策权。主要表现在：农民可以根据市场供求关系的变化来调整农作物种植面积以及劳动力的投放数量和比例，可以以市场为导向组织家庭范围的生产经营，可以以家庭利益最大化为目标来自主决定自己的经济生活。但是农民对于土地使用权的支配是有限的，农民在自己承包的责任田内，首先要以完成国家的农产品定购任务和集体提留指标为前提条件，否则社区性合作经济组织有权收回土地承包合同的发包权，终止农民对土地使用权的行使，农民就会失去对土地的使用权。在我国农村，第一轮土地承包期 15 年已经结束，第二轮 30 年的承包期限已经开始。在这 30 年内，承包户对于承包的土地具有经营使用权，具体的权益分配由与社区性合作经济组织双方签订的承包经营合同确定。

11.1.1.2　农村土地的收益权

农村土地的收益权，主要是剩余产品或收益的分配权。实行农民家庭承包经营制度的基本出发点就是解决原来“人民公社”体制下的“吃大锅饭”，收入分配不公，难以形成有效的分配激励机制问题。农村家庭承包经营制度的实施不仅赋予了农民土地的使用权，也赋予农民在土地经营成果上的受益权，但这种受益权是在农村社区经济组织和农民之间以土地承包合同的方式，由农村社区性经济组织代表国家和集体与农民共同协商确定的。农村土地的收益权由国家、集体和农民家庭三方共同分割，也就是农民在家庭范围内的剩余产品“交足国家的，留够集体的，剩下是农民自己的”。

11.1.1.3　土地的让渡权

就农村土地的让渡权来说，土地作为最重要而且是不可再生的农业生产资源，其权属变更受到国家的严格控制。我国《宪法》中规定：“国家为了公共利益的需要，可以依照法律对土地进行征用。任何组织或个人不得侵占、买卖、出租或者以其他形式非法转让土地。”

因此农村土地虽为农民集体所有，并为社区合作经济组织代表农民进行管理，但是无论社区合作经济组织还是农户都不拥有土地的让渡权。目前，在我国农村中发生的主要是土地使用权和受益权的变更，而且这种变更更多的是以社区性合作经济组织的权力所及为范围，也就是发生在合作经济组织的内部，为社区性合作经济组织所能控制，因而这种权力的变更称为“流转”并且受到国家的严格控制。1995年，农业部在《关于稳定和完善土地承包关系的意见》中规定：“在坚持土地集体所有和不改变农业用途的前提下，经发包方同意，允许承包方在承包期内，对承包标的依法转包、转让、互换、入股，其合法权益受法律保护，但严禁将耕地转为非耕地”。同时又规定，“如果承包人死亡，承包地可以继承，承包合同由继承人继续履行，直至承包合同期满”。根据上面的叙述可以看出，实行农民家庭承包经营制度以后，以让渡土地使用权和受益权为内容的土地流转权为农户所拥有，但是权利的行使则要置于社区合作经济组织的监督之下。取舍的标准是，能否保证国家和社区合作经济组织的权力不因土地的流转而受到影响。

2008年10月9日，中共十七届三中全会通过了《中共中央关于推进农村改革发展若干重大问题的决定》。决定指出，按照依法自愿有偿原则，允许农民以转包、出租、互换、转让、股份合作等形式，流转土地承包经营权，发展多种形式的适度规模经营。有条件的地方可以发展专业大户、家庭农场、农民专业合作社等规模经营主体。土地承包经营权流转，不得改变土地集体所有性质，不得改变土地用途，不得损害农民土地承包权益。

[案例11-2] 从农田里的“毛毛道”看耕地产权的意义

“毛毛道”是北大荒平原地区横跨或斜穿农田的人行便道，这种道路横跨田垄，寸草不生，只能走人不能行车，实行家庭承包制前在农村长大的人几乎都在“毛毛道”上行走过。“毛毛道”的形成是因为农田地块比较大，面积少的有几十公顷，多的可以达到几百公顷以上，平行的田间道路相距很远，行人为了减少步行距离在田间横行而过。“毛毛道”上始终残存着田垅的痕迹，已经种下的庄稼被践踏得踪迹皆无，颗粒无收。到处可见的“毛毛道”比较狭窄的有半米多宽，宽阔的可达到1米甚至几米，小的地块要用去几亩地，大的地块要用去一公顷以上，导致很多生产队在没有遭受自然灾害的情况下就粮食减产。令人头痛的是“毛毛道”的方向基本固定但位置与占用面积不固定，下一年在上一年的“毛毛道”上继续播种，而行人在不同方位上又踩出新路，生产队根本没有办法解决这种糟蹋耕地资源的老大难问题。1984年以前黑龙江省农村土地使用和经营权归生产队所有，对已经耕种的土地缺乏科学管理。交通条件又比较差，农村居民和其他行人在耕种的田野上“行便道”被认为是天经地义的事。因为耕地使用权归社员集体所有，实行集体耕种，集体“行便道”，甚至其他人为了图方便先给踩出“毛毛道”。生产队的经济损失由社员集体负担，对于“毛毛道”问题处理乏力是必然的结果。在实行农村家庭联产承包制度以后，耕地使用和经营权归农户直接支配，经营收益与农户个人利益直接相关，行人再要图方便在农田里行走当然要受到种田农户的坚决限制，加上农村交通条件的改善，近年来“毛毛道”这种田间特殊的“行便道”已经很少见，在经济条件比较好的地方已逐渐消失了。

11.1.2 农业家庭承包经营制度

11.1.2.1 农业家庭承包经营制度的含义

农业家庭承包经营制度，是在农业基本生产资料集体所有的基础上，以生产资料所有权和经营权相分离为前提，以承包者拥有一定的自主经营权为条件，以农民家庭为基本承包经营单位，独立承担经济责任，以获取超越承包基数的经济利益为动力，从而实现权、责、利相结合的一种农业经营制度。在农村家庭承包经营制度中，包含两个经营层次，其一是集体统一经营，就是对一些不适于分户经营的生产项目和经营活动由农村合作经济组织统一经营和统一管理。如由集体经济组织大型农机具的使用和管理；从事大规模的农业基本建设其他公益活动等。另一个经营层次是分户经营，就是将农户能够单独经营的生产项目分别包给各农户，由农户分散经营和分散管理，如土地的按户（劳）承包经营等。这是实行农业家庭承包经营制度后农村双层经营体制中的主体经营层次。

11.1.2.2　实行农业家庭承包经营制度的客观必然性

农业家庭承包经营制度在我国农村中产生并得到迅速发展，是我国农民在农业经营制度中的一种伟大创举，是对“人民公社”体制下高度集中统一的集体经营形式的突破性创新，有着其客观必然性。

（1）适应农业生产特点的要求。农业生产过程是自然再生产和经济再生产相交织的过程，农业生产条件分布在广阔的空间，受自然环境影响很大。农业生产的对象是有生命的动、植物，农业生产过程就是这些动、植物生长、繁殖的过程。现阶段在我国科技水平还比较低下的情况下，人们对于这些动、植物的生长过程和条件的控制能力，还远不及工业，需要处理的问题诸如病虫害、旱涝灾害等也很多。因此，要求劳动者熟悉整个生产过程和生产条件，按照动、植物生长过程中的各种不同需要，具体安排，从始至终进行精细、耐心照管，对突发事故要及时处理。农业劳动的成果，大多只能表现在最后的收成上，也就是表现在最终产品上，生产过程的成果和质量平时难以计算。为了提高农业生产效率，要求农民对生产过程必须负全部责任，有高度的责任心和主动性，采取科学的经营管理办法进行生产。可见，目前实行分户经营是从事农业生产的最佳选择。

（2）我国农业生产力状况的制约。总的来说，我国仍处在由传统农业向现代农业，由自给半自给的自然经济向大规模的商品经济转化的时期，生产力水平不高，各生产力要素比较落后。具体表现为：一是生产工具落后。就全国来说，除少部分地区和农业企业机械化的水平较高外，绝大多数农民还是依靠畜力农具和手工工具。水利排灌设施应用还不是很普遍，至于农村的能源、交通、通信等设施，更为薄弱。二是分工很不发达。一方面，农、林、牧、副、渔五业的分工不够明显，全国除少数经济作物集中产区和林区、牧区和城市郊区外，大多数农区还处于单一发展农业生产的状态中，林牧渔业生产还未真正成为独立的生产部门。另一方面，在种植业生产内部，育种、播种、中耕、除草、植保、收获、脱粒、烘干等生产环节或作业环节，也因生产工具和技术的落后而未形成固定的专业，农业生产劳动的专业分工很不发达。三是农业劳动者的科学文化水平、技术熟练程度经营管理水平都比较低，农村普遍缺少科学技术人才和经营管理人才。与上述的农业生产力状况相适应，农业生产的组织形式也不宜过分集中，组织规模不宜过大，比较适用于实行以农户为单位的分散经营。

11.1.2.3　农业家庭承包经营制度的完善

（1）继续坚持土地等基本生产资料的所有权和使用权相分离的产权制度。在我国，要坚持实行在第一轮土地承包经营 15 年不变的基础上，继续实行土地承包经营 30 年不变。要保证这一基本制度的实施要做好三方面的工作。一是要完善和保障农村土地集体所有制度，利用土地发包和承包合同关系保障农村社区性合作经济公有土地的合法权益不受损害和侵蚀。二是要完善集体经济组织的积累机制，积极发展集体经济，壮大社区性合作经济组织的经济实力。三是要力争搞好农村社会公共服务事业，建立健全社会化服务体系，大力搞好农田基本建设，增强集体经济的服务功能。当然，在完善和强化农业基本生产资料公有制的过程中，必须坚定不移地坚持党的十一届三中全会以来的农村经济路线和政策，决不能再走削弱、剥夺、限制农民家庭经营实力的老路，重蹈人民公社时期“一大二公”的覆辙。

(2) 强化“统一经营”的服务功能，完善和发展农村双层经营体制。在农业家庭承包经营制度建立和发展的实践过程中，普遍重视和发展家庭分散经营的一面，而集体统一经营的一面没有得到应有的重视和发展。要完善农业家庭联产承包制，就要使两个方面都得到充分发展，就是在坚持农村家庭承包经营的基础上，贯彻执行国家对土地开发利用的基本国策和管理制度。确定农村各业生产的总体经营战略，制定适合本区域资源特点的总体目标和产业调整规划，向农户发包土地和其他生产资料，对承包户的生产经营活动进行必要的管理与协调，搞好农业生产的社会化服务。通过这些具体措施，努力提高农村社区性合作经济组织在农民心目中的凝聚力，将应该承担的社会经济责任真正承担起来，充分发挥集体统一经营的主导作用；否则农村双层经营体制就会失去依存的基础，农民家庭承包经营与“分田单干”就不会有什么实质上的区别。

(3) 改革和完善土地承包制的具体内容。在我国农村，当前承包经营户普遍存在着土地经营规模狭小，经营条件较弱，土地持续投资不足等问题。对土地的承包经营在坚持第二轮承包期限30年不变的前提下，建立适当的土地承包流转制度，在坚持农民自愿和集体统一科学调配相结合的前提下，树立并切实贯彻“公平”与“效率”结合而以“效率”为主的分配原则，逐步建立起土地经营通过合理转包达到适度规模经营的土地承包经营格局。

[案例 11-3] 不改变用途的土地流转

2008年3月，浙江省金华市琅琊镇上盛村实施土地流转承包，化荒田为农场，把原来的小农经济转变成合作社经营。上盛村的田园果蔬合作社把上盛村和周边村里许多外出务工者和老人手中的闲置田地租赁过来，然后通过与农户签订土地流转合同，扩大了经营规模。合作社现已和100多户农户签订土地租赁合约，租赁土地约520余亩，种植早稻、甜玉米、辣椒等农作物，预计在几年内，合作社蔬菜果园的面积要扩展到1500～2000亩。生产面积的扩大，需要更多的劳动力。所以，村民除了每年能拿到固定的土地流转收益外，还能在合作社当农工，每月大概能获得1000元以上的工资。公开资料显示，在浙江省实践的土地流动、组合、价格都由市场机制自行调节，政府只扮演中介人的角色，并强调服务功能，及时了解土地流转意向、对接双方供需、积极招商引资、规范流转手续等，并出现了相应的市场机构。在绍兴县，土地信托服务中心应运而生；在衢县，土地返租倒包、转包、租赁经营、股份合作及“土地银行”等多种流转形式纷纷出现。

(4) 搞好农村智力开发，发展农村科技和文化教育事业，努力提高农民的经营能力。农业生产中科技含量的高低直接决定着农业劳动生产率和土地生产率可能提高的幅度和程度，实行科学种田，是实现农业生产专业化、商品化的根本途径。在农村中要调动各方面力量，努力发展科技文化教育事业，提高农民群众的文化、科技水平。此外，还要大力发展农村集体福利事业，建立完善的社会保障体系，以确保在土地承包经营中经营不善又无其他收入来源农民的基本生活需要。

11.1.3 多种经济形式并存制度

党的十一届三中全会以来，随着农村经济体制改革的深入，我国农村经济形成了以农村社区合作经济为主体的多种所有制经济形式并存的结构，对于农村生产力的发展，起到了巨大的促进作用。根据我国农村的社会经济特点，在我国实行多种经济形式并存制度的基本要求可以归纳为以下几点。

11.1.3.1 必须符合我国农村生产力发展的特点

我国是一个在贫穷落后的半封建半殖民地基础上建立起来的社会主义国家，在农村中实行多种经济形式并存制度应在以下几个方面与农村生产力的特点相适应。

（1）有利于充分利用现有的生产力资源。我国农村现有的生产力水平比较低，主要表现在农村物质技术装备比较落后，现代农村科学技术在各业生产要素中含量较低。农村各业增长方式尚未转到资金集约和技术集约方向上来，主要依靠农民的体力和传统经验进行控制。农民利用自己的力量改造环境和自然的能力不强。农村各业生产专业化、社会化、商品化程度比较低，自给半自给的自然经济还占有相当的比重。实行多种经济形式并存要有利于充分发挥现有的农村生产力资源的效能，使农民做到增产增收。

（2）要与农村生产力层次多的特点相适应。我国农村生产力层次多的特点主要表现在，农村中动力来源多，人力、机械力和畜力并用。在农村机械中，既有先进机械，又有半机械化的农具。农村科学技术水平参差不齐，既有用某些先进科技对局部生产过程和部分生产项目的全面推动作用，又采用大量的传统技术进行大量的农事作业活动。对于不同的生产力水平应采取不同的作业组织方式和生产组织形式，使生产力发展水平与生产关系之间保持协调。

（3）我国农村生产力发展水平不平衡，要求在经济形式选择上要因地制宜。我国幅员辽阔，是一个发展中国家，整个社会生产力水平不高，农村各业生产力更是低水平、多层次、不平衡。各地区各生产单位间的经济条件、自然条件和生产的物质基础千差万别，先进地区与落后地区差距很大。按照生产关系一定要适应生产力性质规律的要求，与生产力水平特点相适应，需要多种经济形式共同发展，才能适应我国现阶段生产力发展水平的需要，促进农村生产力的发展。

11.1.3.2　优化生产资源的利用与配置

在农村中发展多种经济形式，承认多种生产资源在生产中的推动作用，满足了农民作为劳动者和经营者双重身份的利益和意愿，有利于最大限度地发挥他们的积极性、主动性和创造性，充分发挥人在生产中的能动作用，从而带动土地、生产工具等因素的合理组合，提高生产效率和产品质量，生产出尽可多的农产品，满足人民日益增长的社会需要。通过农村经济改革的实践可以证明，农村中多种经济形式共同发展，促进了社会主义农村现代化步伐的加快，使农产品产量日益增多，农村各业生产的经济效益不断提高。

11.1.3.3　各种经济形式之间优势互补，协调发展

农村中农民劳动群众集体所有制的合作经济，是农村土地发包的主体，是维系亿万农民利益的中间环节，是国家、集体和农民三者之间联系的桥梁和纽带。国有农场建立在人口稀少、土地资源辽阔的地区，是进行开荒建设，以先进的生产技术和工具以及经营管理方法向农民进行示范教育的重要阵地。农民家庭是农村生产最基本的经营单位，是农村商品经济发展的主力军。各种不同的经济形式同时并存，有利于各自取长补短，形成弹性大、适应性强、形式多样、运转灵活的农村经济发展的总体架构，适应农村商品经济发展的需要。

11.1.3.4　有利于农村经济体制改革的深入发展

在我国随着家庭承包经营制度的全面推广，多种经济形式共同发展，决不能认为它们的产生与发展是劳动方式和生产组织形式的变化，而应看做传统法定公有意义上生产资料所有制形式及结构的变化。与此相适应，导致了农村生产经营决策结构和决策形式的变化，带来了国家、集体对农村生产、流通调节体系与调节方式的变化，带来了农村生产经营成果分配关系与分配形式及由此决定的农村和农村利益分配机制的变化，是农村经济管理组织形式和手段的根本性变革。

11.2 股份制与股份合作制经营

11.2.1 农村股份制经营

11.2.1.1 股份制经营的特点

股份制经营是以入股方式把分散的、属于不同所有者的资金集中起来，实行统一使用、共负盈亏、按股分红的生产经营组织形式。股份制与其他经营形式相比有以下特点。

(1) 以发行股票为基础。股票是股份公司筹集资金时发给投资者的凭证，它代表持有者对股份公司的所有权，并以占有股票的数量份额决定各个股东在公司中的地位和经营收益的分配比例。股票持有者不能向股份公司要求退股，不能要求抽回自己的投资，但可以将股票买卖或作抵押品。股票的价格是随着市场行情上下波动的。

(2) 以股份公司为核心。股份公司是经营者为了解决资金来源问题，通过发行股票来筹集资金的一种经营机构。它可以分为有限责任公司和股份有限公司。股份有限公司把全部资产分成等额股份，股东仅就其所认购股份为限对公司债务负有限清偿责任。

(3) 以股票交易为依托。股票可以在市场上自由买卖，具有可流通性，吸引投资者购买股票。因此，实行股份制经营，应以发行的股票能够在股票市场上进行自由交易为条件。

股份制经营由于具有上述特点，所以可以加快农业资金筹集，把分散在农民手中的一部分剩余的消费资金转化为集中的生产资金，缓解资金短缺的矛盾，增加了融资渠道。有利于促进生产要素的合理流动和横向的经济联合，实现劳动者同生产资料的契约性联合。有利于农民建立自主经营、自负盈亏的经营机制，成为相对独立的商品生产者和经营者；同时也可以使农村各类企业政企分开，完善企业经营机制，增强企业活力。

11.2.1.2 股份制经营的形式

我国农村中股份制经营从形成方式看，主要有以下几种形式。

(1) 企事业单位之间相互“参股”的联合股份制经营。这种形式是在横向经济联合中，企事业单位之间以生产要素相互“参股”组成的生产经营联合体。参股的基本形式有三种：一是把设备、厂房等固定资产折价入股；二是用企业历年积累直接投资入股；三是以发明专利、商标等工业产权折股投入联合企业作为股份。

(2) 企业资产折股后，吸收内部职工入股形成的股份制经营。这类企业的股份按资金来源划分为国家股、集体股和个人股三种股份。国家股指国家投入企业的国家资产和拨入的流动资金；企业股（集体股）指企业历年留利的积累部分；个人股指职工个人认购的股份。个人股由企业发放，可在企业内部转让、过户，并允许馈赠、继承和抵押。

(3) 在企业内外招股形成的股份制经营。它是合资双方把生产资料、资金、技术设备、土地、劳力等生产要素的所有者，以入股的形式按照一定的章程，双方协商联合起来进行生产经营活动的一种股份制经营形式。

11.2.1.3 股份制经营的基本管理工作

(1) 资产评估。全民、集体企业实行股份制经营，或以企业整体加入其他的股份公司或以实物入股的，都应根据国家资产管理的有关规定，一般先要对企业原有资产进行重新清理和评估。这项工作应由国家财政、审计、主管部门会同委托的资产评估咨询机构或注册会计师事务所验资确认。企业除厂房、通用设备、专用设备等固定资产和流动资产可以折价入股外，技术、商标、商誉等无形资产也可作价入股。资产评估后，应由注册会计师事务所验资后出具证明。

（2）发行股票。企业应将各方投资额划分股份份额，发行股票，由各方认购。企业的股份是股份制企业资产中的份额，一般可分为国家股、企业法人股、事业单位法人股和个人股。在我国企业中，实行股份制经营。在吸纳股份时要注意，各种入股财产可以是现金、实物和知识产权。企业和事业单位不得用应当上缴国家的财政收入、国家拨给的有指定用途的专项拨款和银行贷款投资入股；农田和其他土地不得作为直接投资，但依法征用的，可以用征用土地补偿费入股。股份一经认购不得中途退股，但可以转让。

（3）利益分配。股份制企业按照“股权平等，同股同利”的原则分配股息或红利。对于当年的利润，企业在归还贷款，依法纳税和偿还到期的债务后，应按下列顺序分配：首先，弥补以前年度的亏损；其次，提取发展基金、福利基金、储备基金和职工奖励基金；最后，分配股息和红利。

（4）建立管理组织机构。股份制企业内部组织机构由股东会、董事会、监事会组成。股东会是股份公司最高权力机关，决定公司的重大事项。董事会由股东大会选出的董事组成，在股东大会闭会期间代其行使职权。董事会是公司的常设机构，是最高的业务执行机构，也是股份公司的日常决策机构。董事会的职权来自于股东大会的授权，它要受股东大会（股东会）的管理和支配，对股东大会负责。董事会通常由董事长、常务董事长和董事若干名组成。监事会由股东和企业职工组成，负责监督公司的董事会议及执行机构的各项业务活动。一般来说，股份公司可以根据自己实际业务情况，在董事会下设立总经理一人，副总经理数人，他们属于公司的行政负责人，依照董事会的意旨全权处理股份公司的一切日常业务工作，并对董事会负责。股东会、董事会和监事会，三个机构之间是相互独立、权责分明、相互制约、相互促进的关系。这种管理体制，既保证了投资者的利益，又保证了公司能够独立地开展经营活动，为实现公司的科学、高效管理提供了可靠的制度保障。

[案例 11-4] 土地“股份＋合作”，郑龙村经济走出新特色

党的十七届三中全会通过了《中共中央关于推进乡村改革发展若干重大问题的决议》，正式允许乡村居民可以向其他个人或公司流转为期 30 年的土地承包经营权。山东省宁阳县通过深入探索和大胆改革，尝试了土地承包经营权流转新机制，通过“股份＋合作”的土地流转方式，采取“底金＋分红＋劳务收入”的土地流转相结合的方法。土地流转后不但使当地村民收入多了、村民自由支配时间多了，还免去了后顾之忧，旱涝保收，日子过得更加充实。

蒋集镇郑龙村，北依大汶河，那里土质肥沃，水源充足，历史上一直保持种植蔬菜的习惯。在当地村民与泰安弘海食品有限公司签订 200 亩的有机蔬菜生产合同时，村里成立了郑龙村有机蔬菜合作社，村民以入股形式进行土地流转，以合作社为平台聚集土地，通过合作形式进行生产经营。

这种土地“股份＋合作”流转模式的运作、管理、经营和分配机制主要有四大特点：一、农户以土地经营权为股份共同组建合作社。按照“群众自愿、土地入股、集约经营、收益分红、利益保障”的原则，引导农户以土地承包经营权入股。二、合作社按照民主原则对土地统一管理，不再由农户分散经营。三、合作社挂靠龙头企业进行生产经营。四、合作社实行按土地保底和按效益分红的方式。年度分配时，先支付社员土地保底收益，留足公积公益金、风险金，然后再按股进行二次分红。他们的具体分配方式是：按当年盈余的 10％提取公积公益金，10％提取风险金，80％按股分红。公积公益金用于扩大服务能力或弥补亏损、发展合作社事业和社员福利事业；风险金用于合作社生产、营销遭遇重大经济损失时的补贴。郑龙村的土地流转做法很快得到了宁阳县委、县政府的充分肯定，并在全县推广。

11.2.2 农村股份合作制经营

11.2.2.1 股份合作的产生和发展

股份合作制经营是我国农民在农村改革开放中结合股份经济和合作经济而进行的经济体制创新。它是在农民的不断实践和政府的积极引导下逐步形成的。进入20世纪80年代，以家庭承包经营责任制和乡镇企业为核心的农村经济改革全面展开，股份合作经济正是形成于这一时期，而且不同地区和农村，分别在集体财产虚分、家庭企业扩大发展、农村乡镇企业转变机制三个问题上，不约而同地构建起股份合作制。

在20世纪80年代初，为了贯彻家庭承包责任制，在许多农村，集体所有的财产都分光了，致使集体经济成了一个“空壳”。而在另一些地区，既不愿将财产分光，也不愿重走集体经济的老路，力求寻找一种与市场经济相适应的，能反映农民产权要求的新的企业制度形式，于是股份合作制经营产生。我国改革开放以来，农村个体经济、私营经济、家庭经济得到了迅速发展，而它们在进一步发展过程中，却碰到了由于规模过小而交易成本过大，扩大规模追求技术进步又缺乏资金等一系列问题。为了更好地适应市场、提高竞争能力、降低交易成本，就必须走联合的道路，以便在规模上实现扩张、技术上实现更新。在这方面，许多地方的农民不约而同地选择了股份合作制这种联合经营形式。

另外，我国农村中的乡村集体企业始终存在着政企不分和产权不清的问题，企业所有权、决策权和经营权高度集中在少数干部手中，缺乏民主管理和监督机制，这种体制严重地阻碍了集体企业的发展。因此，调整集体企业产权结构，实现政企分开就显得十分迫切。此外，集体企业资金短缺也严重困扰其规模发展和技术进步。在这种情况下，许多地方在集体企业中引入股份制机理，以求明晰产权，转变经营机制，筹集发展资金，也选择了股份合作制。由于上述原因和党与国家对股份合作制的支持和肯定，使这一新生事物得到较快的发展，其中江苏、山东、浙江乡村集体企业改制为股份合作制企业占乡村集体企业总数的比重都在50%左右。股份合作制在乡镇企业中迅速发展的同时，已开始向农村中的第一和第三产业推进。

11.2.2.2 股份合作制的概念及特征

股份合作制，是由劳动者全员入股自愿组织起来，从事生产经营或服务活动，实行民主决策和管理，按资分红和按劳分红相结合，利益共享、风险共担、独立核算、自负盈亏，并以企业财产独立承担民事责任的一种企业制度形式。总体来说，股份合作制经营是一种既有股份制经营的某些特征，又具有合作制经营的某些特征的股份制与合作制相容的两合制企业经营制度形式。其具体特征可以归纳如下。

（1）全员相对均衡持股。从股份合作制企业形成的方式来看，是劳动者全体入股聚集或形成企业运行所需的大部分资金。它强调投资入股是成为企业职工的重要前提。这样既吸收了股份制的投资方式，又保持了合作制中股东参加劳动的特征。企业职工具备双重身份，既是劳动者，又是所有者，共同占有生产资料，共同劳动，从而实现了资本与劳动的直接结合；而且为了体现职工的平等地位，避免两极分化。股份合作制企业在主张全员入股的同时，还进一步坚持相对均衡持股。企业将全员入股的部分作为普通股，它是企业股本的主要部分。如果企业经营成绩优异，有较高的股本报酬，那么也可以通过优先股的形式吸收社会中的资金，包括个人、法人、社团等方面的投入。

（2）民主决策和管理。股份合作制企业内部职工拥有参与决策和管理的权利。在实际操作中民主决策和管理是通过股东大会或职工大会来实施的。职工的权利表现为参与重大决策的表决权。表决权的实现方式有三种：一是一股一票制，这种做法与股份制企业相同，职工拥有的表决权数量取决于拥有股份的多少；二是一人一票制，这种做法与合作制相同，职工不论拥有多少股份，一人只拥有一票表决权；三是将一股一票和一人一票结合起来，操作中可以先考虑把一人一票作为前提，然后再按股份加权分配一些表决权给拥有较大股份的股东。在实际工作中，多采取第三种方式，这种决策方式明显地有股份制和合作制兼容的双重特征。

（3）按资分红和按股分红相结合。股份合作制企业税后利润在弥补上年度亏损，提取法定公积金、公益金、支付优先股股利后，用于支付普通股股利。在分配股利时，应分别按出资比例分红和按劳分红。因为股份合作制企业既然是资本与劳动的直接结合，就应该体现资本与劳动对剩余分配的相应权利，而且这种结合既体现了股份制资本联合的特征，又体现了合作制劳动联合的特征。所以这种分配方式有利于形成对职工的有效激励，它意味着职工投资入股可以得到股金红利，但同时努力工作，可获得较多的劳动红利，才能确保总收益最大化。而个人在追求收益最大化的同时，也就促进了企业经营效率和效益的提高。

11.2.2.3　股份合作制经营的类型

现在我国农村股份合作制经营按其形成发展的领域和状态大体可划分为农村企业型、农村区社型和农村专业型三种基本类型。

（1）农村企业型。农村企业型股份合作制经营是以农村单个企业为载体建立的股份合作制企业。这类股份合作制企业按照它们形成的特点可以分为如下方面。

① 原乡村集体企业改造型。就是将原乡村集体企业进行清产核资，评估作价，把资产存量按其原始来源划分股权，同时向企业职工和社会吸收现金入股。

② 原个体、私营企业转化型。这是原来的个体、联户和私营企业，通过吸收职工参股，集体投股或按有关规定引入新的制度规范而形成的股份合作制企业。按其转化形式不同，又可区分为全员入股型、股东经营型等不同类型。

③ 新建的股份合作企业。就是由不同的经济主体，通过集资入股的形式，或者通过各种不同的生产要素（包括资金、技术、设备、土地、劳力、商标和经营管理等）合股联营的方式组建的股份合作制企业。这是我国目前各地广泛存在的一种股份合作制经营形式。这类股份合作企业，就其内部制度构造而言，与由乡村集体企业或个体企业、私营企业转化而形成的股份合作制企业并无本质区别，只是形成方式不同。

（2）农村区社型。这种农村股份合作制经营主要有两种类型。

① 区社股份合作经济和股份经济联社。这种股份合作制企业是将原有区社集体财产经调查核实后折股量化，然后分成集体积累股和社员分配股两类。其中集体积累股占总股份的60%以上，每年的集体所得股利用于扩大再生产和发展集体福利事业，社员分配股则按照集体经济组织内部劳动者对集体财富积累贡献大小，适当考虑农村习惯而定，并通过股份证书形式明确个人占有的股份和股值，每年按股分红。此外，还设立现金股，向村民筹集闲散资金用以发展集体经济。对社员分配股明确规定社员只拥有分配收益权，不能抽资退股，不得转让、买卖和抵押。但在具体做法上各个村可以有不同的制度或章程规定，经全体社员大会讨论通过后施行。

② 三级股份合作制。在农村乡镇中，自然村有条件的建立股份合作社，行政村建立股份合作联社；同时，又吸收股份合作社和股份合作联社的资金入股建立乡镇股份投资有限公司，从而形成“三级合作，股为基础”的三级股份合作制结构。

（3）农村专业型。农村专业型股份合作制企业包括农村中的林业、渔业、种植业、饲养业和农村服务业中的采取股份合作制方式经营的企业。这种企业类型对农业产业化经营的发展起到了巨大的推动作用。

11.2.2.4 股份合作制企业的收益分配

在股份合作制企业收益分配过程中，除坚持同股同利的原则外，为了更好地体现劳动合作和资本合作相结合的基本原则，还应坚持按劳分红和按股分红相结合。这里所说的收益分配，是指企业税后利润的分配。分配顺序应为：一是弥补企业以前年度的亏损；二是提取法定盈余公积金，可以按税后利润和扣除弥补以前年度亏损后的10%提取，当法定盈余公积金达到注册资本金50%时可不再提取；三是提取法定公益金，它可在企业缴纳所得税和弥补亏损后，按5%～10%提取；四是支付优先股股利；五是支付普通股股利。

11.3 农村经济组织形式

11.3.1 农村企业

11.3.1.1 农村企业的含义及特征

农村企业是指在农村社区范围内从事各业生产或与农民生活有关的生产、流通、服务等经济活动，以产品或劳务满足社会需要，以获得赢利为目的，自主经营、自负盈亏，依法设定的社会经济组织。农村企业作为农村经济的基本构成细胞，具有一般企业的共同特征，体现在以下几个方面。

（1）从事的是以赢利为目的的经济活动。赢利的多少集中反映着企业经营活动满足社会需要的社会认可程度和报答程度。企业通过商品生产和流通过程，为商品消费者（个人或组织）提供某种使用价值，借以实现自己产品或服务的价值。如果企业提供的产品或劳务性服务对他人无用，企业也就失去了存在的可能性。

（2）自主经营、自负盈亏的经济实体。企业作为法律和经济上独立自主的经济实体，拥有自主经营和发展所必需的各种权利。在服从国家宏观调控的前提下，有权选择灵活多样的经营方式，有权安排自己的产、供、销活动，有权拥有和支配自留资金，有权依照规定自行任免、聘用和选举本企业的工作人员，有权自行决定用工办法和工资奖励方式，有权在国家允许的范围内确定本企业产品的价格等。与自主经营的要求相适应，企业必须进行独立核算，自负盈亏，承担独立经营行为的全部后果，对企业债务清偿负有限或无限的连带责任。

（3）依法设立，具有法人资格的权利主体。法人是指具有民事行为能力，依法独立享有民事权利和承担民事义务的组织。企业、机关、事业单位、社会团体等组织符合法定条件的都可以成为法人。法人应具备以下四个条件：一是依法成立。一个企业要成为法人，首先必须经过一定的法定程序，完成核准、登记手续，才能取得法人资格。二是有必要的财产或者经费。这是保证法人能独立进行经济活动，承担民事责任的物质基础。如果没有必要的财产或者经费，就无法独立承担民事责任，债权人的权益就无法得到保障。三是有自己的名称、组织机构和场所。法人除了要有自己的名称、场所外，还必须有组织机构。组织机构的含义包括：整个法人必须形成一个组织，作为一个整体而存在，比如公司、农场等；同时法人作为一个组织要有自己的管理机关，如监事会、董事会、管委会等。而且法人的机构、职能、权限、活动的范围和方式等都要用章程、条例等固定下来。代表法人行使职权的负责人，是法人的法定代表。四是能独立承担民事责任。法人对自己的民事行为所发生的后果承担全部法律责任，比如签订经济合同、对亏损和债务承担赔偿责任等。整个企业是一个法人，而科室、车间不能独立承担民事责任，不是法人。

（4）农村企业是负有社会责任的开放式的人工系统。企业经营要以获得赢利为目的，但企业又不能只为自身谋取利益，它必须承担社会责任。这是由于企业与经营环境之间有着广泛而密切的外部联系，它与股东、银行、职工、交易对象、同行业竞争者、政府机关、地区社团等与之相关的社会因素组成了一个更大的开放系统，影响着国家和社会的利益。因此，企业的经营活动也必须考虑国家和社会的长远利益。具体地讲，企业必须担负起为社会提供就业机会、防止环境污染、节约国家资源，以及为社会主义物质文明和精神文明建设做贡献等社会责任。同时以此为支撑，谋求自身更大的发展。

[案例 11-5] 合伙制企业不能以“股份公司”名义从事经营活动

某甲与某乙合伙在县城郊区开办了一家粮食加工厂，效益很好，当年获利 20 万元。第二年以 10 万元注册资金，到县工商局以“金星面粉厂”的名称申请了注册登记，并取得了营业执照。2001 年 6 月，二人为了扩大对外宣传，在未经批准的情况下，将原厂牌换成“金星面粉股份有限公司”，并分别以“公司”董事长和总经理名义印制名片，从事收购小麦、加工和销售面粉一条龙服务。2002 年 9 月，他们收下了外省一家企业 5 万元定金后，由于市场行情变化未能按时交货，被对方诉诸法庭。法庭在审理中发现，他们的企业不具备公司法人条件，实际是两人合伙企业。法院在判令他们承担违约责任的同时，依法向工商机关提出司法建议。当地工商机关经调查，发现某甲、乙冒用股份有限公司名称，便作出责令其改正、罚款 1 万元的处罚决定。

11.3.1.2　农村企业的类型

对于农村企业可以按照不同的标志进行分类。按企业产权所有制形式进行划分，农村企业的主要形式如下。

（1）独资企业。独资企业也称个人企业或个人业主制企业，指由业主个人出资创办的企业，这种企业在法律上为自然人企业，不具有法人资格，是最古老、最基本的低级企业形式。一般规模较小，由业主个人直接经营。业主个人享有企业的全部经营所得，同时对企业债务负有完全的连带无限清偿责任，如果经营失败，资不抵债，业主个人要用自己的家产抵偿。我国农村中的许多零售商业、手工业、家庭工业、家庭农场、家庭畜牧场等都属此种企业形式。

（2）合伙企业。这是由两个或两个以上的个人共同按照协议投资，共同经营、共负无限责任的企业组织形式。合伙企业基于合伙人的合伙合同建立。企业财产归合伙人共有，由合伙人统一管理和使用。每个合伙人对企业债务负无限连带清偿责任。合伙人之间按合同协议规定承担责任，协议未约定的按照出资比例承担部分责任。倘若某一合伙人不能担负起他所应负责任，则其他合伙人要对他负不起责任的部分负责到底。成立合伙企业时必须要有书面协议（合同），规定该合伙企业合伙人的范围、组织管理、出资数额、盈余分配、债务承担及入伙、退伙、终止等基本事项。

（3）公司制企业。公司制企业是一种比较高级的企业形式。在市场经济条件下，公司制企业一般有以下几种形式。

① 无限公司。也称无限责任公司，实际是合伙制企业的变种。无限公司须由两名以上股东组成，但股东必须是自然人，不能是法人实体。这种公司具有法人资格，股权可以转让。由于这种企业形式的股东必须负重大的无限连带责任，筹资能力有限，在现代企业中很少采用。

② 有限公司。也称有限责任公司。这种公司是由两个以上股东共同出资，每个股东以其认缴的出资额对公司行为承担有限责任，公司以其全部资产对其债务承担责任的企业法

人。这里的有限责任是指股东对公司债务所负责任仅以其出资额为限度，其个人的其他财产不负连带责任。有限公司不对外公开发行股票，股东的投资额由股东协商确定，股东之间不要求等额，可以有多有少。股东交付股金后，公司出具股权证书，作为股东在公司中拥有权益的凭证，但这种凭证不同于股票，不能自由流通，须在其他股东同意的条件下才能转让，并要优先转让给公司原有股东。我国法律规定，有限公司必须有 2 个以上 30 个以下的股东方能设立。因特殊需要公司股东超过 30 个时，须经政府批准，但最多不得超过 50 个。因而，有限公司筹资范围和规模一般都比较小，难以适应大规模生产经营活动的需要，多为中小企业的有效组织形式。

③ 两合公司。两合公司是一种由无限责任股东和有限责任股东共同组成的股份公司。无限责任股东以个人信誉为基础参与合作，对公司债务负无限连带责任；有限责任股东以股东资本为资本参与合作，并以其出资额为限对公司债务负责。由于无限责任股东承担着较大的企业风险，所以两合公司的法定代表人通常为无限责任股东，在经营管理决策中占主导地位。有限责任股东通常不参与公司的经营管理工作，只是在每个经营年度终了时，有权查阅公司当年的资产负债表和检查公司的营业状况与财务状况，并依照股权取得收益或负有限责任。

④ 股份有限公司。又称股份公司，这种公司是指注册资本由等额股份构成，并通过发行股票（或股权证）筹集资本，公司以其全部资产对公司债务承担有限责任的企业法人。股份有限公司以发行股票为主要筹资手段，具有产权明晰、责任明确、决策公开等特点，是现代企业实行的主要产权制度和组织形式。

11.3.2 农村合作社与专业协会

11.3.2.1 农村合作社的含义与主要形式

农村合作社是劳动者为自身利益自愿合作创立的互利互助的社会经济组织，随着经济的发展而逐渐企业化，成为以本企业或合作经济实体内的劳动者共同持股、合作经营、股本和劳动共同分红为特征的，劳动者自愿、自助、自治的经济组织。具有社团法人资格。合作社采取的是内部股份，外部人员不能入股。合作社社员具有双重身份，既是劳动者，又是本社生产资料的所有者。农村合作社的主要形式是社区性合作经济组织和农村专业性合作经济组织。在 20 世纪 50 年代后，我国的农村社区性合作经济组织主要有社区性的农业生产合作社、农村供销合作社和农村信用合作社等。

11.3.2.2 农村合作社的特点

(1) 自愿参加。也就是说，从主观上，合作经济组织的社员入社是自愿的。只有当农民具有了进行合作的欲望和要求时，农村合作经济组织才会有产生的土壤和现实经济与社会条件。

(2) 民主管理。所谓民主管理，就是依靠合作社的所有成员进行自我管理。合作社的财产为全体社员所共有，所有成员都是合作社的主人。合作社内的每个社员对社内事务的决策都有均等的决策表决权。

(3) 互惠互利。互惠互利是经济共同体发展的客观经济要求，它反映了农村合作社在全部经济活动中全体成员的劳动联合和互助协作关系，以及通过这种联合和协作实现劳动价值的共同愿望。人们参加合作社的目的不是赚钱，而是组织提供多种方式的业务和多种高质量的服务，使大家能够顺利地完成生产和经营活动，从而得到好处。合作社盈余的分配顺序是：公积金、公益金、成员红利。

(4) 股金无息。农民参加农村合作经济组织的主要目的是享受其提供的各种服务。股金不付利息，并对红利分配实行严格的限制。股金不计利息，限制股金分红，既可以保证参加者的利益，又可以防止投资者不劳而获。

[案例 11-6] 一个合作社带起一个产业

安徽省庐江县郭河镇的农民合作组织通过标准化生产、品牌化经营、企业化管理，在一定程度上规避了自然风险、市场风险和政策风险，改变了农民传统的养殖和经营模式，呈现出企业和农户抱团闹活大市场的喜人态势。在合作组织的带动下，郭河镇及周边地区的养殖户农民正逐渐转型为农业产业工人，他们只需像厂里的工人一样按照统一标准生产农产品，其他问题都由合作社出面解决。具体措施为：一是实行“标准化”，打牢禽产业发展根基。为实现标准化，合作社一开始就采取了严格的统一供苗、统一供料、统一技术、统一管理、统一回收的“五统一”管理模式。合作社负责提供优质苗种和农业部指定的添加剂、国家GMP质量管理体系认证的药品，并对养殖户实行技术规程和质量标准等全方位培训，对生产的各个环节全程跟踪服务。合作社对回收的产品按ISO 9001—2000国际质量管理标准体系，全面实施行业标准和企业标准，加强产品质量的控制，强化生产、加工、包装、运输、销售等监控，确保产品质量。二是建立机制，社员得到真金白银的实惠。为让农民得到实实在在的实惠，合作社一开始就建立“一分钱”服务和“一毛钱”风险机制。其中，农户每只家禽只需缴纳一分钱服务资金，公司就负责为农户提供信息、技术、生产资料等方方面面的服务。农户每只家禽缴纳一毛钱风险资金后，在市场价格波动低于成本价的情况下，公司负责按成本价回收，保证不让农户吃亏。三是加强民主管理，让农民自己当家又做主。为完善内部机构，明确职责宗旨，合作社选举产生了理事会和监事会，还聘请市县有关专家担任顾问，为合作社的建设发展出谋划策。

合作社内部设立技术部、营销部和财务部。技术部负责优质苗种的推选、实验、示范、养殖技术培训和疾病防治。营销部负责与农民签订订单和对外签订合同，对市场信息进行收集和分析，开展标准加工、品牌创建。财务部负责资金的组织、计划、财务及资产物资管理。为加强内部管理，合作社还制定了章程，建立了民主理财、档案管理、资金管理、利润分配等管理制度和岗位责任制，使管理制度日益健全，合作组织运行规范。

11.3.2.3　农村合作社的主要类型

(1) 农村生产合作社。我国农村生产合作社的主要形式是农村社区性合作经济组织，是由过去的“三级所有，队为基础”的人民公社体制进行政社分设后，演变而成的集体经济组织的统称。1979年开始的政社分设改革，取消了延续多年的人民公社建制，将原人民公社的行政职能和经济职能分别由乡（镇）政府和“经济联合社”等称谓的乡（镇）集体经济组织分别行使，同时在基本相当于原生产大队的社区内设村，成立了农村基层群众性自治组织——村民委员会；在原来的生产队或以自然村为单位，成立了村民小组，以协助村民委员会开展工作；相应的，一些原生产大队和生产队也都在村或村民小组的基础上设立了合作社，成为村、组社区合作经济组织。

在农村村、组内，农村生产合作社既是经济组织，也是社区内的村民自治组织，发挥着社会组织的作用，为社会总体发展提供“公共物品”，也就是按照《村民组织法（试行）》所规定的“办理本村公共事务和公益事业，调节民间纠纷，协助维护社会治安”等项工作内容和职能。建立良好的乡村社会生活环境，使农民安居乐业，是社区性合作经济组织的一项重要工作，这一点与原来的生产大队和生产队相比，并没有什么变化。与以往不同的是，自从实行农民家庭承包经营以后，农户便成为具有独立经济地位的经营单位。在这种情况下，社区内部经济资源如土地、河流、水渠、山林等使用上的外部效应大大增加，农户之间因公共资源使用上的纠纷和冲突也大大增多，这些就需要社区性合作经济组织来协调解决。

另外，农村生产合作社还担负着兴办农村集体福利事业的任务。长期以来形成的惯例，农村烈、军属优抚、“五保户”安排、困难户照顾，以及农村教育、文化、体育、卫生事业，都是按行政地域开展的。在我国农村中，村级合作经济组织和村民委员会的职能是同一的，社区性合作经济组织扮演着集体福利事业举办和组织者的角色。

(2) 农村供销合作社。它是以农村生产合作社的社员为主体部分的劳动群众为了改变或改善自己的生产条件和生活条件，按照合作制的原则，集资入股、自愿联合起来的合作性商业组织。它的主要宗旨是为社员提供产品销售和生产资料、消费资料的供应服务。在农业合作化时期，农村供销社一般以公社为单位进行组建，其分支机构有公社经销店和大队代销店。目前在我国农村，供销合作社中原公社的经销店和大队的代销店大多转化为乡、村的社区性合作经济组织的附属机构，承包给农民或其他人经营。

(3) 农村信用合作社。它是我国农民在自愿互利的基础上组织起来的群众性的金融合作组织。它的主要宗旨是为社员提供农业生产和生活消费资金的信贷服务。农村信用合作社一般以公社为单位进行组建，在村、屯设立服务点或人员，代为办理资金储蓄和借贷业务。在1958～1984年间，曾转为中国农业银行的分支机构，1984年后又恢复为农村合作经济的性质。

11.3.2.4 农村专业协会

农村专业协会，主要是在20世纪80年代农村经济体制改革后，由广大农民根据发展农村专业生产的需要组织起来的各种专业合作社。

农村专业协会是由从事同类产品生产经营的农户（专业户）自愿组织起来，在技术、资金、信息、购销、加工、储运等环节实行自我管理、自我服务、自我发展，以提高竞争能力、增加成员收入为目的的专业性合作组织。它的发展是建立在家庭承包经营基础上，不改变现有的生产关系，不触及农民的财产关系，适应了农村的改革与发展。可以这样认为，农村专业合作经济组织是农村组织制度的一种创新。

[案例 11-7] 农民办专业协会，鸡窝飞出金凤凰

四川省乐山市五通桥区养鸡协会成立于1998年4月，现有会员488户，带动农户1113户，辐射到井研、犍为、市中区等地。团体会员包括5家合作社、1家饲料公司、1家种鸡场和1家兽药销售企业。协会对会员主要提供五类服务：一是营销服务。协会坚持按市场行情，现金收购会员生产的鸡蛋，统一质量标准、统一品牌包装、统一组织运销。二是信息服务。协会通过农经网和销售网络进行经常性的市场调研，使会员对养鸡业发展趋势、禽病防治重点、价格行情等信息全面、准确、及时地把握，克服了生产的随意性和盲目性。三是技术服务。协会依托“土”专家、四川农业大学教授、药物或饲料企业技术员和区畜牧局技术员，为养殖户常年提供技术指导和服务。培训了一大批懂技术、会经营、善管理的养鸡能手。四是融资服务。协会与农村信用联社建立“银协”合作关系，组建9个联保小组，协调联保贷款、抵押贷款等1360万元，解除了会员融资难题，被信用社评为“信用协会”。五是防疫服务。该养鸡协会组织会员扩大投资建设禽舍，采用自动引水和光控等先进设施。目前，协会存栏蛋鸡饲养向规模化方向发展，由单一的蛋鸡生产扩大到肉鸡生产。现在，协会存栏蛋鸡205万只，年生产蛋鸡2.87万吨，协会组织生产的鸡蛋已经远销到重庆、广州、昆明等地，产值达到2.65亿元。

在中国，农村专业合作经济组织的名称是多样化的，有的叫农民专业协会，有的叫专业合作社，还有的叫农村专业技术协会、合作协会等。随着中国农村专业合作经济组织不断发展，其内部特点也日益凸显。主要表现在以下六个方面：一是不改变农民最敏感的土地承包关系，不改变农户自主经营权利，农民可以根据生产经营活动的需要参加各种各样的专业协会；二是专业性强，它大多以专业化生产为基础，以某一类专业产品为龙头组织起来，如养猪协会、养牛协会、养羊协会、水果协会、蔬菜协会、食用菌协会等，都有明显的专业特征；三是以服务为宗旨，很好地帮助农民解决了一家一户做不了、做不好的事情，它了解农民需要什么、需要多少，能有针对性地开展服务；四是在组织管理上，实行自愿结合，进入和退出自由，民主管理；五是在经营方式上灵活多样，独立自主；六是实行盈余返还，给农户带来实惠，与农户风险共担、利益共享。正因为农村专业合作经济组织有这些特点，所以受到了广大农民的欢迎。

11.3.3　农户

11.3.3.1　农户的含义与社会经济特点

农户是农村中以婚姻关系和血缘关系为基础而形成的一种社会经济组织形式。农户是我国农村经济的基本组成单位，也是农业生产的基本组织单位。农户的劳动力资源和管理者主要是农民家庭内部的成员。农户的社会经济特点如下。

(1) 土地经营规模小，生产经营“小而全”。我国的农户以土地为主要的生产资料，而农村的土地主要是以人地比例进行平均分配，采取承包的方式进行经营。在人多地少的情况下，均田制的结果必然是农户的经营规模过小。我国农户的户均耕地面积只有 $0.4hm^2$。为了满足生活多样化的需要，农民只有在土地上做文章，以农为主，兼营其他。在目前情况下，“小而全”的生产经营格局有利于满足生活消费多样性的需要和分散经营风险。

(2) 劳动生产率和农产品商品率较低。农户具有二重性的特点，既是农业生产的基本单位，又是生活消费的基本单位。由于我国的农民家庭承包经营是在农村人民公社集体经营难以为继的情况下产生和发展起来的，农户在生产规模小的情况下，满足自给性生活消费需要是生产的基本动力，集聚财富的内聚力发挥程度还取决于剩余生产物的数量和质量。由于农户受经济条件所限，生产中资本、技术等资源投入数量不足，为了提高产品产量，只能通过投入尽可能多的劳动来实现生产规模的扩大。由于受文化科学知识水平制约，扩大生产的能力相当有限。在一些经济发达地区和一部分先富起来的农户解决了温饱问题以后，开始致力于农产品商品化生产。

(3) 经济实力差，市场竞争能力弱。农户在劳动力、土地、资本、技术、信息、管理等生产资源占有中，只有比较充裕的劳动时间，其他能体现现代化水平的生产资源非常稀缺，经营实力比较弱。由于农户经营规模小，产出量少，农业资本投入很少，使我国农业生产的资本有机构成比例很低，通过农民自身进行产业结构调整的能力很弱。加之农产品多为人民生活必需品，产品需求缺乏弹性，农民增加生产后，农产品供给增加，农产品价格下降，销售量增加的幅度小于价格变动的幅度，使农民增产不增收；如果农产品歉收，价格虽然上升，但由于产量减少，收入也不会有很大的提高。农民在市场竞争中处于不利的地位。

(4) 企业化经营程度比较低。目前，中国有70%的人口是农民，基本上维持着“人人包地，户户种田”的经营格局，这就必然造成农业生产经营单位极其分散。虽然农户被构筑在统分结合的双层经营体制中，但由于统一经营和服务跟不上，不少地方的双层经营，实际上只有单层经营。农业部进行的百县百村调查资料显示，农村社区性合作经济组织的职能发挥得比较好的只有30.4%。农民生产经营预测、决策的科学性以及经营的决策水平亟待提高。

11.3.3.2　农户的社会经济职能

(1) 农村社会的基本经济单位。农户既是农村社会的基本消费单位，也是农村中农业生产的基本经营单位。目前，我国的农户仍然执行着这一职能，作为农村社会的基本经济单位，进行生产和消费活动，还无法为其他的经济组织形式所取代。

(2) 社会人口再生产的基本单位。农户的这一社会职能是由农户的经济职能所派生出来的。由于社会生产力发展水平的限制，社会财产产权占有以家庭为单位的私有制度还不能也不可以予以取消；同时由于社会和道德等方面因素的影响，对于社会人口自然再生产的问题，国家只能通过计划生育政策对每个家庭生育的子女数量加以控制，对其再生产过程只能以家庭为单位进行。另外，对于人口的经济再生产的职能也必须由家庭来完成，社会虽然做了大量的工作，但社会对孩子的教育和抚养问题还不能达到全面和有效的控制，还要受到每个农户经济条件和社会条件的制约。

(3) 商品农产品的主要提供者。我国农村实行了以家庭为单位的承包经营制度以后，农户已经成为农业生产的基本经营单位。据有关部门统计，我国的农产品总量中，农户的提供量占 90%以上；商品农产品总量中，农户的提供量也占 90%以上；同时，由于农户生产经营项目的增多，农户对于活跃城乡市场，繁荣国民经济发挥着重要的作用。

11.3.3.3 农户的类型

我国的农户目前有两种类型：一种是作为农村社区性合作经济组织的一个经营层次的农户，这种农户的生产经营行为主要以承包合同为联结纽带，承包经营农村合作经济组织的土地和其他生产资料，和农村社区合作经济组织之间发生契约性的经济联系，这种类型的农户称为承包户。另一种农户经营的是自有的生产要素，只在税收、信贷等方面和农村社区性经济组织以及国家之间产生经济联系，这种类型的农户称为自营户。目前农村中的农户大多属于承包经营项目和自营项目兼而有之的双重经营者，其基本生活资料来自承包经营集体的土地，家庭收入的补充或主要来源是自营的生产项目。

11.3.3.4 促进农民家庭经济发展的措施

(1) 引导农民进入市场，提供商品信息。主要目的是为农户的生产经营与销售打开地区界限，引导农民进入国际和国内市场，扩大市场销售范围。在农村商品化生产组织过程中，通过开展产业化经营和社会化服务等措施，减少农产品的流通环节，实行产销见面；同时要沟通经济信息，帮助农民通过信息反馈来修正自己的经营行为，提高企业化经营的水平和能力。

(2) 放宽对农民家庭经营的政策性约束。在农户的生产经营得到了一定发展之后，随着生产经营规模的扩大，允许土地流转集中，允许农民进行雇工经营；与此同时，为了支持农民扩大再生产，要向农民提供信贷、经营管理咨询等方面的社会服务，帮助农民进一步搞好专业化生产，充分发挥农户在农村现代化建设中的主力军作用。

(3) 鼓励和支持农民搞好经济合作。在鼓励和支持农民搞好家庭经济的同时，要积极支持农民搞同行业和不同行业的经济合作，使农民在生产过程中通过分工协作扩大生产经营规模，加速分工分业，使农户的生产经营向大规模的专业化、商品化、社会化方向发展。

[案例 11-8] 家庭农场打破“大锅饭”，体制“裂变”增效益

王老汉是山河农场的种地大户，从小打小闹地搞养蜂、种西瓜开始进行家庭经营，到 1999 年领着两个儿子办起了一个有着 110 公顷耕地和百万元资产的规模化家庭农场。随着农业经营体制变革的深化，这个家庭农场也发生了结构性的变革。

1996 年，当农场职工对“规模经营”这个词还有些陌生的时候，王老汉一次性就承包了 40 公顷耕地，成了种粮大户。“打仗亲兄弟，上阵父子兵”，爷仨住一栋房，吃一锅饭，拧一股绳，原来的破草屋变成了一栋 160 平方米的砖瓦房，院里满是 802、1075、小四轮和配套的农机具，这个家庭农场的经营规模与“集体财产”像“滚雪球”一样越聚越多。刚开始创业时，王老汉在家里的地位具有绝对权威性，各种经营、技术、成本开支和收入分配问题的处理全都由他说了算。可随着“公共积累”日益增加，家中原来隐含的矛盾和问题越来越明显化了。老汉逐渐发现一向温顺的两个儿子对老爸满嗓子吼的家长制作风已经不感冒了。1999 年，近 100 公顷地遭水淹，一下赔了 10 来万，老汉的嘴上一层层地起大泡，但是两个儿子没咋着急上火。夏管时雇了一大群人，两个儿媳妇互相瞄着“不干活”也“不管事”，雇来的人跟着在地里“糊着”，就是“不出活”。日子长了，一想到“富了儿子，亏了老子”，老汉心里就别扭。儿子和儿媳们也都过够了“赚钱就花，赔钱就推”的日子，但由于“体制”原因，大家互相靠着，谁拿谁都没办法。眼看着“大帮哄”的管理方式把儿子儿媳们的积极性给“统”死了，家庭里的“集体经济”走进了死胡同，王老汉特别着急。经过几宿没睡着觉后，在 2000 年春天，王老汉对家庭农场的管理体制进行了“改革”，将“家”分了，原来的一个家庭农场“裂变”成三个家庭农场。

体制改变天地就宽。王家的 110 公顷地被分成三份，康拜因分给了大儿子，东方红分给了二儿子。由于两个儿子对各自的“家庭农场”实行独立经营，赔挣和别人彻底没了瓜葛，原来吃粮不管穿的哥俩比着干起来。农机、计算机、手机都转了起来，对土地长期投入的积极性也蹿上来了。在土地经营上哥俩学会了科学安排，经营精细化程度大大提高，这几年腰包都胀得鼓鼓的。这爷仨也没完全散伙，实行优势互补，搞机地联合经营，但亲兄弟，明算账。大伙还“唸咕”，该“统”的“统”，不该“统”的就不“统”。比如春天“要单帮”购买农资，价格高不说，搭上车费、饭费，得多花不少“冤枉钱”，不如一起购，省心、省力，还省钱。于是，王老汉就四处“撒大网”，跑遍了嫩江县、齐齐哈尔等地的农资市场，看价位、看质量、看服务。与嫩江县一家化肥经销处“搭个”上了，价格低不说，人家还免费送货上门。产品销售也是一块卖，都卖上了好价钱。分家后的这几年，经历过不少自然灾害，可收成都不错。王老汉还打算，再过两年就彻底当甩手掌柜的，把自己经营的农场全转给两个儿子，到场部买栋楼房，和老伴享享清福。

11.3.4　家庭农场

早期家庭农场多以独立的、个体生产的形式存在，它是农民家庭通过租赁、承包或者经营自有土地的一种农业生产经营形式，但其规模通常比普通农户的大很多。农场主本人及其家庭成员直接参加生产劳动。在国外，尤其是在美国和西欧一些国家，家庭农场在农业中占有重要地位。

我国的家庭农场由两个部分组成，一部分是由原有国有农场分化出来的，农场内部农工或其他业主承包由农场代管的国有土地，以家庭为单位进行自主经营；另一部分是农村集体经济的承包经营大户，通过承包其他农民流转的土地，实行规模化经营而逐步扩大规模形成的。

在中国，家庭农场的出现促进了农业经济的发展，推动了农业生产商品化的进程。家庭农场的形成与发展，有助于提高农业的整体效益，有助于农业生产与市场的对接，克服小生产与大市场的矛盾，提高农业生产、流通、消费全过程的组织化程度。我国现有的家庭农场已经具备了现代农业企业的雏形，虽然距离现代企业制度要求还有差距，但为中国农业产业化和规模化经营展示了发展方向，也为中国农业生产组织形式演变奠定了社会实践基础。

单元小结

我国农村基本经济制度包括：农村土地所有权和使用权分离制度、农民家庭承包经营制度和多种经营形式并存制度。我国法律规定，农村土地归农村社区内部农民群众集体所有。全面推行农村家庭承包经营制度以后，对农村中的土地实行所有权和使用权相分离的制度，这是我国农村中最基本的经济制度。

农业家庭承包经营制度，是在农业基本生产资料集体所有的基础上，以生产资料所有权和经营权相分离为前提，以承包者拥有一定的自主经营权为条件，以农民家庭为基本承包经营单位，独立承担经济责任，以获取超越承包基数的经济利益为动力，从而实现权、责、利相结合的一种农业经营制度。

党的十一届三中全会以来，随着农村经济体制改革的深入，我国农村经济形成了以农民家庭经济为基础，农村社区合作经济为主体的多种所有制经济形式并存的结构，对于农村生产力的发展，起到了巨大的促进作用。

股份制经营是以入股方式把分散的、属于不同所有者的资金集中起来，实行统一使用、共负盈亏、按股分红的生产经营组织形式。股份制经营有以下特点：一是以发行股票为基础；二是以股份公司为核心；三是以股票交易为依托。我国农村中股份制经营从形成方式看，主要有企事业单位之间相互“参股”的联合股份制经营、企业资产折股后，吸收内部职工入股形成的股份制经营和在企业内外招股形成的股份制经营。股份制经营基本管理工作是：资产评估、发行股票、利益分配和建立管理组织机构。

股份合作制，是由劳动者全员入股自愿组织起来，从事生产经营或服务活动，实行民主决策和管理，按资分红和按劳分红相结合，利益共享、风险共担、独立核算、自负盈亏，并以企业财产独立承担民事责任的一种企业制度形式。具体特征可以归纳为：一是全员相对均衡持股；二是民主决策和管理；三是按资分红和按股分红相结合。股份合作制经营的类型可划分为农村企业型、农村区社型和农村专业型三种类型。

我国农村经济组织的基本形式有农村企业、农村合作社与专业协会、农户和家庭农场。其中农户是我国农村经济组织形式中的主体，也是农业生产的基本经营单位。在农民家庭经营基础上走农业合作化道路组建农村合作社和专业协会，运用集体力量抵御自然和市场风险是农村经济组织通过家庭农场方式提高产业化经营和企业化管理水平的必由之路。

综合练习

(一) 名词解释

股份制　股份制合作制　农户　农村生产合作社　农村供销合作社　农村信用合作社　农村专业协会　农村经济体制　农村家庭承包经营制　农村企业　家庭农场　独资企业　合伙企业　公司制企业　有限责任公司　无限责任公司

(二) 填空

1. 在土地改革以前，我国的农村经济是以土地私有制为基础的（　　）。
2. 目前在我国农村，（　　）是我国农业生产最基本的经营单位。
3. 农村双层经营体制由（　　）和（　　）构成，基本经营层次是（　　）。
4. 股份制经营的基本管理工作包括（　　）、（　　）、（　　）和建立管理组织机构。
5. 股份合作制的主要类型有（　　）、（　　）和农村专业型。
6. 我国农村的基本经济制度主要包括（　　）、（　　）和（　　）。

(三) 选择答案

1. 股份制企业中的最高权力机构是（　　）。

   A. 经理办公会议　B. 工人代表大会　C. 股东代表大会

2. 我国第二轮土地承包的期限为（　　）。
A. 10 年　　B. 15 年　　C. 30 年
3. 股份制企业中的所有者是（　　）。
A. 全体工人　　B. 社区内的全体公民　　C. 全体股东
4. 在农村土地有偿转包过程中，农民让渡的是（　　）。
A. 土地的使用权　　B. 土地的所有权　　C. 土地的受益权
5. 农村专业性合作经济组织形式主要有（　　）。
A. 农村供销合作社　　B. 农村信用合作社　　C. 农村专业协会
6. 我国农业生产的主要经营单位是（　　）。
A. 农村企业　　B. 农业合作社　　C. 农户

（四）判断正误

1. 农业经济形式就是农业经营方式。（　　）
2. 在股份合作制企业中，全部资产都划分为股份。（　　）
3. 在我国，农村土地实行家庭承包经营制度继续 30 年不变。（　　）
4. 股份合作制和股份制经营没有区别。（　　）
5. 土地私有制是土地改革前我国农村主要的土地所有制形式。（　　）
6. 股份合作制在我国农村的不同地区具有不同的组织形式。（　　）
7. 农业生产的特点是决定农业经营方式选择的重要影响因素。（　　）
8. 我国农村社区性合作经济组织中双层经营体制的实施是以耕地的使用权和所有权相分离作为土地产权制度基础的。（　　）

（五）回答问题

1. 近年来，某市坚持与时俱进、开拓创新，积极实施以社区股份合作制改革、旧村改造和撤村建居为主要内容的农村改革工作。全市 80% 的村成立了股份经济合作社，集体资产总额大部分增加。请阐明经过股份制改造，加入股份合作社的农民与原来的承包户有什么不同。
2. 根据下面的资料阐明这三个农村专业协会的区别。
(1) 某个集镇利用镇内边贸市场活跃的优势，成立农民草业商会，购进麦秆打草机 30 多台，与外地厂商签订成品草销售合同，年创产值 600 多万元、利润 200 多万元。
(2) 某村利用优质的杂交猪养殖大户的技术优势，成立市养猪协会，调动了养猪户的生产积极性，而且带动全市生猪品种改良，目前全市优质杂交猪比率达到 67%。
(3) 某乡个体养殖大户某 A 创办光明牧业发展有限公司，以公司为载体组建畜禽饲养协会，辐射带动千家万户搞养殖，促进了当地畜禽饲养业的发展。

（六）复习思考题

1. 阐述我国农业经济形式演变与改革的过程。
2. 在我国多种经济形式并存、共同发展的客观必然性是什么？阐述农村经济形式结构的构成。
3. 什么是农业经营方式，各种经营方式之间有什么区别？
4. 什么是农村家庭承包经营制，如何完善农村家庭承包经营制？
5. 阐述股份制经营的特点和形式。
6. 什么是股份合作制？股份合作制经营与股份制经营之间有什么区别？
7. 我国农村经济组织的主要形式有哪些？各有什么功能与特点？
8. 我国农村的基本经济制度包括哪三项内容？

第12单元　我国现代农村建设

【教学目标】 通过本单元的学习，掌握我国新农村建设的目标与内容，掌握农业现代化的制约因素与战略选择，掌握农村小城镇的类型、建设内容与途径，掌握实现农业可持续发展的措施。

[案例12-1] 建设农工商一体化新农村，大湾村走上富裕路

黑龙江省牡丹江市大湾村位于牡丹江市郊区，因地处牡丹江拐弯处而得名。大湾村总面积4.2平方公里，共有349户、1345人，地貌呈四山二水四分田。别看大湾村不大，可在2002年就实现了年销售收入1.25亿元，村民人均收入达到了5000元，比全市农民人均纯收入多出1400多元。如今走进大湾村，已很难找到以往意义上的农村迹象了：一排排村民楼，一片片厂房，一条条平坦的柏油路，还有可与城市相媲美的办公大楼、绿地球场和文化长廊。大湾村由穷变富，基本途径有：

(1) 村办工业越办越旺。大湾村创办的牡丹江互感器厂，在全国同业中很有名气。他们严把产品质量关，过硬的产品质量和雄厚的科技实力，使他们生产的互感器在三峡工程、吉林石化乙烯工程等国家重点工程中应用，企业跻身于国家部级定点企业行列，形成了产值超亿元的生产规模。

(2) 利用地域优势形成支柱产业。大湾村与以色列在北京市的中以公司合作，成功地改良了黄瓜、西红柿等品种，驯化的蒲公英、刺老芽等山野菜也成了市民餐桌上的美味。全村蔬菜除供应牡丹江市外还大量销往俄罗斯的远东地区，年外销量达4000吨。大湾村相继投资2000多万元，建起6万多平方米的养猪场，年提供商品肉180万千克。2001年年初，通过与邻近的村子走联合发展共同致富的路子，建立了2个现代化养牛场。现在大湾牛奶已经占领牡丹江市很大的市场份额，奶牛存栏量达到1600头。大湾食品销售连锁店已经遍布牡丹江全市，形成了农工商、种养加、产供销一条龙的现代化企业集团。

(3) 改变村民生活条件。经过近几年来的发展，大湾村的经济不断增长，村民的生活水平也大大提高。他们按照城市化的标准，建成了大湾新村，大湾村人住进了宽敞明亮的楼房。他们还利用当地依山傍水的自然资源和临近市区的优越地理位置，建立大湾村旅游休闲度假区，使人文景观和自然美景融为一体。

12.1　我国的新农村建设

12.1.1　我国新农村建设的历史沿革

12.1.1.1　20世纪30年代的新农村建设试验

我国新农村建设的历史，可追溯到1904年米迪刚在河北定县翟城创办的“村治”。20世纪20年代，余庆棠、陶行知、黄炎培等人提倡办学，南北各省闻风而动，纷纷从事“乡村教育”、“乡村改造”和“乡村建设”活动，以图实现从根本上改造中国的目的。20世纪30年代初，乡村建设运动进入了高潮，其中以梁漱溟领导的山东邹平县和晏阳初领导的河北定县两个试验区的影响最大。1937年7月抗日战争全面爆发，全国性的乡村建设运动被迫中止，只有晏阳初坚持不懈，转至重庆歇马场开办乡村建设育才院，继续从事平民教育工作。

(1) 梁漱溟领导的“乡村建设运动”。梁漱溟认为中国的出路问题，归根结底是中国文化的出路问题。梁漱溟对乡村建设运动的设想主要有两个方面：一是文化建设。宗旨是培养新礼俗，实现以礼俗为表现形式的中国文化固有的人文精神与以法制为根本原则的西方文化的科学理性之间的优势互补。二是建立一个新的社会组织和构造，其重点是在乡村建立起全新的社会组织，对沿袭多年的“乡村保甲”制度进行改造。梁漱溟提出的乡村建设方案是：从乡村教育、农业改良、行政改革做起，由乡村影响城市，以农业促进工业，逐步建设一个因袭“伦理本位”和“职业分途”传统的新国家。

1931 年 3 月，梁漱溟等人在山东省邹平县成立山东乡村建设研究院。在此之前梁漱溟曾在广东倡导“乡治”、在河南尝试“村治”，到山东则改称为“乡村建设”。建设试点之所以选址在邹平县，是因为该县靠近胶济铁路，离济南又不远，县本身既不大也不小，各方面条件有利于乡村建设试验。试验从县域内的行政机构改革开始，邹平县的行政区划经过撤并，整改为 14 乡。全县整个行政系统实行教育机关化，以教育力量代替行政力量。县以下设乡学，取消乡（镇）公所，几个村或十个村有一乡学，乡学是“政教合一”的机构，乡学下设村学。

对于乡村建设运动为农民提供的服务，梁漱溟概括为：“团体组织、科学技术。”“团体组织”即把分散谋生的农民组织起来，主要是组织合作社，这方面邹平县做得很好，当时在全国影响很大。“科学技术”即改良农业品种、提倡植树造林等。梁漱溟在邹平提出“大家齐心向上，学好求进步”的口号，“大家齐心向上”就是提倡团体精神，其中“向上”指道德礼俗，“求进步”是指生产技术和良好风尚。中国农村长期存在一些陈规陋习，如求神拜佛、吸毒、女孩缠足、男孩早婚等，乡学村学教育就是要纠正这些陋习。梁漱溟主张在这些方面下工夫，事实证明，确实收到了比较好的实际效果。

（2）晏阳初领导的“平民教育运动”。晏阳初认为中国的贫穷与落后问题，实质上是一个“人”的问题。只有打好“人”的基础，才能使中国的问题从根本上得到解决，而解决问题的关键在于对平民的教育。他认为中国平民教育的重点在于对农民的教育，中国农民普遍存在愚、穷、弱、私的四大痼疾，而相应的，平民教育就是要提高农民的知识力、生产力、健康力和组织力。唯有如此，才能战胜四大痼疾，建设新乡村。对于新乡村建设，晏阳初提出了免于愚昧无知的自由，通过农民合作社、农村自治、农民自卫等工作的开展，培养农民的“公共心”和“团结力”。提出以“学校式、社会式、家庭式”三大方式结合并举，“以文艺教育攻愚，以生计教育治穷，以卫生教育扶弱，以公民教育克私”四大教育连环并进的农村改造方案。

晏阳初组织的“平民教育运动”，当时在中国具有一定的社会基础。1923 年 6 月，陶行知、朱其慧等人发起组成南京平民教育促进会，同年 8 月在北京清华学校召开第一次全国平民教育大会，成立中华平民教育促进会总会，朱其慧为董事长，晏阳初为总干事。接着各省也多组成平民教育促进会，促进各省平民教育的发展。从此全国 20 个省区多办起平民学校、平民读书处和平民问字处，还编印了《平民千字课》作为平民学校读本。

20 世纪 30 年代，晏阳初在河北定县推行的各项平民教育活动都从农民的切身需求出发，着眼于小处。比如，为减少通过饮用水传染的疾病，“平教会”指导农民修建井盖与围圈，适时消毒灭菌；训练公立师范学生与平民学校学生进行免疫接种；训练助产士代替旧式产婆，向旧式产婆普及医学常识；建立各区保健所，培训合格医生；从平民学校毕业生中培训各村诊所的护士与公共卫生护士；为村民引入优良棉花和蛋鸡品种；组织成立平民学校同学会，建立村民自治组织；改组县乡议会，改造县乡政府。这些举措，收到了很好的成效，对我国现代新农村建设具有很高的借鉴价值。

12.1.1.2　新时期我国农村建设的设想与实践

我国的社会主义新农村建设，是继农业合作化、农民家庭联产承包责任制和农村税费改革以后，中共中央通过总结历史经验和教训，根据我国农村经济社会发展的特点，为从根本上解决“三农”问题提出的新的战略决策和总体部署。社会主义新农村建设是对中华民族建设自己家园历史预期的更新，是赋予了新时代内容的农村建设伟大历史实践的延续。

社会主义新农村建设对于促进我国农村经济发展，巩固农业在国民经济基础中的地位具有非常重要的现实意义。我国人口的70%在农村，由于历史和地理的原因，一部分经济较发达地区和广大经济不发达地区以及贫困地区同时存在，城乡之间、工农之间、不同地区之间的经济和社会发展极不平衡，地区差距扩大的趋势尚未扭转；农村中自然经济和半自然经济仍占相当的比重，商品经济和市场经济还不发达；由于农村的科学文化教育还比较落后，文盲和半文盲人口仍占相当的比重，农村人口的科学文化素质、民主法制和思想道德素质亟待提高；农村中人口、生态环境、自然资源和经济社会发展的矛盾还很突出。这些矛盾的存在，对我国解决农村经济和“三农”问题提出了重要的研究课题与工作任务。

2006年10月，中共中央在“十六届五中全会”公报中提出了“建设社会主义新农村是我国现代化进程中的重大历史任务，要按照生产发展、生活宽裕、乡风文明、村容整洁、管理民主的要求，扎实稳步地加以推进”的战略决策。新农村建设作为一项全面改造和建设农村社会的系统工程，其实践过程由中央政府主导，地方各级政府按照行政层级实行分工负责，以县为单位确定试点村。通过试点村建设的实验，总结经验，发现问题，探讨解决问题和持续改进的途径与措施，逐步推广。新农村建设作为一种实现城乡统筹发展、以工补农、以城带乡，全面改造农村社会的制度性安排，包含着经济建设、政治建设、文化建设、社会建设四位一体的内容。它不但为国家处理城乡关系、解决“三农”问题提出了政策目标，也为改善农村生产生活条件，提高农民生活福利水平和农村自我发展能力，促进城乡协调发展确定了行动方向。

［案例12-2］许家村新农村建设的成就

来到山东省平度市许家村，可以看到：集办公、阅览、游艺、电教、服务为一体的村委大楼巍然耸立；干净整洁、水泥硬化的街道四通八达；家家户户用上了内外线电话，看上了有线电视；年过65岁的老人可领到养老补助金……熟悉许家村的人都感慨地说：“许家村人靠植桑养蚕致了富！”许家村共有262户、989口人，耕地2300亩。过去，这个村是平度市有名的穷村。近年来，该村立足村情，精心研究市场，积极调整农业结构，大力发展市场容量大、经济效益好的桑蚕业。目前，该村已是家家养蚕、户户种桑，全村共发展桑园面积1100亩，年可产鲜茧12万千克。仅此一项，年收入就达200余万元，平均每个养蚕户收入达万元以上，成为远近闻名的桑蚕生产专业村。许家村的新农村建设实践和许多典型事例证明，我国现代农村建设具体做法多种多样，只要因地制宜，合理运用，就会取得成效。

12.1.2　新农村建设的目标与内容

12.1.2.1　新农村建设的战略目标

新农村建设的战略目标是多元化的，不能片面理解为是狭义的“村庄”建设，而是由政治、经济、社会、环境、人文等因素构成的多位一体的综合目标体系。根据我国农村实际情况，我国的新农村建设应包括以下五个方面的战略目标。

（1）政治目标。即经过较长时期的建设，实现管理民主、决策科学、组织健全和依法治村，保持新农村建设正确的社会主义方向。

（2）经济目标。即经过不懈努力，在广大农村区域内实现农业发展、农民增收、生活富足和全面小康，保持社会主义新农村具有持久的经济活力。

（3）社会目标。即经过长期奋斗，在广大农村真正实现安定有序、邻里和睦、民风淳朴和生活方式健康向上，构建和谐的社会主义新农村，全面推进农村社会进步。

（4）环境目标。即在经济发展的同时，保持和建设农村生态环境，实现环境优美、村容整洁、人居改善和文明卫生的建设目标，为农业和农村经济可持续发展提供良好的环境条件，建设资源节约型与环境友好型社会主义新农村。

[案例12-3] 嘉兴市进行农村生态环境建设的做法简介

浙江省嘉兴市按照“千村示范、万村整治”工程规划，加大了农村生态建设力度，出台了《关于在全市农村开展环境卫生综合整治的实施意见》。目前，嘉兴在村庄整治、农村资源污染防治等生态建设方面已取得了较大成效。具体做法有两方面：一是村庄整治。该市从过去选择几个条件比较好的村庄点先行推进，转到选择一批重点镇实行逐镇成片推进；从过去开展各种单项整治建设，转到全面实施“道路硬化、环境洁化、河道净化、民居美化、村庄绿化”五化为重点的整体建设；从过去侧重抓环境整治建设，转到同时加强村级配套建设和发展公共服务，加快建设农村全面小康新社区。二是农村环境治理。该市通过推广沼气综合利用工程、建设有机肥厂、畜粪处理中心等措施，实现畜粪的减量化、资源化、无害化处理；按照“户集、村收、镇运、县处理”的工作机制，集中收集处理农村生活垃圾，并通过建设垃圾焚烧发电项目，实现废物的再利用；通过铺设管道，将生活污水直接接入集污管网和培育自然或人工湿地、安装净化装置等方法，进行生活污水处理；通过河道清淤工程，改善全市农村水环境。

（5）人文目标。即贯彻以人为本的科学发展观，注重人的全面发展。在广大农村实现教育发展、科技普及、文化繁荣和农民素质提高的建设目标，把社会主义新农村建设真正转移到依靠科技进步和提高劳动者素质的轨道上来。

12.1.2.2　新农村建设的重点内容

依照新农村建设战略目标的要求，新农村建设工作的重点是为农民提供最基本的公共产品和公共服务，满足他们生存和发展的需要。可以概括为“六通、五改、两建设、一提高”。“六通”即通路、通水、通气（燃料）、通电、通信和通广播电视，“五改”即改厕、改厨、改圈舍、改校舍和改卫生所，“两建”即建公共活动场所、建集中垃圾处理站，“一提高”即提高农民收入水平。概括而言，新农村建设具体包括四方面内容。

（1）不断改善农民的生存条件。新农村建设要优先解决包括道路、安全饮水、沼气（燃料）、用电、通信、广播电视等基础设施的建设问题；同时改造中小学校舍、卫生所，并帮助农民改厕所、厨房和圈舍；另外在农村中还要建设必要的公共活动场所，建设必需的垃圾处理场所。通过这些措施，使农民的生存条件得到根本性的改变。

（2）为农民提供最基本的公共服务。建设社会主义新农村，就是要创造条件让农民能够充分享受现代福利所能带来的好处，做到幼有所托、少有所学、老有所养、病有所医、残有所靠、闲有所乐。在制度安排上，要加强义务教育、公共卫生、贫困救助、基本社会保障等方面的制度建设，切实解决农民上学难、看病难、养老难等问题。要让农民完全进入现代物质文明和精神文明建设成果的消费领域，成为社会所有转移性支付的受益者，真正解决农民人生中的“后顾之忧”。

（3）搞好农业基本建设。加强农村基础设施建设，特别是农业基本建设，涉及国家食品安全、社会长期持续稳定发展问题，这部分投入长期以来几乎完全由农民负担，今后要逐渐由国家和社会承担起建设责任。在新农村建设中，发展经济是关键性措施。要促进农村经济发展，就要全面搞好包括农田水利建设、防洪排涝工程、抗旱节水设施、农村电气化工程等在内的农村基础设施建设，确保农业现代化进程的顺利进行。

（4）深化农村管理体制改革。在社会主义新农村建设过程中，要注重深化农村改革，完善乡村民主治理结构，健全农村自治机制。要加强农村法制建设，积极开展法律援助，大力推进合作经济组织、专业协会等农民自制组织的建设，为建设新农村提供组织制度保障；同时，要加强对农民的教育和培训，努力把广大农民培养成有理想、有文化、有道德、有纪律的社会主义新型农民。

12.1.3 新农村建设的战略措施

12.1.3.1 发展农村经济，提高农民收入水平

发展农村经济，增加农民收入，是新农村建设的重中之重。发展经济需要增加投入，资金来源一般来说有两方面，一方面是国家的支持与投入。这又可分两项工作，其一是政策支持，比如彻底取消农业税，取消农村教育收费，实行农产品支持价格政策等。其二是资金支持。实行工业反哺农业，城市反哺农村，也是在目前及未来建设新农村中，各项农业基本设施建设资金的主要来源。另一方面，要靠农民自己创收，这是内因。要以优惠的政策为先导，调动广大农民的生产热情和劳动积极性，用自己的双手建设美好家园。

12.1.3.2 搞好农村“两个文明”建设，提高农民素质

农村人口的受教育程度和文化程度，直接涉及农村人口素质问题。最重要的就是文化素质和科技素质。科技素质相对而言是有形的，主要体现在对现有科技产品的把握使用等方面。而文化素质则是无形的。在发展农村经济增加农民收入的同时，要加大和加强农村教育的投入，尤其要发展农业职业技术类教育，同时也要注重文化素质教育。

12.1.3.3 科学管理，提高民主意识

施行科学管理，提高农民的民主意识，要从培养农民自身的权利意识和维权意识开始，使农民真正感受到当家做主的主人公地位。实行民主管理，主要内容是实行管理体制与方法创新，建立能够调动广大农民自觉参与意识的管理机制，充分发挥广大农民参加新农村建设的积极性和主动性，依靠农民群众的力量把农民的事情办好。要尊重农民的意愿，发扬民主，鼓励和引导农民发展各种专业合作经济组织和社会文化组织，提高农民的组织化程度和参与新农村建设的力度。

12.1.3.4 循序渐进，实行发展模式多样化

建设新农村一定要坚持不搞政治运动，不能强迫行政命令和行政干预。各地“三农”问题的现状不尽相同，一定要因地制宜，具体情况具体分析，不搞“一刀切”。建设新农村的“生产发展、生活宽裕、乡风文明、村容整洁、管理民主”的目标要求，只是宏观上的总体方向，不是具体行动方案，各地可根据当地情况，循序渐进，以其中重点项目作为短期发展目标，逐渐取得突破。各地应当根据自己的实际情况，探索符合本地区实际的新农村建设的思路、形式、方法。防止把新农村建设搞成千篇一律、千村一面的劳民伤财的“形象工程”。

12.1.3.5 树立科学发展观念，进行合理的战略定位

在新农村建设战略取向和定位上，要充分认识到建设新农村，不是速决战，而是一场持久战。树立长期奋斗的思想准备，坚决摒弃那种“毕其功于一役”的短期行为观念。要坚持科学发展观，认真贯彻落实统筹城乡发展的方略。始终坚持以经济建设为中心不动摇，把发展现代农业作为新农村建设的主攻方向，加快传统农业向现代农业的转变；积极推进农业结构调整，大力发展农业产业化经营，壮大县域经济和区域特色经济，充分挖掘农村内部增收

潜力，引导富余劳动力向非农业和城镇有序转移，拓宽农民就业和增收的渠道和空间。

12.2 农村现代化建设

农村现代化是一个综合性的概念，是指用现代科学技术，现代生产工具和先进的科学方法来武装和管理农村地域内的各种社会经济活动及农村居民生活，从而使传统、落后、封闭的农村转变为现代先进、文明、民主的农村的过程。

12.2.1 农村现代化建设的目标

农村现代化建设，是一项长期、渐进和复杂的工程。不同的国家和地区，由于受各种因素的影响，农村现代化建设的目标会存在一定的差异。根据农村经济的构成内容，农村现代化建设的总体目标可以概括为以下四个方面。

12.2.1.1 高度发达的农业

农业是农村中的主体产业，农村其他产业的发展，无论是从原材料的供给，还是从劳动力需要的满足上都离不开一个高度发达的农业的支持。可以说，实现农业现代化是进行农村现代化建设的主要内容。

12.2.1.2 富裕文明的农村

农村现代化，不仅是农村地域上生产活动的现代化，同时还包括农村居民生活的现代化。农村经济活动现代化为农村居民的富裕文明生活提供了前提和保障；反过来，农村居民生活水平和文明程度亦会制约和影响农村经济活动现代化，两者相辅相成、缺一不可。

12.2.1.3 良好的生态环境

农村经济活动是由各部门、各产业之间所构成的一个相互联系、相互制约的动态系统，任何一个环节和部门都不可能离开其他部门而独立存在，这就要求处理好在农村经济活动中各部门、各环节的相互关系；同时，农村经济活动最基本的要求是对各种生物资源的合理利用，这就要求能够为资源的存在和合理利用提供良好的生态环境。不仅如此，农村还是广大农村居民生活、生存的场所，为保证和提高农村居民的生活质量和水平，还必须在农村建立起一个良性的生态环境系统。

12.2.1.4 城镇化的聚落条件

这就是要把农村城镇建设成农村经济活动和居民生活的政治中心、经济中心和文化教育中心，逐步实现农村居民聚落条件的城镇化。建设城镇化的农村聚落条件，有利于逐步扩大农村产业的非农化程度，加快农村剩余劳动力转移的步伐和增加农村居民的收入，逐步缩小城乡、工农、脑力劳动和体力劳动的差别，实现城乡经济发展一体化。

12.2.2 农村现代化的标志

从近代几十年大多数国家和地区农业现代化建设的实践过程来看，农村现代化的标志一般包括以下五个方面。

12.2.2.1 经济体制市场化

农村现代化，不是计划经济体制下的现代化，更不是自然经济条件下的现代化，而是市场经济条件下的现代化。现代化的农村经济是在市场体制已经建立和健全、市场规律在经济生活中充分发挥作用的基础上形成和发展起来的商品经济。当然，从大多数国家的实践来看，要实现农村现代化，必须有国家和政府的宏观调控指导。

12.2.2.2 经济生活科学化

即农村经济活动和农民生活所涉及的各种技术，由一般只能适应自然，或只能在一定程度上对自然施加影响，到依靠现代科学技术来自觉地指导农村经济活动，从而既能有效地利用自然，又能取得较多产品，提高经济效果和改善农民的生活消费水平。

12.2.2.3 专业分工社会化

农村经济活动中各个独立的经济个体，各自专门从事某一特定的对象（产品、服务、环节）的生产经营活动。整个农村经济活动由各个不同个体分别完成其中一个部分，使个体之间既存在特定的生产范围和分工，又密切联系和协作，从而构成一个完整和严密的经济活动体系。

12.2.2.4 生产工具机械化

即农村经济活动中的各种生产工具，由以人畜为动力的手工工具，过渡到以石油、电力等为动力的机械化工具，在能够使用机器进行操作的生产项目中，全部以机器操作代替手工操作，并逐渐实现自动化控制。

12.2.2.5 生态环境优质化

即通过合理地开发和保护农村资源，建立起各产业间相互依赖、相互促进的良性生态环境，保持农村资源能够合理有序和长期地发挥作用，为农村经济和居民生活提供良好的生态环境。

12.2.3 农村现代化建设的内容

12.2.3.1 生产手段现代化

现代农村经济的发展要求在各业生产中广泛采用机械技术，用机械动力取代人畜力，用机械操作取代手工操作，凡是能够用机器操作的生产或劳动项目都要用机械操作，这是农村现代化建设必不可少的物质条件。主要措施包括实现农村各业生产机械化、电力化、水利化和园林化等。

12.2.3.2 生产技术现代化

现代化生产是建立在现代科学技术基础上的，科学技术现代化是农村现代化建设的核心内容，也是农村现代化建设的基本特征。现代农村科学技术通过研究农村各业生产中各种要素合理组合利用的基本原理和技术，找出提高劳动生产率的方法和有效措施，从而使农民的生产经营过程更加符合自然规律和社会发展规律。主要技术措施有培育良种，实现良种化；增加物质和能量的投入，综合平衡土地营养比例；搞好动、植物病害和杂草危害的防治；采用高产、稳产的栽培、饲养新技术和新方法等。

[案例 12-4] 推广“三避”技术，农业增产、农民增收

据有关资料介绍，农作物“三避”技术，即避雨（防暴雨多雨）、避寒（抗低温霜冻）、避晒（防暴晒日灼）技术。广西的“三避”技术推广从地膜覆盖发展到塑料大棚、树冠盖膜避寒、盖棚避雨、网棚遮阳和果实套袋等多种模式，应用领域涉及水果、蔬菜、花卉、中药材及水稻、玉米等主要作物，对提高产量品质、调整熟期结构、打造生态品牌、拓展市场份额，实现农作物增产、农业增效、农民增收和农产品竞争力增强发挥了重要作用。广西的“三避”技术推广面积已经达到 6857 万亩，新增农业效益 80 亿元以上，富裕了农民。

广西阳朔县采用金橘避雨避寒栽培平均亩产 1418kg，比传统栽培增产 50%，每亩扣除成本后纯增收 1800～3500 元。金橘鲜果延长采收期 45 天，卖价和产值成倍增加。兴安县避雨葡萄（红提子）示范面积 5126 亩，平均亩产 2486kg，比露地栽培增产 30%。更重要的是因避雨栽培使葡萄病虫害指数减少，优果率增加，价格提高 30%以上，平均亩产值 5500～8300 元，比露地栽培每亩多收 1200 元左右。

广西各地先后建立了 3000 多个不同规模、不同模式和不同层次的“三避”技术示范样板，发挥了很好的示范带动作用。1999 年在南宁建立了农业新技术示范基地——广西现代农业展示中心，之后在北海等八个地级市相继建立了现代农业示范园区，为探索“三避”技术打下了良好基础。尤其是近两年来，广西各级农业部门因地制宜、突出特色，在 100 多个县（市、区）建立了一大批标准较高、简便实用的示范样板，出现了双膜瓜菜、避雨水果、遮阳花卉和中药材、果实套袋、免耕马铃薯等一大批成功典型，有效辐射带动了“三避”技术的推广。

12.2.3.3　生产组织现代化

现代农村经济是开放式的社会经济系统，同外部环境存在着密切的物质、能量和信息转换和交流关系，是一个社会化、专业化、商品化程度很高的社会经济体系。农村各业生产经营的社会化、商品化和专业化，要求各地区、各企业互相协调配合，建立和形成现代化的经营管理组织系统。生产组织现代化包括两方面的内容：一是实行农、工、商一体化经营，科学地组织生产力，建立合理的农村产业结构，实行生产的区域化和专业化，形成农、工、商综合经营的生产组织体系。二是用现代化的管理思想和手段经营各业生产，根据生产力发展的要求，合理调整生产关系，改革经营管理体制，在经营管理过程中采用现代管理方式和方法，提高管理工作效率和效益。

12.2.3.4　农民经营素质现代化

农民是农村各业生产经营的主体，是现代机械设备的操作者和农村现代科学技术的应用者。因此农民经营素质的高低是农村生产力水平高低的决定性因素。现代农民不仅应具备健壮的体魄，而且应具备现代科学知识和掌握现代科学技术的能力，还应具有现代的经营思想观念，适应现代市场经济发展变化规律的要求。

12.2.4　农村现代化建设的战略措施

12.2.4.1　深化农村经济体制改革，引导农民进入市场

深化农村经济体制改革，把农民的生产经营引入市场，就要改革农村资源配置和利用的决策方式，扩大农民生产经营决策的自主权，使农民能够根据市场供求关系决定生产什么、生产多少、如何生产和为谁生产，实现以效率优先原则进行生产要素的优化配置，以实现农村资源的合理利用。

12.2.4.2　重视智力开发，发展农村科教事业

农村现代化建设的重要内容之一就是用现代科学技术武装农民，提高农村各业生产的科技进步贡献率。重点工作是发展农村科教事业，通过科技推广和技术革新等途径，充分利用农村中劳动者的智力资源，增加农产品产出，提高农村劳动生产率、土地生产率、促进生产增长和农民富裕目标尽快实现。

12.2.4.3　严格控制农村人口增长，促进农村剩余劳动力的转移

农村人口是制约农村经济发展的重要因素，人均社会资源和产品占有量是衡量一个国家或地区综合经济实力的重要指标。社会经济资源数量是一定的，人口越多，人均可支配资源数量就越少，农村经济建设的难度就越大。在坚持实行计划生育这一基本国策的同时，创造各种条件促进农村剩余劳动力的转移，可以有效提高农村经济的综合实力，帮助农民加快脱贫致富步伐。

12.2.4.4　大力加强农村基础设施建设

农田水利、农村道路、农业生产的技术装备水平，是农村各业生产发展的重要基础条件。搞好农业现代化建设，就要全面改善和提高农村各业生产的基础设施和条件，就要搞好农村基本建设，实行山、水、田、林、路综合治理。要动员社会各方面的力量，搞好以治水

和改土为中心的农田基本建设，为农业生产的高产和稳产创造良好的自然生态条件；同时对农村中的交通运输条件和各项服务设施也要全面进行改造，以适应农村商品经济发展的需要。

12.2.4.5 加强农村社会化服务体系建设

我国农村经济中的基本经营单位是农户，随着农村商品经济的发展，农民的生产经营过程和市场的联系越来越紧密，农民在家庭范围内难以解决和解决不好的生产经营问题会越来越多，需要社会各个方面提供服务的内容也会越来越多。积极发展社会化服务事业，建立健全农村社会化服务体系，促进农户企业化经营水平的提高，是搞好农业现代化建设的客观需要。

12.2.4.6 在搞好物质文明建设的同时，加强精神文明建设

农村精神文明建设是搞好农业现代化建设的“软件环境”，是农村现代化建设的重要内容。用健康文明的生活和行为方式武装农民，就要充分利用农村文化阵地，通过报刊、杂志、电视等现代宣传工具，向农民传播健康的文学、曲艺、歌曲、杂技与影视剧等文化作品，充实农民的业余文化生活；同时要采取有力的措施帮助农民抵制封建迷信、赌博等不健康的文化生活方式。另外，还要通过农村体育活动的组织，广泛开展全民性的健身运动，帮助农民提高身体素质。

12.2.4.7 因地制宜，实行农、林、牧、渔业综合发展

农村产业结构内容构成具有多样化的特点，仅就农业生产本身来说，是由种植业、畜牧业、林业和渔业等部门综合构成的，各业生产之间存在着相互依存的关系。各业生产的特点不同，对现代化的内容要求也各不相同。另外，我国农村各地的情况千差万别，农村现代化建设的基础条件各不相同。因此，对农村现代化建设模式的选择，要因地制宜，具体情况具体分析，努力使农村中的各个产业部门综合发展，互相促进。

12.3 农村小城镇建设

12.3.1 我国农村小城镇的设置标准与类型

12.3.1.1 农村小城镇的定义

农村从地域构成上，包括县城、乡镇和村屯，其中小城镇是农村社区的重要构成部分。农村小城镇可以从不同角度进行定义。从经济功能方面看，小城镇是农村非农产业的集聚地，也是所属社区非农业人口集中居住的聚落地，又是城乡流、物流、商流、信息流和资金流转换的集散地；从行政管理方面来看，只有建制镇才是小城镇；从城镇建设方面来看，小城镇包括依法设立的建制镇和农村集镇（通常为乡政府所在地），也泛指10万人以下的县级市；从统计学角度看，农村城镇在地域上分为镇城和镇区两个部分，城镇人口有镇城人口和镇区人口之分；从法学角度看，镇区非农业人口达到规定比例的乡，乡政府驻地可设为小城镇；从经济意义上看，小城镇位于农村之首、城市之尾，与城乡经济都有着千丝万缕的联系，是实现农村现代化的重要支撑点，也是大中城市进一步发展的基础和后盾。综上所述，我们认为，农村小城镇一般是指经各省、自治区、直辖市政府批准设置的建制镇和具有相当规模及相应功能的非建制农村集镇。

12.3.1.2 农村小城镇的设置标准

1984年由民政部拟定，经国务院批准的建制镇设置标准为：1）凡县级地方国家机关所在地，均应设置镇的建制。2）总人口在两万以下的乡，乡政府驻地非农业人口超过两千的，

可以建镇；总人口在两万以上的乡，乡政府驻地非农业人口占全乡人口10%以上的，也可以建镇。3）少数民族地区、人口稀少的边远地区、山区和小型工矿区、小港口、风景旅游、边境口岸等地，非农业人口虽不足两千，如确有必要，也可设置镇的建制。4）凡具备建镇条件的乡，撤乡建镇后，实行镇管村的体制；暂时不具备设镇条件的集镇，应在乡人民政府中配备专人加以管理。在以上四条标准中，第四条把农村集镇在法理上与建制镇加以区分，同时将其纳入农村小城镇建设与管理的范畴。

12.3.1.3　农村小城镇的类型

按照农村小城镇的行政建制不同，可分为建制镇和非建制镇。无论是建制镇还是非建制镇按照成因和功能不同，都可以按照不同标准进行分类。按形成的历史时期不同，可分为传统集镇和新兴集镇。前者一般有悠久的发展历史，有的甚至是千年古镇，比如江苏的同里镇和角直镇，安徽的三河镇等；后者是随着改革开放和市场经济的发展而兴起的集镇。按产业内容不同，可分为工矿开发型、商业贸易型和旅游型城镇等类型。以经济区位不同，可分为农村集镇、大中城市卫星镇、县城关镇和城市郊区镇等类型。按地理位置不同，可分为平原镇、山区镇、丘陵镇、草原镇和沿海镇等类型。按起源方式不同，可分为军事要塞镇、地方行政中心镇、沿路而兴镇、因工而起镇、临城而建镇、近矿而设镇和因市而成镇等类型。

12.3.2　农村小城镇的功能

农村小城镇是指在农村地域范围内，聚集一定人口、产业、人才、资金，具有城市功能和实行城市管理体制的一定范围内的农村政治、经济、文化中心，它是农村中非农产业和非农业人口聚集的主要场所。它具有与城市、乡村不同的特点，又与城市、乡村保持着密切的经济和社会联系。农村小城镇的社会经济功能主要有以下几个方面。

12.3.2.1　农村社区政治、经济和文化活动中心

许多农村小城镇大多是农村基层政权与经济管理机构的所在地，是社区政治和经济活动中心。加之许多城镇的基础设施比较完善，科技力量比较集中，为周围农村服务的科技、文化、教育、医疗卫生机构也相应集中在这里，从而自然而然地成为农村社区的科技文化中心。农村城镇通过开展广泛的文化娱乐、人才培训、体育保健、科学普及等活动，城市的精神文明建设成果和现代生活方式被吸收进来，通过这些城镇的消化吸收和加工，又进一步传递和渗透到广大的农村中，从而对农村物质文明和精神文明建设起着更深广文化层面的示范、推动和促进作用。

12.3.2.2　乡镇企业的发展基地

近年来，农村商品经济的发展推动了乡镇企业迅速发展，并且日益集中于经济基础较好、交通比较便利、资源和能源比较充足、信息比较灵通、功能比较广泛的农村小城镇。这些乡镇企业以农村原材料为主，立足于本地的优势资源，结合当地廉价的劳动力，面向城乡市场，发展本地区的龙头产业，形成具有一定竞争力的拳头产品，从而带动了农村经济的繁荣与进步。

12.3.2.3　城乡物资交流的纽带

随着党在农村一系列经济政策的落实，农村商品经济发展使农村城镇所具有的城乡物资交流中转站的作用日益突出。一方面农村的各种农副产品、土特产品要通过农村小城镇转售到城市中去，另一方面城市生产的大量生产资料、生活资料也需要通过农村小城镇销往广大农村。从历史发展过程分析，大部分农村小城镇都是作为城乡商品流通集散地而发展起来的，加之农村小城镇在社区内地理位置适中，交通比较便利，逐渐成为当地农村的人流、物

流、商流、资金流、信息流的会聚中心，成为城乡物资交流的转运站和信息流通的必经环节。

12.3.2.4 农村剩余劳动力转移的缓冲器和蓄水池

随着农业劳动生产率的大幅度提高，我国农村出现了大批剩余劳动力。从我国目前情况看，城市中也存在着大量劳动力再就业问题，如果农村剩余劳动力都进城谋求就业机会，显然是不现实的。因此，农村剩余劳动力大部分要在社区内就地吸收和消化，小城镇是容纳农村剩余劳动力的主要场所。农村小城镇建设的深入发展，一方面，为大批农村剩余劳动力提供就业机会，使其在离土不离乡的前提下得到充分就业，农村小城镇发挥着农村剩余劳动力进城谋职就业的减压缓冲器的作用。另一方面，农村小城镇又是就地积聚农村非农产业项目劳动力的蓄水池，使农民在当地就可以从事农村非农性产业和服务项目，为农村资源合理配置和产业结构调整提供充足的劳动力资源。

12.3.2.5 农村社会化服务的基地

为了满足广大农民生产和生活的需要，农村小城镇不仅要大办工业和商业，还要发展饮食、旅馆、旅游、照相、理发、浴池等服务行业；同时也要增设各种仪表、车辆、家具等修理业，兴办供电、供水、供气、电话、邮政和运输等公用性服务业。为适应广大农民发展商品生产的需要，农村小城镇要建立健全各种社会化服务体系，为农民提供各种产前、产中和产后服务，促进农村产业化经营的发展。

12.3.3 我国农村小城镇建设的现状

我国的农村小城镇建设，自20世纪80年代以来，如雨后春笋，在中华大地上蓬勃兴起，取得了很大进展。特别是很多农村地区实行县改“市”，乡改“镇”的行政体制改革，使农村小城镇数量大幅度增加，对于农村经济建设起到了一定的促进作用。通观我国大部分农村乡级政府驻地的建制镇或集镇的建设过程，其基本现状与存在的问题可以归纳为以下四个方面。

12.3.3.1 农业人口比重偏大

在我国，农村城镇是一个县域社区管理概念，在其构成上包括县城、建制镇和农村集镇。这些城镇除县城外，农村小城镇非农业人口比例普遍偏低。据有关资料统计，我国农村小城镇镇区内散居在所属各村屯的农业人口占60%以上，有的甚至高达80%～90%，世界发达国家和地区城镇农业人口占总人口的比率在30%以下。小城镇农业人口所占比例偏大，加上户口和土地流转制度的制约，实现农村人口城镇化建设目标的任务还相当繁重。

12.3.3.2 产业结构不够合理

大多数农村小城镇的产业构成中，第一产业仍然是主业，第二产业和第三产业所占的产值比例较低。特别是农村经济发展急需的科技服务、信息咨询、金融保险等第三产业严重不足，这些小城镇的第二、第三产业尚未形成规模化的经营能力。

12.3.3.3 基础设施建设落后

我国农村小城镇由于历史的原因，建设布局比较松散，缺少建设投资，公共设施水平低。大部分小城镇无排水和污水处理等市政设施，镇区道路缺乏硬化，村屯之间的公路等级低。除北京、上海等中心城市和东南沿海发达地区外，大部分农区城镇的乡村公路和基础设施无法满足现代化新农村经济建设的需要。

12.3.3.4 经济发展功能偏弱

许多农村小城镇仍沿袭着“百城一面，千镇一模”的建设格局，名称层级相同，实际功能相去甚远，这种现象在经济欠发达地区表现得比较突出。城镇规模等级差异不大，功能单一雷同，空间布局基本均质化。城乡分割的“二元经济结构”使得农村小城镇与中心城市之间，在经济上缺乏产业、技术、信息和文化方面的有机联系。很多城镇居民在本质上还是村民，城镇建设对镇区经济的集聚功能和对中心城市经济的吸纳功能，距离新农村建设的要求有很大差距。

12.3.4　农村小城镇建设的内容

12.3.4.1　生产及防治污染设施建设

农村小城镇是乡镇企业发展的基地，生产性建筑是乡镇企业主要的基本建设内容，也是农村小城镇建设的主要项目。生产性建筑包括厂房、仓库、农牧场的场院、晒场、畜禽饲养场等。这些生产性建筑用地应安排在靠近水源、电源和对外交通方便的地段。生产上协作密切的项目要邻近布置，相互间有干扰的要适当分开。对居住环境没有干扰的缝纫、刺绣、手工编织等生产建筑可以布置在居民区内。对居住环境有干扰和影响的工厂、饲养场地可以离开中心区安排在原料产地附近或田间。凡产生噪声和有害废水、废渣和废气的工厂以及较大的畜禽饲养场，要设在当地主风向的下风或侧风位和河流的下游，与居民区保持一定的距离，以减少污染，并采取相应的“三废”处理措施。

12.3.4.2　城镇生活设施建设

建设内容包括住宅、街道、居民点环境绿化和美化等。住宅建筑应选择在自然环境良好，空气、水质不受污染，符合居住卫生和防火要求的地段。房屋建筑要紧凑合理、节约用地，在有条件的地方可多建筑楼房，适当地组织建筑群。房屋建设要做到适用、经济、美观、坚固，模式要灵活多样，体现不同的民族特色和地方特色，要注意防震、防洪、防风，逐渐形成新的建筑风格。道路的建设要根据居民点的总体布局，车流和人流的数量等因素确定，力求畅通短捷、少占用土地。街道的走向、坡度宽度、交叉口等，要根据自然地形和现状条件因地制宜。合理地搞好居民区绿化，在村旁、路旁、水旁、宅旁、公共建筑地段、生产性建筑用地内和不适宜建筑的零星地段、山冈等地植树造林，改善局部气候，美化环境，也可结合各地名胜古迹、革命历史遗迹和自然保护区的保护要求，设置必要的游览绿化地段。

12.3.4.3　公共中心和公共设施建设

公共中心是农村小城镇各项公共建筑集中配置的地方，包括行政、商业服务和文化福利等各种建筑物，是人们进行行政管理、商品交流、集市贸易、文化娱乐等公共活动的中心场所。公共中心的位置，要选择在地点适中、服务半径均衡、使用方便的地区，但绝不是几何中心，应视自然地形、交通条件、居民区现状等灵活掌握。公共中心的配置应与道路网的规划配套、协调，形成整体，还要考虑经济要求，降低成本，少占良田。农村小城镇的公共建筑，包括行政管理、教育设施、文化科学、医疗卫生、商业服务和公共事业六类建筑。各个城镇配置的公共建筑项目及其规模，应视服务功能和范围，镇、村的布局情况以及当地的风俗习惯、经济发展水平等进行确定。

12.3.5　农村小城镇建设的措施

农村小城镇建设的基本原则有三条，一是要以现有城镇为依托，二是要坚持以经济建设为中心，三是要方便农村生产和居民生活。按照这样的原则建设农村小城镇，基本要求是最大限度地节省土地资源，集约使用建设资金，提高建设质量与效能。以此为前提，搞好农村小城镇建设的措施主要有以下几方面。

12.3.5.1　搞好科学规划

农村小城镇建设涉及农村社区政治、经济、文化生活的方方面面，是一项长期的战略性系统工程，在其建设发展过程中，必须遵循城乡结合、工农结合、有利生产、方便生活、环境优美、各具特色的指导思想，搞好科学的建设和发展规划，做到社会效益和经济效益、长远效益和近期效益有机结合。规划方案要聘请专家进行设计，通过多方反复论证，并要通过法定程序提交社区居民代表会议讨论通过，报上级有关部门批准。

12.3.5.2　合理筹集和运用建设资金

加强农村小城镇建设，必须解决好资金筹集和运用问题。农村小城镇建设资金来源有城镇自筹、国家财政支持、银行和信用社贷款等三条渠道，其中要以自筹为主。城镇自筹建设资金可通过以下途径：一是大力发展社区商品经济，开辟财源，适当增加积累；二是充分挖掘现有资金潜力，把可以利用的农村社会闲散资金集中起来；三是发展横向经济联合和股份制企业，引进外地资金和入股资金；四是扩大劳动积累，让受益单位或个人，以义务劳动形式参加城镇建设。筹集建设资金要量力而行，不要过急过快。要贯彻自愿互利、等价交换的原则，根据受益大小区别对待、合理负担。防止不合理的硬性摊派。要坚持走群众路线，通过民主协商方式解决遇到的资金困难和问题。对于农村小城镇建设资金的运用要统筹规划、合理分配、分清主次、分期分批使用。资金投放要分清轻重缓急，尽可能节约使用。

[案例 12-5] 全方位招商引资，提高城镇经济活力

山西省平定县巨城镇坚持多层次、多渠道、全方位、宽领域，招商引资，培育经济新的增长点，拓宽了农民增收的渠道，加快了农民致富奔小康的步伐。到目前，这个镇已到位外资 3500 多万元，上项目 8 个，项目达产达效后可增收 3 亿元。今年以来，这个镇努力创优环境，上下联动，齐心协力，开展招商引资，使本地成为投资者的乐园。他们从外地聘请工程技术人员精心规划，投入巨资兴办工业园区，加强园区基础设施建设，配套完善水、电、路、通信等设施，争取客商进入园区上项目。全镇努力为客商提供一流的服务，创造一流的环境，保证了客商来得舒心、干得放心，从而使一大批独资企业和合作项目落户本地。太原一客商在移穰村兴建了年可产铸件 1 万吨、收入上亿元不锈钢铸件生产线，目前已投资 400 多万元。河北一客商在会里村兴办了冶炼有限公司，上年产 8 万吨含碳球团和 2 万吨氧化型焦项目，现已投入 3000 多万元进入了试产阶段。全力实施招商引资，为全镇经济发展注入了新的活力。目前，这个镇初步形成了钛铁粉、电石、冶金、耐火四大支柱产业，钛铁粉产量占到了全国总产量的三分之二，电石成为华北地区最大的生产基地。

12.3.5.3　搞好法制化管理

农村小城镇建设和发展是关系农村社区内国计民生的大事，依法进行建设和管理，是农村小城镇建设事业健康发展的制度性保证。将农村小城镇建设和发展纳入法制化管理的轨道，是保证国家宏观调控和社区自主建设相结合的根本性措施，不能有法不依、有章不循。各种建设法规所规定的权利和义务，具有国家强制约束的性质，不允许社会各方面自作主张而有所违反。

12.3.5.4　健全管理体制，强化社会服务功能

农村小城镇的社会功能能否得到充分发挥，与管理体制是否健全直接相关。农村小城镇的基础设施建设和生活服务设施、居民点布局、街区绿化美化、社会治安以及公共秩序管理、环境卫生、污染防治等都与人民群众的生产和生活过程息息相关，都必须通过科学的管理才能收到实效。建立健全科学的农村小城镇建设和发展的管理体制，加强统筹管理，使农村小城镇既能够充分发挥自身的功能起到农村社区“经济中心”的作用，又能带动周围农村经济的发展，使农村小城镇建设同社区商品经济发展形成一个有机的整体，推动农村现代化

事业健康发展。

12.4　实现农业可持续发展

12.4.1　农业可持续发展的概念

20 世纪 70 年代末，国际社会关于环境问题的讨论日趋激烈，可持续发展作为一个概念被提出受到了普遍赞同。可持续发展是指在不损害后代人满足其自身需要的能力之前提下满足当代人需要的发展。它的实质是寻求代际公平，也是对过去在经济社会发展中片面追求经济增长，忽视人的多方面需要现象的一种纠正。

农业可持续发展（又称可持续农业）是指在合理利用和维护资源与环境的同时，实行农村体制改革和技术创新，以生产足够的食物来满足当代及后代对农产品的需求，促进农业和农村经济的全面发展。农业可持续发展就其实质来说，是一个在空间层面上科学配置农业生产资源，在时间延续上实现各种资源在人类社会代际间均衡利用的综合性概念，涵盖着经济、社会、生态、政治、文化、历史和环境多方面内容的农业发展的战略目标与措施的集合体系。

[案例 12-6] 退耕还林，保持水土，农民增收

若羌县是新疆南部一个以粮棉生产为主的农业县，过去粮棉产量低而不稳，全县农民人均收入 1869 元。2000 年，这个县全面启动了退耕还林工程，新增红枣林地面积 7.2 万亩，是 2000 年以前的 62 倍，农区空气湿度增加 5%～18%，风速降低 20%左右，这对防止水土流失、减轻耕地盐碱化、沙化起到不可估量的作用；同时促进了若羌农业产业结构调整，推动了红枣产业的快速发展。农民人均红枣收入达 560.55 元，占当年人均收入的 14%。在前期间作粮棉的基础上，农民收入快速提高，达到 4006 元。“土地生金”，只有保持水土，农业生产才会有稳定的支撑条件。

我国实施农业可持续发展战略，主要原因有三个方面：其一，我国是一个农业大国，其经济和社会的发展在很大程度上取决于农业、农村和农民，取决于农村面貌的变化、农民生活条件的改善和农村生产力水平的提高。其二，解决我国人口、资源、环境问题的客观需要。我国承担着用占世界 7%的耕地提供养活占世界 22%人口食物的巨大压力，人口的不断增长，人均占有资源稀缺程度的提高，环境的破坏及恶化，以及 6500 万贫困人口的存在等都促使我们在经济发展过程中必须寻求一种使社会发展与自然环境相协调的有效途径。其三，农业在国民经济中的基础地位在我国表现得尤为突出。农业不仅是国民食物和其他基本生活资料的来源，而且我国初具规模的工业体系也是建立在农业长期支持的基础之上的，要保证这种比较脆弱的工业体系在竞争日益激烈的国际经济环境中生存并取得长足发展，必须依赖于农业基础力量的支持。因此，我国对食品供给的安全性以及农村经济发展可持续性的关怀程度，要比其他国家强烈得多。

12.4.2　农业可持续发展的战略目标

农业可持续发展是一个多维战略目标体系，主要包括三个方面：一是积极增加粮食生产。既要坚持自力更生和自给自足的基本原则，又要考虑适当的调剂和储备，稳定粮食供应，以确保食物供给的安全。这是农业生产的基本目的和人类社会生存和发展的基本要求。二是促进农业的综合发展，开展多种经营，扩大农村劳动力就业机会，增加农民收入，消除贫困状况。对此，在我国既要积极采取措施促进已经解决温饱的大部分农民收入的持续增长，生产水平的进一步提高。又要着力解决6500万尚未完全解决温饱的人口绝对富裕目标的实现。三是持续合理开发、利用和保护自然资源，大力发展生态农业，改善生态环境和农村面貌，在不断满足和保证当代人生存需要的同时，又不至于破坏后代人赖以生存的资源基础。

[案例12-7] 发展循环产业，促进农村经济可持续发展

辽宁省本溪市黄柏峪村被国家科技部推荐为农村建设可持续发展试点村。该村靠近304国道，距沈阳至大连的高速公路收费口仅5km，距沈阳市的车程近一个半小时。现有人口380户，1374人，全村人口分布于村域范围内10个自然村。大部分劳动力就业以种植业、养牛业及其它相关产业为主。农业收入主要来源于种植粮食。除种植业外，主要企业为生态养牛场，以饲养、屠宰和销售为一体，并有一些配套的企业如酿酒厂、动物饲料厂、食用油厂、虹鳟鱼养殖场等。黄柏峪村以养牛及相关产业为主的农村产业结构创造了一个生产链和物质的循环，在这个循环过程中，每一个生产环节所创造的物质除了最终进入消费外，其余的废物大多成为其它生产环节的原料，使整个过程中最终的废物尽可能降低到最小规模。如肉牛被屠宰后，牛的内脏被加工成为虹鳟鱼的饲料，酿酒产生的酒糟被作为牛的饲料。

12.4.3 实现农业可持续发展的战略措施

12.4.3.1 把可持续农业纳入国民经济发展的总体战略规划

这是由农业在整个国民经济体系中特殊的基础地位所决定的。从国民经济持续发展的全局考虑农业的可持续发展，有三个战略重点：首先是控制人口数量，提高人口素质，实现人口、资源、环境和经济的协调发展；其次是分阶段改变长期以来工业偏斜发展和农业总是处于不利地位的局面，逐步调整工农关系，实现工农业协调发展；最后是调整农村产业结构，实现农业与农村非农产业的协调发展。

12.4.3.2 实施区域发展战略，发展多种类型的可持续农业

确定农业可持续发展的战略对策应考虑自然、环境、社会经济条件等方面的区域性特点，在不同地区采取不同的可持续发展模式和途径。如沿海相对发达地区，主要是发展高产高效农业，当务之急是加强水土资源管理和生态环境的污染治理，促进农业生态和经济的良性循环；对中部欠发达地区，主要是加快主要商品农产品基地的现代化建设，大力发展立体农业，在提高农业集约化水平的同时要防止生态环境的破坏；对西部经济欠发达地区，重点是加强生态环境建设，尽快发挥当地的资源优势，摆脱贫困。

[案例12-8] 推广稻田“薄露灌溉”技术，节约用水促进水稻增产

“薄露灌溉”是一项水稻节水增产技术，“薄”是指灌溉水层尽量薄，除水稻返青期遇到低温或高温灌深水外，每次灌水深2cm左右，土壤水分饱和即可；“露”是指每次灌水（包括降雨）后，都要自然落水露田，淹灌连续超过5天，就应排水落干，简单说就是“薄灌水，常露田”。从1993年起浙江省余姚市开始应用和推广水稻“薄露灌溉”技术，应用面积占全市水稻面积的90%以上，成为省内推广节水灌溉技术最好的县市。到2004年推广这项技术已累计567万亩，节水4亿立方米，每年节水相当于4个西湖的蓄水量。人们对水稻传统灌溉方法弊病的看法是：“水稻要水又怕水、灌水太多反有害”、“水稻水稻、灌水到老，病虫咬倒、产量不高”。实行“薄露灌溉”，在满足施肥、防病治虫等农艺办法前提下，使泥土既有水分，又有氧气，更有利于水稻生长，在节俭灌溉水量三分之一的同时，还能增进水稻增产。

12.4.3.3　针对各种因素的影响程度和范围，建立适应可持续发展的农业体系

农业可持续发展受到可再生资源的过度消耗和非再生资源日益减少等因素的影响，为了与这一情况相适应，必须建立农村人口、经济、社会、环境相互适应的农业综合体系，保证农业的持续稳定发展。这一体系应包括持续发展的农业技术体系，生态体系和稳定的农业投入体系。

12.4.3.4　建立健全农业可持续发展的社会保证体系

农业可持续发展，必须借助于整个社会对农业的支持和支撑，因而应逐步完善和严格执行符合可持续发展原则的法律法规，实施法制化管理。提高农村人口的科学文化水平和可持续发展意识，唤起全体国民的广泛参与意识，加强农村基本建设，建立和健全农业保护制度，利用全社会的力量提供能够保证农村可持续发展的必要物质条件。

单元小结

我国新农村建设的历史，可追溯到1904年米迪刚在河北定县翟城创办的“村治”。20世纪30年代初，乡村建设运动进入了高潮，其中以梁漱溟领导的“乡村建设运动”和晏阳初领导的“平民教育运动”影响最为深远，其经验和做法在今天仍然具有非常重要的借鉴作用。

我国社会主义新农村建设的总体要求是“生产发展、生活宽裕、乡风文明、村容整洁和管理民主”。其实践过程由中央政府主导，地方各级政府按照行政层级实行分工负责，以县为单位确定试点村。通过试点村建设的实验，总结经验，发现问题，探讨解决问题和持续改进的途径与措施，逐步推广。工作重点是为农民提供最基本的公共产品和公共服务，满足他们生存和发展的需要。

农村现代化是一个综合性的概念，是指用现代科学技术，现代生产工具和先进的科学方法来武装和管理农村地域内的各种社会经济活动及农村居民生活，从而使传统、落后、封闭的农村转变为现代先进、文明、民主的农村的过程。农村现代化建设的内容是生产手段现代化、生产技术现代化、生产组织现代化和农民经营素质现代化。

农村从地域构成上，包括县城、乡镇和村屯，其中小城镇是农村社区的重要构成部分。按照农村小城镇的行政建制不同，可分为建制镇和非建制镇。农村小城镇是指在农村地域范围内，聚集一定人口、产业、人才、资金，具有城市功能和实行城市管理体制的一定范围内的农村政治、经济、文化中心，它是农村中非农产业和非农业人口聚集的主要场所。农村小城镇建设的基本原则是：以现有城镇为依托；坚持以经济建设为中心；方便农村生产和居民生活。

农业可持续发展（又称可持续农业）是指在合理利用和维护资源与环境的同时，实行农业体制改革和技术创新，以生产足够的食物来满足当代及后代对农产品的需求，促进农业和农村经济的全面发展。农业可持续发展是一个多维目标体系，主要包括三个方面：一是积极增加粮食生产，保证食品供给安全；二是促进农业的综合发展，开展多种经营；三是持续合理开发、利用和保护自然资源，改善生态环境和农村面貌。实现农业可持续发展的措施有：把可持续农业纳入国民经济发展的总体战略规划；实施区域发展战略，发展多种类型的可持续农业；针对各种因素的影响程度和范围，建立适应可持续发展的农业体系；建立健全农业可持续发展的社会保证体系。

综合练习

(一) 名词解释

农村现代化　农村小城镇　建制镇　农业可持续发展

(二) 填空

1. 对于（　　）为农民提供的服务，梁漱溟概括为："团体组织、科学技术。"
2. 我国社会主义新农村建设基本要求是生产发展、生活宽裕、（　　）、（　　）和管理民主。
3. 农村从地域构成上，包括（　　）、（　　）和村屯，其中小城镇是农村社区的重要构成部分。
4. （　　）是一个综合性的概念，是指用现代科学技术，现代生产工具和先进的科学方法来武装和管理农村地域内的各种社会经济活动及农村居民生活，从而使（　　）、（　　）、封闭的农村转变为现代先进、文明、民主的农村的过程。
5. 农村现代化建设的目标可以概括为（　　）、（　　）、（　　）和城镇化的聚落条件。
6. 农业可持续发展是一个多维目标体系，主要包括三个方面：一是（　　），二是（　　），三是（　　）。

(三) 选择答案

1. 20世纪30年代（　　）先生在山东省邹平县领导的"乡村建设运动"对于今天的社会主义新农村建设仍然具有非常重要的借鉴价值。
   A. 黄炎培　B. 梁漱溟　C. 晏阳初　D. 朱其慧
2. 中共中央提出在新的历史时期建设社会主义新农村战略任务的时间是（　　）。
   A. 2004年10月　B. 2005年10月　C. 2006年10月　D. 2007年10月
3. 我国社会主义新农村建设的总体要求是（　　）。
   A. 生产发展　B. 生活宽裕　C. 乡风文明　D. 村容整洁　E. 管理民主
4. 农村现代化建设的目标包括（　　）。
   A. 高度发达的农业　B. 富裕文明的农村　C. 良好的生态环境　D. 城镇化的聚落条件
5. 实现（　　）要求在农业生产中广泛采用农业机械技术，用机械动力取代人畜力，用机械操作取代手工操作。
   A. 农业生产手段现代化　B. 农业生产技术现代化
   C. 农业生产管理现代化　D. 农民经营素质现代化
6. 农村小城镇是（　　）。
   A. 乡镇企业的发展基地　B. 城乡物资交流的纽带
   C. 农村剩余劳动的蓄水池　D. 农村经济、政治与文化中心
7. 搞好农村小城镇建设要坚持的基本原则是（　　）。
   A. 以现有的农村城镇为依托　B. 坚持以经济建设为中心
   C. 方便农村生产和居民生活
8. 农业可持续发展考虑的农业发展问题是（　　）。
   A. 当前效益的提高问题　B. 长远效益的提高问题
   C. 当前效益和长远效益的兼顾问题

(四) 判别正误

1. 我国的社会主义新农村建设是一项长期的战略任务。（　　）
2. 进行农村现代化建设是一项综合性的系统工程。（　　）
3. 我国的农村小城镇是指经各省、自治区、直辖市政府批准设置的建制镇和具有相当规模及相应功能的非建制性农村集镇。（　　）
4. 农业可持续发展的核心问题是提高资源和环境条件的可持续利用能力。（　　）
5. 农村小城镇是城乡经济联系的纽带和桥梁。（　　）

（五）回答问题

1. 目前发展三大农业，即“生态农业、信息农业与品牌农业”，已经成为实现农业现代化的重要途径。请查阅有关资料，阐明这三种农业的区别与联系。
2. 阅读下面的资料，请回答：（1）稻花香酒业公司采取的经营模式是什么？（2）该公司与新农村建设、当地农业生产和农民之间存在哪些经济联系，是如何处理的？

湖北稻花香酒业公司发展的思路是：以农产品加工业（白酒）为龙头，以农业和农村经济持续发展为目标，以服务新农村建设为载体，向饮料产业延伸，向饲料产业拓展，向养殖和有机肥料产业扩张，向生物化工产业推进。他们的规划是：以龙泉镇、夷陵区为依托，逐渐向外辐射和扩张，最终建立起以三峡坝区农村为基地、以周边县市及其他地区为带动和辐射区域的湖北省最大的农业产业化循环经济园。基本做法有三个方面：一是改造农产品加工的关键共性技术，实行传统酿造技术、现代生物技术和精细化工技术相结合。二是延伸目标价值链的构成环节。在实践中，他们在经济、社会和环境效益兼顾的前提下形成公司＋农户的利益共同体。三是搞好生产资源综合利用。在他们的整个发展战略中，坚持以产业化建设为基础，以生态化发展为条件，以实现农业和农村经济可持续发展为目标，在劳动密集型产业的下游发展配套产业以及其他相关产业。这项内容占整个产业规划的20%，年产值20亿元；发展有机肥料产业，年产值1亿元。

（六）复习思考题

1. 阐述新时期我国建设社会主义新农村的战略目标和主要内容。
2. 如何理解农村现代化这个概念？
3. 阐述农业现代化建设的标志与内容。
4. 什么是农业产业化经营？阐述农业产业化经营的特点与类型。
5. 阐述农村小城镇建设的内容、基本要求和措施。
6. 在我国，实现农业可持续发展的目标与措施有哪些？

参 考 文 献

[1] 朱道华．农业经济学．北京：中国农业出版社，2000.
[2] 李国政主编．农村经济（第2版）．北京：中国农业出版社，2009.
[3] 陈万明主编．农业经济管理．北京：中国农业出版社，2000.
[4] 尚杰主编．农业生态经济学．北京：中国农业出版社，2000.
[5] 温铁军著．中国农村基本经济制度研究．北京：中国经济出版社，2000.
[6] 谭向勇主编．乡村经济管理通论．北京：北京农业大学出版社，1995.
[7] 李国政主编．农村经济学基础．哈尔滨：哈尔滨地图出版社，2003.
[8] 胡继连主编．中国农户经济行为研究．北京：中国农业出版社，1992.
[9] 向德楷、杨崇德主编．中国农村合作经济．北京：中国财政经济出版社，1992.
[10] 彭星闾、肖春阳著．市场与农业产业化．北京：经济管理出版社，2000.
[11] 魏道南、张晓山主编．中国农村新型合作组织探析．北京：经济管理出版社，1998.
[12] 岳永德主编．环境保护学．北京：中国农业出版社，1998.
[13] [美] 马若孟著．中国农民经济．史建云译．南京：江苏人民出版社，1999.
[14] 石忆邵著．中国农村集市的理论与实践．西安：陕西人民出版社，1995.
[15] 黑龙江省县域经济学会编．新农村建设与县域经济发展．北京：中国农业出版社，2006.
[16] 李景汉著．定县社会概况调查．上海：上海人民出版社，2005.
[17] 基本农田保护条例．
[18] 中华人民共和国农业法．
[19] 中华人民共和国土地承包法．
[20] 史建民、靳相木编著．农村政策与法规概论．北京：中国农业出版社，2000.
[21] 中华人民共和国土地管理法．
[22] 中华人民共和国农民专业合作组织法．